MARTIN/MARTIN
GEWALT IN SCHULE UND ERZIEHUNG

W0177235

GEWALT IN SCHULE UND ERZIEHUNG

Ursachen – Grundformen der Prävention und Intervention

von

Lothar R. Martin und Peter Martin

2., überarbeitete und aktualisierte Auflage

2003

VERLAG JULIUS KLINKHARDT • BAD HEILBRUNN / OBB.

Für
Gisela und Edda

Peter Martin
hatte bereits zur ersten Auflage dieses Buches zwei Kapitel beigetragen.
Die Neuauflage haben wir gemeinsam überarbeitet und aktualisiert.
Lothar R. und Peter Martin

Die Deutsche Bibliothek – Cip-Einheitsaufnahme

Ein Titelsatz für diese Publikation ist bei
der Deutschen Bibliothek
erhältlich.

Druck und Bindung:
WB-Druck, Rieden
Printed in Germany 2003
Gedruckt auf chlorfrei gebleichtem alterungsbeständigem Papier
ISBN 3-7815-1263-0

Inhaltsverzeichnis

Hinweise / Exkurse über wichtige Beiträge aus den beteiligten Disziplinen:

S. 22: Die Beiträge verschiedener Wissenschaften zu pädagogischen Frage-
       stellungen
S. 26: Ph. Ariès: Die Zähmung der Schüler in der „Geschichte der Kindheit"
S. 36: Neuere biologische und medizinische Aggressionsforschung
S. 46: Andere tiefenpsychologische Aggressionstheorien
S. 79: Ergebnisse der Sozialisationsforschung Heitmeyers u.a. (1995)
S. 93: Grundsätzliches zur Prävention und Intervention
S. 94: Übersicht: System der Grundformen der Gewaltprävention
S. 103: Die Pädagogische Situation (Peter Petersen)
S. 105: Sport: Stress- und Frustrationsbewältigung (Roethlisberger; Israel)
S. 112: „Goal", ein „community based sport and life skills program" (USA)
S. 126: Zur Anbahnung und Förderung der Berufsidentität
S. 128: Spielpädagogik
S. 141: Die moralische Entwicklung nach L. Kohlberg
S. 145: Pestalozzi: Der „sittliche Zustand" – Sittliche Erziehung in Stans
S. 160: Bullying – Wehret den Anfängen!
S. 163: Makarenko: Kollektiv-Erziehung für jugendliche Rechtsbrecher
S. 192: Über die Wirksamkeit von Kontakten zwischen sozialen Gruppen
S. 195: „Vernetzung"

1 Gewalt im Bereich von Erziehung und Schule: Fakten und Standpunkte

Ausmaß und Aktualität des Problems; definitorische Eingrenzung; Aggression und Konflikt; Hauptbereiche aggressiven Verhaltens Jugendlicher; Haupttätergruppen; Formen von Gewalt; oft genannte Erklärungen; wissenschaftliche Problematik vieler Gewaltberichte aus der Praxis; Notwendigkeit wissenschaftlicher Forschung.

1.1 Thema und Ausgangslage

Seit dem 26. April 2002 wird der Titel dieses Buches bei vielen Leser/innen die Erinnerung an die furchtbaren Morde eines ehemaligen Schülers in seinem Gymnasium in Erfurt wachrufen. Ähnlich erschütternde Gewalttaten Jugendlicher werden auch aus anderen Ländern berichtet, so 1999 aus Littleton, USA. Über kriminelle Aggressivität von Jugendlichen und sogar von Kindern erfahren wir fast täglich aus den Zeitungen und Fernsehprogrammen. 1998 widmete *„Der Spiegel"* ein Heft dem Thema: „Warum immer mehr Kinder kriminell werden – DIE KLEINEN MONSTER" (Nr. 15; 16. 4.1998). *„Focus"* 10/ 1998 trug den Titel „Schule brutal – Erpressung, Prügel, Terror – An deutschen Schulen ist die Hölle los". *„Die Zeit"* erklärte am 17.9. 1998 „Jugendgewalt wird zur größten Herausforderung für Polizei, Justiz – und Politik". Viele andere Länder haben dieselben Sorgen (Martin/ Deen 1999).

Große Beachtung findet alljährlich die Veröffentlichung der Zahlen derer, die bei der Polizei für Straftaten angezeigt wurden. Danach stieg die Kriminalitätsbelastung (KBZ) Jugendlicher in den "alten" Bundesländern deutlich, besonders bei schweren Straftaten wie Raubdelikten (Walter 1995, 187 ff).

Seit 1993 wuchs die Zahl der tatverdächtigen Kinder in der Bundesrepublik (bis unter 14 Jahren) von 88.276 auf 145.843 (2000; leichter Rückgang seit 1998). Speziell für „gewalttätiges Verhalten im engeren Sinne" stiegen die Zahlen; z.B. bei Körperverletzung 2000: 13.841 deutsche Kinder (ggü. 1999 +8.5%) und 3.723 nichtdeutsche Kinder (+9,3%).

Die Zahl der tatverdächtigen Jugendlichen (14 bis unter 18 Jahren) stieg von 207.944 (1993) auf über 290 Tsd. (2000: 294.467). Die Zuwächse waren bei den Gewalttaten im engeren Sinne im gesamten Bundesgebiet ebenfalls beträchtlich; z.B. Körperverletzung i.J. 2000: 43.261 deutsche Jugendliche (+6,8% ggü. 1999), 10.096 nichtdeutsche Jug. (-2,9%). Ähnlich stiegen die Zahlen der tatverdächtigen Heranwachsenden (18 bis unter 21 J.) in der gesamten Bundesrepublik von 208.040 (1993) auf 247.586 (2000; alle Daten aus dem Statistischen Jahrbuch 2000: Polizeilich ermittelte Tatverdächtige, PKS).

Daher befassen sich auch Regierungs- und Parlamentskommissionen immer wieder mit der Problemlage. Forschungsunternehmungen werden durchgeführt, universitäre Lehrveranstaltungen werden darüber abgehalten. Die Buchhandlungen bieten unter dem Stichwort "Schule und Gewalt" sowie unter "Aggression; Gewalt" eine dreistellige Zahl von Titeln an. So bedarf eher dies der Erklärung: Warum noch ein Buch darüber, ein erziehungswissenschaftliches? Unser Hauptgrund und Ziel: Autoren und Verlag möchten das pädagogische Verständnis der Gewaltproblematik, die Kenntnis erklärungskräftiger Theorien und *erziehungswissenschaftlich begründete Maßnahmen der Prävention und Intervention in Erziehung und Schule* fördern. Denn darin gibt es in der Literatur deutliche Defizite.

Ein schmerzlicher Verzicht betrifft die kriminologischen und die empirisch-statistischen Erkenntnisse über die Verbreitung von gewalttätigem Verhalten der Kinder und Jugendlichen. Leider sind die kriminologischen Quellen (vor allem die Polizeiliche Kriminalitätsstatistik, PKS, und die Verurteiltenstatistik, StVS) nicht so einfach als Beweismittel zu gebrauchen, wie das oft geschieht. Zum Beispiel müssen die Dunkelfeldforschung, die für verschiedene Delikte und für Tätergruppen unterschiedlichen Gesetzesvoraussetzungen und Rechtspraktiken und die Veränderungen der Dokumentation beachtet werden (Walter 1995). Und die Würdigung der recht zahlreichen empirischen Erhebungen, zumeist Befragungen der Jugendlichen und der Lehrer/innen (s. u.a. Klockhaus/ Habermann-Morbey 1986, Hurrelmann 1993, Lamnek 1995, Schubarth 1995, 2000; Fuchs u.a. 1996), erfordert jeweils die genaue Analyse der Forschungsmethoden (s. Krumm 1997). Wir wollen statt dessen der Prävention und Intervention mehr Raum zu geben.

1.2   Zur Definition des Begriffes Gewalt

Um bei der Bearbeitung der vieldeutigen Wirklichkeit nicht Missverständnisse aufkommen zu lassen, definieren wir vorweg die benutzten Begriffe.

Gewalt hat etwas mit *Aggression* zu tun. Auch dieser Begriff ist vieldeutig. Für den späten Freud und einige seiner Nachfolger handelte es sich um einen der beiden Grundtriebe, aus denen sich menschliches Verhalten erklären lässt: Aggression ist demnach eine Auswirkung des Todes- oder Destruktionstriebes, dem der Lebenstrieb gegenübersteht. Das ist eine sehr weite Definition. Für Dollard (1939) steht dagegen Aggression im engen Zusammenhang mit Frustration: Aggressionen sind notwendige Folgen von Frustrationen: Verteidigungs- oder Gegenangriffshandlungen oder Abreagieren an neutralen Personen oder Objekten u.ä. Selg u.a. fassen in ihrer "Psychologie der Aggressivität" (1988, 16) ihre definitorischen Überlegungen zusammen in den Satz:

8

"Als Aggression soll solches Verhalten bezeichnet werden, bei dem schädigende Reize gegen einen Organismus (oder ein Organismussurrogat) ausgeteilt werden. Dieses Verhalten muss als gerichtet interpretiert werden (vom Wissenschaftler...)."

Auch diese Bestimmung erfordert noch Erläuterungen. Diese Wissenschaftler trennen den Begriff ganz bewusst ab von den für sie zu spekulativen Ursachen des Verhaltens (z.b. Trieben oder Emotionen wie Wut, Hass usw.). Auch "Nicht-Verhalten" wie unterlassene Hilfeleistung klammern sie aus – was problematisch ist. Die Beschränkung der Aggression auf einen Organismus oder ein Organismussurrogat beinhaltet natürlich die Schwierigkeit, dass destruktive Handlungen gegen Sachen weithin ausgeschlossen sind. Hingegen soll das Wort "schädigende" nicht nur "negative" Aggressionen meinen, sondern auch "positive", nämlich prosoziale, z.b. polizeiliche Aktionen gegen Rechtsbrecher; man möchte also die normative Betrachtung von Gewalt vermeiden, da sie als wissenschaftlich schwierig gilt.

Beim Begriff "Gewalt", den Selg u.a. als ein eher modisches Wort bezeichnen, greifen sie (S.17) zunächst auf die Brockhaus-Enzyklopädie (1969) zurück, welche recht allgemein definiert: "...die Anwendung von Zwang, unrechtmäßiges (gewalttätiges) Vorgehen; aber auch allgemein: Macht, Kraft, Herrschaftsbefugnis....". Schließlich schlagen sie vor:

"Vielleicht ist es zweckmäßig, Gewalt mit angedrohter oder ausgeübter physischer Aggression gleichzusetzen, sofern sie mit zumindest relativer Macht einhergeht: Wenn ein kleiner Junge wütend nach seinem Vater schlägt, werden wir kaum von Gewalt sprechen, wohl aber im umgekehrten Fall" (S.18).

Diese Betrachtung, nach der "Gewalt" eine Teilmenge von Aggression, nämlich körperliche Aggression sei, hat Tradition in der Wissenschaft. Jedoch wird neuerdings immer häufiger „Gewalt" als Oberbegriff gebraucht und spezifiziert, z.b. in physische und psychische Gewalt, verbale, sexuelle, frauenfeindliche, rassistische Gewalt usw. (s. Hurrelmann u.a. 1995, 15ff.). So legt eine neuere empirische Untersuchung über Gewalt an Schulen, die ja eindeutige Definitionen zur Entwicklung der Untersuchungsinstrumente benötigt, folgende Definition zugrunde:

"Gewalt ist demnach eine zielgerichtete, direkte, physische, psychische oder soziale Schädigung, deren Illegalität in der gesellschaftlichen Beurteilung Merkmalen des Täters, des Opfers und der sozialen Kontrollinstanzen unterliegt" (Fuchs/ Lamnek/ Luedtke 1996, 14).

Als Differenzierungen werden angeboten:

"personale Gewalt" als Schädigung zwischen Personen (aufgrund einer ungleichen Machtverteilung) oder als Schädigung von Sachen vs. *"strukturelle Gewalt"*: Schädigung von Personen aufgrund institutioneller oder gesellschaftlicher Bedingungen (z.B. durch ungleiche Bildungs- und Berufschancen);

"expressive Gewalt" zum Ausdrücken von negativen Gefühlen, als Selbstdarstellung, "zum Spaß" (oft gegenüber beliebigen Gegnern oder Gegenständen) vs. *„instrumentelle Gewalt"* als Mittel zur Lösung von Problemen, zur Durchsetzung eigener Absichten.

Diese Unterscheidungen machen Sinn und finden sich in zahlreichen Veröffentlichungen. Selbstverständlich ist es möglich, dass *Mischungen* verschiedener Gewaltarten vorkommen; ein *Beispiel* aus dem schulischen Alltag:

Ort des Geschehens: ein Schulzentrum am Rande einer Großstadt, das ein Gymnasium, eine Realschule und eine Hauptschule umfasst. Nach Schulschluss beobachtet ein Hauptschullehrer, wie einer der Schüler seiner 7. Klasse zusammen mit drei Gleichaltrigen in der Pausenhalle einen um mehrere Jahre älteren, schüchtern wirkenden Gymnasiasten umlagern und auf ihn einreden. Der Gymnasialschüler wirkt etwas introvertiert, scheint nicht zu verstehen, was die Hauptschüler von ihm wollen. Diese sind sämtlich Aussiedler aus Russland bzw. Kasachstan. Auf die Frage des Lehrers, worum es denn gehe, antwortet sein Schüler schnell: "Wir haben nur nach Spielkarten gefragt." Dann verziehen sich die Schüler.

In der großen Pause des nächsten Tages reden die vier Siebtklässler erneut auf den deutlich älteren Gymnasiasten ein: „Du hast was gegen uns! Du bis wohl was Besseres, du Spinner?!" Der Gymnasiast ist sprachlos und weiß nicht, wie er sich gegenüber den um ihn herum stehenden „Kleinen" verhalten soll. Plötzlich taucht ein älterer Hauptschüler auf, ebenfalls Aussiedler, ein großer, kräftiger Junge: „Was willst du von den Kleinen? Ich schlag dir eine aufs Maul!" Ohne auf Antwort zu warten, schlägt er den Gymnasialschüler mehrfach mit der Faust ins Gesicht. Dieser blutet aus einer Platzwunde unter dem linken Auge.

Während sich ein Pulk von neugierigen Schülern und intervenierenden Lehrern bildet, stehen die vier Siebtklässler lachend weitab vom Ort des Geschehens.

Die kleine Szene, die sich in jedem ähnlichen Schulzentrum abgespielt haben könnte, demonstriert nicht nur die Ausübung körperlicher Gewalt gegen den Gymnasialschüler, sondern enthält auch verbale Gewalt und expressive Momente. Auch handelt es sich selbstverständlich nicht nur um ein individuelles Geschehen, sondern die gesellschaftlich bedingten Strukturen wirken sich aus: u.a. die vertikale Teilung des Schulwesens, die Bedingungen in einem derartigen Schulzentrum, die allgemeine Lage der Aussiedler in Deutschland und die Konzentration der Aussiedlerkinder in Hauptschulen.

Die Aufklärung der besonderen Merkmale einer gewalttätigen Handlung dient u.a. der statistischen Erfassung, die nicht nur ein Zahlenspiel ist. Vielmehr kann man aus dem Vorkommen bestimmter Gewaltarten auch auf zu verändernde Bedingungen in Personen, Institutionen und Gesellschaften schließen. Und die genaue Analyse des Problemverhaltens ist Voraussetzung für die Entwicklung effektiver Präventions- und Interventionsmaßnahmen.

Hingewiesen sei noch auf den neuerdings häufig gebrauchten Begriff „mobben" (von engl. „mob", auch „bully" = drangsalieren, tyrannisieren am Arbeitsplatz, auch in der Schule): „Ein Schüler oder eine Schülerin wird gemobbt oder tyrannisiert, wenn er oder sie wiederholt und über längere Zeit negativen Handlungen durch einen oder mehrere andere Schüler ausgesetzt ist" (Olweus 1996, 60; s. auch Kasper 1998, Horne/ Kiselica 1999).

1.3   Zur Unterscheidung von Sozialkonflikten und Gewalt

Eine wichtige Unterscheidung muss noch zur Kenntnis genommen werden, damit nicht Sozialkonflikte, die aus guten Gründen zwischen Menschen entstehen können, mit Gewalt vermengt werden. Dazu noch ein *Beispiel:*
Wolfgang C. ist ein relativ kleiner, aber überdurchschnittlich kluger Schüler der 9. Klasse eines Gymnasiums. Sein Sachverstand und seine Wortgewandtheit kommen ihm zum Beispiel in einer Diskussion im Fach Sozialkunde über die Gründe für den Zuzug türkischer Kinder und Jugendlicher nach Deutschland zugute. Sein Hauptdiskussionsgegner ist Mike, ein schon etwas älterer und robuster Mitschüler, der freilich für seine simplifizierende Denkweise und auch für eine gewisse Intoleranz gegenüber Ausländern bekannt ist. Der Lehrer lässt einen Wortwechsel zwischen den beiden zu, in dem Mike der Regierung zu große Nachsicht gegenüber den Ausländern in Deutschland vorwirft und letztere beschuldigt, nur wirtschaftliche Vorteile in Deutschland zu suchen.

Wolfgang kennt sich ziemlich gut aus in der Geschichte der Migration, kennt die Gesetzeslage und die Situation getrennt lebender türkischer Familien und kann daher vor der aufmerksamen übrigen Klasse, Jungen und Mädchen, die meisten Argumente Mikes so widerlegen, dass die übrigen Schüler ihm weithin zustimmen. In seiner Wut, vor der Klasse, insbesondere auch seiner Freundin, bloßgestellt worden zu sein, beschimpft Mike seinen kleineren Klassenkameraden: "Du Würstchen, du willst ja immer alles besser wissen." Beim Verlassen der Klasse stellt der Größere dem Kleinen geschickt ein Bein. Als dieser am Boden liegt, tritt Mike wie zufällig nach Wolfgang, so dass dieser vor Schmerzen aufschreit. Er versucht seinen Gegner wiederzutreten, ohne jedoch Mike treffen zu können. Einige Mitschüler lachen den Kleinen aus, der Tränen des Schmerzes und der Wut in den Augen hat.

Dieses Beispiel aus dem Alltag einer Schule enthält sicher nicht von Anfang an gewalttätiges Verhalten, wohl aber kommt es nach kurzem Meinungsaustausch in der Klasse zu einem Gegeneinander zweier Schüler, den man bereits als Konflikt bezeichnen kann.

Konflikte sind immer durch ein solches Gegeneinander gekennzeichnet. Als *intrapsychischen Konflikt* bezeichnen wir dieses Gegeneinander, wenn es sich um einen Kampf verschiedener Strebungen in einer Person handelt: Der Wunsch eines Schülers, mit seiner Freundin schwimmen zu gehen, konfligiert z.B. mit seinem Wissen, dass er sich auf die morgige Klassenarbeit vorbereiten müsste. Er arbeitet schließlich, tut es aber lustlos und ineffektiv .

Im Beispiel erfahren wir demgegenüber zunächst von einem *Sozialkonflikt*, einer Auseinandersetzung zwischen Personen. Über die verschiedenen Formen von Sozialkonflikten, ihre Entstehungsbedingungen und die Abläufe, auch über brauchbare Präventions- und Interventionsmöglichkeiten wissen wir ziemlich genau Bescheid (Deutsch 1976, Gordon 1977, Martin 1981). Sie kommen überall vor, wo Menschen mit verschiedenen Zielen, Wertvorstellungen, Interessen, Rollen, Triebwünschen usw. interagieren; und sie werden z.B. auch durch die Bedingungen der menschlichen Kommunikation hervorgerufen (Watzlawick u.a. 1974; Schulz von Thun 1992). Auch die verschiedenen Formen von Konflikten – z. B.:"echte Konflikte", "verlagerte Konflikte", "ideologisierte Konflikte", "latente oder schwelende Konflikte" – sind aus dem Schulleben und der Schulberatung gut bekannt (Martin 1981, 40ff).

Die anfängliche Diskussion zwischen Wolfgang und Mike enthält zunächst keinerlei Anzeichen von Gewalt. Meinungsverschiedenheiten dieser Art sind sicher ubiquitär. Sie sind auch nicht von vorne herein zu verurteilen. Unser pluralistisches Verständnis der Welt und unsere demokratische Regierungsform bauen vielmehr darauf, dass es unterschiedliche Sichtweisen, Überzeugungen, Wertvorstellungen, Interessen und Rollen gibt. Wir führen Diskussionen, auch konfliktartige, eben weil es in vielen Lebensbereichen keine einheitliche Bewertung der Dinge gibt. Und weil wir wissen, dass es für anstehende Probleme oft keine perfekten Lösungen gibt, deshalb lassen wir z.B. Parteien und Interessengruppen einen geregelten Konflikt miteinander austragen. So hoffen wir, wenigstens jene Problemlösungen zu finden, die die Mehrheit der Mitwirkenden oder Beobachtenden für die günstigste hält. Konflikte sind also nicht von vorne herein schlecht, sondern sie können sogar eine wichtige Rolle in der friedlichen Auseinandersetzung um die Lösung unserer menschlichen Probleme spielen. So auch der Meinungsstreit in unserem Beispiel. Bei tolerantem Umgang der Streitenden, der nötigen Frustrationstoleranz des „Verlierers" und der gebotenen Rücksicht des „Gewinners" hätte die Diskussion die wichtigen Fakten und möglichen Beurteilungsweisen ans Licht bringen können. Die Klasse wäre zu einer vernünftigen Beurteilung der Situation gelangt.

Allerdings sahen wir, dass der Fortgang der Ereignisse im letzten Beispiel gewalttätige Elemente enthält. Bereits die Beleidigung des kleineren Mitschülers als „Würstchen" kann von diesem als *„verbale Gewalt"* erlebt worden sein: Er wurde beschimpft, herabgesetzt, vor anderen blamiert. Natürlich gibt es hier Grenzprobleme: Ein Schüler wird z.B. vom Lehrer vor der Klasse mit verstecktem oder offensichtlich sarkastischem Unterton als „großer Könner" bezeichnet und ausgelacht. Und die Schulwirklichkeit kennt für Laien unglaubliche Formen der Beschimpfung (Korte 1993, 16; Martin 1996, 266ff).

Die im weiteren Verlauf des Beispiels vorkommenden tätlichen Gewaltakte sind offensichtlich. Es handelt sich bei Mike vor allem um *„personale"* und *„expressive Gewalt"*. Letztere würde sich besonders deutlich ausdrücken, wenn Mike sich nach seiner Rache an Wolfgang noch nicht zufrieden geben würde, sondern auf dem Heimweg noch einem kleineren Mitschüler einen Tritt geben oder eine Straßenlaterne aus der Fassung schütteln würde.

Wir sehen: Konflikte als Gegeneinander in der Interaktion sind verbreitet und sogar wichtig in der pluralistischen Welt. Sie können in vielen Fällen positiv beurteilt werden. Aber es kommt auch vor, dass Sozialkonflikte Gewalthandlungen auslösen. Und wir können hinzufügen, dass auch intrapsychische Konflikte (Mike zwischen Einsicht und Ärger, Frustrationstoleranz und Wut) Gewalt gegen Personen und/ oder Sachen auslösen können.

Leider können wir mit dieser Zuordnung von aggressiven Handlungen zu den insgesamt recht gut erforschten Konfliktarten nicht alle Aggressionen bzw. Gewalttaten erfassen und erklären, es sei denn, wir weiten die Begriffe „intrapsychischer Konflikt" und „interpersonaler" bzw. „sozialer Konflikt" ungebührlich aus. Der folgende Hauptteil 2 über Theorien der Gewalt wird zeigen, dass und warum in diesen Fällen eher mit den Modellen „Störung" bzw. „soziale Krankheit" gearbeitet werden sollte. In Kap.3.1 werden wir ein Gesamtmodell vorschlagen, aus dem dann auch allgemeine und spezifische Maßnahmen der Prävention und Intervention abgeleitet werden können. Wegen des engen Zusammenhanges zwischen verschiedenen Gewalttätigkeiten und Konflikten werden wir aber bei der Frage nach präventiven Methoden und Interventionen immer auch die pädagogischen Konfliktbewältigungsstrategien beachten müssen (s. bes. „Grundform 9").

1.4   Gewalt im Erziehungsbereich heute – Berichte und Deutungen

Es erscheint unnötig, hier ein breite Palette von Zeitungs- und Fernsehberichten über gewalttätiges Verhalten in Familien und Schulen, zwischen Kindern, Jugendlichen, Eltern, Lehrer- und Ausbilder/innen usw. auszubreiten. Wir können sie fast alltäglich aus dem Inland und Ausland, sogar oft aus unserer nächsten Umgebung erfahren. Einer gewissen Vorsortierung und Deutung dienen zahlreiche Schriften von Schulpraktikern, Sozialarbeitern, Journalisten und Wissenschaftlern. Sie enthalten zumeist anschauliche, nicht selten drastische Beispiele (z.B.: Preuschoff/ Preuschoff 1992, Fahrin/ Seidel-Pielen 1993, Korte 1993, Posselt/ Schuhmacher 1993, Hurrelmann/ Palentien/ Wilken 1995, Lamnek 1995, Hurrelmann/ Rixius/ Schirp 1996).

Demnach erleben viele Kinder *Gewalt* bereits im frühesten Alter *in der Familie*. In modernen westlichen Ländern erfahren 60-80% der Kinder vom Säuglingsalter an körperliche Strafen (Ohrfeigen und/oder Prügel). Je nach Alter, Sozialschicht, Bildungsgrad und anderen Merkmalen der Eltern werden 10-30% der Kinder mit Gegenständen geschlagen, teilweise mit der Folge leichter bis schwerer Körperverletzungen. In einer österreichischen Untersuchung lehnten nur 29,2% der Mütter und 20,6% der Väter von Kindern im Kindergartenalter die Aussage „Eine Ohrfeige hat noch keinem Kind geschadet" völlig ab (die übrigen: *etwas, überwiegend* oder *vollständige Zustimmung*) (siehe Wimmer-Puchinger in Hurrelmann u.a. 1995).

Als Bedingungen gewalttätigen Elternverhaltens werden zumeist angeführt: unverarbeitete Erfahrungen der Eltern, übernommene Gewohnheiten, Konflikte zwischen den Eltern und im Berufsleben, Sozialschicht-, Umwelt- und Gesellschaftsbedingungen, rigide Erziehungsziele, situative und persönlichkeitsbedingte Faktoren (s. u.a. Nicklas et al. 1984, Petri 1989, Ziegler 1990, Honig 1996, Tillmann u.a. 1999). Insgesamt weisen verschiedene Autoren der Gewalt in der Familie eine Schlüsselrolle für die Verbreitung aggressiven Verhaltens zu, aber andererseits wird Gewalt in der Familie auch als Wirkung struktureller Gewalt in der Gesellschaft angesehen (s. u.a.: Wimmer-Puchinger a.a.O.; Engfer 1990, Honig 1986, Petri 1989).

Eine Untergruppe der familialen Gewalt ist *der sexuelle Missbrauch von Kindern* durch Eltern und nahe Verwandte. Ein Sachkundiger beschreibt die Behandlung des Themas in den Medien und in privaten und öffentlichen Diskussionen recht treffend:

„In den letzten Jahren gab es eine erhöhte Aufmerksamkeit der Öffentlichkeit gegenüber dem sexuellen Missbrauch an Kindern. Dabei geht diese Aufmerksamkeit einher mit öffentlicher Empörung und vordergründiger Aufgeregtheit. Schuld und Sühne, Verantwortung und Vergeltung, darum geht es häufiger als um problemangemessene Unterstützung und fairen Umgang mit den Betroffenen. Sexueller Missbrauch wurde, kaum dass das Thema neu entdeckt wurde, vor allem auch von den Medien vermarktet und popularisiert..." (Neubauer 1995, 94).

Wie zu vermuten, ist die quantitative Erforschung sexueller Gewalt wegen der besonders eingeschränkten Zugänglichkeit des „Dunkelfeldes" (Walter 1995, 105ff) sehr schwierig. Welches Kind, welche Ehefrau möchte den Vater bzw. Ehemann eines Verbrechens bezichtigen und sich u.U. damit der materiellen Existenzgrundlage berauben? Denn nach den Ergebnissen von Befragungen, Prozessberichten und Statistiken von Beratungsstellen handelt es sich weit überwiegend um Vergehen von leiblichen Vätern, Stief-, Adoptiv- und Pflegevätern sowie Partnern der Mütter, zu etwa 75% begangen an Mädchen. Die Zahlen differieren allerdings im einzelnen erheblich je nach Untersuchungspopulation und Untersuchungsmethoden. Und selbstverständlich ist auch die Definition des Begriffes „sexueller Missbrauch" problematisch: Wo genau ist die Grenze zwischen erlaubter elterlicher Zärtlichkeit und sexuell missbrauchendem Küssen oder Streicheln? Unter welchen Umständen ist eine sexuelle Beziehung zwischen dem Freund einer Mutter mit der sechzehnjährigen Tochter als gewalttätiger Missbrauch anzusehen?... Auf die beschränkte Aussagekraft von Statistiken, selbst der Polizeilichen Kriminalstatistik, sei nochmals hingewiesen (s. Kap.1.1).

Dass sexueller Missbrauch von Kindern ein gewalttätiges Verhalten darstellt, ergibt sich aus dem Strafgesetzbuch. §176 StGB erklärt ihn zu einem Offizialdelikt, das Polizei und Staatsanwalt zu verfolgen verpflichtet sind, sobald sie davon Kenntnis bekommen haben. Wenn wir an die oben genannte Definition von Gewalt denken, so sind nicht nur körperliche Schädigungen zu beachten. Vielmehr stehen langfristig zumeist psychische Veränderungen im Vordergrund. Frauen, die als Kinder missbraucht wurden, leiden oft sehr lange unter schweren körperlichen und psychischen Beeinträchtigungen, interpersonalen (z.B. Partner-) Problemen, Depressionen, Identitätsproblemen, sexuellen Dysfunktionen usw. und bedürfen dann langwieriger Therapiebemühungen (Jehu 1988, Martin, IJAC 14 (1991), 325f; siehe auch Bange 1992, Honig 1992).

Als Gründe für die heute sehr viel größere Sensibilität der Öffentlichkeit gegenüber dieser Gewaltform sind u.a. zu nennen: die etwas geringere Tabuschwelle, die größere Beachtung der Rechte von Kindern, das Wirken von Beratungsfachleuten und Kinderschutzorganisationen u.a.m. Als Bedingungen für die heutige Verbreitung werden u.a. genannt: sexuelle Freizügigkeit, Pornographie, zeitbedingte Eheprobleme. Die Lektüre einschlägiger, auch internationaler, Schriften zeigt aber, dass unsere Kenntnis der wirklichen Verbreitung sexueller Gewalt in Familien ebenso zu wünschen übrig lässt wie der besonnene pädagogische, psychologische und therapeutische Umgang mit dem Problem und den betroffenen oder gefährdeten Menschen – Tätern wie Opfern (Finkelhor 1984, 1986, Jehu 1988).

Bevor wir die Schule als Feld gewalttätiger Auseinandersetzungen genauer betrachten, sollen noch einige spezielle Felder aggressiven Verhaltens auch Jugendlicher nach den vorhandenen Berichten und Deutungen betrachtet werden. Sie wirken nämlich in die Kindergärten und/ oder Schulen hinein; z.B.: *Gewalt im und durch den Sport.* Schulen sind selbst Orte sportlicher Wettkämpfe. Sportveranstaltungen werden durchgeführt; Schüler/innen kämpfen darin gegeneinander um mehr Tore, Punkte, Zentimeter. Ähnliche, wenn auch weniger streng geregelte Auseinandersetzungen geschehen auf Pausenhöfen, Schulwegen und natürlich in der Freizeit. Und die Konkurrenz um die besseren Noten, um hohe Punktzahlen in der Sekundarstufe II, die den gewünschten Studiengang eröffnen, hat ebenfalls Wettkampfcharakter. Schüler/innen klagen, dass oft Fairness, gegenseitige Hilfe, soziale Lernziele dabei auf der Strecke bleiben. Soziale, ethnische, politische Gruppierungen bilden Anhängerschaften, die gegeneinander kämpfen und gegnerische Favoriten niedermachen. So münden die Bekanntgabe der Schulleistungen, Diskussionen im Klassenunterricht, die Konkurrenz um die Freundschaft eines türkischen Mädchens u.a. oft in Konflikte, die auch auf dem Schulhof, auf dem Nachhauseweg und in der Disco weitergeführt werden. Dass es dabei dann zu verbalen Angriffen, ausländerfeindlichen Parolen und Maueraufschriften, Schlägereien, ja Messerstichen kommt, wird u.a. mit der Moral auf dem Sportplatz in Zusammenhang gebracht: „Regelverletzungen im Interesse des Erfolgs", die "verinnerlichte

Moral des fairen Fouls", die übergroße Identifikation mit der eigenen Mannschaft. Verschiedene Untersuchungen zeigen, dass Gewaltbereitschaft durch das Erleben von rücksichtslosen Wettkämpfen gesteigert wird (Gabler/ Schulz/ Weber 1982, Pilz 1995).

Als weitere Bedingungen, die in dieselbe Richtung weisen, werden Veränderungen im gesellschaftlichen Wertekodex diskutiert, z.B. die Akzeptierung, ja Bewunderung von nicht erkannten oder nicht geahndeten Regelverstößen (auch in Politik und Wirtschaft z.B.), die Bewunderung von radikaler Selbstbehauptung und Selbstdurchsetzung. Sie setzen sich besonders deshalb mehr durch, weil die Beziehungen und Lebenslagen anonymer geworden sind. Der Niedergemachte ist ja nicht mein Freund, Verwandter oder Nachbar, sondern ein Fremder (Beck 1986). Auch entfalten religiöse Botschaften, die auf die Nächstenliebe, Barmherzigkeit und Hilfeleistung für die Benachteiligten, Schwachen, Leidenden, auf die Achtung der Würde jedes Geschöpfes gerichtet sind, nicht mehr genügend Kraft und Wirkung. Perspektivlosigkeit, Langeweile, fehlende Vorbilder für positive Identitätsentwicklung, das Gefühl, wenig Lebenschancen im Beruf usw. zu haben, u.ä. kommen hinzu. Das zeigte schon das Gewaltgutachten der Bundesregierung auf (Schwind/ Baumann 1990). Ein besonders krasses Beispiel dafür ist der Fall des „Sportschützen" R. Steinhäuser, dessen Amoklauf im Gutenberg-Gymnasium zu Erfurt (2002) nicht zuletzt auch auf seine von ihm als ausweglos empfundene Bildungs- und Ausbildungssituation und auf seinen Hass auf die von ihm beschuldigte Lehrerschaft zurückgeführt werden muss (s.u.!).

Die Schule ist ein Teil unserer Gesellschaft; sie hat deshalb auch teil an den Problemen, die sich im außerschulischen Sport, in den Denk- und Verhaltensgewohnheiten in Politik, Wirtschaft, Institutionen, Medien usw. ausbreiten. Diese überfordern nicht selten den Einzelnen, auch die Schüler/innen.

Das *Freizeitleben* vieler Jugendlicher spielt sich weithin in Gruppen, Cliquen, auch in Gangs ab. Hier erleben sie Erholung, Gespräche, Herumlungern, Sport, Spiel, Abenteuer. Aus einem Interview mit Skinhead Claudia (Farin/ Seidel-Pielen 1993, 106ff):

> „Die ganz Jungen, die gerade erst versuchen, was darzustellen, die gehen auch auf wehrlose Leute los... Es gibt absolut viele Skinheads, die völlig daneben sind. Aber es gibt auch andere.... Ich habe früher auch Gas (eine Gaspistole; LM) gehabt, das hat jetzt meine kleine Schwester, und ich laufe ohne rum. Aber ich glaube, ich werde mir wieder was besorgen. Die laufen ja heute alle mit Gas rum, auch stinknormale Mädchen, die sich zu keiner Gruppe zählen. Eine Zeitlang hatte ich mal ein Butterflymesser... Ich finde es traurig, dass man sich heute gar nicht mehr ohne Waffen auf die Straße trauen kann....
>
> Das ist ein richtiger Kleinkrieg irgendwie unter den Jugendlichen. Als gäbe es keine große Sache mehr. Ich habe das Gefühl, die suchen alle noch was.... Unsere Eltern hatten noch eine Aufgabe, ein Ziel, nämlich ihr Land aufzubauen, ihren Lebensstandard zu verbessern. Wir wurden in eine Wohlstandsgesellschaft hinein geboren, und viele wissen einfach nichts mit sich anzufangen..." (Farin/ Seidel-Pielen 1993, 106ff).

In bemerkenswerter Offenheit berichtet das Mädchen über Gewalt gegen Wehrlose, Waffenbesitz, Kleinkrieg unter den Gangs, Angst, sich auf die Straße zu trauen.... Sie erkennt auch Motive: etwas darstellen, Angst, das Fehlen einer großen Aufgabe in der Wohlstandsgesellschaft, von Sinn also.

In derselben Textsammlung berichtet Poyraz, ein in Deutschland geborener türkischer Schüler einer kaufmännischen Schule, über seine Gang:

> „Wir haben eine Gruppe von fünfzehn Leuten, die nur mit Raub zu tun hat. Wir nennen sie die Cash-Mafia....Den Namen haben wir uns gegeben, da wir uns eines Tages sagten, wir müssen uns nicht nur als Schläger, sondern auch als Räuber einen Namen machen. Wir machen alles mögliche. Überfälle auf Läden, Taschenraub von alten Damen, Besoffene, schwule Säue, Autos... Wir sind Jugendliche, wir wollen das Leben genießen und Action machen... Eigentlich müssten wir Schwule und Reiche ausrauben...."

Ein Kumpel Poyraz' erklärt:

> „Man muss dazu sagen, die machen das in einer Art Robin Hood. Die bewahren das Geld nicht auf, das wird zum Teil unter den Kumpels verteilt" (S. 136ff).

Eine große Zahl solcher und ähnlicher Berichte belegt gewöhnlich die Verbreitung und den Anstieg derartiger Gewalttaten durch Jugendgangs mit der Polizeiliche Kriminalstatistik, was problematisch ist (s. Walter 1995, 127ff).

Erklärungen nennen die von je her üblichen Initiationsriten Jugendlicher, die Desintegrationserscheinungen in den Großstädten, die multikulturelle Gesellschaft, die „stiefmütterliche Integrationspolitik", soziale Probleme, Arbeitslosigkeit, das Gefühl „Vertriebene im eigenen Land" zu sein, das heißt - wie besonders die jungen, in Deutschland geborenen Ausländer - keine Chance auf Mitbestimmung und volle Bürgerrechte zu haben, sich daher nicht mit unserem Staat identifizieren zu können, usw. Die Tatsache, dass glaubwürdige Antworten auf die Fragen der Arbeitslosigkeit fehlen, dass im vertikal geteilten Schulsystem immens verschiedene Berufs- und Lebenschancen verteilt werden, gilt den Autoren als wichtige Ursache für Zusammenrottung und gewalttätigen Protest. Hinzu kommen die politische Polarisierung, Rechtsextremismus, ... (siehe Hurrelmann u.a. 1995; darin Seidel-Pielen und Farin, s. 145 ff, dieselben 1991; Stürzbecher 1994, Posselt-Schumacher 1992).

Der Zusammenhang mit *ethnischen Konflikten* in unserer zunehmend multikulturellen Bundesrepublik ist offensichtlich. Auch in den Schulen kommt es zu Auseinandersetzungen zwischen Ausländern und Deutschen, Aussiedlern und Türken.... *Ausländerfeindlichkeit* verursacht psychische Verletzungen, verdeckte Aggression, offene Schlägereien. Zwei Zitate mögen die Vorgänge und ihre Hintergründe andeuten:

> „'Ich bin stolz, Deutscher zu sein' – dieser Spruch, mit dem alten Reichsadler versehen, ziert als runder Aufnäher so manche Schülerjacke. Meist tragen ihn die Jungen, die sonst auf nichts stolz sein können - nicht einmal auf sich selbst. Der Stolz auf Deutschland bietet Trost für viele soziale Abstiegs- und Zukunftsängste.... Hier liegt eine Quelle von Jungen- und Männergewalt" (Preuschoff/ Preuschoff 1992, 102f).

Ein junger Deutscher türkischer Abstammung:

„Diskriminierung kommt von allen Seiten. In der Familie, in der Schule, auf der Straße, in der Gesellschaft. Das sind Konflikte, wo man sich Gleichgesinnte sucht und eine Bande bildet. Das ist dann wie ein Staat." (Seidel-Pielen/ Farin, 1995,158).

Publikationen über fremdenfeindliche, rassistische Gewalt berichten über einen dramatischen Anstieg solcher Delikte in der Statistik polizeilich gemeldeter Straftaten, besonders zwischen 1990 (ungefähr 250 Fälle) und 1993 (6721 Fälle; Möller 1995, 182ff). In rund 70 Prozent der Fälle sind die Täter Jugendliche. Ein großer Teil dieser Konflikte hat seine Wurzeln in rechtsextremen Einstellungen (Heitmeyer 1987, Posselt/ Schumacher: 1992, 1993, Otto/ Merten 1993). Dabei gehen Aggressionen sowohl von deutschen als auch von ausländischen Jugendlichen aus; und es finden Auseinandersetzungen zwischen ganz verschiedenen ethnischen Gruppen statt. Auch Aussiedlerjugendliche – im Osten nicht selten als „Deutsche", bei uns als „Russen" verschrieen – nehmen u.U. daran teil. Berichtet wird über Schlägereien, Konflikte zwischen Cliquen, regelrechte Bandenkriege, Raub, Erpressung, Vergewaltigung, Brandstiftungen, teilweise systematisch organisiert (s. z.B. Posselt/ Schumacher 1993, 57ff).

Als Auslöser oder tiefere Ursache solcher Konflikte gelten zumeist die verschiedenen Sprach- und Verhaltensgewohnheiten, Wertorientierungen, Bekleidungsvorschriften, Religionen, Nationalstolz usw. „Grundströmungen" in der Bevölkerung wie „Gefühle der Bedrohung des Wohlstands-Levels", „Ängste angesichts destabilisierter Beschäftigungsverhältnisse" seien Motive der Gewalt-Akzeptanz (Möller 1995). Auch hätten die deutsche Familie und das Arbeitskollektiv ihre Bindekraft weithin verloren. Tendenzen der Individualisierung und Isolierung förderten die Suche nach „Gemeinschaftssurrogaten". Es gebe „überdeutliche Anzeichen, daß rechtsradikale Jugendliche in ihren Organisationen....das suchen, was sie in zerrütteten Elternhäusern, in der Schule, in der Freizeit vermissen müßten: Geborgenheit, Solidarität, klare Strukturen, einfache Antworten auf schwierige Lebensfragen" (Posselt/ Schumacher 1992, 13). Vor allem fehle es an sinnhaften Orientierungen, sozialer Sicherheit und Gerechtigkeit in Schule, Ausbildung und Beruf (s. u.a. Heitmeyer 1987). Immer wieder wird auch die Kommerzialisierung der modernen Medien angeklagt, weil durch sie sensationelle Gewaltszenen bevorzugt gezeigt werden, die die Jugend „brutalisieren" und ihr „Unrechtsbewußtsein untergraben". Gewalt gelte als „geil". Zur Ausländerfeindlichkeit durch Vorurteile s. Wagner/ Zick 1998! Zur Ausgrenzung und Gewalt gegen Behinderte s. Forster 2002!

Sozialarbeiter und Sozialpädagogen stoßen in ihrer präventiven und curativen Jugendarbeit gerade in diesem Bereich immer wieder an die ihnen gesetzten Grenzen, und viele resignieren (Stürzbecher 1994, 115). Fachleute meinen: „Pädagogik und soziale Arbeit sind nämlich nicht in der Lage, fremdenfeindliche Gewalt zu beseitigen und die dahinterstehenden Konfliktlagen zu lösen" (Möller 1995, 200); „Jugendarbeit kann nicht die gewalthaltigen gesellschaftlichen Strukturen ändern" (Posselt/ Schumacher 1989, 38).

So richten sich die Anklagen gegen Regierungen, führende Politiker und Parteien wegen der Gewalt hervorrufenden „Abkoppelung der Jugendlichen von Politik und Selbstbestimmung", die im Gegensatz zu der deklamierten Demokratie stehe (Posselt/ Schumacher 1992, 16). Insbesondere die Ohnmachtgefühle der ausländischen Jugendlichen, die „Vertriebene im eigenen Land" seien, weil sie keinerlei Vertretung auf der politischen Ebene haben, werden geschildert; ihre Ursachen werden u.a. gesehen in der Ausländerpolitik, in verständnislosen Integrationsforderungen, öffentlicher Verleugnung der faktisch bestehenden multikulturellen Gesellschaft in Deutschland...(s. u.a. Akgün 1995, 166ff, Seidel-Pielen/ Farin 1995, 145ff).

Dem *Wissenschaftler* fällt angesichts dieser vielfältigen, aber z.T. mit sehr unterschiedlicher Akzentsetzung und Plausibilität vorgebrachten Deutungen auf, dass es dringend notwendig ist, ein theoretisches Modell der Bedingungen jugendlicher Gewalt zu entwickeln, das die im einzelnen postulierten Prozesse in einen Zusammenhang stellt und sie erforschbar macht. (Die Nutzung des sonst in der Sozialpädagogik oft gebrauchten hierarchischen Bedürfnismodells von Maslow (s. Mollenhauer 1996; Martin 1998) durch Posselt/ Schumacher (1992) ist eher eine Ausnahme).

Sind gewalttätige Auseinandersetzungen und Aktionen Jugendlicher auf Straßen und Plätzen, in Verkehrsmitteln und Sportstätten, in Jugendfreizeitheimen usw. schon schlimm genug, so gilt *Gewalt in Schulen* – Aggressionen gegen Schüler- und Lehrer/innen, „Mobbing", Vandalismus, Erpressung, Raub oder gar Mord – verständlicherweise als besonders skandalös. Geschieht es doch dann mitten in den Zentren der Bildung, unter den Augen der gemäß Lehrplan auch für „Erziehung zu sozialer Verantwortung" zuständigen Lehrerschaft. Hat sich das Schulleben tatsächlich so verändert? H. Bründel (1995, 41) stellt fest:

„Die Formen von körperlichen, seelischen und sexuellen Übergriffen haben sich bei einer (noch) kleinen Gruppe von Schülerinnen und Schülern intensiviert. Diese Kinder werden immer skrupelloser und brutaler. Sie schlagen und treten, auch wenn das Opfer schon kampfunfähig am Boden liegt. Diese jungen Täter kennen keinen „Ehrenkodex" mehr, der die Opfer noch bis vor kurzem vor grenzenloser Brutalität schützte. Es fällt auf, wie wenig Mitgefühl sie mit ihren Opfern zeigen. Das Verhalten dieser (z.T. sehr jungen) Schülerinnen und Schüler macht viele Lehrerinnen und Lehrer ratlos." S. auch *Hinweis: „Bullying –Wehret den Anfängen!"*, s. S. 159f!

Zahlreiche Schriften schildern die Erfahrungen von Lehrer- und Schulleiter/innen (s. u.a.: Preuschoff/ Preuschoff 1992, 19ff, Zöpfl 1990, Korte 1993). Forschungsergebnisse und Gutachten untermauern z.T. die Berichte aus der Praxis (Ferstl u.a. 1993, Freitag/ Hurrelmann 1993, Niebel u.a. 1993, Harnischmacher 1994, Fuchs 1995, Schwind 1995, Schubarth 1995, Holtappels et al. 1997). Beklagt werden u.a. körperliche Gewalt ohne Mitleid, verbale Gewalt, auch gegen Lehrer/innen, Sachbeschädigungen, Raub und Erpressung, sexistische Gewalt vom „Rock-Hochheben" bis zur Vergewaltigung. Waffenbesitz und das Erlernen von Kampfsportarten gelten als gefährliche Indizien. Die Fallberichte und Sammelstudien kommen aus allen Schulformen und Altersstufen vom Kindergarten an, und sie liegen aus verschiedenen Regionen

Deutschlands (und des Auslandes) vor. Als besonders gewalttätig gelten die 12-15=jährigen; Hauptschulen scheinen besonders betroffen zu sein (so bereits Schwind/ Baumann 1990, s. auch Preuschoff/ Preuschoff 1992, 19). Täter sind oft körperlich starke und zugleich leistungsschwache Schüler (meist Jungen). Opfer werden oft als schwächer, ängstlich, sensibler beschrieben. „In der Schule herrscht vielfach das harte Gesetz des Stärkeren" (Bründel 1995, 45).

Die Frage, warum auch Schulen samt Schulweg ein Betätigungsfeld aggressiver Jungen sind, obwohl sie doch der Ort geistiger Bildung und charakterlicher Erziehung sein sollen, führt zumeist zu der Einsicht, dass die konflikthaften gesellschaftlichen Bedingungen gerade auch Schulen bestimmen. Die Schülerschaft spiegelt auch die Gesellschaft wider. Hier stoßen Arme und Reiche, Kinder verschiedener sozialer und ethnischer Herkunftsgruppen usw. aufeinander. Auch Schüler gehören zu Streetgangs und Hooligangruppen.

Aber darüber hinaus sind die Schulen und das Schulleben auch durch Strukturen und Regelungen bestimmt, die Gewalt auslösen können. Die Berichterstatter führen zum Beispiel die moderne Schulbauweise als Ursache von Vandalismus an (z.B. Piltz 1994, 1995, Klockhaus/ Habermann-Morbey 1986); autoritäres Lehrerverhalten, Druck, Entmutigung, Erniedrigung gelten als Auslöser aggressiver Reaktionen (Posselt/ Schumacher 1993,93ff). Leistungsversagen, Strafen, Frustrationen, schlechte Ausbildungs- und Berufschancen, anonymes Schulklima, schlechte Lehrer-Schüler-Beziehungen, Lehrerwillkür, Ungerechtigkeit werden als Verursacher von Aggressionen der Schüler genannt (z.B. Bründel 1995, 45ff). Und vieles davon wirkte auch bei dem schrecklichen Massaker R. Steinhäusers in Erfurt (2002) mit. Scheinbare Ausweglosigkeit, Rachegefühle und oft gesehene und nachgespielte Beispiele aus den Medien treiben manche junge Menschen in den spektakulären blutrünstigen Amoklauf und Selbstmord.

So plausibel diese Berichte und Erklärungen erscheinen mögen, so muss doch die Wissenschaft fragen, ob die Darstellungen und Verallgemeinerungen wissenschaftlichen Kriterien standhalten. Sind die aufgeführten Beispiele repräsentativ oder singulär? Kann aus den angeführten Statistiken tatsächlich ein gültiges Bild der Realität gewonnen werden? Welche der oft widersprüchlichen Begründungen sind wirklich valide, also wissenschaftlich fundiert? Welche der offiziellen Erklärungen dienen etwa nur dazu, die Fehler von Regierungen, Parteien, Verwaltungen, bestimmten Personenkreisen zu vertuschen und die Verantwortung abzuschieben? Zum Schluss einigen sich die vielen Mitverursacher auf den toten Täter als einzigen Schuldigen (s. auch den Abschlussbericht der Thüringischen Regierung im Fall Steinhäuser; FAZ, 25. 6. u. 1. 7. 2002). Mehr als marginale Veränderungen scheinen dann unnötig.

Hinweis: Internat.Analysen *„Violence in Schools"* aus *Kanada, Deutschland, Frankreich, Holland, der Türkei, USA:* Martin/ Deen IJAC, SondH. 4/1999, s. Lit.Verz.!

2 Wissenschaftliche Erklärungen – Konsequenzen für Prävention und Therapie

2.1 Theorien als Grundlage fachkundiger Praxis

Das Nachdenken über menschliche Aggressivität und deren wissenschaftliche Erforschung haben eine lange Geschichte. Nicht alle Ansätze können hier vorgestellt werden, aber wesentliche Erklärungen sind doch zu beachten, besonders wenn aus ihnen die erforderlichen Maßnahmen erwachsen sollen. Bei der Auswahl der Autoren und ihrer Konzeptionen werden wir verständlicherweise einen erziehungswissenschaftlichen Maßstab anlegen.

Wir verstehen die Erziehungswissenschaft als eine auf pädagogisches Handeln ausgerichtete Disziplin. Selbstverständlich sind ihr alle empirisch-analytisch gewonnenen Erkenntnisse wichtig; die daraus hervorgegangenen Theorien müssen im folgenden beachtet werden. Aber während die empirischen Sozialwissenschaften sich mit der Erkenntnis von statistisch bewährten Gesetzmäßigkeiten von zwischenmenschlichen Prozessen befassen und den Einzelfall als Ausnahme betrachten können, muss die Erziehungswissenschaft darüber hinaus noch nach Erkenntnissen suchen, die sich möglichst in der Förderung jedes einzelnen Edukandus bewähren. Dem Pädagogen muss jedes Kind, jeder Jugendliche – ob mehr oder weniger intelligent, ob behindert oder nichtbehindert, ob „Durchschnittsmensch" oder Außenseiter usw. – gleich wichtig sein. Pädagog/innen werden daher Erkenntnisse, die durch gründliche Analyse des Einzelfalles gewonnen werden, nicht von vornherein vernachlässigen dürfen. Dies auch deshalb, weil empirische Forschung zumeist sehr viel Zeit und Aufwand beansprucht: Die Forschungsergebnisse wurden nicht selten unter Bedingungen gewonnen, die zur Zeit notwendiger Interventionen gar nicht mehr zutreffen, sondern überholt sind. Natürlich wird auch gar nicht alles, was wert wäre, erforscht zu werden, überhaupt untersucht. Dennoch muss professionell, d.h. wissenschaftlich begründet und verantwortlich, erzogen, unterrichtet, beraten werden. Dies sind einige Gründe, warum Pädagog/innen die relevanten Erkenntnisse *aller* Wissenschaften nutzen müssen. Auch das Nachdenken darüber, was uns die historische Kenntnisse und das rechte Verständnis der Vergangenheit im Hinblick auf Gegenwartsprobleme lehren können, ist, wie es uns Elias und Ariès zeigen werden, wichtig für verantwortlich handelnde Pädagog/innen. Und Erzieher werden die Erfahrungen, die zum Beispiel Therapeut/innen in ihren klinischen Situationen gemacht haben, nicht deshalb als unwissenschaftlich verwerfen, weil sie nicht an großen Gruppen gewonnen wurden. Vielleicht sind sie gerade für dieses heute zu erziehende Kind wichtig.

Exkurs: Die Beiträge verschiedener Wissenschaften zu pädagogischen Fragestellungen

Um die Beiträge verschiedener Autoren zur wissenschaftlichen Erklärung von Aggressionen beurteilen zu können, müssen wir die von ihnen verwendeten Forschungsmethoden kennen. Welche Erkenntnisse können wir z.b. von einer historischen Untersuchung erwarten, welche von einer naturwissenschaftlichen...? Der Mensch ist sowohl ein physisch-naturhaftes als auch ein geschichtliches Wesen; er denkt und begründet sein Handeln mithilfe seines Geistes. Als Sozialwesen unterliegt er soziologisch erforschbaren Prozessen. So werden also für die Aufklärung der aggressiven Handlungen von Menschen empirisch-analytische (quasi naturwissenschaftliche) Erkenntnisse notwendig sein, aber auch geisteswissenschaftliche und sozialwissenschaftliche. Die Erziehungswissenschaft ist eine integrative Disziplin und muss immer wieder ihr Verhältnis zu den an ihr beteiligten Einzelwissenschaften klären.

Verständlicherweise stehen die Vertreter verschiedener wissenschaftlicher Ansätze oder Richtungen in Konkurrenz miteinander. Über viele Jahrhunderte herrschten sog. *„normative"* Ansätze vor: Man ging davon aus, dass bestimmte Normen, z.B. ethischer, religiöser oder politischer Herkunft, unumstößliche Geltung besäßen, und leitete daraus die Konsequenzen für die pädagogische Zielsetzung, für Lerninhalte, Schulorganisation sowie Unterrichts- und Erziehungsmethoden ab (z.B.: christliche, muslimische, marxistische oder demokratische Erziehungslehren).

Die *geisteswissenschaftliche* Forschung versucht dadurch tiefer zu dringen, dass sie nach den historischen Bedingungen für menschliche Existenz fragt. Sie klärt also zum Beispiel auf, warum Normen und daraus abgeleitete Erziehungsziele und -praktiken gar nicht prinzipielle Geltung beanspruchen können, sondern zeit- und ggf. ideologieabhängig sind. Ihr Ziel ist das Verstehen der historisch bedingten und in Texten und anderen Zeugnissen überlieferten Erziehungswirklichkeit, auch der heutigen. Erziehung und Erziehungswissenschaft erweisen sich in ihr als ein relativ autonomes Handlungs- und Forschungsgebiet, in dem es um die Ermöglichung von mündigen Menschen – unter je verschiedenen historischen und gesellschaftlichen Bedingungen – geht.

Aus dem Dilemma, dass ja dann alles möglich und erlaubt sei, scheinen *erfahrungswissenschaftliche* Vorgehensweisen herauszuführen. In diesem Forschungsansatz möchte man nicht nach den Zielen und Normen der Erziehung fragen, sondern sich auf die Erforschung der Ursachen oder Bedingungen und deren Wirkung auf Prozesse menschlicher Entwicklung und menschlichen Verhaltens beschränken. Daraus könnten Methoden abgeleitet werden, die – gleich welche Ziele man verfolgt – optimale Zielerreichung garantieren. Nun gibt es aber nicht nur *eine* Methode, aus Erfahrungen wissenschaftlich Erkenntnisse abzuleiten. Die streng *empirisch-analytische* Vorgehensweise, wie sie zum Beispiel in der psychologischen Lernforschung von Pawlow bis zu Bandura angewandt wird (s. Kap.2.6), erkennt als wissenschaftlich nur Ergebnisse an, die in kontrollierten und wiederholbaren Experimenten gewonnen wurden und deren Gültigkeit zumindest statistisch an einer großen Zahl von Fällen bewiesen wurde.

Demgegenüber gewinnen aber z.B. Psychotherapeuten ihre Erfahrungen nicht in solchen Experimenten – die auch Pädagogen teilweise ethisch gar nicht erlaubt wären –, sondern aus der sog. *„klinischen"* Situation. Intensive Begegnungen mit Klienten,

Gespräche, Beobachtungen, Analysen, Interpretationen im Einzelfall also, führen zur Einsicht in tiefere Strukturen und dann zu umfassenderen Deutungen.

In der *Vergleichenden Verhaltensforschung (Ethologie)* versucht man durch genaue Beobachtung des Verhaltensrepertoires der Tiere (auch in Experimenten sowie mithilfe von Filmaufnahmen und ihrer empirisch-wissenschaftlichen Auswertung) dessen Ursachen bzw. Bedingungen zu erkennen. So werden angeborene Instinktbewegungen der Tierarten, motivierende Faktoren, Auslöser, Mechanismen tierischen Lernens usw. erfasst und die Beziehungen zur außerartlichen Umwelt und zu Artgenossen analysiert. Es gelingt, aktuelles Tierverhalten im Rahmen der stammesgeschichtlichen Entwicklung (Evolution) zu erklären. Für unser Thema verspricht besonders die Humanethologie Aufschlüsse; denn sie untersucht – mit (soweit ethisch erlaubt) denselben Methoden sowie durch interkulturelle Vergleiche – die möglichen Erbkoordinationen, instinktgebundene oder -beeinflusste Verhaltensweisen beim Menschen. Dadurch wird auch der Raum für biologisch nicht determiniertes, also kulturbestimmtes, freies, intelligentes, selbst- und sozialverantwortliches Handeln deutlicher beschrieben. Neuerdings dürfen wir auch von der biologischen und medizinische *Genforschung* Aufschlüsse über Ursachen menschlicher Aggressivität erwarten.

Selbstverständlich hat jede dieser Methoden ihre Vorzüge, so dass sich daraus ein Streit der Wissenschaftler um Vorrang (auch um Positionen und Ressourcen) entwickelt. Für die Erziehungswissenschaft bedeutet dies, dass sie die an ihr beteiligten Einzelwissenschaften und ihre Forschungsmethoden immer wieder überprüfen und ihre eigene Stellung zu den sog „Grund- und Nachbarwissenschaften" klären muss.

Dabei hilft ihr auch das Konzept der sog. *„kritischen Theorie"*. Diese sucht die unkritisch vorausgesetzten Annahmen in den einzelnen Wissenschaften zu reflektieren. Sie klärt beispielsweise darüber auf, dass die verschiedenen Wissenschaftsdisziplinen auch deshalb nicht die „reine Wahrheit" sichtbar machen, weil ihnen und den von ihnen favorisierten Methoden ein, oft uneingestandenes, Forschungsinteresse, eine eigentümliche Sicht der Wirklichkeit und auch ein eigenes System von Wertpräferenzen innewohnen. Diese Ideologien gilt es freizulegen, um zu erkennen, ob die zu einem gewissen Imperialismus (so Th. Litt im Hinblick auf die Naturwissenschaften) neigenden Einzelwissenschaften wirklich zur Erfüllung des Auftrags der Pädagogik im pluralen System gesellschaftlichen Lebens dienen oder nicht.

Bei jedem Einzelthema – auch bei unserer Frage nach den Bedingungen der Entstehung menschlicher Aggression sowie nach Methoden der Intervention und Prävention – müssen wir also danach fragen: Was können die verschiedenen Wissenschaftler mit ihren Forschungsunternehmungen, Theorien und wissenschaftlichen Methoden zur erziehungswissenschaftlichen Erkenntnis generell und zu unserem Thema speziell beitragen? Sind ihre Ansprüche, Aussagen und ihre gegenseitige Kritik berechtigt oder spiegeln sie nur ihren begrenzten wissenschaftsmethodischen Standpunkt oder gar ein Gruppeninteresse dieser Wissenschaftler wider?

Stichworte (für weitere Informationssuche in erziehungswissenschaftlichen Wörterbüchern und.Handbüchern): „Pädagogik als Wissenschaft", „Methodologie", „Wissenschaftstheorie". *Weiterführende Literatur* (z.T. mit speziellen Positionen): u.a. Benner 1973, 1994; Brezinka 1978; Dahmer/ Klafki 1968, Nohl 1949, Habermas 1973, 1991.

2.2 Gewalt in Kindheit und Jugend in historischer Sicht

N. Elias' These, Gewalt sei ein Überbleibsel aus vorzivilisatorischer Zeit; historische Veränderungen in Europa und Maßnahmen zum Abbau verbreiteter Gewalttätigkeit; Bedingungen des gewalttätigen Verhaltens von Kindern und Jugendlichen in Europa nach Ph. Ariès; Personengruppen und Anschauungen, die zur „Bändigung" der Jugend beitrugen; Methoden der Erziehung zu friedlichem Verhalten; die Zivilisationskritik Adornos; gewalterzeugende Strukturen in unserer heutigen Welt.

Im Jahre 1936 veröffentlichte der Soziologe und Historiker *Norbert Elias* (1897-1990) eine inzwischen berühmte Schrift *„Über den Prozess der Zivilisation"*. Das Interesse des Autors galt der Frage, wie eigentlich die Zivilisation des Abendlandes zustande kam, welches ihre Ursprünge und Motoren waren. Er hatte also eine langfristige, die Jahrhunderte seit dem frühen Mittelalter übergreifende Perspektive. Aus einer Fülle von historischen, literarischen und ikonographischen Dokumenten konnte er den Prozess der Zivilisierung des Abendlandes nicht nur hinsichtlich der familiären und gesellschaftlichen Sitten und der Soziogenese des Staates nachzeichnen und daraus einen „Entwurf zu einer Theorie der Zivilisation" vorlegen. Seine Erkenntnisse betreffen auch den Verlauf und die Bedingungen des Wandels im Affekthaushalt der Menschen, speziell auch im zwischenmenschlichen Gewaltverhalten.

Elias bietet einen Überblick über die Kampflust und Gewalttätigkeiten seit dem „Furor der verschiedenen Stämme in der Völkerwanderungszeit" bis ins 20. Jahrhundert hinein; und er beschreibt den Prozess der allmählichen „Zivilisierung" oder „Verfeinerung" des Sozialverhaltens sowie die Beiträge der verschiedenen Stände und Gruppen zu diesem Prozess. Ein gewisser Fortschritt wird bereits im Mittelalter erkennbar, in dem die „Entladung der Affekte vielleicht ... nicht mehr ganz so ungedämpft" gewesen sei wie in der Frühzeit der Völkerwanderung (1980, I, 265). Aber auch das Mittelalter wird noch charakterisiert durch „Raub, Kampf, Jagd auf Menschen und Tiere" als „Teil der Lebensnotwendigkeiten" und als „Freuden des Lebens" der Mächtigen. Zitate belegen die Lust an der Plünderei, der Zerstörung von Kirchen, dem Überfallen von Pilgern und Verstümmeln von Gefangenen und Unschuldigen. Da es keine strafende gesellschaftliche Gewalt gab, herrschte das Gesetz des Stärkeren: Rauben, Plündern, Morden, Quälen und Töten als Normalstandard der Gesellschaft und „gesellschaftlich erlaubte Freude". „Ähnlich verhielt es sich mit der Zerstörung der Felder, mit dem Verschütten von Brunnen und dem Abhauen der Bäume" (I, S. 268). Folterungen, Entführungen, grausame, blutige Familienfehden und Bandenkriege sind typische Beispiele für den brutalen Umgang der Stärkeren mit den Schwächeren.

Als Bedingung für die Veränderung im Triebhaushalt der Menschen und die „Modellierung der Affekte" sieht Elias die allmähliche Entwicklung zentraler Gewalten an, die gebietsweise das Gewaltmonopol beanspruchten und durchsetzten, Polizei und Rechtssysteme einrichteten und die nunmehr auf äußere Feinde gerichteten kriegerischen Aktionen regelten. Selbst im Kriege könne seither der einzelne seine Angriffslust nicht mehr ungezügelt ausleben.

Jedoch haben nach Elias diese Affekte in „verfeinerter, rationalisierter Form" auch in der zivilisierten Gesellschaft „ihren legitimen und genau umgrenzten Platz" (I, S. 279). Sportliche Wettkämpfe und das Zusehen, z.b. bei – ebenfalls durch Regeln in gewisser Weise gebändigten – Boxkämpfen, gelten Elias als Reste einer sehr viel grausameren Vergangenheit der Menschheit. Im übrigen seien die schlimmsten Gewalttätigkeiten eher auf „einzelne Ausbrüche, die wir als Krankheitserscheinungen verbuchen", beschränkt (I, S. 265).

Zur Erklärung der psychologischen Vorgänge bei der allmählichen Bändigung des triebbedingten Gewaltverhaltens bedient sich Elias einer zeitgenössischen Konditionierungslehre, wonach gesellschaftlich unerwünschte Trieb- und Lustäußerungen durch Bedrohung und Bestrafung mit Angst und Unlusterfahrungen verknüpft und allmählich gelöscht oder unterdrückt wurden. Parallelen aus den Umgangsformen, der Sprache, den Esssitten, dem Sexualverhalten, dem Wirtschaftsleben ergeben zusammen mit den Veränderungen im Affekthaushalt und im Gewaltverhalten ein umfassendes Bild des vernetzten Prozesses der Zivilisation. In ihm wird vernünftiges Denken und Handeln immer wichtiger: „Überlegung, Berechnung auf längere Sicht, Selbstbeherrschung, genaueste Regelung der eigenen Affekte, Kenntnis der Menschen und des gesamten Terrains werden zur unerlässlichen Voraussetzung sozialen Erfolges" (II, S.370). Den Kindern wird ein immer „stabileres Über-Ich angezüchtet" (II, S.372); Mitmenschen werden nicht mehr nur nach dem affektgeladenen Freund-Feind-Schema beurteilt und behandelt. Die Kunst und die Literatur seit dem 16. Jhdt. ermöglichten einen Zivilisationsschub durch Lesen, Gespräche, Bildung, förderten selbständiges Denken und Selbststeuerung....

In einer solchen historischen Betrachtung ist also das Gewaltverhalten als altes Erbe der Menschheit anzusehen, das über die Jahrhunderte schrittweise gebändigt worden ist. Diese „Entwicklungsmechanik der Geschichte" samt der seelischen Prozesse wurde insbesondere durch die Errichtung von großen Herrschaftsgebieten mit dem Gewaltmonopol vorangetrieben. Mit dieser „Monopolisierung der körperlichen Gewalt als einer Art Knotenpunkt für eine Fülle von gesellschaftlichen Verflechtungen" haben sich „die ganze Prägungsapparatur des Individuums, die Wirkungsweise der gesellschaftlichen Forderungen und Verbote, die den sozialen Habitus des Einzelnen herausmodellieren, und vor allem auch die Art der Ängste, die im Leben des Individuums eine Rolle spielen, entscheidend verändert" (Vorwort, LXXVII).

Die Durchsetzung friedlicher Verhaltensnormen und Einstellungen mit Hilfe der Gesetze, Polizei, Gerichte, Gefängnisse, Ordnungs-, Straf-, Erziehungs- und Bildungsmaßnahmen ist auf unserem Planeten noch nicht abgeschlossen.

Immer wieder kommt es zu begrenzten Episoden der Aggressivität; Menschen brechen anerkannte Verhaltensregeln, werden gewalttätig und müssen durch gesellschaftliche Ordnungssysteme und Maßnahmen „zivilisiert" werden. Diese „Ausbrüche", „Krankheitserscheinungen" (I, S. 265) lassen uns nach den Ursachen solcher pathologischen Erscheinungen in einer im ganzen sich zivilisierenden Welt fragen. Im Hinblick auf die Gewalt unter Jugendlichen unserer Gesellschaft: Welche gesellschaftlichen Bedingungen sind es, die die allenthalben sichtbare Tendenz zur Bändigung der Aggressionen und ihre Ersetzung durch gegenseitige Achtung, Toleranz und friedliche Formen der Konfliktregelung teilweise außer kraft setzen? Warum gelingt den Bildungs- und Erziehungsinstitutionen, aber auch z.b. den Ordnungskräften, in vielen Fällen die „Zivilisierung" der Jugendlichen, in manchen aber nicht? Welche gesellschaftlichen Maßnahmen sind also erforderlich, um die Erziehung zu friedlichem Verhalten aller zum Erfolg zu führen?

Philippe Ariès: Die Zähmung der Schüler in der „Geschichte der Kindheit"
Die historischen Berichte und Deutungen von Ariès (1960/ 1994) enthalten zahlreiche Parallelen zu Elias' Geschichtsbild. Sie erweitern unser Verständnis der Gewaltminderung im Leben der Kinder und Jugendlichen um wesentliche Punkte. Ariès verfolgte bekanntlich die Hypothese, dass es „Kindheit" und Jugend als eigene, vom Erwachsenendasein verschiedene Lebensphasen nicht immer gegeben habe, sondern dass sie eine „Erfindung" der Neuzeit seien. Um seine Thesen zu belegen, untersuchte er u.a. zahlreiche Zeugnisse von der „alten mittelalterlichen Turbulenz" der Gesetzlosigkeit jugendlichen Lebens bis hin zum 18. und 19. Jhdt., als „der Schüler dann so gut wie gezähmt" war (S. 454ff).

Zum Beispiel berichtet Ariès anhand der Autobiographie des Schweizers Thomas Platter über die brutale Behandlung der jüngeren und schwächeren Jugendlichen durch die älteren Scholaren im 15. und 16. Jahrhundert. Auf der Suche nach Unterricht vagabundierten sie gemeinsam umher, und die jüngeren wurden mit Stockschlägen gezwungen, für die älteren, die „Bandenchefs", zu betteln, stehlen und rauben. (S.356ff). Die Initiationsriten bei der Aufnahme in das Collège waren gekennzeichnet durch „gewalttätige Handlungen und Schikanen, die gelegentlich von sexuellen Ausschweifungen begleitet waren" (S.353). Der schamlose Umgang der Erwachsenen mit den kleinen Kindern (Spiel mit ihren Geschlechtsteilen) am Hofe Ludwig XIII. (S. 175ff) würde heute zweifellos als sexuelle Gewalt eingestuft. Die Beschreibungen körperlicher und psychischer Quälereien und sexueller Ausbeutung von Kindern früherer Zeiten, die Lloyd de Mause (1978) lieferte, verdüstern das Bild noch beträchtlich.

Für unsere Fragestellung sind nun die Erklärungen aufschlussreich, die Ariès für die „Zähmung" zunächst der Jugendlichen findet. Er sieht, wie Elias, gesamtgesellschaftliche Entwicklungen, u.a. die Errichtung der absoluten Monarchie, als wichtige Voraussetzungen der fundamentalen Änderungen in der Disziplin an. Aber die Hauptagenten der Bändigung von Unordnung, Willkür und Gewalt sind für ihn nicht staatliche Ordnungshüter, sondern Theologen, Lehrer, Erzieher, Moralisten.

„Seit dem 15. Jahrhundert ... versuchen diese Männer der Ordnung ..., einer neuen Vorstellung vom Kind und seiner Erziehung zum Durchbruch zu verhelfen ... Nach Auffassung des Kardinals d'Estouteville können die Kinder nicht gefahrlos einer Freiheit ohne hierarchische Zwänge überlassen werden. Sie befinden sich in einer `etas infirmi`, die „ein größeres Maß an Disziplin und striktere Prinzipien verlangt". Für ihn sind die Schullehrer – die principales – nicht länger nur die Ersten unter gleichaltrigen Kameraden... Ihre Aufgabe besteht nicht allein darin, ihnen, wie ältere ihren jüngeren Mitschülern, erste Kenntnisse zu vermitteln. Sie sollen darüber hinaus und in erster Linie ihren Geist formen, bestimmte Tugenden in ihnen entwickeln, nicht nur unterrichten, sondern ebenso auch erziehen" (S. 364).

Zwei neue Anschauungen kommen gleichzeitig auf und bilden die Grundlage der in den folgenden Jahrhunderten entstandenen schulischen Unterrichts- und Erziehungsanstalten: „die Vorstellung von der Gebrechlichkeit der Kindheit und die von der moralischen Verantwortung der Lehrer" (ebd.). Lehrer werden Verwalter einer übergeordneten Autorität. Und ihre Erziehungsmethode „ist hauptsächlich durch folgende drei Merkmale gekennzeichnet: ständige Überwachung, die zum Erziehungsprinzip und zur Institution erhobene Anzeigepflicht und die verstärkte Anwendung von Körperstrafen" (S. 365). „Derjenige jedoch, der Gewalt gegen Sachen oder Personen anwendet, erhält die Rute, kommt in den Karzer oder wird sogar exmittiert" (S. 372).

Im Zuge dieser Veränderungen wurde im 17. Jhdt. auch die Bewaffnung der Schüler unterbunden und verboten. Dadurch ließen Schlägereien, Aufruhr, Meuterei sowie private Gewalttätigkeiten nach. Einen nicht unerheblichen Einfluss hatte die Einführung geregelter Unterrichtsorganisation in Jahrgangsklassen mit eigenen Stoffpensen, die mit Fleiß und konzentriertem Lernen zu bewältigen waren.

Die Berichte über die Entwicklung und Organisation der Schulen und Internate – besonders in Frankreich, aber auch in Deutschland und England – und über die schulische „Bändigung" der Gewalt Jugendlicher sowie die Begründungen ihrer geistigen Urheber bilden einen großen Teil des Buches von Ariès. Er beschreibt den Erfolg der Moralisten und Erzieher, die „ ihren Anschauungen – und das heißt: den unsrigen – auf lange Sicht zum Triumph verholfen haben" (S. 182).

Erst im 18. Jhdt. bildet sich dann in Frankreich die Vorstellung heraus, dass die Kindheit nicht der methodischen Demütigung und Unterwerfung bedürfe. Späher und Denunziantentum wurden abgeschafft. Eine Pädagogik der Erziehung zu Verantwortung und Menschenwürde trat an die Stelle der Züchtigungspädagogik. Eine geistige und moralische Elite setzte in Frankreich die Auffassung vom „wohlerzogenen Kind" durch, in England die vom „gentleman" als Erziehungsideal. Insgesamt aber durchdrangen die moralische Erziehung und Verhaltenssteuerung, denen man zuerst die Kinder unterwarf, dann die ganze Gesellschaft. (S. 455ff).

Im deutschsprachigen Raum lassen sich die Erziehungskonzepte und Maßnahmen A.H. Franckes, Campes, Pestalozzis (s.GrF 6) u.a. in diesen Entwicklungsverlauf einordnen. Somit wird also auch die historische Bedeutung der Philosophen, Theologen, Pädagogen, Lehrer und Erzieher für die sittliche und soziale Erziehung in Europa deutlich. Auch daraus ergeben sich Methoden der Gewaltprävention (s. GrF 3, 4, 6, 8, 12).

Die dargestellten historischen Deutungen von Elias und Ariès könnten Hoffnung aufkommen lassen, dass das Phänomen der menschlichen Aggression von den zivilisierten Menschen moderner Gesellschaften leicht zu bewältigen sei. Dagegen stehen Auschwitz, die Ermordung von weit über einer Million von Armeniern in der Türkei, die Entwicklung der Atom- und Wasserstoffbomben. So sah es *Th. W. Adorno* in *„Erziehung nach Auschwitz"* und *„Entbarbarisierung"* (1973, 1977); und wir kennen viele neuere und aktuelle inhumane Ereignisse, „ethnische Säuberungen", Kriege und Pogrome an vielen Punkten der Erde, Selbstmordattentate, Terror und Gegenterror. In der Zivilisation selbst scheint – so Adorno – das Prinzip der Barbarei angelegt zu sein. Kultur hat die Menschen eingesperrt. Die Klaustrophobie in der verwalteten Welt führt zu Wut und Gewalttätigkeit gegen die Zivilisation. Die Schwachen werden zu Sündenböcken gemacht. Das autoritäre Potential scheint Adorno in dieser Welt ungebrochen. Blinde Identifikation mit Kollektiven, der „Aufprall der modernen Massenmedien" auf einen zurückgebliebenen Bewusstseinsstand, der doppeldeutige – auf fair play angelegte und zu bösartiger Gewalt ermunternde – Sport: dies sind einige Symptome. „Die einzig wahrhafte Kraft gegen das Prinzip von Auschwitz wäre Autonomie..., die Kraft zur Reflexion, zur Selbstbestimmung, zum Nicht-Mitmachen" (S. 93). Der blinden Vormacht aller Kollektive ist zu widerstehen. Das „männliche" Erziehungsideal der „Härte gegen sich selbst und andere" müsse abgelöst werden, Schmerz und Angst sollten nicht verdrängt werden, damit sie nicht als zerstörerische, aggressive Kräfte ans Licht drängen müssen. Der manipulative Charakter, der besessen ist von dem Willen „of doing things" und vom Ideal der „efficieny", muss durch „Entbarbarisierung" gebändigt werden.

Adorno hält die Barbarei nicht für unabänderlich gegeben. Er schlägt vor, die Entstehungsbedingungen der Gewalt zu studieren, die auch zu Beginn des neuen Jahrtausends nicht nachgelassen hat. Ein wichtiges Feld ist ihm das Verhältnis vieler Zeitgenossen zur Technik, das ihm „etwas Übertriebenes, Irrationales, Pathogenes" zu enthalten scheint. Die Mittel werden „fetischisiert", „die Zwecke – ein menschenwürdiges Leben – verdeckt und vom Bewusstsein der Menschen abgeschnitten". Menschen können nicht mehr lieben, weil die Mittel alle Liebesfähigkeit an sich ziehen. Und das Bestürzende dabei sei, „dass dieser Trend mit der gesamten Zivilisation verkoppelt ist. Ihn bekämpfen heißt soviel wie gegen den Weltgeist sein" (S. 100f).

Rücksichtslose Verfolgung der eigenen Interessen, Gleichgültigkeit gegenüber dem, was anderen geschieht, Unfähigkeit zu lieben und sich zu identifizieren, „Sich-Zusammenrotten von Erkalteten, die die eigene Kälte nicht ertragen können", das sind weitere Stichworte, mit denen Adorno Auschwitz und die Aggressionen der Gegenwartsgeschichte sowie das Schweigen und Mitläufertum angesichts des Terrors erklärt. Wiederum erwartet Adorno nichts vom Predigen der Liebe, aber viel von der Aufklärung dessen, warum die Kälte von uns Besitz ergriff. Sie könne im Vorbewusstsein gewisse Gegeninstanzen kräftigen und ein Klima bereiten, „das dem Äußersten ungünstig ist".

Aufklärung müsse auch die Möglichkeit der Verschiebung von Aggressionen, z.b. von Juden auf die Alten oder die Intellektuellen oder einfach abweichende Gruppen, aufdecken. (Wir denken hier an die Opfer von Gewalthandlungen unter den Kindern und Jugendlichen, aber auch an die Kinder als Opfer von Missbrauch und Aggressionen der Erwachsenen.) Aufgeklärt werden müsse auch über die Staatsraison: „Indem man das Recht des Staates über das seiner Angehörigen stellt, ist das Grauen potentiell schon gesetzt."

Adorno setzt seine Hoffnung darauf, dass, wenn schon Schreibtischmörder nachwachsen, Erziehung und Aufklärung doch verhindern können, dass sich Menschen dazu hergeben, ihre Pläne im Angesicht von Mitmenschen auszuführen, zu Folterknechten und damit zu „Mördern an sich selbst" zu werden.

All das scheint auf der Ebene der Politik, der gesellschaftlichen Kräfte zu liegen. Aber in Wirklichkeit geht es (auch Adorno) doch um unser Thema: die Prävention von Gewaltneigungen und -handlungen unserer Kinder.

Hinweis: Zu den vielen Schulen, die besondere Anstrengungen unternehmen, um der Gewalt entgegenzuwirken und Friedfertigkeit auch institutionell, durch nichtautoritäre Regeln des Zusammenlebens und -arbeitens der Lehrer- und Schüler/innen zu fördern, gehört die Theodor-W.-Adorno-Schule in Elze, Niedersachsen. Der Leiter dieser Hauptschule gibt einen anschaulichen, konzeptionell begründeten Bericht über viele Maßnahmen und Möglichkeiten der Förderung von Friedfertigkeit und Lust an der Schule, auch unter den schwierigen Bedingungen einer Hauptschule: z.B. Öffnung und Gestaltung der Schule als Lebensraum, ein Freude bereitendes und Identifikation ermöglichendes Schulleben, Unternehmungen, Projekte usw. Lesen Sie nach in:
N. Hilbig: Mit Adorno Schule machen – Beiträge zu einer Schule der Kritischen Theorie. Theorie und Praxis der Gewaltprävention. Bad Heilbrunn, 2. Aufl. 1997.
Sie werden mehr von der Lektüre des Buches haben, wenn Sie nicht danach suchen, warum das, was in Elze zu funktionieren scheint, eigentlich nicht funktionieren kann, sondern wenn Sie den Geist und Sinn zu verstehen suchen, von dem die geschilderten Maßnahmen getragen sind – dort und auch anderswo. Siehe die Grundformen 1, 6, 8!

Th.W. Adornos Kultur- und Gesellschaftskritik kann uns die Augen öffnen für vielfältige, Gewalt fördernde Bedingungen in der modernen Welt: in politischen und wirtschaftlichen Strukturen, in Institutionen, in der Technik, im Sport u.v.m. Seither ist die Welt noch komplizierter geworden. Die Technologien haben ihren Siegeszug fortgesetzt. Die Medien beherrschen mehr und mehr unser Leben. Die Migrationströme haben ein Miteinander und Ineinander der Kulturen erzeugt, das völlig neue Anforderungen an die Fähigkeit und den Willen zu friedfertigem Zusammenleben stellt (s. auch Ladenthin 1995).
Der Dichter *H.M. Enzensberger* schrieb 1992 einen aufrüttelnden Spiegel-Artikel über „Aussichten auf den Bürgerkrieg". Die „Zeit" prägte den Satz „Jugendgewalt wird zur größten Herausforderung für Polizei, Justiz – und Politik" (17.Sept. 1998). Ein Pädagoge urteilt, an N. Elias anknüpfend:

"Der zivilisierte Mensch prügelt seinen Meinungsgegner nicht, er stichelt allenfalls – durch geschliffene Rede oder bösen Spott, die, wie wir wissen, auch erheblich verletzen können. Zwar ist Gewalt bis heute keinesfalls abgeschafft, im Gegenteil: sie findet statt in der sinnlichen Abstraktion von Materialschlachten in Kriegen, die für uns durch Fernsehen inszeniert werden, und sie hat sich verteilt als feine Substanz in unseren Institutionen – von der Familie über die Schulen bis zum Sozialamt etwa ..,"strukturelle Gewalt".... Die öffentlich sich zeigende, über Körperbedrohung sich ausagierende Gewalt hingegen haben wir unter Abgewöhnung, Beobachtung und Strafe gestellt, und darum erschrecken wir so über sie, obwohl wir doch mitten in einer Welt voller Gewaltförmigkeiten leben... in Familien, zwischen den Geschlechtern, den Völkern und Rassen; unwirtliche Städte haben dazu beigetragen" (Baacke 1998, 121).

Von diesen und anderen modernen Bedingungen für die Entstehung von Aggressivität und Gewalt handeln die folgenden Theoriebeiträge.

2.3   Die ethologische Sichtweise (Lorenz, Eibl-Eibesfeld)

Erklärung tierischer Instinkthandlungen; charakteristische Aggressionssituationen und -reaktionen im Tierreich, ihre biologische Bedeutung; Instinkte im menschlichen Verhalten; typische Aggressionssituationen und -formen bei verschiedenen Völkern, solche bei Menschenaffen; Formen der Aggressionshemmung, Konfliktkontrolle und -bewältigung im Tierreich; ihre Fortentwicklung bei den Menschen; Konsequenzen aus der Humanethologie für die Erziehung und die Prävention aggressiven Verhaltens bei Kindern und Jugendlichen.

Die uralte Erfahrung verbreiteter Konflikte (s. Kain und Abel; die Kämpfe der Götter...), menschliche Ohnmacht dagegen und die Beobachtung aggressiver Verhaltensweisen der Tiere mussten die Vermutung nahe legen, dass Aggressivität tief in der genetisch bestimmten Natur des Menschen verwurzelt sei. Eine Disziplin, welche diese Hypothese wissenschaftlich untersuchte, ist die Vergleichende Verhaltensforschung (Ethologie). Als wichtigste Vertreter aus dem deutschen Sprachraum gelten Konrad Lorenz und Irinäus Eibl-Eibesfeld.

Unter dem Titel „Das sogenannte Böse – Zur Naturgeschichte der Aggression" (1963) legte *K. Lorenz* das Grundkonzept vor. Er definierte, anders als Lerntheoretiker und auch anders als S. Freud (Vorwort, S..X):

„Die Aggression...ist ein Instinkt wie jeder andere und unter natürlichen Bedingungen auch ebenso lebens- und arterhaltend. Beim Menschen, der durch eigenes Schaffen seine Lebensbedingungen allzu schnell verändert hat, zeitigt der Aggressionstrieb oft verderbliche Wirkungen, aber das tun in analoger Weise andere Instinkte ebenso".

Grundlage der ethologischen Aggressionsforschung bilden die Erkenntnisse über wichtige Bedingungen des Verhaltens der Tiere, die Lorenz und Eibl-Eibesfeld in Fortführung der Arbeiten internationaler Gelehrter wie W. Craig und N. Tinbergen gewonnen hatten. Sie bewiesen, dass Tiere zum Teil ein funktionsfähiges Verhaltensrepertoire mit auf die Welt bringen, zum Teil aber auch in ihrer Jugendzeit auf der Basis stammesgeschichtlich erworbener Re-

zepte bestimmte arttypische Verhaltensmuster entwickeln. Angeborene Auslö-
semechanismen werden durch bestimmte Reize oder Reizkonstellationen in
Gang gesetzt. Ebenfalls angeborene Antriebsmechanismen erzeugen spontane
Aktivität, und so kommt es auf der Basis angeborener Lerndispositionen zu
Lern- und Prägungsprozessen, teilweise in erkennbaren sensiblen Perioden.

„Instinkthandlungen" der Tiere sind demnach außerordentlich komplexe
Systeme von Verhaltensweisen. Angeborene Erbkoordinationen sind normalerweise gekennzeichnet durch situationsgemäße Anpassung und Variabilität
(Eibl-Eibesfeld 1967, 11f, 29ff). Auch ist die Intensität der Instinktbewegungen abhängig von der Bereitschaft des Tieres, seiner Wachheit/ Ermüdung und
der Intensität der Reize. Tiere reagieren damit nicht bloß auf äußere Reize,
sondern agieren auch spontan. Längerer Nicht-Gebrauch führt zur Herabsetzung der Reizschwellenwerte, zu Unruhe usw., veranlasst die Suche nach
auslösenden Reizsituationen. Appetenzverhalten löst Antriebe aus (Lorenz
1978).

Auch die Aggressivität der Tiere ist demnach instinktbedingt. Lorenz' frühe
Definition und knappe Erläuterung (s.o.) enthält bereits wesentliche Aspekte
dieses Aggressionskonzeptes. Seine Berichte beschrieben vielfältige Formen
aggressiven Verhaltens wie die Revierkämpfe der Korallenfische, das „lieblose
Ehe- und Gesellschaftsleben der Nachtreiher, die blutrünstigen Massenkämpfe
der Wanderratten...". Er erklärte die „Physiologie der Instinktbewegung im
allgemeinen und des Aggressionstriebes im besonderen", um daran „die Spontaneität seines unaufhaltsamen, rhythmisch sich wiederholenden Hervorbre-
chens" verständlich zu machen. Beispiele zeigen, dass sich aggressive Antriebe verselbständigt haben, ritualisiert und teilweise unschädlich wurden.

Wesentlich ist der Nachweis, dass die Aggressivität, das „sogenannte Böse",
in Wirklichkeit wichtige, nämlich „lebens- und arterhaltende Funktionen" im
Tierreich hat. In „Gesellschaftsordnungen" der Tierarten haben unterschiedliche Aggressionsformen ihre je besondere Wirkung und Bedeutung. Am Beispiel der Graugänse wird aufgezeigt, dass es auch tierische Gesellschaftsordnungen gibt, in denen „das Band der persönlichen Liebe und Freundschaft
verhindert, dass die Mitglieder der Societät einander bekämpfen und beschädi-
gen". Aus Analogieschlüssen versucht Lorenz nun Folgerungen für menschliche „Gegenmaßnahmen gegen jene Fehlfunktionen der Aggression" zu ziehen,
„deren Ursachen ich zu kennen glaube" (Einleitung S. IX-XIV).

Sieht man von dem Ausdruck „persönliches Band der Liebe und Freundschaft" der Graugänse und daraus abgeleiteten Aussagen über menschliche
Aggressionsbewältigung ab, so bestechen diese Forschungen durch die Fülle
und Differenziertheit der beobachteten Prozesse im tierischen Aggressionsverhalten, die in der Tat z.T. an menschliche Aggressivität erinnern.

Besondere Aufmerksamkeit zogen die innerartlichen Kämpfe der Tiere auf sich, auch weil durch sie Aufschlüsse über zwischenmenschliche Aggressivität erwartet wurden. Das Kampfverhalten gegenüber Rivalen um Fortpflanzung und Eindringlinge in das Revier wird durch das bloße Erscheinen des Artgenossen ausgelöst. Über die artspezifischen Besonderheiten dieser Instinkthandlungen, ihre Regeln, Auslöser, Intensitätsformen, zugehörige Drohgebärden und Demutshaltungen, Aggressionshemmer und -verstärker liegen zahlreiche Forschungsarbeiten und Berichte vor.

Diese Erkenntnisse legten die Hypothese nahe, die sich schon in dem o.g. Zitat von K. Lorenz ankündigt: Auch Menschen sind von Natur aus aggressiv. Wenn wir der Gewalttätigkeit der Menschen Herr werden wollen, müssen wir deren instinkthaften Grundlagen und Mechanismen erkennen, so dass effektive Programme der Steuerung, Sozialisierung, Erziehung zu friedlichem Verhalten daraus entwickelt werden können.

Das setzt freilich voraus, dass menschliche Aggressivität nicht aus ganz anderen Quellen gespeist wird, etwa hervorgerufen wird durch einen besonderen menschlichen Destruktionstrieb oder allein durch Lernprozesse (s.u.). *I. Eibl-Eibesfeld* hat dieser Frage zahlreiche Forschungsarbeiten gewidmet. Darin dienten die Erkenntnisse über das innerartliche Aggressionsverhalten der Tierarten der Gewinnung von Hypothesen zur Erforschung der Erscheinungsformen zwischenmenschlicher Aggressivität.

In der Kette der Beweisführung stehen an erster Stelle Belege dafür, dass es auch beim Menschen *„Vorprogrammierungen"*, also nicht erst vollständig gelernte Verhaltensweisen gibt (z.B. im Bewegungs-Repertoire Neugeborener, in der Mimik und Gestik auch taubblind geborener Kinder). Ein zweiter Schritt dient dem Nachweis sog. Universalien im Verhalten der Menschen verschiedener Rassen und Kulturen (z.B. Bewegungen, interkulturell verständliche Mimik, Gestik bei Begrüßungen, bei Zustimmung und Verneinung, Freude und Trauer; Eibl-Eibesfeld 1973/ 1985).

Zur Überbrückung der Lücke in der Evolution der Menschen dient der Aufweis von homologen Verhaltensweisen in entsprechenden Situationen bei nicht-menschlichen Primaten, z.B. Brauenrunzeln, Zähnezeigen, Starren mit offenem Mund (Eibl-Eibesfeld 1973, 44f). Schimpansen umarmen einander bei Begrüßungen und nehmen dabei mit den Lippen Kontakt auf (S.37). Die hohe Wahrscheinlichkeit gewisser angeborener Auslösemechanismen für menschliches Sozialverhalten wird am sog. Kindchenschema verdeutlicht, das interkulturell ähnliche Betreuungsreaktionen hervorruft (S.58f). Eibl-Eibesfeld fasst die Ergebnisse dieser Forschungsarbeiten folgendermaßen zusammen:

„Wie weit die Vorprogrammierungen in unserem Sozialverhalten im einzelnen gehen, wissen wir heute noch nicht" (S.67); aber „Untersuchungen an Taubblinden und Säuglingen ebenso wie die kulturvergleichende Erforschung sozialer Interaktionen beweisen, dass auch menschliches Verhalten in genau feststellbaren Bereichen durch stammesgeschichtliche Anpassungen vorprogrammiert ist" (S.71).

Auf dieser Basis wendete sich die ethologische Forschung nunmehr der Frage zu, inwieweit im *menschlichen Verhaltensrepertoire* auch *aggressives Verhalten „vorprogrammiert"* ist, ähnlich wie bei Tieren. Im Hinblick auf die Ergebnisse ist die spezifisch ethologische Definition zu beachten:

> „Als aggressive Verhaltensweisen bezeichnen wir jene, die zu einem Flüchten, Ausweichen oder zur Unterordnung, mitunter auch zur physischen Beschädigung eines Artgenossen führen. Die Verhaltensweisen der Aggression werden oft mit jenen der Flucht und Verteidigung unter dem Begriff „agonistisches Verhalten" zusammengefasst." (S. 80; ausführliche Begründung bei Eibl-Eibesfeld 1975, 41ff; vgl. dagegen unsere Definition Kap.1.2).

Solche auf genetischer Grundlage zustande kommenden, aber auch durch Lernvorgänge überformten Verhaltensweisen sind nach Aussagen der Biologen im Tierreich außerordentlich bedeutsam. So bieten „raumgebundene Intoleranz" zur Verhinderung von Übervölkerung, auch die Rangordnungskämpfe in der Gruppe und die Kämpfe der männlichen Tiere um Vorrang bei der Begattung erhebliche „Selektionsvorteile".

Zahlreiche Untersuchungen dienten dem Aufweis von aggressiven Verhaltensweisen, die bei Tieren und Menschen strukturell gleich oder ähnlich sind. Besonders die auch bei Schimpansen üblichen Aggressionsformen wurden untersucht, um die Herkunft der entsprechenden menschlichen Handlungstendenzen aus der Evolution nachzuweisen.

In der Tat sind eine Reihe solcher Aggressionsformen und -anlässe frappierend ähnlich, und die Ethologen legen besonderen Wert darauf, ihr universelles Vorkommen nachzuweisen. Eibl-Eibesfeld untersuchte und dokumentierte deshalb die Manifestationen aggressiver Verhaltensweisen bei einigen Jäger- und Sammlervölkern, die bisher als sehr friedlich galten (1973, 111ff).

Als erstes Ergebnis seiner vergleichenden Aggressionsforschung an Erwachsenen, an Kindern (auch schwachsinnigen), an Säuglingen aus unserem und anderen Kulturkreisen beschreibt Eibl-Eibesfeld (1975, 95ff) eine Reihe typischer Situationen, in denen Inner-Gruppenkonflikte auftreten:

1   das Besetzen und Verteidigen von Raumbezirken, Wohnungen, Grundstücken, Tischen, Sitzplätzen. Dabei werden unterschiedliche Individualdistanzen beansprucht. Zweck: individuelles Wohlbefinden, Ordnung und stabile Beziehungen zwischen Einzelnen und Gruppen. (Auch die empirische Aggressionsforschung (Calhoun, McGurk u.a., Kälin, Schulz-Gambard; s. Selg u.a. 1988, 151ff) bestätigt die Bedeutung von Wohn- und Lebensraum, die aggressionsauslösende Wirkung von „crowding");

2   Streit um Objekte, Besitz und Verteidigung begehrter Gegenstände (vgl. Kampfweisen von Kindern; Entwicklung von Respekt vor dem Besitz anderer, von Ritualen zum aggressionsfreien Aushandeln und Respektieren von Besitzansprüchen; auch bei Schimpansen);

3   Wettstreit um die Erreichung von Zielen, Preisen usw. auf Kosten anderer; Gruppenstrukturen, Aufbau und Abbau von Gegnerschaft; Streitrituale;

4   Rivalisieren um Partnerbindung, Eifersucht; auch Geschwisterrivalität in Familien;

5   Verteidigung von Sozialpartnern: „Es dürfte sich um eine elementare Schutzreaktion handeln, die der Brutverteidigung vieler Wirbeltiere vergleichbar ist" (1975, 102); Anfeuerung der Kampfbereitschaft durch Gruppenmitglieder;

6   Streben nach Anerkennung, Rang, Einfluss mit Bedeutung für die Auslese der Fähigsten und für die Führung der Gruppen in Entscheidungssituationen (einschließlich der ausgleichenden Regulativa für Flexibilität in den Hierarchien, für Anerkennung und Zustimmung durch Rangniedrigere);

7   explorative Aggression zur Erfahrung von Verhaltensnormen, zur Austestung von Toleranzgrenzen und von Stärken und Schwächen der Partner (Gefahr der Eskalation von Aggressionen beim Ausbleiben von Grenzsetzungen; mit Bedeutung für Erziehung; andererseits Grenzüberschreitung als „Motor der Kulturentwicklung");

8   erzieherische Aggression: Beschimpfung, Bedrohung, Bestrafung, Demütigung wegen Verstößen gegen die Regeln des Zusammenlebens, auch solcher „moralistischen Aggression" wird ein „selektionistischer Vorteil" zugeschrieben; als Sonderform die normerhaltende Aggression gegen Außenseiter.

Selbstverständlich postulieren die Etomogen nicht, dass jeder Mensch jederzeit nach diesen Mustern handele, wohl aber sollen die ausgewählten Forschungsarbeiten zeigen, dass bei allen Völkern und Altersgruppen derartige Verhaltensweisen vorkommen, und zwar weil sie zu den „Vorprogrammierungen" gehören, die die Menschen aus der Evolution mitbekommen haben. Es handele sich also um naheliegende Handlungstendenzen, die jeder beachten muss, der Menschen zu Toleranz, Friedfertigkeit, Nächstenliebe erziehen möchte. Um den Handlungsdruck, der von ihnen ausgeht, zu verdeutlichen, werden auch die zugehörigen „auslösenden Reize" – Schmerz, Wunschversagung, Entbehrungserlebnisse, komplexe Reizsituationen (z.B. bei Fremdenfurcht und Fremdenablehnung) – aufgezeigt. Auch wird auf zentralnervöse Mechanismen („Wutzentren") und die Wirkung von Aggressionsstaus, die zur Entladung drängen, hingewiesen, die demnach aggressive Handlungen motivieren. Dass auch Erfahrungsgewinn und Lernprozesse eine große Rolle bei der Verarbeitung der aggressiven Antriebe, bei ihrer Hemmung und bei der Wahl und Ausführung der Handlungen in den genannten Situationen spielen, wird nicht geleugnet. Es geht Eibl-Eibesfeld ja darum, dass die stammesgeschichtlich überkommenen aggressiven Antriebe so ernst genommen werden, dass auch angemessene, effektive Arrangements der Sozialisation und Methoden humaner Erziehung entwickelt und angewandt werden.

Als Chance dafür werden die (auch bereits in der Erbkoordination angelegten) *Formen der Hemmung und Ritualisierung von Aggressivität* sowie der *Konfliktkontrolle* angesehen. Sie nehmen in Forschungsprojekten und Veröffentlichungen einen breiten Raum ein (Eibl-Eibesfeld 1973, 151ff; 1975, 111ff, 224ff). Folgende Muster der Konfliktkontrolle und Vermeidung von

Destruktion werden bereits im Tierreich beobachtet und finden sich auch bei den Menschen, kulturell, sprachlich, technisch usw. erweitert und verfeinert:

1. die Ritualisierung der Auseinandersetzungen, Drohduelle, Turniere (beim Menschen auch Verbalisierung von Aggressionen, Kontrolle der Waffen...);
2. Demutsstellungen, die es dem Verlierer erlauben, den Kampf zu beenden (beim Menschen Verhaltensweisen der Submission wie Weinen, Schmollen; weiterhin verbalisierte Appelle; Abwendung, Distanzierung...);
3. Streitschlichtung durch Dritte bei höheren Säugern, Beschwichtigung durch „freundliche" Rituale (beim Menschen: auch argumentativ; durch Bestrafung von Aggressoren; durch Rechtsprechung und Ordnungshüter; staatliche Macht);
4. die Ausbildung sozialer Rangordnungen, die Konflikte verhindern bzw. auf „Prügelknaben" ableiten (beim Menschen ähnlich, aber zu humanisieren);
5. Weisen freundlicher Kontaktbereitschaft (beim Menschen ebenfalls angeborene bandstiftende und befriedende Verhaltensweisen, vor allem aus dem Mutter-Kind-Verhalten abgeleitet; kulturell begründete Grußrituale, Feste, Geschenksitten...);
6. Entwicklung von Regeln, die Gruppen gegen Störungen durch Dritte, Raub und Abwerbung schützen (beim Menschen: Gesetze, Tabus...);
7. Aus dem Wege gehen; Aktivierung des Fluchtsystems (auch beim Menschen).

Weitere Reaktionsmuster zur Konfliktkontrolle bzw. Vorbeugung sind nur bei Menschen bekannt, z.B.: Verhinderung von Zwischengruppenkonflikten durch Heirat; Offenhalten der Kontaktmöglichkeiten auch verfeindeter Parteien; Weckung des humanitären Bewusstseins; politische und/oder militärische Integration; Erziehung zum Frieden; Entwicklung des Zivil- und Völkerrechts.

Die Humanethologie klärt also zwar auf über Situationen, Motivationen und Prozesse der Aggression auch beim Menschen; aber der Mensch ist danach diesen Kräften nicht ausgeliefert. Viele Formen von Gewalt wie z.B. die Kriege zwischen den Völkern, in denen Menschen Mitmenschen töten, lassen sich demnach gar nicht mit dem naturgegebenen Aggressionsinstinkt legitimieren. (Eibl-Eibesfeld führt Kriege auf die Pseudospeziation, also eine zivilisatorische, nicht naturgegebene Entwicklung zurück, durch die Fremde derselben Art zu Feinden erklärt und getötet werden können.) Im übrigen aber hat bereits seine Stammesgeschichte dem Menschen *Mittel* in die Hand gegeben, *Gewalt zu vermeiden oder zu hemmen, Streit zu schlichten, ja Konflikte in Fortschritt umzumünzen.* Die für das menschliche Zusammenleben und das Gedeihen des Individuums wichtigen ethischen Gebote und das Gewissen als Steuerungsorgan gelten als (bereits bei höheren Tierarten rudimentär vorhandenes) biologisch vorgegebenes Instrumentarium im Dienst der Erhaltung und Fortentwicklung der Art. Sie können und sollen zur Überwindung archaischer, nicht mehr arterhaltender Triebe genutzt werden (Eibl-Eibesfeld 1970, 107ff, 1975, 224ff; s.o. Adorno: moderne psychische „Klaustrophobie", Wut und Aggression wegen engmaschiger Regulierung und Bevormundung).

Hinsichtlich des *Raumbedarfs unserer Kinder und Jugendlichen* erweitert die *ökologische Betrachtungsweise* das Blickfeld. Fachleute stellen fest, dass besonders für die 12-15jährigen Spielräume für Bewegungs-, Abenteuer- und

Spannungserlebnisse in unseren Städten fehlen. Vergleiche mit nicht artgerechter Tierhaltung werden gezogen. Es wird gefragt, ob das blinde ökonomische Zweckdenken, das die Legebatterien für Hühner hervorgebracht und uns u.a. die Seuche BSE beschert hat, nicht auch beim Bau von Wohnungen, Schulen, Straßen und Promenaden, bei der Anlage von Spielplätzen für die Kleinen und eingekäfigten Bolzplätzen für die „Halbwüchsigen" am Werk sei – mit ähnlichen Wirkungen. Man hält es für geradezu „sachlogisch", wenn diese Jugendlichen ihren affektiven und psychomotorischen Bedürfnissen ein Ventil schaffen, notfalls in Vandalismus und Gewalt, in Streetgangs und als Hooligans. G.A. Pilz (1994, 53ff) hat dazu Fakten zur Wohn- und Spielraumsituationen vieler Jugendlicher, Zeitungszitate über Gerichtsverfahren gegen Jugendspielplätze, über Elterninitiativen u.ä. sowie Aussagen Jugendlicher zu derartigen Gründen ihrer Gewaltbereitschaft zusammengestellt (s. z.B. auch Farin/ Seidel-Pielen 1993, 151ff über Argumente jugendlicher Hausbesetzer; Stürzbecher 1993, 257 über den Kampf um Spielplätze, Farin/Seidel-Pielen (in: Hurrelmann u.a. 1995, 154) über den Kampf um Diskotheken, Straßen und Plätze...). Dazu mehr in GrF 1 „Raumgeben..." .

Im übrigen hat schon I. Eibl-Eibesfeld (z.B. in „Liebe und Hass – Zur Naturgeschichte elementarer Verhaltensweisen"; 1975/97) Konsequenzen aus ethologischen Erkenntnissen für die Definition von Erziehungszielen und für die Erziehung zu Friedfertigkeit gezogen.

Hinweise auf die neuere biologische und medizinische Aggressionsforschung
In den letzten Jahren hat die empirischer Erforschung der physiologischen, neurobiologischen und genetischen Bedingungen aggressiven Verhaltens einige Fortschritte gemacht, die beachtet werden sollten. So ergaben die Forschungen über die Folgen minimaler Hirnstörungen (MCD) bzw. das Hyperkinetische Syndrom (HKS, auch „Attention Deficit/Hyperactivity Disorder", ADHD), dass oft Aufmerksamkeitsstörungen mit hirnphysiologisch erklärbarer Aggressivität einhergehen (Steinhausen 1982, 14; 1995). Hirnorganische Störungen lassen sich in vielen Fällen dissozialen Verhaltens nachweisen (Nissen 1995, 29ff). Aggressives Verhalten lässt sich durch Reizung bestimmter Hirnstrukturen auslösen. Neurobiologisch/ pharmazeutisch üben verschiedene Stoffe (Katecholamine, Serotonin, Stimulantien wie Methylphenidat u.ä.) Einfluss auf aggressives Verhalten aus (Steinhausen 1982, 1995). Die Bedeutung des Hormonhaushaltes für die Auslösung aggressiven Verhaltens ist bekannt (Kornadt 1981, Tillmann 1990, 53). Bestimmte physiologische Vorgänge beeinflussen bereits die Wahrnehmung und Wertung und in deren Folge die u.U. aggressive Reaktion auf die Umwelt (Kornadt 1981, 337ff). All dies bestätigt, dass aggressives Verhalten auch humanbiologisch bedingt sein kann. Dass genetische Ursachen vorliegen können, wird immer häufiger berichtet bzw. nachgewiesen (Tripp/ Sutherland in Horner/ Kiselica, 1999, S. 293ff; .s. auch neue Informationen über die „Männlichkeit der Gewalt" im Internet (2002).

Überhaupt hat die Genforschung neue Erkenntnisse von u.U. weitreichender Bedeutung vorgelegt. Dabei stand zunächst vor allem sexistische und rassistische Gewalt (Vergewaltigung) im Vordergrund. Durch solche Forschungen wird nicht die „Erklärung von Sevilla" (UNESCO 1986) widerlegt, welche sich gegen das Missverständnis wandte, Gewalt sei ein „Naturgesetz". Wohl aber gibt es angeborene Bedingungen, die die spätere Entwicklung von Gewalttätigkeit begünstigen, und solche, die eher friedfertiges Verhalten fördern können. Nachweise, dass einzelne Variable Risikofaktoren für die Aggressivitätsentwicklung angeboren sind, häufen sich. Buck/ Ginsburg (1997) gehen in ihrer Erklärung der Entwicklung Empathie von einem „cognitive gene" aus, das durch soziales Lernen, ggf. durch Training (s. GF3) zu aggressionsmindernder kognitiver und emotionaler Empathie entwickelt werden kann und sollte.

Bereits wurden durch Eingriffe in die Keimbahn Mäuse gezüchtet, die weniger aggressiv sind als andere. Namhaften Wissenschaftler (wie Nobelpreisträger James Watson) fordern deshalb, das Humangenom für die Keimbahntherapie freizugeben, u.a. mit dem Ziel, sozial verträglichere Menschen zu züchten (FAZ 29.7.1998). Neuere Veröffentlichungen, die den genetischen Anteil an der Persönlichkeitsentwicklung (auch hinsichtlich des Sozialverhaltens) höher einschätzen als bisher, sind: J. R. Harris: "The nurture assumption", New York 1998, und Hamer, D./ Copeland, P: "Das unausweichliche Erbe", Bern 1998; zum Thema „Geschlecht und Gewalt" s. Internet (2002).

Konsequenzen für die Prävention und Intervention

Aus humanethologischer Sicht ist es gefährlich, die biologischen Grundlagen und die stammesgeschichtlich bedeutsamen arterhaltenden Funktionen von aggressivem Verhalten in bestimmten Situationen zu verkennen. Das gilt ganz besonders auch für Jugendliche und Heranwachsende. Andererseits haben Kinder und Jugendliche wenig Macht, ihre Lebenswelt nach ihren natürlichen Bedürfnissen zu gestalten. Wirtschaftliche, finanzielle, interessenbedingte Einflüsse, auch Ignoranz und Uneinsichtigkeit hindern die Erwachsenen und ihre Institutionen oft daran, die Lebens-, Lern- und Spielwelt der jungen Generation in pädagogisch förderlicher Weise zu gestalten. Ideologien, auch wissenschaftliche, helfen mit, die naturgegebenen Bedürfnisse und Reaktionen von Kindern und Jugendlichen zu verschleiern. Demgegenüber muss eine die Prävention von Gewalt intendierende Familien-, Jugend-, Schul- und Sozialpolitik die Erkenntnisse der Humanethologie beachten. Auch Menschen benötigen ein gewisses Maß an Sicherheit des Lebensunterhaltes sowie der Stabilität sozialer Beziehungen. Es *gibt* Fremdenfurcht, die besonders dann in Fremdenhass umschlagen kann, wenn sie verkannt wird. Wenn günstige Arrangements für das Zusammenleben, -spielen und -lernen gefunden und angewandt werden, kann aber das Miteinander verschiedener ethnischer Gruppen, die nur durch Pseudospeziation zu „Feinden" erklärt werden, für alle fruchtbar sein.

Menschen benötigen Raum zum Leben, beanspruchen und brauchen in individuell verschiedener Art Distanz, Privatraum, Gestaltungsraum zu ihrer Entfaltung. Sie streben nach Besitz, wollen ihre Individualität und ihr Gruppenleben entfalten. Solidarität, Verteidigung der Sozialpartner sind ihnen wichtige Anliegen. „Respekt" vor dem Besitz und Lebensraum anderer ist bereits im Tierreich üblich, darf beim Menschen nicht verschüttet, sondern muss fortentwickelt werden. Auch Schulklassen und Schulhöfe sind Lebensräume, müssen Grundbedürfnisse nach konzentrierter Arbeit, nach Sauerstoff, Bewegung, Erholung, Spiel, Rückzug, Schutz usw. erfüllen.

Es gibt einen natürlichen Wettstreit um die Erreichung von Zielen und die Realisierung von Werten. Menschen streben natürlicherweise nach Anerkennung, Rang, auch Einfluss. Dafür müssen Spielräume eröffnet werden. Gleichzeitig darf nicht das Bedürfnis „Rangniedriger" nach Zustimmung und Anerkennung missachtet werden. Ebenso müssen humane Verfahren und Regeln des Streitens entwickelt werden. S. GrF 9 „Konflikte...".

Auch für Abenteuer- und Spannungserlebnisse muss Raum bereitgestellt werden. Selbst explorative Aggressionen der Kinder und Jugendlichen, mit denen sie die ihnen gesetzten Grenzen und die Prinzipien und das Verhalten von Autoritäten (Eltern, Lehrer/innen usw.) austesten, sind zunächst natürlich und in angemessener Weise zu tolerieren. Aber Grenzen haben auch ihren Wert. Auch Erziehungsmaßnahmen, die Erfahrung von Konsequenzen nicht akzeptablen Verhaltens dürfen nicht in ihrer Bedeutung verkannt werden. Und schließlich ist es eine Tatsache, dass die Bestrafung von Menschen, die sich außerhalb der sozial gültigen Normen bewegen, auch zur Erhaltung humaner Verhaltensregeln beitragen kann und in bestimmten Fällen auch muss.

Das alles hat Konsequenzen für den Raum und die Regeln der Sozialisation und Erziehung, die wir den Heranwachsenden gewähren. Gewaltprävention muss demnach dafür sorgen, dass die Heranwachsenden, und zwar alle, ob arm oder reich, ob Deutsche oder Ausländer, den von ihnen benötigten Raum in den Wohnungen, auf Spiel- und Sportplätzen, in Klassenzimmern, an den Arbeitstischen usw. haben. Betätigungsfelder, Lernen, Arbeit, Ausbildung haben auch, aber *nicht nur* wirtschaftliche Bedeutung (s. GrF 2). Die Heranwachsenden brauchen sie auch für die Ausbildung von Individualität, für die Erfahrung von Selbstwert, Anerkennung, für den Erwerb von Besitz und Raum (s. GrF 8). Soziales Gruppenleben (auch in lokalen, religiösen, ethnischen, interessenorientierten u.a. Gruppen) muss ermöglicht werden. Konflikte, Wettkämpfe dürfen nicht verteufelt werden. Sie sollten in angemessener Weise erlaubt und als Feld der Aggressionsbewältigung und Problemlösung sowie als Möglichkeit des Erlebens von Abenteuern und Spannung sowie des Verhaltensaufbaus genutzt werden – auch in Schulen und Freizeitbereichen.

Die bereits biologisch vorgegebenen und weitere kulturbedingte Möglichkeiten der Kampfhemmung und Streitschlichtung sind in Familie, Schule und Freizeit zu fördern und zu nutzen (s. GrF 9). Die Familien als Orte der Sozialisierung und des Erwerbs von prosozialen Einstellungen und Verhaltensweisen bedürfen der Förderung, selbstverständlich auch die Familien der Ausländer- und der Aussiedlerkinder. Wenn Schule nur als Ort der Konkurrenz und der Demütigung oder der fremdgeleiteten Qualifizierung für die von den Erwachsenen vorgegebene Welt erfahren wird, so ist das ebenso gewaltfördernd wie eine Schule, in der die Lernenden keine Anforderungen an Leistungsbereitschaft, Selbständigkeit und Sozialverhalten erfahren können (s. Kap. 2.7).

Im Rahmen eines umfassenden Modells der Erklärung aggressiver Verhaltensstörungen sind die humanethologisch und medizinisch untersuchten Prozesse menschlicher Aggression zu beachten. Bei der Entwicklung von Methoden der Therapie und Sondererziehung sind auch humanethologisch erforschte Verfahren der Aggressionshemmung, -ritualisierung, -vermeidung und der Konfliktbewältigung zu bedenken (s. GrF 1, 9).

2.4   Die psychoanalytische Betrachtungsweise

Freuds Persönlichkeitsmodell: Strukturen, Prozesse; die psychisch gesunde Persönlichkeit; Bedingungen und Prozesse psychopathologischer, auch aggressiver Verhaltensweisen; Entwicklungsstörungen und unkontrollierte Aggressivität; Beeinträchtigung der Über-Ich-Funktionen durch Sozialisation.– Verursacher gewalttätiger Verhaltenstendenzen nach Adler; Bedeutung von emotionaler Zuwendung, Gemeinschaftsgefühl; weitere Therapiekonzepte; Konsequenzen für die Gewaltprävention.

In der modernen Psychologie wird „der Beginn der Aggressionsforschung... auf die Zeit um die letzte Jahrhundertwende datiert": „Seit der von 1902-1911 dauernden Zusammenarbeit Freuds und Adlers in Wien ist die menschliche Aggressivität ununterbrochen in der psychologischen Diskussion" (Selg u.a. 1988, 27). Allerdings bewerten diese empirisch-analytisch orientierten Psychologen Freuds letzte Erklärung menschlicher Gewalt, die Lehre vom „Todestrieb", dann als „übergeneralisierende Schlussfolgerung eines relativ depressiv gewordenen älteren Mannes" (S.30). Sie sehen darin „vage Behauptungen", „grandiose Spekulationen", die „ein Glaubensbekenntnis verlangen" und „vor allem Angehörige nichtpsychologischer Berufsgruppen wie Journalisten, Pädagogen, Philosophen, Psychiater..." beeindrucken (S.28) – Äußerungen über einen weltberühmten Forscher und über andere Wissenschaftler, die unfreiwillig an Revierkämpfe erinnern.

Das Urteil ist allerdings vom Standpunkt einer streng empirischen Wissenschaft nicht völlig unverständlich. Immerhin boten aber Freud, Adler und andere Tiefenpsychologen bereits relevante Deutungen für das in diesem Jahrhundert immer drängender gewordene Problem menschlicher Gewalt an, als die empirisch-psychologische Erklärung menschlichen Verhaltens noch tief in ihren behavioristischen Anfängen steckte. Tiefenpsychologische Konzeptionen der Gewalt und Aggression, der Delinquenz, überhaupt „abweichenden Verhaltens" ermöglichten damals bereits Pädagogen, Sozialarbeiterinnen, Lehrer- und Sonderschullehrer/innen, Therapeut/innen hilfreiche Interventionsmaßnahmen. Auch in Zukunft wird eine Handlungswissenschaft wie die Pädagogik auf Erkenntnisse und Einsichten angewiesen sein, die mit anderen als empirisch-analytischen Methoden gewonnen wurden (s. S. 22ff).

Es ist nicht möglich, die Fülle der Grundannahmen, Erklärungen und Deutungen menschlicher Aggressivität, die aus der Tiefenpsychologie in der Nachfolge Freuds und Adlers hervorgegangen sind, hier einigermaßen angemessen zu referieren. Es sei aber generell darauf hingewiesen, dass sie nicht nur Psychotherapien begründet haben, sondern u.a. auch wichtige Beiträge zur Erklärung und Behandlung von Kriminalität lieferten (s. Lamnek 1990, 80ff; Franck 1972, Moser 1970). Sie haben auch in der Sonder- und Heimpädagogik der schwererziehbaren bzw. verhaltensgestörten Kinder (Redl 1974, Redl/ Wineman 1984, 1986; Aichhorn 1971, Kluge 1979, Heinemann/ Rauchfleisch/ Grüttner 1992) hilfreiche Erklärungs- und Handlungsmöglichkeiten eröffnet (s.u. Kap. 4.2; weiterhin: Hopf 1998). Wir müssen uns hier auf die Darstellung einiger grundlegender Ansätze beschränken, die für unser Thema besonders relevant sind. Verweise mögen zu weiterem Studium anregen.

Unseren Ausgangspunkt bildet die Einsicht, dass *S. Freud* und die übrigen Tiefenpsychologen anderes im Sinne hatten als die Isolierung und experimentelle Erforschung von „theoretischen Konstrukten". Vielmehr sahen und sehen sie sich in der Begegnung mit einmaligen psychisch kranken Klienten – aber auch in der Betrachtung der Geschichte menschlicher bzw. gesellschaftlicher Verstrickungen, Konflikte und Leiden – mit Phänomenen konfrontiert, die sie in immer neuen Anläufen um der adäquaten Hilfe im Einzelfall willen analysieren und deuten, d.h. auf den Begriff zu bringen versuchen. Neuansätze, Fortentwicklungen, ja Widersprüche in diesen Begriffssystemen müssen diese Lehren nicht ad absurdum führen, sondern sie können auch Fortschritte, ein tieferes Verständnis komplizierter Vorgänge in Personen – Menschen in ihrem Widerspruch – und Umwelten darstellen und daher hilfreiche Erklärungen unterschiedlicher Fälle ermöglichen. Insofern spricht es nicht gegen Freud und die Psychoanalyse, dass er auf der Suche nach einer Erklärung für die offensichtliche Tatsache menschlicher Aggressivität, individueller Gewalt gegen Personen und Sachen, intergruppaler Konflikte, Fehden und Kriege zwischen Völkern und Staaten zunächst eher annahm, dass Aggressivität eine Komponente der Sexualität (1905) sei, während er später (1920) einen eigenen Todes- oder Destruktionstrieb im Menschen zu erkennen meinte. Überhaupt erscheint uns die Polemik gegen innere Antriebe, Energiequellen und Steuerungsmechanismen in der Person längst überholt zu sein. Sie stammt aus der Zeit, als die behavioristische Psychologie Vorgänge im Inneren der Person der für unerforschbar gehaltenen „black box" zuordnete (s. dagegen Bandura, S. 60ff).

Wichtig für das Verständnis tiefenpsychologischer Ansätze ist jedoch vor allem, dass die Triebhypothese nur einen kleinen Teil dieser Theorien ausmacht. Entscheidend ist die besondere Weise, wie sie das Zusammenwirken der inneren Antriebe, der Einflüsse aus der Umwelt und aus der Lern- oder Sozialisationsgeschichte sowie der Selbststeuerung der Person (Ich) für die Erklärung menschlichen Verhaltens (hier: der Aggressivität) nutzbar machen. Dazu haben auch die Nachfolger Freuds erheblich beigetragen.

Da es unmöglich ist, in der hier gebotenen Kürze eine korrekte und hinreichende Zusammenfassung der Aggressionstheorie S. Freuds oder gar aller psychoanalytischen Schulen zu bieten (s. u.a. Freud 1900, 1915, 1920, 1923, 1964; Brenner 1972, Rapaport 1973), ziehen wir einen Zeugen zu, der schwerlich verdächtigt werden kann, psychoanalytischen „Spekulationen" oder „Glaubensbekenntnissen" anzuhängen. S. Lamnek fasst in seinem Buch über „Theorien abweichenden Verhaltens" die Freudschen Konzeptionen der Aggression als „Grundlage für die kriminologische Anwendung psychoanalytischer Erkenntnisse" folgendermaßen zusammen. Wir fügen eingerückt Erläuterungen, wichtige Beiträge der Nachfolger Freuds usw. hinzu. Sämtliche Zitate zu Beginn der Abschnitte 1-8 stammen aus Lamneks Buch (1990, 86):

1) „Auf der Basis der Annahme, dass alle Menschen mit antisozialen Trieben geboren werden und diese Triebkräfte biologisch determiniert sind, vermutet man *die Ursache für Kriminalität in pathologischen Persönlichkeitsentwicklungen.*"

Entscheidend für die Nutzung der psychoanalytischen Erkenntnisse für das Verständnis der Genese von abweichendem, speziell auch aggressivem, Verhalten ist Freuds Auffassung, dass Menschen aggressives Verhalten nicht gänzlich nachträglich lernen, z.B. von einem bösen Menschen oder von Gewaltdarstellungen im Fernsehen, sondern dass die Möglichkeit dazu tiefer in ihnen wurzelt, nämlich in ihrer biopsychischen Ausstattung. Menschen haben demnach eine triebhafte Anlage zu aggressiven Handlungen. Das kann niemandem fremd sein, der daran denkt, dass das Fleisch, mit dem wir unseren Hunger stillen, durch Jagen, Schießen, Abstechen, Zerschneiden von Tieren gewonnen wird und dass auch das Mehl unseres Brotes nicht gewonnen werden kann, ohne dass wir mit Gewalt in den Kampf der Kreaturen ums Überleben eingreifen, Kräuter zu Unkräutern erklären, vernichten. Die Psychoanalyse lehrt, dass dieses tief im biologischen Grund der Person angelegte gewalttätige Verhalten auf verschiedene Objekte gerichtet werden kann. Der Speer, mit dem das Wildschwein erlegt wird, kann auch gegen Feinde gerichtet werden, die das erlegte Wild stehlen oder rauben wollen. Und die Zahl der Situationen und Gründe für Gewalt unter Menschen ist unendlich.

Deshalb ist humanes Verhalten nicht naturgegeben, sondern muss erlernt und bewahrt werden. „Pathologische Entwicklungen" können abweichendes, unmoralisch aggressives und/ oder anderweitig kriminelles Verhalten verursachen. Umso wichtiger ist es, Aggressivität und Gewalt ernst zu nehmen und nach Möglichkeiten der Bewältigung solcher aggressiven Tendenzen zu suchen (Freud 1905, 1933).

2) „Nicht alle *Verbrechen* (hier: *Aggressionen*; L.M.) lassen sich psychoanalytisch erklären und verstehen. Sind sie jedoch psychoanalytisch beurteilbar, so lassen sie sich *auf psychopathologische und neurotische Entwicklungen zurückführen.*"

Um solche „psychopathologischen und neurotischen Entwicklungen" verstehen zu können, bedarf es eines Einblicks in den von Freud angenommenen *„psychischen Apparat"*. Bekanntlich nimmt Freud darin erstens zwei Systeme an, *das Bewusste* (mit dem Vorbewußten, das durch Anspannung der Aufmerksamkeit bewusst werden kann) und *das Unbewusste*, dessen Inhalte nicht einfach durch eine Bemühung der Aufmerksamkeit ins Bewusstsein gehoben werden können.

Ebenso bekannt sind die drei *„Instanzen"* oder „Strukturen": das *„Es"* als Sitz der biologischen Bedürfnisse und der Triebe, „hauptsächlichste Quelle der Vitalität", sodann das *„Über-Ich"*, das die Rolle des sozialen Gewissens übernimmt, welches die triebhaften, aus dem Es hervorgehenden Strebungen kontrolliert und reguliert. Seine Regeln, Wertorientierungen, Normen werden im Gegensatz zu dem angeborenen „Es", beginnend in der frühkindlichen Sozialisation, erworben. Als vermittelnde und entscheidende Instanz wirkt das *„Ich"*, das also einerseits „Vollstrecker der Triebe" ist, aber auch Impulse aus dem „Es" im Namen von Über-Ich-Geboten oder aufgrund der „Realitätsprüfung" zurückweisen oder Kompromisse schließen kann und ggf. soll (Lamnek 1990, 81; Brenner 1972, 50-120; Freud 1923 und 1933).

Vielfältige Prozesse zwischen Bewusstem und Unbewusstem sowie zwischen den drei Instanzen können antisoziales Verhalten hervorrufen. Gewaltverhalten kann ebenso resultieren aus übermäßigen und ungezügelten Triebwünschen des „Es" wie aus unmoralischen Gewissensnormen. Ein zu schwaches „Über-Ich" ist ebenso pathologisch und u.U. aggressionsauslösend oder -zulassend wie ein despotisches „Über-Ich". Es kommt auf die Stärke und den Realitätssinn des „Ich" an, auf sein Geschick, aus Triebwünschen und normativen Vorschriften prosoziales, die Schöpfung bzw. Umwelt achtendes Verhalten zu produzieren, Konflikte human zu lösen.

Psychoanalytiker versuchen auf Grund klinischer Erfahrungen aufzuzeigen, wie *im kindlichen Entwicklungsprozess*, schon während der *„oralen Phase"*, aus der Entfremdung von Bezugspersonen und Kind, aus offener oder versteckter Ablehnung oder gar Misshandlung Rückzugstendenzen und aggressive/ destruktive Strebungen entstehen. In der *Analphase* sind es danach vor allem widersprüchliche und harte Ordnungs- und Erziehungsmaßnahmen, die „kindlichen Negativismus", Misstrauen, Neigungen zur Sachbeschädigung und zu selbstschädigendem Verhalten hervorrufen können. Und in der „geltungsstrebigen" oder *„phallischen" Phase* führen sie zu kindlicher Verwahrlosung, zu Aggressionen unter Wiederholungszwängen, zur Identifikation mit rüden, gewalttätigen Vorbildern. Dass im *Schulalter* und in der *Pubertät* daraus gehäuftes und planmäßig durchgeführtes Gewaltverhalten entstehen kann und dass sich Jugendliche damit immer mehr von ihren Familien entfernen und sich – auch zur Selbstbestätigung – Gruppen mit gewalttätigen Neigungen zuwenden können, erscheint begreiflich (siehe Merkens 1993).

S. Freud betonte besonders die Wirkungen der Ich- und Über-Ich-Schwächen auf die Entstehung aggressiven Verhaltens. Die Störungen in der Entwicklung der Strukturen und Funktionen der Persönlichkeit – Ich und Selbstwahrnehmung, Fremdwahrnehmung, Realitätsprüfung, Denken, Sprechen, Organisation von Abwehrmechanismen usw. – wurden besonders von *Anna Freud* (1936) und *H. Hartmann* (1939) untersucht und unter dem Begriff „Ichpsychologie" bekannt (Heinemann 1992,16). Kinder mit geschädigten Ich- und Über-Ich-Funktionen entwickeln Wahnvorstellungen, haben geringe Frustrationstoleranz; übermäßige, Panik erzeugende Schuldgefühle; sie sind besonders erregbar, identifizieren sich notgedrungen mit anderen Delinquenten, bauen schwer zu durchbrechende Abwehrmechanismen. *Redl* verweist zusätzlich auf ihre Anfälligkeit für den Verlust der Ich-Kontrolle durch „gruppenpsychologische

Berauschung" (Redl 1974, 28f; Redl/ Wineman 1957, 1984; s Kap.4.2). Den Teufelskreis von Angst, Phantasien und Aggression beschrieb *M. Klein* (1972).

Die Existenz und die Wirksamkeit der Bewusstseinssphären komplizieren die Prozesse und können ebenfalls der Aggressivität dienen. Trivial ausgedrückt: Wer möchte sich schon immer daran erinnern, dass für sein wohlschmeckendes Rumpsteak ein Rind abgestochen werden musste? Vielfältige Prozesse der Abspaltung, der Verdrängung, des Vergessens, Rationalisierens, Projizierens können sich auswirken in Blindheit für das eigene Tun, können die Mahnungen des Gewissens lähmen. Erschreckende Gewalt wird auf diese Weise möglich (Lamnek, 1990,81, Freud, Werke III (Das Unbewusste, 1900); A. Freud 1936).

Dazu ein Zitat von *H. E. Richter*, das erklärt, warum die „Globale Warnung" von 101 Nobelpreisträgern und 1500 weiteren Wissenschaftlern (vom 18. Nov. 1992) vor der immensen, weltweiten Zerstörung der Umwelt so wenig Wirkung zeitigte: „Was ist es, das von einer ... notwendig erscheinenden Reaktion abhält? Eine Theorie erklärt das Phänomen mit einem psychischen Spaltungsmechanismus. Der Amerikaner R.J. Lifton hat solche Spaltungen am Extremfall der „Ausrottungsmentalität" beschrieben. In einem abgespaltenen Teil des Selbst können Menschen Furchtbares registrieren, ohne zu erschrecken oder zu verzweifeln. Sie sehen klar, was an Schlimmem passiert oder zu passieren droht und was sie gegebenenfalls dazu beitragen. Aber es berührt sie innerlich nicht. Ihre Emotionalität schwingt nicht mit, sie ist wie abgeschaltet. In anderen Bereichen können die Betreffenden so uneingeschränkt wie bisher empfinden. Hier kommt ihr normales Selbst zur Geltung mit allen Gefühlen wie Sorge, Schuldgefühl, Mitleid, Lust und Freude." Siehe „Empathie, GrF3!

Richter erwähnt sodann Beispiele, u.a.: „Soldaten im Krieg, die es lernen, sich inmitten grauenhafter Szenarien des Blutvergießens ungerührt zu bewegen". Und er warnt davor, dass wir unsere „Gefühle partiell vor den unerträglichen Wahrnehmungen und Vorstellungen" (der gegenwärtigen Gewalt gegen Natur und Menschen) „zurückziehen", so dass dann die „gefährlichsten Tatsachen ....gleichgültig, langweilig werden" wie ein „lästiger Bettler" (Richter 1993, 16f).

3) *„Störungen in der frühkindlichen – insbesondere sexuellen – Entwicklung* können zu Ursachen für abweichende Verhaltensweisen werden."

Freud führt Aggressionen nicht einfach auf die Triebwünsche des „Es" zurück, sondern zeigt, dass ihre Realisierung und Ausformung entscheidend von Lern- bzw. Sozialisationsprozessen abhängen. So wird die Entwicklung des Über-Ichs, das aggressive Tendenzen kontrolliert, wesentlich von den Identifikationsmöglichkeiten der Heranwachsenden mit wichtigen Personen, Eltern, Lehrer/innen usw., beeinflusst (s. auch Erikson 1973, 98ff).

Von den Nachfolgern Freuds sind die charakteristischen Problem- und Lernsituationen verschiedener Altersstufen über die von Freud genannten (die orale, die analsadistische, die phallische Phase, die Latenzperiode und die genitale Phase) weiter analysiert worden. Sehr einflussreich wurde *E. Eriksons* Modell des „Wachstums und der Krisen der gesunden Persönlichkeit". Es zeigt Schwierigkeiten auf, welche die sich entwickelnde Person auf dem Weg zu Urvertrauen, Autonomie, Initiative, Werksinn, Identität, Intimität und Solidarität, Generativität und Integrität schrittweise bewältigen muss. Auch die Beeinträchtigung der psychischen Gesundheit, die aus dem Nichtgelingen der Bewältigung solcher altersspezifischen Problemlagen entstehen kann, wurde begreifbar: übermäßige Ausprägung von Misstrauen, Scham und Zweifel, Schuldgefühlen, Minderwertigkeitsgefühlen, Identitätsdiffusion, Isolierung, Selbstabsorption und Verzweiflung (Erikson 1973, s.a. Oerter/ Montada 1995).

„Das Ur-Vertrauen ist der Eckstein der gesunden Persönlichkeit"; die Beeinträchtigung der „Erfahrung des freundlichen Anderen" kann zu einer „radikalen Störung" des Verhältnisses zur Welt und zu den Menschen führen.. Aus „oralem Pessimismus" können sich infantile Ängste entwickeln, die wiederum „oralen Sadismus" hervorrufen. Es leuchtet ein, dass mangelndes Urvertrauen und mangelndes Selbstvertrauen die Basis für aggressives Verhalten gegen Mitmenschen und Umwelt werden können (Erikson 1973, 63ff). Zur ödipalen Phase merkt *Erikson*, der sie mit der Aufgabe der Entwicklung von „Initiative gegen Schuldgefühle" charakterisiert, an (S.93):

„Dies mag einem Leser merkwürdig erscheinen, der nur die sonnige Seite der Kindheit gesehen und das potentielle Kraftwerk zerstörerischer Triebe nicht gekannt hat, das in diesem Stadium erweckt und dann für lange Zeit begraben werden kann, bis es später das innere Arsenal von Destruktivität verstärkt, das bereit liegt, um bei einer provozierenden Gelegenheit aktualisiert zu werden". Hier wird zugleich deutlich, warum z.B. Wiedergutmachung eine wichtige Form der Prävention weiterer Gewalt sein kann (s. auch M. Klein 1972).

4) „Sozialisationsdefekte, die in *mangelnder Über-Ich-Ausbildung* resultieren, liefern ebenfalls Erklärungspotential für Kriminalität."

5) „Auch *zu starke Über-Ich-Ausformung* kann zur Ursache für Kriminalität werden, wenn die verdrängten Triebe mit kriminellen Verhaltensweisen „kompensiert" werden sollen."

Dieser Aspekt ist von *Freud* besonders betont worden, weil er die Bedeutung der gut funktionierenden Gewissens-Instanz für die Kontrolle und Lenkung der aggressiven Antriebe erkannt hatte: „Beim Verwahrlosten, der ohne Liebe erzogen wurde, entfällt die Spannung zwischen Ich und Über-Ich, seine ganze Aggression kann sich nach außen richten" (Freud „Das Unbehagen in der Kultur" 1930, 490). In den Untersuchungen von *Redl* und *Wineman* im Pioneer House erwiesen sich solche Über-Ich-Störungen durch Unterentwicklung oder Fehlleitung (auch Identifizierung mit delinquenter Umwelt) als so wichtig, dass sie ihre Interventionsmaßnahmen besonders auf die Förderung prosozialer Wertvorstellungen und die (Wieder-) Herstellung eines funktionierenden Über-Ichs richteten (1984, 53).

Auch die aggressionsauslösenden bzw. -steigernden Wirkungen, die von einem despotischen, d.h. übermäßig rigiden und an starren, überhöhten Normen orientierten Über-Ich ausgehen, sind bekannt. Vgl. auch die Auswirkungen eines "anal" begründeten Ordnungs- und Reinlichkeitsfanatismus bei Lehrern (Schramml 1976).

6) „Da die Über-Ich-Ausbildung Prozesse der Identifikation mit der nächsten Umwelt voraussetzt (Eltern oder allgemeiner Bezugspersonen), kann *fehlende emotionale Zuwendung* die Identifikation und mithin die Über-Ich-Entwicklung hemmen oder verhindern."

Auf die traumatisierenden und Aggressivität auslösende Wirkungen fehlender emotionaler Zuwendung im frühen Kindesalter wird von beinahe allen   Psychoanalytikern und Therapeuten anderer Schulen hingewiesen (zu *Freud* siehe Zitat in Abs.5). *R. Spitz* wies im Hospitalismus die Zusammenhänge mit Aggression und Autoaggression nach. *Erikson* (s.o.) beschrieb die destruktiven Effekte im weiteren Leben der Betroffenen. Die Kränkbarkeit bzw. geringe Frustrationstoleranz der so vom Misstrauen geprägten Menschen ruft oft eine starke Neigung hervor, sich durch manipulative Gewalt das Gefühl eigener Macht und Geltung zu verschaffen. Jedoch darf das Verständnis dieser Prozesse nicht auf die frühkindliche Phase und etwa nur die Mutter-Kind-Beziehung beschränkt werden. Vielmehr ist auch an die Beziehung zum Vater und zu der erweiterten Familie zu denken. Und auch in Kindergarten, Schule, Heim, Ausbildung, bewirken „soziale Beeinträchtigungen" und die Entbehrung von Anerkennung und Zuneigung oft dyssoziale, aggressive Verhaltenstendenzen (Heinemann 1992, 10f). Auch sozial-kognitiv-lerntheoretische Ansätze weisen den Zusammenhang von frühkindlichen Erfahrungen der Vernachlässigung, der emotionalen Deprivation und des Missbrauchs durch die Eltern mit der späteren Wahrnehmung und Auswahl von feindlichen Zielen sowie aggressiven Handlungen nach (Kaukiainen et a. 1999, Dodge/Schwartz 1997, Feshbach 1997, Eron et al.1991, Slaby/ Guerra 1988).

Sowohl der Pionier der psychoanalytischen Erziehungslehre *A. Aichhorn* als auch etwa *Redl und Wineman* in ihrem Pioneer House haben deshalb erhöhten Wert darauf gelegt, dass die aggressiven Kinder ihrer Heime zunächst ihr großes Defizit an Liebe ausgleichen konnten; zumal das die Voraussetzung ist für die notwendige Anerkennung der Realität und die Überwindung von Frustrationen und Ängsten, für das Ertragen von Einschränkungen, Versagungen, notwendigen Grenzziehungen usw., – ohne die Aggressionsabbau nicht gelingen kann. In der Lehre vom „Pädagogischen Bezug" (H.Nohl 1949) ist deshalb die emotionale Komponente der Lehrer-Schüler-Beziehung ebenfalls zu Recht hoch bewertet worden. Sozial-lerntheoretische Forschungen haben weitere Aufschlüsse über den Zusammenhang erbracht (s.o!). Daraus ergeben sich wichtige Aufgaben und Wege der Gewaltprävention (s. GrF 3!).

7) „*Präexistente Schuldgefühle* können zur Ursache von abweichenden Verhaltensweisen werden."

Lamnek (1990, 83) verweist auch besonders auf die Delinquenz- bzw. Gewalttendenzen, die aus nicht bewältigtem Schuldgefühl u.ä. erwachsen. Vor allem die Wirkung der Abwehrmechanismen ist daran beteiligt, dass Schuldfantasien und Ängste – oft unbewusste – Aggressionen sogar gegen nahestehende Menschen, Kinder, Schüler, Freunde, erzeugen. Zur Sündenbock-Projektion siehe H. E. Richter (1969).

Aggressives Verhalten stellt sich also insgesamt dar als pathologische Folge nicht bewältigter Entwicklungskrisen im frühkindlichen Alter; darüber hinaus als Ergebnis eines Teufelskreises aus unterschiedlich heftig beteiligten Faktoren: ungehemmtem Aggressionstrieb, geringem Realitätssinn, geringer Frustrationstoleranz, Minderwertigkeitsgefühlen, Schuldkomplexen, Ich-Schwäche, Angst, Überlegenheitsstreben, Über-Ich-Schwäche oder Über-Ich-Despotie und ungünstigen Umweltbedingungen.

8) „In der Psychoanalyse wird der Streit über Anlage-Umwelt sinnvollerweise nicht ausgetragen, weil auf der Basiskategorie der Anlage die Stoßrichtung entwicklungspsychologisch und soziologisch ist, die *Priorität* also *bei der Umwelt* gesetzt ist."

Zum besseren Verständnis dieses Charakteristikums der Psychoanalyse und der abschließenden *Gesamtwürdigung* der aus ihr hervorgegangenen Aggressionstheorie mag das folgende Zitat aus Lamneks Theoriebuch (1990, 85) beitragen:

„Erstens ist der *Mensch* dort *entwicklungs- und veränderungsfähig*, was eine wichtige Voraussetzung für die Vermeidung und Verhinderung von Kriminalität darstellt, ohne auf massive Persönlichkeitseingriffe rekurrieren zu müssen. Zweitens enthält die Psychoanalyse ein immens wichtiges soziologisches Argument: Das Über-Ich, das für die Eindämmung der Triebe verantwortlich ist, wird aus der sozialen Umwelt heraus entwickelt und geprägt... So hat es die *Umwelt* in der Hand, durch Sozialisation das Ausbrechen der Kriminalität zu verhindern. Sie ist dafür verantwortlich zu machen, wenn das Über-Ich nur residual geformt ist. Diese zweifache Abhebung von der biologischen Schule hat die positive Konsequenz, dass man sich nicht fatalistisch in die Kriminalität ergeben muss – weil sowieso nichts zu ändern ist – sondern gezielt gegensteuern kann. Sie hat weiter zur Folge, dass nicht nur an dem Delinquenten selbst anzusetzen ist, sondern auch und besonders an seiner nächsten Umwelt."

Ergänzende Hinweise auf andere tiefenpsychologische Aggressionstheorien:
Die weiteren, in der Nachfolge Freuds entstandenen tiefenpsychologischen Modelle setzen teilweise andere Schwerpunkte, auch hinsichtlich der Erklärung aggressiven Verhaltens. Die unterschiedlichen Persönlichkeitstheorien und Problemerklärungen widerlegen sich nicht unbedingt gegenseitig. Vielmehr erwuchsen sie aus der klinischen Arbeit mit verschiedenen Personen mit unterschiedlichen Lebensgeschichten und Problemlagen. Eher ist davon auszugehen, dass erfolgreiche Therapiesysteme Beiträge zu einem uns noch nicht bekannten und vielleicht niemals voll zugänglichen Gesamtsystem menschlichen Problemverhaltens und fachkundiger Therapie darstellen.

So erklärt die von *Alfred Adler* (1870-1937) gegründete Schule der *„Individualpsychologie"* psychische Gesundheit als einen Prozess, in dem es dem Einzelnen gelingt, seinen Aufgaben und Problemen mit adäquaten Arten und Graden zielgerichteter und schöpferischer Aktivität zu begegnen. Sein Handeln ist dann geprägt von einem ganzheitlichen individuellen Lebensstil. Wichtig für dessen Entwicklung sind das Eingebettetsein der Person in die soziale Umgebung, Familie, Gruppe, Gemeinschaft sowie das Gemeinschaftsgefühl und die Erfahrung eigenen Selbstwertes in sinnvoller Tätigkeit in der Gemeinschaft.

Von seiner anfänglichen Annahme eines angeborenen ubiquitären Aggressionstriebes (1908) ging Adler schon früh ab. Er erklärte Aggressivität als reaktives, pathologisches Verhalten. Delinquenz, Aggressivität usw. werden hervorgerufen bzw. verstärkt durch: Erlebnisse der Verwöhnung, des Versagens wegen fehlenden oder unterentwickelten Gemeinschaftsgefühls, durch Minderwertigkeitserfahrungen und -gefühle (auch durch „düstere Prophezeiungen" und Verbauung der Zukunft der Kinder), fehlgeleitete Problemlösungen (durch überhöhtes Überlegenheitsstreben, Bemühungen auf der „sozial unnützen Seite", Herabsetzung der Mitmenschen, Fiktion des eigenen Willens, Streben nach Macht, Sicherung durch Aggression). Aggression ist neben „Rückzug" eine der beiden Hauptformen neurotischen Verhaltens : Der Neurotiker sieht sich umgeben von einer feindlichen Welt.... Neben „reinen" Formen der Aggression (wie Schlagen, Raufen, Beißen) werden so auch Verfeinerungen (im Sport, im Duell usw.) und Steigerungen (Amokläufe, Kriege, Macht- u.Rassenkämpfe) erklärt. Affekte bilden die Brücke: „Durch einen Zornausbruch wünscht das Individuum, seine Unvollkommenheit so schnell wie möglich zu überwinden. Einen Mitmenschen zu schlagen, zu beschuldigen oder anzugreifen scheint ihm der beste Weg dazu"; es ist „das Misstrauen in die anderen, das sozial zerstörend wirkt und jede Gemeinschaft sprengt" (Adler in Ansbacher/ Ansbacher 1982, 221, 274; weiterhin Adler 1912, 1920, 1929; Kausen in Hb. d. Psych. 8,1, 896, Dreikurs 1997).

Adler regte bereits die Gründung einer „individualpsychologischen Versuchsschule" in Wien an. Die Schule sollte Erlebnis-, Lern-, Förderungs-, Verwaltungs-, Arbeitsgemeinschaft sein (Ansbacher/ Ansbacher 1982. 370ff; weitere gewaltpräventive Versuchsschulen: Hilbig, Kap. 2.2; Kohlberg, Kap. 3.6; s. Simons „Fall Max", Kap. 4.2).

Für den Schul- und Erziehungsbereich haben insbesondere R. *Dreikurs* und seine Nachfolger die Entstehung von Sturheit, Verbissenheit, Aufruhr, Vergeltungsstreben bis hin zur Gewalt als Folge der Enttäuschung von Selbstwertstreben und Gemeinschaftsgefühl dargestellt und Methoden der ermutigenden, persönlichkeitsfördernden Gesprächsführung und Klassenführung aufgezeigt (Dreikurs 1975, Dinkmeyer/ Dreikurs 1973). Den Zusammenhang zwischen Verunsicherung, Ambivalenz, negativem Selbstwertgefühl und Gewaltverhalten Jugendlicher weisen neuere empirisch-sozialwissenschaftliche Untersuchungen nach (Heitmeyer u.a. 1996, 162ff; s. Kap. 2.7).

In der Schule *klientzentrierten Therapie* (*Rogers, Tausch, Gordon* u.a.), der wir ebenfalls hilfreiche Interventionsverfahren verdanken, wurden besonders die Einflüsse der Akzeptierung, Achtung, Wertschätzung der Person, des empathischen Verständnisses und der Kongruenz, d.h. Echtheit bzw. Glaubhaftigkeit der wichtigen Interaktionspartner, Erzieher- und Lehrer/innen, auf die Entwicklung realistischer Selbst- und Fremdwahrnehmung und prosozialer Einstellungen der konfliktfähigen Persönlichkeit nachgewiesen (Rogers 1978, 1998, Tausch 1990; siehe auch Martin 1975, 1981). Ängste, Verschlossenheit, rigide Konstrukte des Menschen- und Weltverständnisses, Entfremdung, Misstrauen, defensive Einstellungen, Aggressivität erweisen sich als Folgen mangelnder Annahme, mangelnder Empathie und fehlender Glaubwürdigkeit der Bezugspersonen (s. bes. Tausch 1971, 1977, 1990). Zum Teil wirkt sich auch fehlende Kompetenz im Umgang mit Konflikten aus: Wenn der Lehrer im Konflikt darauf besteht, siegen zu müssen, setzen die Schüler dagegen, und der Konflikt schaukelt sich auf bis zu offener oder versteckter Gewalt (Gordon 1997). In der verwandten Erziehungs- und Unterrichtsstilforschung von *Lewin* bis *Tausch* wurde ebenfalls (auch im Experiment bzw. in systematischer Beobachtung) nachgewiesen, dass besonders die Kombination von emotionaler Kälte und Distanz mit wenig glaubwürdiger Leitung zu Aggressionen in der Lerngruppe führt (z.B. im „Laisser-faire-Stil", s. Weber 1976).

In den *„personzentrierten Encountergruppen"* entwickelten C. Rogers (1902-1987) und seine Mitarbeiter ein Verfahren, das vielfältige Verwendung gefunden hat zur Bewältigung oder Minderung von sozialen Konflikten (auch interkulturellen), zur Reduktion von Angst, „Schwänzen" und Vandalismus in Schulen sowie Stress, Frustration, Burn-out bei Lehrer/innen (Devonshire/ Kremer in Hb. d. Psych. 8,2, 302ff).

Auf weitere tiefenpsychologische Schulen mit aufschlussreichen Aggressionstheorien und Therapieverfahren kann hier nur hingewiesen werden: so die *Gestalttherapie* Fritz *Perls* und die *Transaktionsanalyse* (TA von Berne, Harris u.a.). Zur neueren Bewertung der Therapien in der Psychologie s. Brown/ Lent 1992 (darin bes. Borgen, Mahoney; s. Martin 1993).

Konsequenzen für die Prävention und Intervention

Im Hinblick auf die Prävention ist zunächst die psychoanalytische Erkenntnis ernstzunehmen, dass beim Menschen grundsätzlich auch mit aggressiven Verhaltenstendenzen zu rechnen ist. Es muss also nicht nur vermieden werden, dass Jugendliche gewalttätiges Verhalten lernen, sondern sie müssen auch ein Repertoire zur Bewältigung aggressiver Tendenzen in sich selbst und in ihrer Umwelt entwickeln.

Die empirische Aggressionsforschung und die tiefenpsychologischen Theorien ergänzen einander. Die Daten beweisen, dass in der Mehrzahl der Fälle jugendlicher Gewaltausübung ungünstige Bedingungen im Elternhaus mitspielten: unvollständige oder zerrüttete Familienverhältnisse, schlechte Wohnbedingungen, Arbeitslosigkeit, Armut, Gewalt im Elternhaus (Selg u.a. 1988, 1997, Oerter/ Montada 1995). Die Psychoanalyse und die Individualpsychologie liefern wichtige Erklärungen: Prävention muss in der Familie beginnen. Kinder müssen gewollt, geliebt, zunächst einmal um ihrer selbst willen erzogen und gebildet werden, nicht als Abbilder, Spielzeuge, Bundesgenossen, Prestigeobjekte oder Sündenböcke, auch nicht als Tabula rasa, mit der man durch Lehrverfahren meint machen zu können, was man will.

Es ist vor allem die *Aufgabe und Pflicht der Eltern*, Bedingungen zu schaffen, dass ihre Kinder sowohl ein starkes, flexibles und von prosozialen Werten bestimmtes „Über-Ich" als Gewissensinstanz bilden können als auch ein funktionsfähiges „Ich" mit Realitätssinn, Urteils- und Handlungsfähigkeit.

Die intakte Familie mit der Möglichkeit der Begegnung und Interaktion mit verschieden denkenden und reagierenden Personen, der Identifikation mit Vorbildern im Klima emotionaler Verbundenheit ist eine günstige Bedingung für die Ausbildung von Fähigkeiten, Vertrauen und Selbstvertrauen, Gemeinschaftsgefühl und Verantwortung und fördert Konfliktfähigkeit und Resistenz gegen aggressive Tendenzen in der Person und in der Umwelt, unbeschadet der Tatsache, dass vieles gelernt und geleistet werden muss. Wichtig sind solche Maßnahmen, durch welche die Entwicklung von Urvertrauen, Autonomie, Selbstwert- und Gemeinschaftsgefühl, Identität, auch Frustrationstoleranz gefördert wird. Dazu gehören vor allem auch emotionale Zuwendung, nachahmenswerte Verhaltensmuster sowie die Chance, durch eigenes, wertvolles Tun Anerkennung und Selbstbestätigung zu erwerben. Versagen, auch aggressives Verhalten, darf nicht in den Kreislauf Angst-Schuld-Verdrängung-Aggressivität münden, sondern muss durch Vertrauen, beständige emotionale Beziehungen und durch Möglichkeiten zur Wiedergutmachung bewältigt und vergessen gemacht werden können (s. bes. GrF 2, 3, 8, 10, 11).

Solche präventiv wirksamen Lebensbedingungen erscheinen heute fast idyllisch und sind in der komplizierten, pluralistischen, individualistischen, technischen.... Welt kaum noch selbstverständlich. Deshalb ist es auch eine vordringliche *Aufgabe der Gesellschaft*, durch Wirtschafts-, Sozial-, Familien- (usw.) Politik, solche gewaltpräventiv wirksamen Lebensverhältnisse zu ermöglichen und zu fördern. Das gilt selbstverständlich auch für die Familien, in denen soziale, kulturelle, ethnische Benachteiligung die Realisierung günstiger Entwicklungsbedingungen für Kinder erschweren – weshalb aus ihnen besonders viele junge Menschen heranwachsen, die später durch Delinquenz und Gewalt auffallen. Familienfördernde und -ergänzende Maßnahmen finanzieller, personaler und pädagogischer Art (zu letzteren gehören Aufklärung, Elternbildung, Familienberatung, Kindergärten usw.) sind wichtig. Dies auch deshalb, weil auch Eigeninteressen und das Selbstbestimmungsrecht der Erwachsenen durchaus in Konflikt geraten können mit dem Recht der Kinder auf günstige Entwicklungsbedingungen und weil es oft nicht leicht fällt, tragbare Kompromisse der Lebensgestaltung zu finden und zu realisieren (s. bes. Kap. 2.7, 4.3).

Da die pädagogischen Freizeit- und Beratungsangebote oft gerade diejenigen Eltern und Jugendlichen nicht erreichen, die besonders von Störungen des Verhaltens betroffen oder bedroht sind, müssen für die folgenden Jahre der Kindheit und Jugend die *Kindergärten und Schulen* unbedingt in die Prävention eingebunden werden. Insofern ist eine Erziehungspolitik, die die Verantwortung ausschließlich auf der Elternseite sucht und belässt, gewaltfördernd. Gewaltprävention in den öffentlichen Erziehungs- und Bildungseinrichtungen verlangt, dass in ihnen Autonomie, Initiative und Werksinn gefördert werden und dass die vielfältigen Kräfte, die der Identitätsbildung Jugendlicher diffus entgegenwirken, in einem pädagogisch gestalteten Raum gebändigt werden. Der Sinn von schulischem Lernen sollte individuell erfahren, allgemeine und persönliche Lernziele sollten verfolgt, Erfolg sollte erlebt werden können; in der Schulgemeinde und Lerngruppe sollten die Wertorientierungen und Regeln für prosoziales Verhalten praktiziert und vermittelt werden; Schüler/innen sollten Lehrer/innen begegnen, die durch fachliche und pädagogische Kompetenz, Echtheit bzw. Glaubwürdigkeit, Gerechtigkeit und Fairness ihre Fähigkeiten und ihr Selbst entwickeln helfen; die ihnen etwas zutrauen und zumuten; die in den Klassen bzw. Lerngruppen Gemeinschaft und soziale Verantwortung anstreben und angemessene Einstellungen und Verfahren für die Bewältigung immer möglicher Konflikte vermitteln und die ihnen Modelle für aufbauende Identifikationsprozesse, aber auch kritische Dialogpartner sein können (s. bes. GrF 1, 3, 4, 8, 11, auch Schubarth 2000, 108).

Dieser Katalog idealer, so nicht in einer Person anzutreffender Lehrerfähigkeiten macht zugleich klar, dass Prävention z.B. durch die Schulleitung bedeutet, unter immer gemischten Bedingungen das Bestmögliche in Gang zu setzen und das Gefühl zu vermitteln, dass wenigstens „die Richtung stimmt". E. Erikson, der, wie oben zitiert, die so gebildete Ich-Identität als das einzige „Bollwerk gegen die Anarchie der Triebe" – auch gegen Gewalt und die Verlockungen totalitärer Regime – bezeichnet, rät auch dazu (1973, 111ff), dass Erwachsene gegenüber Jugendlichen selbst dann Verständnis aufbringen sollten, wenn diese manchmal in ihrer Furcht vor Identitätsdiffusion intolerant reden oder gar handeln. Eine solche Grundeinstellung und Handlungsorientierung ist in tiefenpsychologischer Sicht Richtlinie für alle Einzelmaßnahmen der Gewaltprävention, unbeschadet auch notwendiger Grenzsetzungen.

Als *weitere Lebensbereiche*, in die gewaltpräventive Maßnahmen eingebaut werden müssen, sind vor allem die Ausbildungs- und Arbeitswelt und die Freizeit zu nennen. Wiederum verlangen ganz besonders die von Delinquenz und aktiver und passiver Gewalt besonders bedrohten bzw. betroffenen Gruppen Beachtung. Dazu gehören die Jugendlichen, die, bedingt durch soziale und familiäre Schwierigkeiten, in den vielen Problemschulen, besonders Hauptschulen und bestimmten Sonderschulformen, mit Gewalt konfrontiert wurden und zudem geringe Ausbildungs- und Lebenschancen besitzen. Auch die Ausländer- und Aussiedlerkinder, die die multikulturelle Lebenssituation in unserem Lande besonders intensiv erleben, die von teilweise gegensätzlichen Religionen und Wertsystemen irritiert werden, keine Muttersprache wirklich gut beherrschen, sind von Identitätsdiffusion bedroht. Das alles drängt sie zu gewaltanwendenden Gruppen hin. Prävention muss ihnen das Gefühl des Angenommen- und Heimischseins in dem Lande, in dem sie sogar teilweise schon geboren sind, geben, muss ihnen Chancen eröffnen für die Erfahrung von Sicherheit, Erfolg, Wertschätzung, für erfolgreiche Mitwirkung in unserer Gesellschaft. Wer die Außenseitersituation vieler dieser Jugendlichen in den Schulen, auf dem Arbeitsmarkt, in den Sportverbänden und Jugendheimen kennt und die wirtschaftlichen und politischen Verhältnisse in unserem Lande in Rechnung stellt, weiß, dass das leichter gesagt ist als getan (s. GrF 8, 11).

Besonders pädagogisch ausgerichtete und erfahrene Psychoanalytiker wie A. Aichhorn, H. Zulliger, Fr. Redl und andere haben *Interventionsverfahren* für die Behandlung aggressiver Kinder und Jugendlicher entwickelt und erprobt. In unseren Schulen und Heimen für Erziehungshilfe, in vielen Sonderschulen und Hauptschulen und in allen jenen Institutionen und Lebensbereichen, in denen Gewalttendenzen unter Kindern und Jugendlichen vermehrt zu beklagen sind, werden auch die tiefenpsychologischen Erklärungen und Interventionsverfahren dringend gebraucht (s. bes. Kap. 4.1 u. 4.2).

2.5 Über den Zusammenhang von Frustration, Stress und Aggression – Konsequenzen für die Prävention

Versagungen im Kindes- und Jugendalter als Verursacher von Aggressionstendenzen; Hypothesen; Modifikationen der Wirkungen von Frustrationen; persönlichkeitsfördernde Wirkungen; Stress; Konsequenzen aus der Frustrations-Aggressions-„Katharsis-Forschung für effektive Prävention: Medien, Schulleben, Familienerziehung, Freizeitangebote.

Ein Wörterbuch Psychoanalytischer Begriffe definiert:

„Frustration (von lat. frustratio, „Täuschung, Verzögerung"). Behinderungen und Versagungen durch Umwelteinflüsse, Erziehungsmaßnahmen oder gesellschaftliche Zwänge, die – besonders wenn während des kindlichen Entwicklungs- und Reifungsprozesses erfahren – das psychische Gleichgewicht stören. Anlass für die Entstehung von Aggressionstendenzen und Neurosen" (Doucet 1973, 53).

Das verdeutlicht die Wirkungen, welche die Versagung kindlicher und jugendlicher Strebungen – zum Beispiel nach Liebe, Anerkennung, Betätigung, Erfolg, Freiheit usw. – auf die Belebung aggressiver Tendenzen haben kann. Auch wird in der Psychoanalyse aufgezeigt, dass übermäßige Frustrationen Abwehrreaktionen anderer Art hervorrufen können, nämlich Verdrängungen, Verschiebungen, Projektionen usw., die sekundär ebenfalls Auswirkungen auf aggressives Verhalten haben können (s.o.).

Allerdings werden Frustrationen in diesem theoretischen Modell nicht nur negativ gesehen. Vielmehr sind sie auch Teil realistischer Erfahrungen von Umwelt und Mitmenschen, die sich ja nicht nur nach den Bedürfnissen Heranwachsender richten. Sie helfen also den Realitätssinn auszubilden (Brenner 1972, 79). Das eigene Gewissen muss ebenfalls triebhafte Bedürfnisse hemmen. Kurz: das Erleben von Frustrationen hat in psychoanalytischer Sicht vielfältige Bedeutungen. Manche Versagungen oder Zurückweisungen sollten daher vermieden werden, andere müssen ertragen und verarbeitet werden: Frustrationstoleranz. Tatsache ist aber, dass viele Menschen auf notwendige oder vermeidbare Frustrationen mit Aggressivität reagieren.

Auch in der *Humanethologie* ist die aggressionsfördernde Wirkung von Frustrationen anerkannt:

„Jede Unterbrechung einer erstrebten Handlung, jede Blockade auf dem Weg zum Ziel, jede Wunschversagung löst zunächst Frustrationen aus. Das gilt wohl universell für uns Menschen.... Es kann als erwiesen gelten, dass Entbehrungserlebnisse (Frustrationen) Aggressionen bewirken, mit deren Hilfe der Mensch dann seine Zielvorstellungen durchsetzt" (Eibl-Eibesfeld 1975, 126).

Allerdings gibt es sicher auch Menschen bzw. Situationen, bei denen Frustrationen ohne den Weg über aggressive Gefühle oder Verhaltensweisen Neuüberlegungen, Einsicht und konstruktives Handeln auslösen.

Zwischen den beteiligten wissenschaftlichen Disziplinen und Autoren wird z.T. *heftig darüber gestritten*, ob Frustrationen immer Aggressionen zur Folge haben und ob Aggressionen immer auf Frustrationen zurückzuführen sind. Dieser Streit hat auch pädagogische bzw. therapeutische Bedeutung, denn in dem Falle könnte ja eine Strategie der Gewaltminderung darin bestehen, ganz einfach Frustrationen zu vermeiden. In der Tat gibt es Erziehungskonzepte und Therapieverfahren, in denen solche Vorschläge gemacht und praktiziert werden. Man denke nur an die sog. „antiautoritäre Erziehung", in der teilweise derartige Thesen vertreten wurden (vgl. Neill: „Summerhill").

Die strenge Koppelung von Frustration und Aggression, wonach also Aggression immer die Folge von Frustration ist und Frustration immer zu Aggression führt, wurde von *Dollard, Miller u. Mitarbeitern* (1939) vertreten. Die Aggressionen können sich auch auf Ersatzobjekte richten. Aus der klinischen Erfahrung (z.B. Richter 1976, 197ff), aus der Erziehung und auch aus der Geschichte ist bekannt, dass Stärkere durchaus eine Neigung entwickeln können, Schwächere zu Sündenböcken zu erklären und an ihnen ihre Frustrationen aggressiv abzureagieren. Kinder und Schüler/innen können darüber berichten.

Zu den für unser Thema interessanten Thesen Dollards u.a. gehört diejenige, dass das Jugendalter in modernen Gesellschaften durch besonders starke und häufige Frustrationserlebnisse gekennzeichnet sei. Die sexuellen Wünsche der biologisch reifen Jugendlichen, ihr Selbständigkeitsstreben usw. treffen auf Barrieren, die ihnen die Gesellschaften setzen. Das wird auch in der modernen Entwicklungspsychologie so gesehen (Oerter/ Montada 1995); es erklärt teilweise die besonderen Probleme der Jugendlichen und Heranwachsenden.

Weiterhin ist die Erkenntnis zu beachten, dass Hemmungen von frustrationsbedingten Aggressionshandlungen gegen den/ die Verursacher zu Verschiebungen auf Ersatzobjekte führen können. Das lässt die Ermöglichung gesellschaftlich erlaubter, „kultivierter" Aggressionen, z.B. im Boxen, Ringen usw., als sinnvoll erscheinen (vgl. die human-ethologische Sicht; Kap. 2.3, GrF 2).

Die Frustrations-Aggressions-Hypothese hat zahlreiche empirische Forschungen ausgelöst. Sie wurde in vieler Hinsicht bestätigt, wenngleich auch die Wirksamkeit von modifizierenden Lernprozessen dabei erkannt wurde. *Berkowitz* (1962) wies die Wirkung von als angeboren geltenden Zwischenprozessen nach: Frustrationen lösen demnach Ärger bzw. Wut aus, wenn die eigenen Mittel zur Frustrationsbewältigung ausreichend scheinen, oder aber Furcht, dann nämlich, wenn die Bedrohung die eigenen Kräfte übersteigt. Da somit eine alternative Beurteilung durch die Frustrierten vorgenommen wird, müssen also z.B. Hinweisreize und/ oder Interpretationen derselben mitwirken, die allerdings durch extrem starke Frustrationen außer Kraft gesetzt werden können. Somit hängt die mehr oder weniger aggressive Reaktion auch von der Bewertung der Frustrationen ab, ob sie zum Beispiel als gerechtfertigt erscheinen oder nicht. Dass, wie *Bandura* (1973) argumentiert, dabei auch die Lerngeschichte mitwirkt, darf wohl als sicher angenommen werden (s.u. Kap. 2.6).

Die Frage, welche Rückwirkung das aggressive Verhalten auf die es auslösenden Frustrationen hat, führte zu einer These, die oft mit einem etwas weit (aus Aristoteles' und G.E. Lessings Tragödientheorien) hergeholten Begriff „Katharsishypothese" genannt wird (s. Selg u.a. 1988, 34f). Alltagserfahrungen zeigen, dass man seinen Ärger „abreagieren" kann. Das geschieht u.a. dadurch, dass man nach Anstrengungen müde wird; man kann dadurch die Sache überschlafen, dann neu bedenken. Dollard, Miller u. Mitarbeiter postulierten, dass die Energie, die Aggressionen speist, durch die aggressiven Aktivitäten verbraucht bzw. reduziert werde; viele kleine Aggressionen können dem Antrieb, der aus einer mächtigen Frustration erwächst, die Kraft nehmen. (Die Forschung hat verschiedene Aspekte derartiger Prozesse untersucht, z.B. die Kurz- oder Langfristigkeit solchen Aggressionsabbaus, auch die Auswirkungen der Zielerreichung oder Zielverfehlung der aggressiven Handlungen).

Filmemacher argumentieren, dass das Zeigen bzw. Erleben von Gewalt in Film und Fernsehen, einen „kathartischen" Effekt habe oder zumindest haben könne. Das lässt sich sicher nicht mit Aristoteles' Tragödientheorie begründen, und psychologisch spricht gegen die nennenswerte Bedeutung eines solchen angenommenen Effektes die Tatsache, dass umgekehrt in demselben Vorgang aggressives Verhalten auch durch Beobachtungs- bzw. Modellernen „gelernt" und also übernommen werden kann (dazu das folgende Kap.).

Die Frustrations-Aggressions-Katharsis=Hypothesen erscheinen uns insgesamt gesehen nicht als eine Theorie, die mit der ethologischen oder der psycho-analytischen oder auch der lerntheoretischen vergleichbar wäre. Vielmehr ordnen wir sie ein als einen Forschungsansatz, der Prozesse, die auch in den umfassenderen Theorien beschrieben und angenommen werden, empirisch überprüft und die diesbezüglichen Erkenntnisse präzisiert. Gleichwohl sind auch die Erkenntnisse der Frustrations-Aggressionsforscher bei unserer Fragestellung beachtenswert. Dabei dürfte der Streit der Disziplinen die Pädagogen und Beratungspraktiker weniger interessieren. Sie wissen, dass menschliche Motive und menschliches Verhalten komplizierter sind als einseitige Theorien.

Stress ist eine – auch Kräfte mobilisierende – psycho-physische Reaktion auf gesteigerte Anforderungen an die Person. Er ist insofern mit der Frustration verwandt, als er als „subjektiv unangenehmer Spannungszustand" erlebt werden kann, besonders wenn unangenehme Situationen bewältigt werden müssen und befürchtet wird, dass das schwierig oder unmöglich sein könnte. Dann entstehen oft ein neurovegetatives Überlastungssyndrom und psychosomatische Beschwerden u.ä. So kann Stress wie Frustration die Zielerreichung beeinträchtigen und Ärger und Aggressivität auslösen (s. Israel 1990). Dass sich Schüler/innen, besonders in den Jahren erhöhter Beanspruchung durch psychophysische, soziale und geistige Entwicklungsaufgaben, in Elternhaus, Schule und Ausbildung oft „gestresst" fühlen, ist bekannt und sollte nicht leichtfertig abgetan werden. Hohe Leistungsanforderungen bei ungünstigen Verhältnissen in der Familie, Schule und Lerngruppe, Qualifikationsanforderungen angesichts geringer Ausbildungs- und Berufschancen bewirken solche Überforderungssyndrome. Verunsicherungssyndrome (Heitmeyer u.a. 1996) und Stress dürften eng zusammenhängen (s.u. Kap.2.7).

Bei der *Gewaltprävention* ist also - bei Würdigung der verschiedenen Forschungsbeiträge – zu bedenken, dass durch die Verhinderung individueller und gruppaler Strebungen (z.B. zur Befriedigung von Grundbedürfnissen, Zielsetzungen, Handlungen usw.) Frustrationen bewirkt werden können, welche oft aggressives Verhalten nach sich ziehen. Die Alltagserfahrung, dass solche Aggressionen oft umso schlimmer ausfallen, je stärker, brutaler und ungerechter Versagungen oder Unterdrückungen sind, und dass viele Frustrationserlebnisse und Gegenangriffshandlungen oft dauerhaft aggressive Einstellungen und Gewohnheiten zur Folge haben, sollte jedem, der Kinder und Jugendliche zu leiten, zu betreuen, zu belehren und zu erziehen hat, bewusst sein.

Dass man allein durch Zeigen oder Zulassen des Konsums von brutalen Filmen Jugendliche nicht aggressionsfrei machen kann, ist sicher jedem klar, der sich und anderen nichts vormacht. Leider begründet das Gewinnstreben (Verkauf von Filmen und Werbung mit Gewaltszenen) eine Ideologie, die um der Gewaltprävention willen entlarvt werden muss. Jedoch wird die öffentliche und fachliche Diskussion durch Schwarz-Weiß-Malerei und Alles-oder-nichts-Forderungen beeinträchtigt. Präventive Wirkung kann nicht aus dem Verschwinden tatsächlich in der Gesellschaft ausgeübter Gewalttaten von den Bildschirmen hervorgehen, wohl aber durch die Verbindung von realer und fiktiver Darstellung mit Anregungen zum Nachdenken, zur angemessenen ethischen Beurteilung und zur Entwicklung von Gegenstrategien. Das muss nicht primitiv mit dem moralischen Zeigefinger geschehen, der dann leicht als ideologisch entlarvt und zur Wirkungslosigkeit verdammt würde.

Da Frustrationen nicht gänzlich von übel sind, sondern, wie die Tiefenpsychologen immer wieder gezeigt haben, für die Bildung des starken Ichs mit einem gesunden Realitätssinn sehr wichtig sein können, kann die pädagogische Aufgabe nicht darin bestehen, eine völlig frustrationsfreie Erziehung zu versuchen – obwohl es Phasen in der Behandlung aggressiver Kinder geben mag, in denen Frustrationen zurückgestellt werden sollten und das abgelehnte, übermäßig frustrierte Kind zunächst, z.B. durch unbedingte Annahme, emotionale Zuwendung und Gemeinschaftserlebnisse, wieder in den Stand gesetzt werden muss, Versagungen, Grenzsetzungen zu ertragen und die Plattform für Frustrationstoleranz aufzubauen (Aichhorn, Redl, s. Kap.2.4; 4.1; 4.2). So bleibt für die Prävention nur die ebenso salomonische, wie im konkreten Fall schwierige – weil „Fingerspitzengefühl" und Selbstkontrolle erfordernde – Verhaltensregel: Soviel Versagung wie nötig, soviel Freiheit wie möglich.

In der Geschichte der Erziehung und der Erziehungstheorien sind vielfältige erfolgversprechende *Vorschläge* gemacht worden, wie die schwierige Aufgabe angegangen werden kann, notwendige Versagungen, Grenzsetzungen verständlich und akzeptabel zu machen: durch „Achtung, Wärme, Rücksichtnahme" und „Empathie" begleiten, selbst glaubwürdig, also Vorbild sein (und z.B. nicht als Kettenraucher den Sohn rigoros für das Rauchen einer Zigarette bestrafen) u.ä. Auch ist Strafe nicht gleich Strafe. Rousseau und andere schlugen vor, möglichst „natürliche" Strafen anzuwenden, also ein Stück weit die natürlichen Folgen des Fehlverhaltens am eigenen Leibe spüren zu lassen. Viele Kinder haben so gelernt, dass sie die heiße Herdplatte nicht nach eigener Lust anfassen können, ohne frustriert zu werden. Freilich kann ein solches Verfahren beim Überqueren der befahrenen Straße nicht angewandt werden. In der Praxis kann man Kinder nicht erziehen, ohne die situations- und personspezifisch angemessenen Weisen der Versagung und Frustrierung zu finden und anzuwenden. Aber die Vermeidung nicht einzusehender Frustrationen in der Regelung des familiären, schulischen usw. Lebens muss Bestandteil jeder Gewaltprävention sein. Ebenso wichtig ist die überzeugende, psychologisch und pädagogisch geschickte Auswahl und Durchführung von notwendigen Versagungen, Grenzziehungen, Regelungen u. ggf. Bestrafungen (s.u. 4.3).

Somit verschiebt sich die Problematik oftmals auf die Frage, welche Versagungen sinnvoll und notwendig sind. Man muss nicht „anti-autoritärer" Lehrer sein, um einzusehen, dass viele alte Zöpfe oder liebe Gewohnheiten im Familien- oder Schulleben als notwendige Regeln ausgegeben, aber der Jugend nicht verständlich gemacht werden können. Wenn z.B. Vandalismus in den Schulgebäuden auffällt, so wird man sich auch fragen müssen, ob er vielleicht als Abreagieren nicht überzeugend begründeter Regelungen anzusehen ist. Die in keinem anderen Bundesland übliche Versagung eines (zumindest Hauptschulbzw. Realschul-)Abschlusses für abgehende Primaner in Thüringen hat zweifellos den Amoklauf R. Steinhäusers mitverursacht. Aggressionen von Jugendlichen können deshalb u.U. wertvolle Hinweise geben auf pädagogisch ungeschicktes oder widersinniges Verhalten der Erzieher- oder Lehrer/innen bzw. der Schulverwaltung oder der Politiker (s. u.a. GrF 1, 2).

Überhaupt ist – auch lerntheoretisch begründbar (s.u. Kap.2.6) – die Tendenz zur Abreagierung von Frustrationen, Ärger, Wut an „Ersatzobjekten" beachtenswert. Denn Kinder müssen schon in den Familien nicht selten zur aggressiven Entladung von Ärger oder Wut über Ereignisse u.a. im Berufs- oder Eheleben der Eltern herhalten. Auch in den Schulen und auf den Sportplätzen lässt sich Gewaltverhalten Stärkerer oder Älterer gegenüber den Schwächeren nicht selten als ein solches Abreagieren von Frust (wegen mangelnden Erfolges z.B.) erklären. Die Möglichkeiten des Frustrationsabbaus (auch im Sport) sollten nicht verkannt, sondern präventiv genutzt werden. Wenn sie (etwa in einem fairen Fußballspiel) durch prosoziale Lernprozesse unterstützt oder ergänzt werden – umso besser (s. GrF 2)!

All das gilt weithin auch für das verwandte *Stress*-Phänomen. Schul- und Ausbildungsanforderungen mit geringen Erfolgschancen besonders für wirtschaftlich, sozial, ethnisch usw. Benachteiligte und Verunsicherte erzeugen oft Stress, ja Dauerstress. Seine psychosomatischen Folgen sind recht gut untersucht, auch die Auswirkungen auf Ärgerreaktionen und aggressives Verhalten (s. Israel 1990). Die präventiven Wirkungen von körperlichen Anstrengungen, Training im Sport usw. sind sportmedizinisch nachgewiesen worden. Da andererseits sportlicher Wettkampf auch Aggressionen auslösen kann, kommt es sehr auf die Art der Durchführung ankommen (s. GrF 2).

Im Rahmen der pädagogischen oder psychotherapeutischen *Intervention* zum Abbau aggressiven Verhaltens werden wir Verfahren kennenlernen, die sich besonders auf die (Wieder-)Herstellung der Frustrationstoleranz richten, so dass der Nexus Frustrations-Aggression unterbrochen und kontrolliertes prosoziales Handeln gelernt werden kann. Ebenso zielen therapeutische Bemühungen auf den Abbau von negativem Stress. Lerntheoretisch begründete Trainingsprogramme intendieren u.a. Entspannung, Ärger-/ Wutkontrolle und das Erlernen alternativer Verhaltensweisen (s. Kap. 2.6; 4.4).

2.6   Lerntheoretische Erkenntnisse
        (von Pawlow bis Bandura)

Bedeutung empirischer Lernforschung; Pawlows „bedingter Reflex" und das „zweite Signalsystem"; Erklärung der Entstehung und Reduktion von gewalttätigem Verhalten; Skinners Forschungen und Publikationen; operante Konditionierung; Verstärkung und Löschung von gewalttätigem Verhalten; Anwendung auf Aggressionen bei Kindern und Jugendlichen; Gestaltpsychologie; Modellernen und sozialkognitive Lerntheorie Banduras; „Aggression"; Berücksichtigung von Wertungen, Motivation, „human agency"; Konsequenzen für Mediengewalt und Präventionsprogramme.

Bei der Entwicklung der Person samt ihrer sozialen, psychischen und geistigen Fähigkeiten, Verhaltensweisen usw. spielen   Lern- und Lehrprozesse eine wichtige Rolle (s. u.a. Roth 1968, 1971). Das gilt auch für den Aufbau prosozialer versus aggressiver Denk- und Verhaltensstrukturen. Zwar haben einseitige Verallgemeinerungen von Forschungsergebnissen (z.B. aus Tierexperimenten) auf menschliches Lernen auch pädagogische Irrtümer verursacht, aber der systematische Forschungsprogress der Lerntheoretiker diente doch der Erkenntnis auch menschlicher Lernvorgänge, auch solcher, die bei dem Gewaltverhalten Jugendlicher zu beachten sind.

Während zwischen den Vertretern der bisher erörterten aggressionstheoretischen Ansätze Uneinigkeit besteht über den „wahren Ursprung" aggressiver Handlungen, sind sie sich doch grundsätzlich darin einig, dass Lernprozesse bei ihrer Auslösung und Realisierung eine bedeutende Rolle spielen. Allerdings werden solche Lernprozesse von den verschiedenen Forschungsrichtungen sehr unterschiedlich beschrieben und bewertet. Die empirische Lernforschung des letzten Jahrhunderts mit den Hauptvertretern Pawlow, Thorndike, Köhler, Skinner, Bandura und ihren Weggenossen hat zweifellos bedeutende Beiträge zur Erklärung aggressiven Verhaltens, seiner Modalitäten und Bedingungen, erbracht. Dass die Forscher manchmal, wie angedeutet, selbst aggressiv gegenüber Vertretern anderer Theorieansätze argumentieren, darf man ihrem Eifer bei der faszinierenden Forschungsarbeit zuschreiben.

Verständlicherweise bewegte sich der Erkenntnisfortschritt von den einfacheren, im Tierexperiment zu verifizierenden Lernprozessen hin zu den komplexeren, aber für Menschen besonders wichtigen Vorgängen. Bereits *I.P. Pawlows* (1848-1936) berühmte Forschungsarbeiten über die sog. *„klassische Konditionierung"* sind auch für das Verständnis menschlicher Lern- und Verhaltensänderungsprozesse aufschlussreich. Dieser Nobelpreisträger (1904) widmete intensive und langfristige Arbeiten der Erforschung der sog. bedingten Reflexe: Wie können natürliche, im Verhaltensrepertoire eines Tieres vorhandene Reaktionen ausgelöst werden durch nicht ursprünglich mit der Reaktion verbundene, also „bedingte", Reize? Das Beispiel der Auslösung von Speichelfluss beim Hund durch Übertragung der Reizqualität des Futters auf einen Glockenton ist weltberühmt geworden. Die in zahllosen sorgfältigen Experimenten ermittelten Bedingungen sind vor allem die Kontiguität (zeitliche und örtliche Nähe) und die Häufigkeit der Darbietung des bedingten Reizes mit dem unbedingten; spezielle Konditionierungsmöglichkeiten bewirken Generalisierung bzw. Differenzierung des Lernprozesses. Auch die Extinktionsprozesse wurden erforscht und beschrieben. Durch Messung der bei verschiedenen Organismen bzw. Individuen unterschiedlichen erregenden und hemmenden Vorgänge in den Nervensystemen kam Pawlow zum Entwurf eines Systems der Temperamente.

Aufbauend auf Pawlows Hypothesen haben andere sowjetische Wissenschaftler die Sprache als zweites menschliches Signalsystem weiter untersucht. Die Sprache vergrößert demnach das mögliche Repertoire der Konditionierung menschlicher Reaktionen vielfältig, aber sie eröffnet auch Möglichkeiten der Steuerung eigener Lernprozesse durch die Lernenden.

Hilgard und Bower nannten noch 1973 (I, 89) den konditionierten Reflex „die am besten handhabbare Grundeinheit für alle Lernprozesse". Das kommt z.B. in der Werbung zum Ausdruck, die die Kauflust anstachelt, indem sie Waren mit Bildern oder Szenen koppelt, welche primäre Begierden auslösen. „Signallernen" (Gagné 1973) hat somit auch große Bedeutung bei der Entwicklung aggressiver Verhaltensweisen - weithin unabhängig davon, ob ihr allgemeiner Ursprung in einem Aggressionstrieb oder in früher gemachten Frustrations- oder Lernerfahrungen zu suchen ist. Das kann man auch daran erkennen, dass in Organisationen, in denen Aggression berufsmäßig gelehrt und eingeübt wird (z.B. beim Militär), nonverbale und verbale Signale benutzt werden, die emotionale Reflexe und eingeübtes, von anderweitigen Überlegungen, Wertvorstellungen und Skrupeln möglichst freies Kampfverhalten hervorrufen sollen. In totalitären Staaten mit intoleranten Ideologien werden solche Zeichen (auch z.B. Karikaturen: „der ewige Jude"), Schimpfwörter usw. benutzt, um Angst, Wut und Hass auszulösen, humane Wertvorstellungen außer Kraft zu setzen und in der Folge Gewalt auszulösen – bis hin zum Holocaust.

Bei jugendlichen Banden (Streetgangs, rechtsextremen Gruppen usw.) bewirken auf diese Weise Uniformen, Fahnen, Songs, Gaspistolen, Baseballschläger etc. aggressive Stimmungen. Und bestimmten Hinweisreizen und verbalen Signalen („Kanake", „Alte", „Asylant"; „Ran!" „Russen klatschen") folgt im Reflex Gewalt: Niederschlagen, Rauben, Quälen....

Als „handhabbare Grundeinheit" des Lernens wird die klassische Konditionierung natürlich auch bei ganz anderen, nichtaggressiven Verhaltensweisen benutzt. Trotzdem ist es notwendig, ihre Funktionen auch beim Erwerb von Gewaltmotiven und -handlungsgewohnheiten einzelner und ganzer Gruppen zu beachten. Gleichzeitig gibt uns die Lehre von der „klassischen Konditionierung" bzw. dem Signallernen auch Hinweise darauf, wie durch Anwendung der Hemmungs-, Gegenkonditionierungs- und Extinktionsverfahren aggressive Handlungstendenzen verhaltensmodifikatorisch reduziert werden können. Und sie erklärt, wie durch Nutzung des „zweiten Signalsystems", der Sprache, Gewalt vermindert werden kann. Durch kognitive Verhaltensmodifikation können Menschen Signale als Auslöser aggressiven Verhaltens außer Kraft setzen und ihre aggressiven Tendenzen selbst kontrollieren lernen (s. GrF 10).

B.F. Skinner (1904-1990) hat besonders das Lernen durch *„operante Konditionierung"* untersucht und weltweit bekannt gemacht. Dabei setzte er die Tradition von E.L. Thorndike (1874-1949) fort, der vor allem die tierische Intelligenz erforschte und so das „Lernen durch Auswahl und Verbindung" mit dem wichtigen „Gesetz der Auswirkung" („law of effect") entdeckte.

Skinner erkannte, dass Lernen durch Reiz-Reaktions-Verbindung in reiner Form bei Tieren und Menschen selten vorkommt. Seine zahllosen Versuche zielten auf Erforschung der Lernprozesse, die durch „Verstärkung" (reinforcement) von Wirkverhalten hervorgerufen werden. Zu dem Zweck entwickelte er verdunkelte und schalldichte Versuchsapparate besonders für Ratten und Tauben, die – ähnlich wie Thorndikes Katzen – durch Hebeldruck an Futter gelangen konnten, das allerdings nur nach experimentell variierten Plänen abgegeben wurde. Durch Uhren und Registriervorrichtungen ließ sich messen, wie die Futtergaben (Verstärkungen) dosiert werden mussten, um häufiges und dauerhaftes Zielverhalten hervorzurufen. Es stellte sich nämlich heraus, dass das gewünschte Verhalten nicht durch kontinuierliche Futtergaben erreicht werden konnte. Vielmehr bewirkten diese einen sog. „Lorbeereffekt". Günstiger ist die nach Zeit und Quoten unregelmäßige Variation der Futtergaben/ Verstärkungen. Die Tiere lernen am besten, wenn sie nicht genau „wissen", ob sie auch wirklich Futter bekommen. In der Folge konnte Skinner außerordentlich differenzierte Erkenntnisse über die Zusammenhänge zwischen Verhaltensänderungen (Aufbau und Löschung von Verhaltenseinheiten) und sie bedingenden Verstärkungen (Art, zeitlicher Abstand, Häufigkeit usw.) bei verschiedenen Organismen gewinnen. Die Wirkung von „negativen" Verstärkern (Herausnahme unangenehmer Bedingungen als Bekräftigung) und von Strafen (aversiven Reizen) wurde ebenso erforscht wie die Wirkung sog. „sekundärer Verstärker". Letztere sind ursprünglich neutrale Reize, die durch Koppelung mit primären Verstärkern auch Verstärkerqualitäten erlangten. Das führt zum Verständnis sog. „generalisierter" Verstärker, die beim Menschen, wie z.B. Geld, zur Bekräftigung sehr unterschiedlicher Handlungen dienen können.

Außerdem kann man Tieren sehr differenzierte Verhaltensweisen beibringen (z.B. Drücken des Hebels mit einer bestimmte Kraft, einer bestimmten Geschwindigkeit und für eine bestimmte Zeit). Und es lassen sich komplexere Verhaltensweisen sukzessive durch Verstärkung der Teilschritte aufbauen („shaping"). In der Tierdressur werden diese Regeln der Verhaltensänderung mehr oder weniger systematisch angewandt.

Obwohl Skinner seine Lehre über die „operante Konditionierung" fast ausschließlich in Tierversuchen verifiziert hatte, wurde sie doch von ihm selbst und seinen Anhängern auch auf menschliche Verhaltensänderungen angewandt. Er glaubte mit seinen Erkenntnissen menschliches Verhalten in jedem Bereich (einschließlich Politik, Religion usw.) erklären zu können und auch die Bedingungen für die Veränderung menschlichen Verhaltens angeben zu können (Skinner: „Wissenschaft und menschliches Verhalten" 1953/ 1973). Im Programmierten Unterricht und in der Verhaltenstherapie wurde und wird das „operante Konditionieren" – wenn auch heute nicht mehr ausschließlich – methodisch genutzt. Und in der praktischen Erziehungs- und Unterrichtsarbeit sind Skinners Erkenntnisse über Belohnung und Bestrafung, Verhaltensaufbau und -löschung, „Lernen durch Erfolg" auch weiterhin wichtig, wenngleich neue Erkenntnisse hinzugekommen sind.

Es leuchtet ein, dass eine mit so umfassendem Geltungsanspruch auftretende Theorie der *Verhaltenserklärung und -änderung auch beim Problem (jugendlicher) Gewalt* bedacht werden muss. Sie lenkt unsere Aufmerksamkeit auf folgende Kernfragen: Welche „Erfolge" (Gewinne, Reaktionen der Mitmenschen und Opfer) sind es, die generell und im Einzelfall aggressives Verhalten so verstärken, dass es sich gegen gewünschtes prosoziales Verhalten durchsetzt? Wie kann man die Wirkungen aggressiven Verhaltens im Einzelfall und generell so beeinflussen, dass Gewalttendenzen gelöscht werden?

Die Lebenserfahrung zeigt ebenso wie die systematische Beobachtung durch Experten, dass es in der Familie, der Schule und der Altersgruppe vielfältige Situationen gibt, in denen Ansätze aggressiven Verhaltens, ganz gleich welchen Ursprungs (siehe die übrigen Erklärungsansätze), positiv verstärkt werden: ein Kind zerstört sein Spielzeug und bekommt ein neues geschenkt; es tritt nach seiner Mutter und wird von ihr besänftigt, es schlägt auf einen Altersgenossen ein und der läuft weg und gibt ihm das Gefühl, gesiegt zu haben. In der Schulklasse drangsalieren starke Jungen einen schwachen Außenseiter und bekommen Beifall von den übrigen, womöglich sogar durch den Lehrer. Ein Schüler stört massiv den Unterricht, der Lehrer regt sich furchtbar auf, und die Mitschüler lachen oder spenden heimlich Beifall. Unangenehme Situationen lassen sich durch Aggressionen beseitigen – die jedoch dadurch „negativ" verstärkt werden. Es kommt nicht nur darauf an, was Außenstehende als Belohnung ansehen, sondern, was aggressive Kinder und Jugendliche als Verstärkung erleben; das kann auch das Schimpfen oder sogar eine Bestrafung durch den Lehrer sein. Und da Erzieher/innen oft nicht gleichmäßig auf Aggressionen reagieren, sondern manchmal mit Strenge, manchmal durch Nichtbeachtung oder durch Güte eine Änderung herbeizuführen versuchen, kommt es zu besonders wirkungsvollen „intermittierenden Bekräftigungen".

Besonders in Problemfamilien mit sehr aggressiven Kindern ist zu beobachten, dass die Interaktionen von Müttern und Kindern durch Serien und Eskalationen wechselseitiger Verstärkung in Richtung auf mehr und raffiniertere Gewalt bestimmt sind. Und in undisziplinierten Schulklassen ist oft durch systematische Beobachtung zu erkennen, dass die Disziplinverstöße einzelner durch die Mitschüler und auch durch den Lehrer unsystematisch und nachhaltig bekräftigt werden. So können – auch mit Hilfe zusätzlicher klassischer Konditionierung – Erfolgsgefühle bereits bei der Planung von Aggressionen ausgelöst werden und weiterhin Dispositionen zu aggressivem Handeln entstehen, schließlich auch Karrieren von Gewalttätern (Selg u.a. 1988, 38ff; s.u. Kap. 4.3).

In Cliquen und Banden bewirken wechselseitige Verstärkungen der Gruppenmitglieder sowie Bekräftigungserwartungen außerordentlich nachhaltige und differenzierte Gewalttendenzen (Bandura 1979, 119; s.u. Kap. 2.7).

In der klassischen *Verhaltenstherapie* werden die Erkenntnisse Skinners und anderer Verhaltensforscher systematisch genutzt. Ausgangspunkt ist die Überzeugung, dass unangemessenes, hier aggressives, Verhalten gelernt wird (also nicht angeboren ist) und dass dieser Prozess dadurch unterstützt wird, dass das Erlernen von angemessenen, hier prosozialen, Verhaltensweisen gestört oder verhindert wird. Die Bedingungen, unter denen das in Familien und Schulklassen stattfindet, lassen sich in systematischer Beobachtung der Verhaltenssequenzen feststellen. Die therapeutische Intervention nutzt vor allem die Möglichkeiten der Extinktion (Löschung) von unangemessenen, z.B. aggressiven, Verhaltensweisen durch konsequente Nichtverstärkung, der Bekräftigung von erwünschten Verhaltensansätzen und des „shaping" ganzer Verhaltensketten. Desentisation heißt der Abbau von (z.B. aggressionsauslösenden) Emotionen und Reizen durch einen kontinuierlichen Lern- und Verstärkungsprozess; Gegenkonditionierung ist z.B. die Verknüpfung und Verstärkung von prosozialen Handlungen mit ursprünglich aggressionsauslösenden Reizen. Dabei lassen sich die Löschungs- und Konditionierungsprozesse weithin auf die individuellen Verhaltensweisen, Verstärkerpräferenzen usw. abstimmen. Die Betroffenen arbeiten selbst an der Entwicklung der Desentisations- und Lernprogramme mit, auch indem sie sich selbst verstärken. Auch mit dem Beobachtungslernen (s. folgende Abschnitte) können die Bekräftigungsmethoden verbunden werden (stellvertretende Verstärkung usw.). Schließlich hat man in Gruppen Erfolge in der Verhaltensänderung durch sog. Kontingenzverträge (Bandura 1979, Krumboltz/ Thoresen 1969, Martin 1974, 77ff; s.u. Kap. 3.10; 4.3).

Ergänzend sei hier darauf hingewiesen, dass auch die lerntheoretischen Erkenntnisse der *Gestaltpsychologen* (W. Köhler, K. Koffka, M. Wertheimer) wichtige Einsichten in die bei Gewalthandlungen mitwirkenden Wahrnehmungs-, Strukturierungs-, Denk- und Motivationsprozesse lieferten. Darauf gründet sich u.a. die Gestalttherapie – auch aggressiven Verhaltens.

A. Bandura (* 1925) begann seine Arbeit als überzeugter Behaviorist, aber er kann zugleich als Überwinder der engen behavioristischen Ansätze angesehen werden. Er öffnete sozusagen die „black box" – auf streng empirisch-analytische Weise. Im Unterschied zu seinen Vorgängern erforschte er menschliches Lernen an Menschen. Dabei setzte er bei der Erfahrung an, dass Menschen häufig durch Beobachtung und Imitation lernen. Um die Bedingungen und Prozesse solchen Beobachtungs- oder Imitationslernens genauer zu erforschen, benutzte er u.a. Filme mit aggressiven Handlungen eines Helden.

Zum Beispiel übt „Rocky" in einem solchen Film Aggressionen gegen Puppen aus. Dieser Film wurde verschiedenen Experimentalgruppen von Jungen und Mädchen im Kindergartenalter gezeigt, und zwar in drei Versionen: in einer wird Rocky für seine Aggressivität belohnt, in einer wird er bestraft und in der dritten bleiben seine Handlungen ohne Konsequenzen. Anschließend werden die Kinder einzeln in einen Raum mit dem gleichen, aber auch mit neutralem Spielzeug gebracht, und ihr Verhalten wird beobachtet (Bandura 1965, Bredenkamp 1974, 624ff).

In derartigen Experimenten konnten Bandura und andere Forscher dieser Richtung recht genaue Erkenntnisse gewinnen über die Variablen, die das Lernen durch Beobachtung begünstigen bzw. hemmen: Kinder lernen vieles durch Nachahmung von Modellen aus der Realität oder aus Filmen. Besonders wirkungsvoll ist das Modelllernen, wenn die Modelle ein hohes Prestige haben und wenn sie Erfolg mit ihren (z.b. aggressiven) Handlungen haben.

Somit ergeben sich aus diesen frühen Forschungen Banduras bereits *Folgerungen für die Erklärung jugendlicher Gewalt* und die Möglichkeiten der Prävention. Wir müssen davon ausgehen, dass Kinder und Jugendliche aggressives Verhalten nicht nur aus innerem Antrieb oder durch unbewältigte Frustrationen entwickeln, sondern dass sie auch, und vielleicht ganz besonders häufig, Modelle aus der Wirklichkeit, d.h. in der Familie, in der Schule, im Freizeitbereich, oder aus Filmen und Comics nachahmen. Für die Prävention wird es dann nicht nur wichtig, solche Lernerfahrungen von Kindern und Jugendlichen zu vermeiden – das ist nur zu einem Teil möglich –, sondern weiterzufragen: Unter welchen Bedingungen lernen manche das gewalttätige Verhalten? Welche Darbietungs- und Verarbeitungsweisen vorhandener Aggressivität sind geeignet, der Aggressivität entgegenzuwirken? Usw.

Dazu ergaben *die weiteren Forschungen* Banduras und seiner Mitarbeiter zahlreiche wichtige Aufschlüsse. Unter anderem war es die Frage, warum prestigeträchtige Helden besonders effektive Modelle sind, die weiterführte. Denn ihre Erforschung zwang zur Beachtung der Wechselwirkung von Beurteilungsmaßstäben und Wertvorstellungen der Lernenden mit Merkmalen beobachteter Modelle aus der sozialen Umwelt. So entwickelte sich aus dem Paradigma des Beobachtungslernens die sozial-kognitive Lerntheorie.

In seinem Buch *„Aggression"* (1973, dt.1979) legte Bandura eine umfassende „sozial-lerntheoretische Analyse" vor, in der allerdings die kognitiven Elemente noch etwas weniger beachtet wurden als in späteren Veröffentlichungen. Nach kritischer Sichtung der ihm damals vorliegenden Ergebnisse der Ethologie und der Genforschung kommt er zu dem Schluss:

> „Die dichotome Sichtweise, nach der Verhalten entweder gelernt oder angeboren ist, erhält in dem Maße weniger Unterstützung, in dem das Wissen über menschliches Funktionieren zunimmt. Obwohl es noch radikale Anlage- oder Umwelttheoretiker gibt, so erkennen doch die meisten Theoretiker an, dass soziale und physiologische Einflüsse nicht so einfach zu trennen sind, da beide Reihen von Faktoren in substantieller Weise bei der Beeinflussung von Verhalten interagieren" (1973/79, 41).

Banduras Meinung, dass Instinkt- oder Triebtheorien die Tatsache des verbreiteten aggressiven Verhaltens, der Kriege usw. einfach pessimistisch hinnehmen (man sei dann „von der Verantwortung entbunden, soziale Bedingungen zu ändern"; ebd.), ist sicher falsch (s.o. Kap. 2.3). Aber es ist selbstverständlich sein Recht, seine lerntheoretischen Forschungen für ertragreicher zu halten; an ihrer großen Bedeutung kann auch gar kein Zweifel bestehen.

Die Analyse des *Lernens am Modell* als Vorstufe der sozial-kognitiven Lerntheorie ließ vier Teilprozesse erkennen (1973/79, 89ff):

1. *Aufmerksamkeitsprozesse:* Sie entscheiden darüber, was aus der Fülle der Modellierungseinflüsse ausgewählt und beobachtet wird: „Beispielweise werden die Mitglieder einer gewalttätigen Bande und die Mitglieder von Gruppen, die betont pazifistische Lebensstile praktizieren, über sehr ungleiche Möglichkeiten verfügen, aggressives Verhalten zu erlernen" (Bandura 1977/79, 33). Im einzelnen weist Bandura die Effekte der „Modellierungsstimuli" (Deutlichkeit, affektive Valenz, Komplexität, Verbreitung, funktionaler Wert) und die der „Beobachtungsmerkmale" (Wahrnehmungskapazität, Erregungsniveau, Wahrnehmungseinstellung, frühere Bekräftigung) auf.

2. *Behaltensprozesse:* Sie betreffen die Kodierung der beobachteten Verhaltenweisen in sprachlicher Form und in Vorstellungsbildern, die dann die Ausführung der (hier: aggressiven) Handlungen steuern. Für solche Kodierungs-, Speicherungs-, Gedächtnis- und Steuerungsprozesse sind günstige und ungünstige Bedingungen bekannt.

3. *Motorische Reproduktionsprozesse:* Auswahl und Organisation der Handlungen auf kognitiver Ebene, Nutzung der verfügbaren Teilreaktionen, Selbstbeobachtung sowie Kontrolle und ggf. Korrektur der Ausführung gemäß Absicht.

4. *Motivationale Prozesse:* Sie werden auf dieser Stufe der Theorie-Entwicklung noch mit den Begriffen „äußere und stellvertretende Bekräftigung" sowie Selbstbekräftigung beschrieben (S. 32ff).

Die *Fortentwicklung der sozial-kognitiven Lerntheorie* ergab zahlreiche Erklärungen auch für den Erwerb aggressiver Verhaltensmuster und -tendenzen, die weit über diejenigen der mechanistischen Lerntheorien hinausgehen. Wichtig sind nicht nur die Art und die Häufigkeit der (in Familie, Schule, Freizeit) beobachteten tatsächlichen oder medial vermittelten Gewalthandlungen samt Personen und Effekten. Vielmehr kommt es auf kognitive Details an. Bandura zeigt zum Beispiel, dass nicht nur die Handlungen selbst übernommen werden, sondern im Vorgang der „abstrakten Modellierung" auch die „Prinzipien, die bestimmten Aktivitäten zugrunde liegen" (S. 49), also in unserem Kontext zum Beispiel Brutalität, Rücksichtslosigkeit, Fremdenfeindlichkeit. Diese können dann in „kreativer Weise" zu noch nie gesehenen Gewalttaten genutzt werden (sog. „kreative Modellierung", 1977/79, 57f). Die Darbietung von Modellen, die Aggressionen ausüben, ohne selbst Schaden zu nehmen, schwächt innere Hemmungen und verstärkt aggressive Tendenzen (S. 58). Hier finden sich Erklärungen dafür, dass scheinbar friedliche Schüler, die „bloß" blutrünstige Computerspiele spielen, plötzlich ein Blutbad in ihrer Schule anrichten. (Vgl. R. Steinhäuser, Erfurt 2002; ähnlich L. Helder, ein „braver College-Student", der als Briefbomben-Terrorist entlarvt wurde (USA, Mai 2002).

Für die Verbreitung von aggressiven Einstellungen und Verhaltensweisen sind u.a. folgende weiteren Prozesse verantwortlich: die Darbietung von Stimuli zur Gewaltausübung, Appelle, stellvertretende Bekräftigung, Erfolge der Aggressoren, z.B. durch Aufmerksamkeit, Statusgewinn. (a.a.O. S. 59ff).

Eine wichtige Rolle spielen *antizipatorische Prozesse*, auch bei Gewalttätern. Diese handeln nicht nur aufgrund von bestimmten Reizen, ihnen unsympathischen oder ihre Aggressionen herausfordernden Menschen oder Sachen. Sie werden vielmehr auch durch ihre Erwartungen gesteuert, durch Gedanken, die ihre Wahrnehmungen und Handlungen begleiten. Durch klassische Konditionierung (s.o. Pawlow) können neutrale Stimuli (z.B. die Wahrnehmung jüngerer, schwächerer oder auch älterer und stärkerer Kinder, die von Mädchen, Fremden usw.) Erwartungen auslösen, die zu Kampfhandlungen führen. In empirischen Untersuchungen „haben sich Aggressionsauslöser als außerordentlich wirksam erwiesen, wenn sie zugleich mit anderen Aggressionsanreizen auftreten, wie zum Beispiel der Erregung von Ärger, aggressiver Modellierung und enthemmenden Rechtfertigungen gewalttätigen Verhaltens" (a.a.O., 70). Auch positive oder negative Symbole primärer Erfahrungen, z.B. Wörter, „fungieren häufig als Vehikel des Erwartungslernens..., können neue Ängste und Hassgefühle hervorbringen", ebenso visuelle Stimuli. Wir denken an die Karikaturen von Juden im „Stürmer" (ebd.).

Somit ist antizipatorisches Lernen „viel komplexer, als gemeinhin angenommen wird. Emotionale Reaktionen können unter die Kontrolle komplexer Kombinationen innerer und äußerer Stimuli gelangen.... Sie können...auch durch die Assoziation mit einer gedankeninduzierten Erregung wirksam werden" (S. 78f). „In der Sicht der sozial-kognitiven Lerntheorie gelten sogenannte konditionierte Reaktionen weitgehend als *selbstaktiviert.*"– Emotionale Reaktionen auf zuvor neutrale Ereignisse können „rein kognitiv entwickelt werden"(S. 75). Das dürfte nicht nur für Angstreaktionen gelten, für die das empirisch nachgewiesen wurde, sondern auch für Ärger, Wut, Hass, Verachtung - Emotionen also, die Aggressionen auslösen können. So lassen sich auch gewaltinduzierende Wirkungen von intoleranten Ideologien lerntheoretisch erklären. Eine Chance für die Prävention und Intervention (z.B. Handlungsprojekte) bildet dabei die Erkenntnis, dass *gedankeninduzierte* Emotionen leichter in gegenteiligen Realsituationen abgebaut werden als solche, die durch wirkliche Erfahrungen entstanden sind (S. 76).

Bestrafungen können Delinquenz hemmen oder unterdrücken, werden aber die Gewalttendenzen in der Regel nicht ausschalten. Stellvertretende Bestrafung wirkt u.U. informativ. Täter lassen sich dadurch nicht abschrecken, sondern perfektionieren ihre Vorgehensweisen. Gehören die Bestraften der eigenen Gruppe an, so können geringfügige Details der Bestrafung sie zu „Märtyrern" machen. Dabei wirken Wertvorstellungen, Gruppenmoral usw. mit

(S.130). Am ehesten wirkt Abschreckung, wenn sie mit prosozialen Alternativen verbunden wird, die Erfolgserwartungen anregen (S.123f).

In Gruppen – z.B. Streetgangs, Cliquen, Fangruppen – kommt es gewöhnlich zu einer Wechselwirkung von Fremdbekräftigung und Selbstbekräftigung aufgrund von Gruppenstandards. Individuen setzen sich gruppenkonforme Ziele, verfolgen und messen ihre (auch antisozialen) Taten an anerkannten Modellen, bekräftigen sich selbst und gegenseitig. Bandura zeigt (S.157ff), wie sich Täter von Selbstbewertungskonsequenzen (also: Selbstkritik, Einsprüchen des Gewissens) befreien, indem sie Strategien der moralischen Rechtfertigung, Beschönigung anwenden (z.B. moralische, nationale ... Ideologien, Verharmlosung, Nichtbeachtung der Konsequenzen, Schuldzuweisung und Entmenschlichung der Opfer). Parallelen zu den Abspaltungs- und Verdrängungsmechanismen der Psychoanalyse (Kap. 2.4) sind unverkennbar.

Verstädterung, Migration, Anonymität und aus ihr erwachsende Abneigung gegen fremde Mitmenschen verstärken diese Tendenzen. Auch Enthemmungseffekte von Praktiken, die anderen ihre Existenzberechtigung als humane Wesen absprechen, sind danach untersucht worden. „Die meisten Unmenschlichkeiten sind auf Selbstentlastungsprozesse zurückzuführen und nicht auf Charakterfehler" (a.a.O., 161; ausführlich 1987, 375ff). Man beachte auch die Demonstration der Entwicklung aggressiver Verhaltenstendenzen bei Kindern im Prozess der „reziproken Determination" in Familien: 1977/79, 195ff).

Somit kommt es also aus der Sicht der sozial-kognitiven Lerntheorie sehr darauf an, welche Standards die Motive der Handelnden leiten. Für unser Thema ist weiterhin besonders die Beobachtung relevant, dass sich bei Delinquenten oft wahnhafte Überzeugungen und Vorstellungen nachweisen lassen, die in der Isolierung und unter Cliquenbedingungen nicht durch die Außenwelt korrigiert wurden (vgl. Realitätsverzerrung im psychoanalytischen Störungsmodell). Auch auf wahrnehmungsverzerrende Wirkungen des übermäßigen Konsums entsprechender Filme ist hinzuweisen (a.a.O. S.171, 185).

Die Erforschung der kognitiven Teilprozesse bei der Antizipation und Bewertung der Handlungsergebnisse, der Selbstbewertung und Selbstbekräftigung usw. führte die sozial-kognitive Lerntheorie immer weiter fort von der behavioristischen Reiz-„black box"-Reaktions-Betrachtungsweise. Die Eigentümlichkeit *personalen Handelns* kam in den Blick. Zwar distanziert sich Bandura von dem Rogerianischen Verständnis des „Selbst" bzw. „Selbstkonzeptes" als gestalthaft einmaliges Handlungszentrum der Person ebenso wie von dem „Ich-Begriff der Psychoanalyse (1986, 375ff, 409f). Aber seine Begriffe des „self-percept" und der „personal control" verbinden sich mit „selfappraisal", *„self-efficacy"*, „self-efficacy belief, „self-worth" sowie mit „selfmotivation" zu einem komplexen empirischen Konstrukt *„self as agent"*, das den Menschen als Subjekt seines Handelns begreifbar macht. Der Mensch erscheint weiterhin abhängig von komplexen reziproken Determinationsprozessen, aber auch seine Möglichkeiten zur Kontrolle und Beeinflussung dieser Determinanten sind offenbar geworden – und damit seine Verantwortung:

„You cannot prevent birds of worry and care from flying over your head. But you can stop them from building a nest in your head" (Bandura 1989, 1177). Das dürfte ebenso gelten für die „birds of violence".

Die Analyse der kognitiven Detailprozesse, die *„human agency"* bestimmen, ergab eine Fülle von Momenten, die fehlgeleitetes Handeln hervorrufen können, z.B. Fehlurteile, falsche Einschätzung der „Self-Percepts", obskure Ziele (1986, 396ff), Überredung durch wirkungsvolle Verführer (405f), Vorurteile, Missverstehen von Informationen, Verkennung der Konsequenzen (462ff). Das gilt ganz besonders auch für die Entwicklung von aggressivem Verhalten in Peer Groups (S.416). Das geistige Planen und Kontrollieren von Handlungen ist durchaus auch anfällig für Irrtümer, Kurzschlüsse und Gefühle der Ohnmacht, die wiederum vernünftiges prosoziales Verhalten unterminieren können, besonders nachhaltig in Gruppen, u.a.. weil in ihnen sozialpsychologische Prozesse die Durchsetzung von unüberlegten und unverantwortlichen Handlungen befördern können (S. 448f, 466f).

Damit kommen also auch die geistigen Prozesse und das Lernen von logischem, verstehendem, problemlösendem Denken samt Auswirkungen auf das Entscheiden und Handeln in den Blick, welche in der schulischen Bildungs- und Erziehungsarbeit (Erziehung zu Toleranz, sozialer Verantwortung, prosozialem Verhalten) genutzt werden (s. „Grundform" 6!).

Und schließlich werden die *Motivationsprozesse* durchschaubar, die gewalttätiges Handeln antreiben. Aggressivität erscheint so als antisoziale Motivation. Sie entwickelt sich ähnlich wie die Lernmotivation in der Interaktion von Persönlichkeitsmerkmalen und -dispositionen, externen Verhaltenssteuerungsprozessen, internaler instrumenteller Kalkulation (von Handlungszielen, ihrer Erreichbarkeit und ihren „Kosten"), aber auch Fremd- und Selbstwahrnehmungen, Selbsteinschätzungen, Ursachenzuschreibungen, Ich-Orientierungen, Interessen und subjektiv erlebten Autonomievorstellungen von einzelnen und Gruppen (Heckhausen 1989, Rheinberg 1989, Krapp 1993). Konkret gesprochen: die moderne, multikulturelle, pluralistische Gesellschaft mit ihren großen sozialen Unterschieden, dem Konkurrenzprinzip und allgegenwärtigen Gewaltmodellen erscheint als günstiger Nährboden für *die Entstehung von Gewaltmotiven* in einzelnen und Gruppen. Aggressionen gegen Schwächere und gegen Fremde oder auch nur gegen Sachen können sich lohnen. Sie können das Gefühl der Stärke, der Überlegenheit und des Selbstwertes vermitteln. Aggressive Selbstwirksamkeit erzeugt Autonomiegefühle. Und in Banden und Cliquen können solche Wert- und Zielvorstellungen, Motive, Verhaltensregeln, Prestige- und Aufstiegschancen gedeihen, denen gegenüber Eltern und

Lehrer/innen mehr oder weniger machtlos sind - solange prosoziale Gegen-modelle, Handlungsmöglichkeiten und Identitätschancen fehlen.

Konsequenzen für die Prävention und Intervention

Der Vorzug der lerntheoretischen Erklärungsmodelle besteht offensichtlich darin, dass sie durch Aufdeckung der komplexen Prozesse des Erlernens anti-sozialen Denkens und Verhaltens auch gleichzeitig in differenzierter Weise gegenläufige *Prozesse des Aggressionsabbaus und des Neuaufbaus prosozialer Verhaltensweisen* aufzeigen und begründen können (vgl. Kap. 4.2).

Da die sozial-kognitive Lerntheorie die Theorien Pawlows und Skinners integriert und überhöht hat, können wir sie bei der Suche nach wirksamen Präventions- und Interventionsverfahren zugrunde legen. Bandura hat, neben anderen Forschern, zahlreiche Hinweise gegeben und verhaltenstherapeutische Programme vorgeschlagen und erprobt. Seine „sozial-lerntheoretische Analy-se" „Aggression" (1973/1979, 271ff) enthielt bereits ein umfangreiches Kapi-tel über die „Modifikation und Kontrolle aggressiven Verhaltens". Darin wird auch auf die Bedeutung gesellschaftlicher Maßnahmen hingewiesen, die den „funktionalen Wert prosozialer Alternativen" steigern und auch „Ungerechtig-keiten im sozialen System" korrigieren. In Gesellschaften, die antisoziales Verhalten, Gewalt und Gewaltdarstellung belohnen, können schädliche Ver-haltensformen nicht effektiv reduziert werden (a.a.O., 274ff).

Das gilt besonders für die übermäßige und unkontrollierte Nutzung von Gewaltdarstellungen im Fernsehen zum Verkauf von Werbung (293ff). In Deutschland wie in anderen Ländern ist darüber seit Jahren eine Diskussion im Gange, in der Minister, Vertreter des öffentlichen und privaten Fernsehens, Medienforscher usw. ihre Positionen und Forderungen gegeneinander vortra-gen. Zu einem großen Teil handelt es sich um interessengeleitete Aussagen, die teils bagatellisieren, teils dramatisieren und der jeweils anderen Gruppe die Schuld zuweisen. Ergebnis ist weithin eine gegenseitige Neutralisierung, so dass sinnvolle Maßnahmen behindert werden. Die Erforschung der Wirkungen von Gewaltdarstellungen in den Medien bleibt auch aus diesen Gründen hinter ihren Möglichkeiten zurück (zusammenfassend Kunczik/ Zipfel 1996). Jedoch ist folgendes festzustellen (ebd.):

- Die in der neueren Lernforschung anerkannten Wirkungen kognitiver, voraus-schauender, bewertender und selbststeuernder Prozesse lassen eine mechanische Verursachung von Gewalthandlungen durch beobachtete Mediengewalt nicht wahrscheinlich erscheinen.
- Daher sind nur niedrige Korrelationskoeffizienten zwischen registriertem Konsum von Fernsehgewalt und späterer Aggressivität zu erwarten – so wie ermittelt.
- In Feldstudien werden i.a. nur geringe Anteile (neuerdings bis zu 15 Prozent) des späteren aggressiven Verhaltens unmittelbar auf den Einfluss des Fernsehens zu-rückgeführt. Aber das im ganzen gering erscheinende Risiko kann manche Grup-pen von Kindern und Jugendlichen sehr belasten und einzelne zu Tätern machen.

- In Befragungen geben Psychologen und Psychiater an, dass ihre Klienten zu 75 bzw. 60% „Vielseher" seien. 80 bzw. 76% der Psychologen und Therapeuten führen gelegentlich bis häufig psychische Störungen, aggressives Verhalten u.ä. ihrer Klienten u.a. auf den Konsum von Mediengewalt zurück.. Auch die jugendlichen Klienten rechtfertigen ihr eigenes aggressives Verhalten häufig (63 bzw. 66%) durch Vorbilder aus Gewaltfilmen. Jugendrichter bestätigen das....

- „Es kann als gesichert angesehen werden, dass bestimmte Subpopulationen durch Gewaltdarstellungen gefährdet sind, während Kinder und Jugendliche, die in einem „intakten" sozialen Umfeld (Familie) leben, nicht gefährdet zu sein scheinen."– „Auffällig ist der in vielen Fällen genannte Zusammenhang zwischen der häuslichen Situation – also dem Gewaltfilmkonsum der Eltern, der Gewalttätigkeit der Eltern untereinander oder den Kindern gegenüber – und dem kindlichen Konsum von Gewaltfilmen. Wenn ein kompensierender Einfluss der Eltern fehlt, dann ist die Gefahr groß, dass negative Effekte auftreten" (Kunczik/ Zipfel 1996; s.u. 2.7 „Gewalt als ‚Soziale Krankheit'").

Diese Erkenntnisse erfordern eine medienpädagogische „Grundform" der Gewaltprävention (GrF 5). Aber Prävention muss sich deshalb auch an die Medienmacher und die Medienpolitiker wenden.

Im übrigen ermöglichen die Prinzipien des Modellernens ein großes Arsenal von Methoden, die sowohl dem Abbau aggressiven Verhaltens als auch dem Aufbau und der Einübung prosozialen Verhaltens dienen. Für Formen der Aggressivität, die aus Mangel an Selbstsicherheit und Frustrationstoleranz resultieren, werden spezifische Trainingsmethoden angeboten. Eltern- und Lehrertrainings sollen den wichtigen Interaktionspartnern aggressiver Personen differenzierte Bekräftigungsmethoden vermitteln, durch die z.B. auch gewaltreduzierende Selbstbewertungen und Erfolgserwartungen gelehrt werden. Die Veränderung der Strafpraktiken und Lebensordnungen in Besserungsanstalten und Heimen soll dysfunktionaler Perfektionierung von Gewaltverhalten entgegenwirken und statt dessen prosoziales Verhalten erstrebenswert und erreichbar machen und belohnen. Aus der Theorie des sozialen Lernens folgen ebenso Kontingenzverträge mit Fremdbelohnungssystemen wie selbstverantwortlich durchgeführte Regulierungsprogramme, Beobachtung und Bewertung von Modellen, Rollenspiele usw. (s. Kap. 3.11; 4.3-5).

Die Bedeutung der Präferenz von Bezugsgruppen ist Eltern bekannt, die darauf achten, mit wem sich ihre Kinder treffen, mit wem sie spielen usw. Die Modifikation von aggressivem Verhalten benutzt auch die Möglichkeiten der Modellerfahrungen und der differenzierten Bekräftigung, der Wertebildung und Motivierung in Peer Groups, Fan-Gruppen usw. Schließlich werden erprobte Programme für die Veränderung der Interaktionen und Regeln des Zusammenlebens in Wohnvierteln, Kommunen usw. angeboten. Notwendigkeiten und Wege der Veränderung auf der Ebene der Gesetzgeber werden ebenfalls aufgezeigt (s. bes. GrF 6, 7, 11).

Für Beratungs- und Therapie-Einrichtungen im Erziehungs-, Gesundheits- und Sozialwesen hatte die sozial-kognitive Lerntheorie fruchtbare Konsequenzen. Erziehungs- und Bildungsberater/innen, Schulpsychologen usw. verfügen über differenzierte Methoden für die Behandlung und Förderung von Individuen und Gruppen, die zu Aggressivität neigen, sowie für die Prävention auf der institutionellen Ebene. Diese haben auch in Schulen für Erziehungshilfe und in der Heimerziehung Eingang gefunden. Das wurde gefördert dadurch, dass die ursprünglich – gemäß Forschungsstand – enge verhaltensmodifikatorische Konzeption nach und nach durch immer stärkere Betonung der kognitiven Determinanten und der reziproken Determination erweitert und die Selbstregulierung der Betroffenen systematisch genutzt wurde (z.b. Meichenbaum 1977, Petermann/ Petermann, Kap s. 4.4). Es wurde erkannt, dass die scharfe Unterscheidung, die früher zwischen Kognitions- und Verhaltensprozessen gezogen wurde, „eher polemischer als realer Natur ist" und dass daher die Einbeziehung anderer Therapien erforderlich sein kann, damit aggressives Verhalten samt den ihm zugrunde liegenden Einstellungen, Wertungen, Erwartungen usw. verhindert und prosoziales Verhalten in und außerhalb der Schulen aufgebaut werden kann (Bandura 1977/ 79, 190f). Die empirisch-motivationspsychologischen Erkenntnisse über die Bedeutung von Selbstwirksamkeit, Selbstwert und autonomem Handeln lassen zumindest hoffen, dass entsprechende klinische Erfahrungen anerkannt und vorhandene Therapie- und Präventionsverfahren womöglich durch empirische Forschung bestätigt, fortentwickelt und integriert werden. Ansätze dafür sind vorhanden (s. z.B.: „kooperative Verhaltensmodifikation", GrF 9, auch Kap. 4.3 u. 4.5).

2.7   Soziologische Ansätze: Gewalt als „soziale Krankheit"

Gewalt als „soziale Krankheit"; jugendliche Subkulturen, darin Tendenzen zu Gewalttätigkeit; „Anomie"- und „Labelling"-Prozesse, die klassische Rollentheorie als Erklärungen für die Beteiligung Jugendlicher an gewalttätigen Handlungen; symbolisch-interaktionistische Deutung der Identitätsentstehung; Identitätsstörungen und Aggressivität; „Identität als Norm"; das „Desintegrations-Verunsicherungs-Gewalt Theorem"; Präventionsmaßnahmen.

Die Einschätzung N. Elias', dass heutzutage gewalttätiges Verhalten ein Überbleibsel aus historischen Epochen sei, in denen die triebhafte Natur der Menschen noch nicht durch gesellschaftliche Maßnahmen „zivilisiert" war, führte ihn zu dem Begriff „soziale Krankheitserscheinung". Anders als in den psychologischen Aggressionstheorien wird damit der Blick besonders auf die gesellschaftlichen und sozialen Bedingungen der Entstehung gewalttätigen Verhaltens gerichtet.

In der Soziologie wird seit langem über „soziale Krankheiten" nachgedacht. Selbstverständlich kann der Begriff „Krankheit" nur als Analogie gedacht sein. Er soll gesellschaftlich dysfunktionale Prozesse benennen und die Suche nach ihren Ursachen sowie nach Möglichkeiten der „Heilung" bzw. gesellschaftlichen Prävention leiten.

Soziologen haben verschiedene Theorien entwickelt, die uns helfen, abweichendes Verhalten und Delinquenz, auch Gewalttätigkeit, zu erklären. In sog. „sozialisationstheoretischen Konzepten" der Gewalterklärung (Heitmeyer u.a. 1991, 31) wird dabei der Blick darauf gerichtet, auf welche gesellschaftliche Realität Jugendliche bei der Bewältigung ihrer Entwicklungsaufgaben treffen (z.B. bei der Loslösung vom Elternhaus, Findung von Freunden, Identitätsbildung, Vorbereitung auf den Beruf). Wichtig ist dabei, wie sie Einwirkungen der Umwelt verarbeiten: u.U. eben durch Entwicklung von Gewaltbereitschaft.

Schon E. *Durkheim* (1858-1917) suchte nach Erklärungen für „sozialpathologische" Erscheinungen und stellte dabei z.B. auch die Frage, ob Delinquenz nur eine „soziale Krankheit" sei oder nicht auch ein wichtiger Indikator für ungünstige gesellschaftliche und soziale Bedingungen, die der Veränderung bedürfen: Verbrechen als „Faktor der öffentlichen Gesundheit" (Durkheim 1961, 156f; Lamnek 1990, 112f). Zahlreiche Schriften über das Thema dieses Buches enthalten Vermutungen über solche Zustände und Prozesse in unserer Gesellschaft, welche die „soziale Krankheit" Gewalt hervorrufen. Im folgenden versuchen wir, dieselben – soweit wie möglich – in den Zusammenhang bekannter Delinquenztheorien zu stellen, um den oft plausiblen Begründungen wissenschaftliches Gewicht zu verleihen.

Theorien des differentiellen Lernens zeichnen sich dadurch gegenüber rein psychologischen Lerntheorien aus, dass sie eine „soziologisch-sozialstrukturelle Komponente der Erklärung" des abweichenden Verhaltens enthalten. Diese zeigt sich darin, dass das Erlernen der Verhaltensweisen, Einstellungen etc. bestimmte „Interaktionen mit einer Umwelt voraussetzt, die selbst die als abweichend definierten Elemente und zwar in einer Ausprägung enthält, dass sie gegenüber den konformen überwiegen, oder als gegenüber den konformen qualitativ überwiegend perzipiert und bewertet werden" (Lamnek 1990, 216).

Es geht also darum, zu erklären, durch welche gesellschaftlichen Bedingungen manche Personen und Gruppen delinquentes bzw. gewalttätiges Verhalten erlernen, andere aber nicht. Der Ansatz von *E.H. Sutherland* und seinem Schüler und Mitarbeiter *D.R. Cressey* ist unter der Bezeichnung *„Theorie der differentiellen Assoziation"* (auch „...der differentiellen Kontakte" oder „...der differentiellen Lernstrukturen") bekannt geworden. Die Bezeichnungen deuten an, dass diese Forscher die zeitgenössischen Lerntheorien in ihr Delinquenzmodell einbauten. Lamnek formuliert die zentrale These Sutherlands so:

„...dass eine Person dann delinquent wird, wenn Gesetzesverletzungen begünstigende Einstellungen gegenüber den Einstellungen, die Gesetzesverletzungen negativ bewerten, überwiegen. Für das Auftreten von abweichendem Verhalten sind sowohl die Lebensgeschichte, die vermittels entsprechender Kontakte die bestimmenden

Neigungen und Widerstände produziert, wie auch die aktuellen, situativen Umstände verantwortlich, die für den einzelnen in einer bestimmten Situation als relevant empfunden werden" (1990, 188f).

Vorausgesetzt wird eine Gesellschaft, in der deutlich unterschiedliche „konkurrierende Situationsdefinitionen" und Wertvorstellungen existieren. Besonders die Interaktion in „intimen persönlichen Gruppen" mit abweichenden Verhaltensmustern wird als Erklärung für das Erlernen kriminellen Verhaltens benutzt. Gelernt werden so nicht nur die Techniken z.b. der Gewaltausübung, sondern auch die zugehörigen Einstellungen, Motive und Bewertungen.

Die Theorie bezieht auch entwicklungspsychologische Aspekte mit ein, so die besondere Bedeutung frühkindlicher Interaktionen, speziell auch in der Familie. Und sie ist ergänzbar durch Theorien sozialer Ungleichheit und die Beachtung situativer Bedingungen, z.B. Tatumstände und Mangel an alternativen Handlungsmöglichkeiten. Schließlich wurde dieser Erklärungsansatz vielfältig erweitert und variiert, so durch die Einbeziehung der Erkenntnisse über das *operante Konditionieren* (Burgess/ Akers; s. außerdem Kap.2.6).

Darauf, dass gewalttätiges Verhalten von Kindern bzw. Jugendlichen vor allem auch in den Familien gelernt wird, gibt es zahlreiche Hinweise. Kinder erfahren z.t. – aus in den Personen oder in Umständen liegenden Gründen – nicht die Zuwendung, die sie zu ihrer günstigen Entwicklung benötigen. Sie erleben z.t. Gewalttätigkeit, Züchtigung, Missbrauch in der Familie, z.B. als hilflose Versuche mit persönlichen, beruflichen und Beziehungsproblemen fertig zu werden. Und sie tragen ihre Gewalterfahrungen in die Schule, weil dort noch mehr als in der Familie um Rang, Ansehen, Stärke gekämpft wird (Bründel/ Hurrelmann in „Schüler '95 – Gewaltlösungen" 1995, 58ff). Die Schulen selbst sind in vielen Fällen ein Milieu, das Gewaltneigungen begünstigt (gewaltbelastete Schulen, Schulklassen; Intoleranz, Konkurrenz, aggressive Konfliktlösungen usw.; empirisch belegt bei Tillmann u. a. 1999, 274ff).

D. Glaser stellte das ***differentielle Identifikationslernen*** in den Mittelpunkt seiner Variante:

„Eine Person verhält sich in dem Ausmaß kriminell, wie sie sich mit tatsächlich lebenden oder vorgestellten Personen identifiziert, aus deren Sichtweise kriminelles Verhalten annehmbar erscheint" (1956, Lamnek 1990, 210).

Je nach den gesellschaftlichen Bedingungen lernen demnach Personen, sich mit Individuen und Gruppen zu identifizieren. Sie übernehmen u.U. deren Perspektiven, Werteinstellungen und Handlungsweisen. Kriminelle, hier speziell Gewalt induzierende, Einflüsse können sowohl von realen Personen und Bezugsgruppen ausgehen als auch von solchen aus den Massenmedien. Besonders Personen in Außenseiterpositionen sind anfällig für solche Identifikationsprozesse, deren Wirkung u.a. durch den Status der Modelle gesteigert wird. Somit stellt Glasers Konzeption auch eine Verbindung her zu psychoanalytischen und kognitionspsychologischen Ansätzen und zu neueren Lerntheorien (Bandura).

Die *Theorien des differentiellen Lernens* erweitern die lerntheoretischen Modelle der Gewalterklärung und Prävention insofern, als sie die *gesellschaftlichen* Bedingungen der Lernprozesse besonders ernst nehmen. Zu fragen ist z.b. danach, unter welchen strukturellen Bedingungen Gewalt, Misshandlung von Kindern usw. in Familien entstehen, die dann von den Kindern samt zugehörigen Einstellungen und Werten gelernt, angewandt und weitergegeben werden. Hurrelmann und Palentien (1995, 21ff) nennen z.b. die folgenden „wichtigsten Ausgangsbedingungen für körperliche und psychische Aggression gegen Kinder und Jugendliche":

*   „langanhaltende Spannungen und Konflikte zwischen den Eltern, besonders im Vorfeld von Trennung und Scheidung (heute schon ein Drittel aller Ehen!);
*   wirtschaftliche Krisensituationen mit hoher Beeinträchtigung des Selbstwertgefühls der Eltern, insbesondere bei Dauerarbeitslosigkeit;
*   soziale Isolation der Familie in Verwandtschaft und Nachbarschaft;
*   desolate Wohnbedingungen;
*   ein nachbarschaftliches Umfeld mit vielen aggressiven Handlungen und Gewaltverbrechen;
*   Misshandlungserfahrungen der Eltern in ihrer eigenen Kindheit, die Persönlichkeitsstörungen hinterlassen haben;
*   psychodynamisch nicht bewältigte emotionale und erotische Beziehungen zwischen Eltern und Kind, meist Vater und Tochter, besonders auch Vater und Stieftochter;
*   früh in Erscheinung tretende Behinderung oder Auffälligkeit eines Kindes, extreme Frühgeburt eines Kindes."

Diese „Risikobedingungen" für die Entstehung aggressiven Verhaltens der Kinder und Jugendlichen lassen sich sämtlich auch z.T. auf gesellschaftliche Gegebenheiten zurückführen. Sie sind demnach mit der Theorie des differentiellen Lernens erklärbar, ebenso die Risiken, die durch übermäßigen Konsum von gewalthaltigen Fernsehsendungen und Computerspielen erzeugt werden (Sprachentwicklungsstörungen, Beeinträchtigung der Interaktion, Empathie und Wertebildung; s. GrF 3, 4, 6, 8). Hinzu kommen die immens diskrepanten Lebens- und Sozialverhältnisse, Interaktions-, Lern- und Identifikationsmilieus in unserer faktisch multikulturellen Gesellschaft (s.u. „Subkulturen").

Subkulturtheorien führen Delinquenz, vor allem auch gewalttätige Bandenkriminalität Jugendlicher, besonders auf die Tatsache zurück, dass in hochdifferenzierten Gesellschaften sozial, ethnisch, kulturell usw. begründete Subsysteme bestehen, die sich auch hinsichtlich ihrer Wertorientierungen und ihres Normverständnisses teilweise erheblich voneinander unterscheiden. Manche Staaten beherbergen sogar ganz verschiedene Kulturen, deren Angehörige leicht miteinander in Konflikt geraten. Besonders auch jugendliche Gruppen verschiedener Sozialschichten können derartige „Subkulturen" bilden. (Siehe auch die Milieustruktur der west- und ostdeutschen Bevölkerung; Heitmeyer u.a. 1996, 37ff; s.u. Exkurs; zu „peer groups" s. Schubarth 2000, 101).

In den USA, wo ja zahlreiche ethnische Herkunftsgruppen konfliktreich zusammenleben, sind diese Phänomene seit langem untersucht worden, besonders von Soziologen der sog. „Chicagoer Schule". In Deutschland hat (außer in traditionellen Armenvierteln und Unterschichtmilieus) auch die Konzentration der zahlreichen Bevölkerungsgruppen ausländischer Herkunft in bestimmten Stadtteilen, Wohngegenden, Ghettos, Übergangsheimen und Siedlungen zur Entstehung subkulturellen Gruppen Jugendlicher geführt. Ein erheblicher Teil der Gewalt unter und von Jugendlichen geht auf solche Bedingungen zurück.

Bereits in den zwanziger Jahren hatte *F.M. Thrasher* (1936) jugendliche Gangs in den USA untersucht. Er erklärte die Bildung solcher Gangs damit, dass die Jugendlichen in ihnen Ersatzlösungen suchten für Gemeinschaftsbedürfnisse, deren Befriedigung ihnen in ihren Lebensumständen nicht möglich war. Als Bedingungen fand er Armut, hohe Arbeitslosigkeit, ungesunde und enge Wohnverhältnisse, Leben in Slums, zerstörte Familienstrukturen, Erfahrung von sozialer Ungerechtigkeit und politischer Korruption u.a.m. (neuere deutsche Belege zu diesen Risikofaktoren bei Pfeiffer/ Wetzels 1999, Schubarth 2000, 102). In den Gangs können Jugendliche an kollektiven Aktionen teilnehmen, Konflikte mit anderen Gruppen Jugendlicher bestehen, ihr Territorium verteidigen und vielfältige Erfahrungen sammeln. Sie können Positionen in der Gruppe erlangen, Status und Selbstbestätigung erwerben.

Unter den sehr unterschiedlichen (z.T. auch friedlichen) Typen solcher Gangs sind für uns diejenigen besonders wichtig, die ihre gemeinsamen Aktivitäten und Konflikte mit anderen gewalttätig austragen. Derartiges Verhalten kann nicht nur das Lebensgefühl der Gruppenmitglieder steigern. Das gelebte Wertesystem (Härte, Kraft, Überlegenheit u.ä.) dient auch zur Unterscheidung von der Majoritätskultur und fördert den sozialen Zusammenhalt der Gruppen.

Eine umfassendere, durchdachte „Subkulturtheorie" stammt von *A.K. Cohen* (1957, 1961, 1968). Er stellte die Frage nach den Strukturbedingungen der Entstehung subkultureller krimineller Gruppen von Jugendlichen. Eine wichtige Grundbedingung sieht er darin, dass in demokratischen Gesellschaften oft Diskrepanzen bestehen zwischen der verkündeten Ideologie und der tatsächlichen Herrschaft bestimmter Klassen oder Schichten. Solche Widersprüche werden erlebt in strukturell unterschiedlichem Zugang zu Bildung, Ausbildung, Positionen, Eigentum, Recht, Mitbestimmung, Macht. Daraus entstehende Spannungszustände, Frustrationen, Unzufriedenheiten können auch auf legale Weise abgebaut werden. Wenn die Gelegenheiten dazu verbaut sind, kommt es bei Personen mit ähnlichen Anpassungsproblemen und guten Kommunikationsmöglichkeiten (z.B. Zusammenleben in „Ghettos" u.ä., ausländische Muttersprache usw.) oft zu Zusammenschlüssen. In ihnen bilden sich gemeinsame Verhaltensweisen, bestimmte Rollenverteilungen, Werte und Normen heraus, die charakteristisch sind für die jeweilige Subkultur. Sie provozieren u.U. kollektive Aktionen. Diese von außen bedingten Prozesse spielen zusammen mit inneren Voraussetzungen sozial Unterprivilegierter, bei denen z.b. Gruppenzusammenhalt und unmittelbare, auch gewalttätige, Selbstverteidigung einen höheren Stellenwert haben als „gute Umgangsformen" und Individualismus. „Männliches" Verhalten wie Kraftanwendung, Härte, Rücksichtslosigkeit und Mut verschafft Status in der Gruppe. Das bestätigen auch neuere Untersuchungen; s. Lamnek 1997, 371). In der Subkultur wird der Leidensdruck der Personen gemildert, werden Schuld- und Versagensgefühle abgebaut sowie unverhältnismäßige Reaktionen, Aggressionen usw. legitimiert. Schließlich werden delinquente Maßnahmen allein deshalb ergriffen, weil gegen die Gebote der herrschenden Stände, der ethnischen Mehrheit, der überwiegenden Kultur protestiert werden soll (s.u. Exkurs über Heitmeyer u.a.1996). Vandalismus, aber auch die „uneigennützige" Beraubung von „Omas", das Niederschlagen von (selbst wehrlosen) Angehörigen der herrschenden Schicht erscheinen den Mitgliedern als adäquate Maßnahmen.

Cohen hat mit seinem Modell unterschiedliche Subkulturen beschreiben und erklären können, z.b. auch solche von Rauschgiftsüchtigen, von delinquenten Frauen, von delinquenten Jugendlichen aus der Mittelklasse. Speziell *„Subkulturen der Gewalt"* bearbeiteten *M.E. Wolfgang und F. Ferracuti* (1967). Lamnek (1990, 184) nennt u.a. folgende Charakteristika dieses Konzeptes:

- „Gewalt kann durchaus auch in nicht-gewalttätigen Subkulturen auftreten. In Subkulturen der Gewalt ist diese jedoch normativ verankert."
- „Die normative Struktur der Subkultur erfordert für bestimmte, definierte (nicht für alle) Situationen Gewalt."
- „Art und Ausmaß, in dem sich die Mitglieder einer Subkultur gewalttätig verhalten, sind auch durch psychologische Variablen determiniert."
- „Die verhaltenstheoretische Komponente der Erklärung besteht darin, dass dieses gewalttätige Verhalten z.B. durch Schmerz des Opfers oder durch andere Belohnungen verstärkt wird (Geld, soziales Ansehen etc.)."
- „Da der Gebrauch von Gewalt in der Subkultur nicht als unerlaubte Handlung erscheint, hat der Täter auch keine Schuldgefühle. Gewalt erscheint als Teil des Lebensstils, als Problemlösungsmöglichkeit, die legitimiert ist."

Diese Merkmale erinnern an viele vorliegende und in Kap. 1.4 zusammengefasste Berichte. In unserem Zusammenhang sind die Erklärungen der Subkultur-Theoretiker besonders aufschlussreich für das gewalttätige Verhalten von Jugendlichen, die aus bestimmten Gruppen heraus agieren, vor allem ausländische und fremdenfeindliche Banden. Zu ihnen können aber z.B. auch die jugendlichen Aussiedler gehören, die als Deutsche mit russischer Muttersprache, in ärmlichen Verhältnissen zusammenlebend, mit geringen Chancen im Bildungs-, Ausbildungs- und Berufssystem ausgestattet, die Diskrepanz zwischen den versprochenen und erwarteten demokratischen, wirtschaftlich günstigen, gerechten Lebensbedingungen in Deutschland einerseits und ihren geringen Möglichkeiten andererseits außerordentlich drastisch erleben. Allein die Gruppe der „Russen" – in Russland und Kasachstan waren sie die „Deutschen" – bietet vielen von ihnen die Möglichkeit, ihre Status- und Anpassungsprobleme, aber auch Schwierigkeiten ihrer Identitätsbildung zu bewältigen. Besonders durch „fremden-feindliche Aktionen Einheimischer geraten auch sie in gewalttätige Auseinandersetzungen.

Sog. *"Anomietheorien"* gehen ebenfalls von einem Gesellschaftsmodell unterschiedlich privilegierter Schichten aus. Nach *E. Durkheim* gilt besonders *R.K. Merton* als Vertreter dieses Theorieansatzes. Mit ihm lassen sich z.B. Beschaffungsdelikte von Jugendlichen aus benachteiligten Schichten gut erklären. Aber auch für deren gewalttätiges Verhalten ist das Modell aufschlussreich. Merton geht von der Tatsache aus, dass Gesellschaften eine durch Normen geprägte „kulturelle Struktur" besitzen, die wiederum die Handlungsziele der Mitglieder weitgehend bestimmt. Merton postuliert nun, dass abweichendes Verhalten dadurch hervorgerufen wird, dass verschiedenen Gruppen und Personen der Gesellschaft, strukturell bedingt, unterschiedliche Mittel und Wege offen stehen, um gesellschaftlich verlangte Zielsetzungen zu erreichen. Die Schere zwischen der Notwendigkeit, bestimmte Dinge (z.B. Eigentum) oder Handlungsfähigkeiten, Rechte (z.B. Mitbestimmung) zu besitzen, und der faktischen Unmöglichkeit, sie zu erwerben, produziert Gefühle der Desorientierung, der Demütigung und Hilflosigkeit, der Sinnlosigkeit konformen Verhaltens, der Ablehnung des politischen Systems. Diesem Druck sind nach Merton Unterschichtgruppen – auch Ausländer – in besonderem Maße ausgesetzt (s.u. Exkurs über Heitmeyer u.a. 1996; Tillmann u.a. 1999).

Dass die in unserer Gesellschaft praktizierten Formen der Werbung, Warenausstellung usw. auf psychologisch raffinierte Weisen Bedürfnisse normativ durchsetzen sollen, denen Kinder und Jugendliche psychisch und moralisch oft nicht gewachsen sind, ist offensichtlich (> Ladendiebstähle). Besonders die Entfremdung der Jugendlichen, die von der Erreichung gesellschaftlich hoch angesehener Ziele ganz oder weithin ausgeschlossen sind, scheint eine wichtige Erklärung zu sein für deren „anomisches", von Ressentiments geprägtes Gewaltverhalten bis hin zu extremistischen Formen der Rebellion. Offensichtlich ist, dass Schulen von vielen Schüler/innen als Institutionen mit „anomischer Struktur" erlebt werden (Schubarth 2000, 45ff).

Auch der sog. *„Labeling Approach"* erklärt bestimmte Prozesse gewalttätigen Verhaltens von Kindern und Jugendlichen. Diese Forschungsrichtung geht wie die Anomietheorie von der Frage aus, ob denn abweichendes, kriminelles – auch gewalttätiges – Verhalten nur dem Abweichler (und allenfalls den Umständen seiner Sozialisation) anzulasten ist. Die Antwort lautet: Nein! Abweichendes Verhalten wird durch mächtige Gruppen der Gesellschaft so durch ihre willkürliche Regelsetzung definiert, dass andere Gruppen oder Einzelpersonen zu Außenseitern gestempelt werden. Durch diese Etikettierung wird in diesen Personen eine Entfremdung von der konventionellen Gesellschaft in Gang gesetzt, ihr Verhalten wird immer weiter nach vorgegebener Schablone beurteilt, was die Zuschreibung zu bestätigen scheint. Schließlich wird der Handlungsspielraum der Etikettierten so eingeengt, dass eine anormale Karriere daraus erwächst. Ihr Selbstkonzept verändert sich in Richtung „Annahme des Stigmas", welche die einzige Möglichkeit zu sein scheint, eine einheitliche Identität nach innen wie nach außen zu wahren. Brusten/ Hurrelmann (1976) haben bereits in den frühen siebziger Jahren solche Stigmatisierungsprozesse auch in Schulklassen nachgewiesen. Neuerdings zeigten Tillmann u.a. in einer Studie (1999, 253ff) den engen Zusammenhang zwischen wahrgenommener sozialer Etikettierung (z.B. als Außenseiter) sowie Desintegration, Beeinträchtigung des Selbstwertgefühls, Bindung an aggressive Cliquen und schließlich Gewaltneigungen der betroffenen Schüler auf.

Die Lebensgeschichten von Jugendlichen, die aus Außenseiterpositionen in ihren Familien, Schulklassen, Peer Groups, aus Randgruppen u.ä. in die Karrieren der Gewalttätigen, der Fremdenfeindlichen, der aggressiven ausländischen Banden usw. geraten sind, lassen oft Elemente solcher Etikettierungs- und Stigmatisierungsprozesse erkennen. Das gibt auch Lehrer/innen die wichtige Aufgabe, solche Tendenzen in Schulklassen frühzeitig zu erkennen und ihnen durch sozialerzieherische Maßnahmen entgegenzuwirken (Martin 1996).

Zahlreiche Berichterstatter bringen das Gewaltverhalten in Verbindung mit Identitätsproblemen der Jugendlichen. Hypothesen lauten z.B.: Unterentwickelte Klarheit über die eigene Person, ihre Werte, ihre Ziele, ihre zukünftigen Möglichkeiten und ihre soziale Zugehörigkeit erzeugen ein Vakuum, das durch gewalttätige Gruppen gefüllt werde (Möller, in Hurrelmann u.a. 1995, 188f); vielen betroffenen Jugendlichen sei das „notwendige Fundament der Ichstärke, Geborgenheit und Selbstachtung vorenthalten" worden (Posselt/Schumacher 1989, 16). Mit diesen und anderen Aussagen wird implizit oder explizit Bezug genommen auf *Identitätstheorien*.

Über die Bedeutung der menschlichen Identität für überlegtes, moralisch verantwortliches Verhalten erfuhren wir bereits einiges aus den psychoanalytischen Theoriebeiträgen (Kap. 2.4). Auch die empirisch arbeitende Entwicklungspsychologie zeigt Zusammenhänge auf. So finden sich bei Jugendlichen mit „diffuser Identität" unter anderem folgende Merkmale gehäuft vor: niedriges Selbstwertgefühl, externe statt internale Kontrolle, stereotype statt tiefe persönliche Beziehungen, das Gefühl, von den Eltern nicht verstanden zu werden, gepaart mit Abhängigkeit von Peers und Autoritäten (Marcia 1980; Oerter/ Montada 1987, 307ff; Fend 1991). Desintegrationserfahrungen rufen Unsicherheit hervor (Heitmeyer u.a. 1996; s.u. Exkurs). Dies sind bekanntlich auch einige Bedingungen dafür, dass sich Jugendliche mit diffuser Identität Gruppen mit z.B. fremdenfeindlichen Neigungen und Gewaltaktionen anschließen.

In der Soziologie wurden die Entstehung und die Bedeutung der Identität besonders im Rahmen *symbolisch-interaktionistischer* Forschungsansätze untersucht und beschrieben. Diese stehen in einer gewissen Konkurrenz zu den sog. „klassischen Rollentheorien", die menschliches Verhalten – soziologisch gesehen – weitgehend damit erklären, dass Individuen unter dem Einfluss von Bezugsgruppen stehen. Diese Gruppen richten nämlich spezifische Erwartungen an Personen, muten ihnen eine Rolle zu und üben mit Hilfe von Sanktionen auch Druck auf die Rollenträger aus. So erklärt sich z.B. gruppenkonformes Verhalten (z.B. gemäß der Berufsrolle, Altersrolle, Geschlechtsrolle). So erklären sich auch gewisse Rollenkonflikte. Es ist offensichtlich, dass solche Rollenzwänge auch Jugendliche, besonders solche mit „diffuser Identität" (s.o.) zu vandalistischem, gewalttätigem Verhalten bewegen können.

Der interaktionistische Ansatz, begründet von *G. H. Mead* (1934) und fortgeführt u.a. von Goffmann (1990), Krappmann, Habermas (1968, 1981), betrachtet die Personen (als kleinste Einheiten der Gesellschaft) nicht als Rollenträger, sondern als handelnde Subjekte, die mit sich selbst auch in unterschiedlichen Situationen und im historischen Wandel (mehr oder weniger) identisch sind oder sein wollen. Identität ist nicht – wie die Rolle im Sinne von T. Parsons – das Ergebnis eines mehr oder weniger mechanischen Prozesses der Anpassung an die Erwartungen der Bezugsgruppen, sondern kommt dadurch zustande, dass die Wünsche, Vorschriften, Zumutungen der Mitmenschen „symbolisch", also durch Sprache, Gestik, Mimik usw., vermittelt werden. Die Person muss diese Zeichen deuten, verstehen, bewerten, Stellung nehmen; sie reagiert nicht nur, sondern sie denkt und handelt. Für Studierende der Sprachen und der Geschichte ist das nichts Neues: Interpretation ist immer „persönlich", enthält Kategorien, Bewertungen, Folgerungen einmaliger Menschen. Dieser Gedanke ist z.B. auch für die Literatur- und Geschichtsdidaktik grundlegend: Im Vorgang des Verstehens, Deutens, Stellungnehmens kann sich die Person bilden, entwickelt ihre Sensibilität und ihre Maßstäbe und gewinnt und erprobt ihre Grundsätze für umsichtiges, verantwortliches Handeln.

G. H. Mead hat den Vorgang der Identitätsbildung im gesellschaftlich bedingten Interaktionsprozess mit den Begriffen „I" und „Me" beschrieben. Das „Me" repräsentiert sozusagen die „Rolle" im klassisch-soziologischen Sinne. Es wird konstituiert durch die Erwartungen der anderen an die Person, im umfassenden Sinne als Gesamtheit der Einstellungen und Erwartungen aller anderen Gesellschaftsmitglieder an eine Person (der „verallgemeinerte Andere", auch als Spiegel der gesellschaftlichen Verhältnisse). Das „I" repräsentiert das Moment der Spontaneität und Freiheit – das „Ich", das zu den Erwartungen der anderen Stellung nimmt.

Mead zeigte die geistigen Prozesse auf, durch die das „Me" und das „I" zueinander in Beziehung treten, so dass Identität als Merkmal der Kontinuität und Unverwechselbarkeit der Person auch im zeitlichen Wandel entstehen kann. Die Person muss erstens fähig sein, sich in die Haltungen, Denkweisen usw. der mit ihr interagierenden Personen hineinzuversetzen; sie muss die sprachlichen und nonverbalen Zeichen verstehen. Sie muss nicht nur die Ziele begreifen, die Interaktionspartner bei ihr selbst zu erreichen suchen, sondern auch durchschauen, welche Reaktionen die Interaktionspartner erwarten. Sodann muss sie die ihr selbst möglichen Reaktionen im Hinblick auf ihre eigenen Absichten, aber auch im Hinblick auf die Wirkungen, die sie bei den Interaktionspartnern hervorrufen könnten, bedenken. Sie muss sich also selbst aus der Perspektive der anderen sehen und sich ihr eigenes Selbstverständnis, das der Sichtweise der anderen entsprechen kann oder nicht, bewusst machen, um dann als Subjekt zu handeln.

Besonders in der deutschen Fachdiskussion sind verschiedene Teilprozesse der erfolgreichen Identitätsbildung analysiert worden. Zum einen gehört dazu der Vorgang der „Empathie": Verstehen der Rollenerwartungen anderer nicht nur als kognitiver Prozess, sondern als „affektiv-motivationale Komponente" (vgl. Mertens 1974, 94f). Sodann wird vorausgesetzt, dass Rollenerwartungen nicht rigide, zum Beispiel durch Kommandos, definiert sind, sondern gewisse Interpretations- und Handlungsspielräume offen lassen, durch die das „I" überhaupt erst die Chance bekommt, seine Sichtweisen, Bedürfnisse und Normen ins Spiel zu bringen, im „Rollenspiel" zu erproben und fortzuentwickeln (Krappmann). Erst aus einer gewissen „Rollen-Distanz" kann (durch Ausbalancierung von Fremderwartungen und persönlichen Bedürfnissen, Trieben, Normen und Zielen) „Ich-Identität" entstehen und behauptet werden (vgl. Mertens 1974, 99f; Auwärter et al. 1976; Tillmann 1990, 133f).

Der Ansatz liefert *Erklärungen für aggressives Verhalten* vor allem auf zwei Ebenen, erstens auf derjenigen der *„Identitätsstörungen"*. In interaktionistischer Sicht entstehen sie besonders dadurch, dass identitätsfördernde Interaktionsprozesse im Sozialisationsfeld und im Lebenslauf fehlen oder nur begrenzt vorhanden sind. So kann schulischer Unterricht zu bloßen Lehr- und Prüfungsprozessen im „Frage-Antwort-Betrieb" erstarren, dann nämlich wenn selbständiges Denken nicht gefragt ist und das „pädagogische Verhältnis" zwischen Lehrer/innen und Schüler/innen (Nohl 1949) beeinträchtigt ist. Sind auch die Gesprächs- und Rollenspielmöglichkeiten in der Familie (z.B. durch unvollständige Familien, Überlastung, Sorgen, Zeitmangel der Eltern, schlechte Wohnverhältnisse, kompromisslos autoritäres Elternverhalten, Gewalttätigkeit u.ä.) stark eingeschränkt und /oder sind Kinder vornehmlich auf einseitige und stereotype Kommunikation mit Fernsehen und Computern beschränkt, so sind oft die erforderlichen Möglichkeiten zum Erlernen von Empathie, zum Finden und Erproben der eigenen Rolle, zum „Aushandeln von Identität" nicht gegeben (s. u.a. Fritz/ Fehr 1997). Geistig begründetes, moralisches Handeln in eigener und sozialer Verantwortung kommt teilweise nicht zustande; Jugendliche übernehmen dann u. U. vorgegebene Ziele und Handlungsmuster von Cliquenführern, folgen auch extremistischen Gewaltparolen.

H. Fend hat darüber hinaus die Bedeutung der Bildungsprozesse für die Identitätsentwicklung in der Adoleszenz empirisch nachgewiesen. Zu dem Zwecke hat er (aufbauend auf Erikson, Marcia, Bronfenbrenner u.a.) ein Instrumentarium geschaffen, mit dessen Hilfe er die Entwicklung der Jugendlichen hinsichtlich ihrer beruflichen, weltanschaulichen, politischen Identität,

Geschlechtsrollenidentität sowie ihrer „Selbstfindung im Modus der Gestaltung freier Zeit" untersuchen konnte. Die Ergebnisse zeigen ebenfalls die problematischen Ursachen und Wirkungen nicht gelingender, diffuser Identitätsbildung auf. Über die Gruppe der Schüler/innen mit „niedrigem Demokratieverständnis und hoher Skepsis (Entfremdete)" schreibt Fend (1991, 194f):

> „Bei dieser Gruppe fällt die allgemeine Distanzwahrnehmung zur sozialen Umwelt ins Auge. Es sind hier eher schlechte Schüler vertreten, die wenig Aufmerksamkeit durch Mitschüler erfahren. Gleichzeitig nehmen sie aber geringe Zuwendung und Akzeptanz durch Eltern, Lehrer und Mitschüler wahr. Dies schlägt auf ihr Selbstvertrauen zurück, ihre Ich-Stärke ist beeinträchtigt".

Zu den Hauptergebnissen seiner Untersuchung der politischen Identitäts-Entwicklung bei den Jugendlichen der 80er Jahre zählt Fend vor allem:

> „die problematische Entwicklung des Demokratieverständnisses bei der bildungsmäßig am wenigsten begünstigten Gruppe, bei den Hauptschülern", und „die starke Verbreitung von ‚Ausschließlichkeitsdenken' und ‚Ausmerzungsdenken' im Sinne eines rechtsradikalen Potentials". (Dazu auch Fend 1991, 78)

Insgesamt bestätigen die Fendschen Forschungsarbeiten (1990-1998) die problematischen Wirkungen nicht gelingender, diffuser Identität, so wie sie von den oben genannten Vertretern des Identitätskonzeptes aufgezeigt wurden. Auch bestimmte, oft genannte Ursachen im sozial-ökologischen Feld (z.B.: mangelnde Zuwendung im Elternhaus, in der Schulklasse und der Altersgruppe beeinträchtige Interaktion und Empathie) werden bestätigt. Zusätzlich wird die Bedeutung der schulischen Bildung eindrucksvoll nachgewiesen. Insbesondere werden auch die Auswirkungen erklärt, die die schulischen, beruflichen, sozialen und emotionalen Benachteiligungen der Hauptschüler haben. Ihre besonders hohe Beteiligung an den registrierten Gewalttaten korreliert mit eben dieser beeinträchtigten Identitätsentwicklung.

Noch grundsätzlicher kann aber festgestellt werden, dass die Identitätsbildung in unserer Gesellschaft durch das „zentrale Lebensparadigma" der „Ambivalenz" gekennzeichnet ist, z.B. durch gesteigerte Lebenschancen bei geringerer Berechenbarkeit der Lebenswege, durch Befreiung aus alten „Lebenslaufkorsetts" bei Vergrößerung der Risiken, durch Befreiung von starren Geboten und Normen, die aber umso stärker die Entwicklung von individuellen Werteinstellungen und -bindungen erfordert. Somit ist die Identitätsbildung aller Jugendlichen einer größeren Belastung ausgesetzt – mit Folgen für die Entwicklung auch gewaltbereiter Einstellungen.(Heitmeyer u.a. 1996, 45ff, s. auch Baacke 1998). In den empirischen Untersuchungen ergaben sich besonders folgende Zusammenhänge: fehlende Unterstützung durch Familie und Freunde und starker Konformitätsdruck durch die Freundesgruppe > Verunsicherung, negatives Selbstwertgefühl hoch > deutliche Vermehrung der Gewaltbereitschaft und des gewalttätigen Verhaltens („Gewalt als Mittel der Ambivalenzreduktion"; a.a.O. 162ff; weiteres s.u., Exkurs am Ende des Kap.).

Auf einer höheren Ebene lassen sich weitere Erklärungen für aggressives Verhalten finden, wenn man *Identität* nicht nur als Beschreibungsbegriff, sondern *als Norm* versteht. In gewissem Sinne bezeichnet er nämlich das, was im Artikel 1 unseres Grundgesetzes mit der Unantastbarkeit der Würde der Person gemeint ist. Grundsätzlich darf niemandem die Möglichkeit geraubt werden, Ich-Identität zu bilden. Tatsächlich sind aber die Möglichkeiten dazu für Jugendliche in unserer Gesellschaft teilweise nur begrenzt vorhanden, wie bereits bei der Begründung der Identitätsstörungen angedeutet wurde. Bestimmte Gruppen von Jugendlichen sind in dieser Hinsicht ganz besonders benachteiligt, z.B. viele Kinder aus ausländischen Migrantenfamilien, Aussiedlerkinder mit russischer Muttersprache, aber auch Kinder anderer sozial benachteiligter Gruppen, Hauptschüler, Jugendliche ohne Ausbildung usw. (s. PISA 2000). Wenn schon ein Ausbildungsvertrag in einem ungeliebten Beruf als eine Wohltat der Gesellschaft gilt, dann muss man mit Reaktionen der Jugendlichen rechnen, die keine Chance zur Entwicklung einer persönlich bejahten Berufsrolle bekamen.

Die genannten Gruppen sind also nicht nur „sozial", z.T. politisch, auch schulisch und beruflich benachteiligt, sondern ihnen wird ein Menschenrecht vorenthalten. Da ihnen die Möglichkeiten zur Artikulation ihres Protestes fehlen, schließen sie sich in größerer Zahl extremistisch-gewalttätigen Gruppen, „streetgangs", randalierenden Fan-Gruppen u.ä. an und „machen mit".

Exkurs: Ergebnisse der Sozialisationsforschung Heitmeyers u.a.
Im Jahre 1995 veröffentlichte *W. Heitmeyer* mit seiner Arbeitsgruppe eine komplexe *Studie* über *„Gewalt – Schattenseiten der Individualisierung bei Jugendlichen aus unterschiedlichen Milieus"*. Den Forschungsarbeiten liegt ein „sozialisationstheoretisches Konzept" (S.31ff) zugrunde, dessen Verwurzelung in den oben referierten soziologischen Theorieansätzen, besonders in den interaktionischen, identitätstheoretischen, aber auch den milieutheoretischen Komponenten, zum Ausdruck kommt. Trotz seiner empirisch-analytischen Anlage ist das Untersuchungskonzept anderen Theorien gegenüber nicht verschlossen. Im Kapitel über „Gewalterfahrungen als lebensgeschichtlicher Lernkontext" (S.178) wird vielmehr „deutlich, dass das psychoanalytische und das lerntheoretische Erklärungsmodell zwei unterschiedliche Blickwinkel auf denselben Sachverhalt darstellen". Das entspricht weitgehend unserem anthropologischen Integrationsansatz, in dem freilich unterschiedliche, einander ergänzende Akzentuierungen gemäß Persönlichkeitsebenen vorgenommen werden.

Der Hauptuntersuchung liegt ein Konzept zugrunde, demgemäß Gewalt eng mit den *Individualisierungsprozessen* in unserer und anderen entwickelten Gesellschaften zusammenhängt. Gewalttendenzen Jugendlicher erscheinen als Ergebnis einer Kette von *Desintegrationserfahrungen,* die – unterschiedlich in verschiedenen Milieus – schwer verarbeitbare *Verunsicherungen* hervorrufen. Vielfältige Facetten von Ambivalenz werden erlebt: z.B. bei der Lebensplanung angesichts unberechenbarer Lebenswege; bei dem Wunsch nach Gleichberechtigung, der individuellen Konkurrenzdruck zur

Folge hat; „selbst wo Autonomie auftaucht, ist auch Anomie nicht weit" (s.o.); weiterhin: Verlust von Gewissheiten, Auflösung von Traditionen und Gruppenbindungen, Lockerungen von Normen und Optionsvielfalt, Vereinsamung und Anonymisierung – sie alle auch als Auslöser von Kurzschlussreaktionen und Suchbewegungen (S.40ff). Die Methoden und Details dieser repräsentativen Erhebung müssen im Original nachgesehen werden.

Einige besonders wichtige Ergebnisse:
1a. Die *Verunsicherung* Jugendlicher hängt besonders eng zusammen mit fehlender Unterstützung durch Familie und Freunde (Aufmerksamkeit, Hilfe, Zuneigung, Verlässlichkeit) sowie andererseits mit starkem Konformitätsdruck in der Freundesgruppe.
1b. Selbstwertgefühl und Selbstvertrauen werden besonders wichtig, wenn kollektive Muster der Lebensgestaltung nicht mehr zur Verfügung stehen.
1c. Jugendliche, die über Erfahrungswissen verfügen, sind weniger verunsichert. Verunsichernd wirkt die Gefährdung des aktuellen bzw. erwarteten Status (S. 161f).
2a. *Hoch verunsicherte Jugendliche* geben etwa doppelt so häufig von ihnen ausgeübte Gewalt gegen Menschen an als niedrig verunsicherte (29% vs. 16%; S. 162f).
2b. Jugendliche, die selbst Gewalt durch Eltern, Lehrer und andere Erwachsene erfahren haben, befürworten Gewalt und verhalten sich auch deutlich häufiger gewalttätig als die übrigen (S. 180ff).
2c. Erhöhte „allgemeine Gewalttätigkeit" sowie „fremdenfeindliche Gewalt" zeigten sich in West- und Ostdeutschland besonders bei Jugendlichen aus bestimmten „Milieus". Besorgnis bereiten Indizien, „dass die Gewaltprobleme sowohl in der Mitte der Gesellschaft als auch in den Randzonen wachsen werden" (S. 413).
2d. Aufgrund von Detailuntersuchungen schlagen die Autoren vor, bei *Präventionsmaßnahmen* in den unterschiedlichen Milieus unterschiedlich zu verfahren („milieuspezifische Aktions-Sets"; S. 261ff).
2e. Die familiale *Desintegration* (Leben in unvollständigen Familien) betrifft Hauptschüler/innen und besonders Jugendliche ohne Schulabschluß weitaus mehr als Gymnasial- und Realschüler/innen. Jugendliche mit niedrigerem Bildungsniveau sind stärker verunsichert als Jugendliche mit höherem Bildungsniveau. Gewaltaffine und gewaltbefürwortende Einstellungen und auch gewalttätiges Verhalten nehmen, insgesamt gesehen (Feinheiten im Text S. 337f), mit sinkendem Bildungsniveau zu. Hinsichtlich fremdenfeindlicher Gewalt wird auf die „Konkurrenzhypothese" verwiesen (z.B. werden Ausländer als Konkurrenten um knappe Positionen und Güter angesehen).
2f. Unter männlichen Jugendlichen, die einer Gruppe oder Clique angehören, finden sich mehr gewalttätige als unter denen ohne solche *Gruppenbindung*. Gewaltsteigernd wirken gewaltförmige Kommunikation in der Clique, ein *Gruppenklima*, in dem Diskussionen als störend empfunden werden (S. .352ff).
2g. Je höher der soziale Desintegrationsgrad und die soziale Verunsicherung und je niedriger die gemeinsam geteilten *Werte und Normen*, desto häufiger treten gewaltaffine Einstellungen sowie fremdenfeindliche und rechtsextremistische Gewalttätigkeit auf (S. 380).
2h. Der Anteil von gewalttätigen Jugendlichen ist *unter ausländischen Jugendlichen* signifikant größer als unter deutschen (30,5 vs. 23.2%). Auch die Gewaltmotive und -einstellungen zeigen erhöhte Werte. Gründe werden gesehen in einem höheren Grad der

Orientierungsunsicherheit (u.a. durch geringere emotionale Unterstützung, Familie (!), Belastungen durch schulische und berufliche Situation, Wahrnehmung von Diskriminierung, höhere Ängstlichkeit, geringeres Selbstwertgefühl; Gefühle, das eigene Schicksal wenig beeinflussen zu können, Identitätsprobleme; 399ff). Folgenreich sind der Rückzug in die eigene ethnische Gruppe, die Ethnisierung von Jugendzentren u.ä. Bloße Kontaktpflege erscheint wenig aussichtsreich (S. 408).

2i. Besonders die *jüngeren Gymnasiasten* sind in den letzten Jahren gewalttätiger geworden und haben das Gewaltniveau anderer Schulformen erreicht. Das Bildungssystem scheint weniger soziale Verantwortung als vielmehr instrumentalistische Einstellungen zu fördern (persönliche Vorteile wie Geld, Aufstieg, Macht erwerben, Selbstdurchsetzung). „Hier lagern problematische Entwicklungspotentiale" (413ff).

Zu den *Zukunftsaussichten* äußerte sich W. Heitmeyer in der "Zeit" (28. Jan. 1999): „Die Gesellschaft verwehrt einer wachsenden Zahl von ihnen (den Jugendlichen, L.M.) den Einstieg ins Berufsleben. Sie bekommen keine Antwort auf die Frage: Wer bin ich?" – „Wir werden es mit einer größer werdenden Gruppe von jungen Menschen, darunter auch zahlreichen ausländischen Jugendlichen, zu tun bekommen, die mit den ständig steigenden Qualifikations- und Anpassungsforderungen des Arbeitsmarktes überhaupt nicht mehr zurechtkommen."
„... Dabei wird man einfach zur Kenntnis nehmen müssen, dass nach Prognosen im Jahr 2010 in Städten wie Wuppertal oder Solingen ausländische Mitbürger zwischen 20 und 40 Jahren einen Anteil von 45 bis 50 Prozent der Bevölkerung stellen werden. Ihre Integration in die Funktionssysteme dieser Gesellschaft ist heute schon schwach. Es wird der Demokratie nicht bekommen, wenn sie in ethnische Organisationen gedrängt werden." – „Jemand hat kürzlich gesagt, dass man bei uns vorrangig frage, wie viel Menschlichkeit man sich leisten könne. Das ist für das moralische Engagement vieler Jugendlichen katastrophal." – „Es gibt zahlreiche Reaktionen. Die Gewaltbereitschaft der Jugendlichen gehört dazu." Zu Heitmeyer s. Randerath/ Randerath 2001, 36.

Ein besonderes Defizit des deutschen Erziehungs- und Bildungswesens, das dem Inländer kaum, umso mehr aber vielen ausländischen Fachleuten auffällt, betrifft die berufliche Identitätsbildung der Kinder und Jugendlichen bereits im allgemeinbildenden Schulwesen und im Elternhaus. Die im traditionellen Konzept der Allgemeinbildung begründete Missachtung der Berufs- und Arbeitswelt und überhaupt des Praxisbezuges im schulischen Lernen schockieren internationale Erziehungswissenschaftler (s. auch PISA 2000). Das einhellige Verlangen der Schülerschaft nach schulischer *Berufswahlvorbereitung und Berufsbildungsberatung* verhallt ungehört (empirische Belege: Martin 1981b, 91ff; 1996, 51ff). Moderne Bildung erfordert jedoch die Förderung des Nachdenkens über die eigenen Fähigkeiten, Möglichkeiten, Wünsche, Ziele, Zukunftspläne und die Kenntnis der alternativen Bildungs-, Ausbildungs-, Berufswege (altersgemäß, von Kindheit an). Ohne *„career education"* als Prinzip, Fach, Projektfolge und auf allen Stufen, ohne pädagogische Berufsbildungsberatung erzeugen wir (Eltern, Lehrer-, Bildungspolitiker/innen, die Bundesanstalt für Arbeit...) keine „career identity", sondern geben die Heranwachsenden diesbezüglich der *Verunsicherung und Entscheidungsunfähigkeit,* ja u.U. der Auswegslosigkeit preis. Auch das kann uns der Fall des Erfurter Amokläufers R. Steinhäuser (2002) lehren (s. GrF 4). Literatur: Super 1957,

O'Hara/ Tiedemann 1959, Jaide 1961, Super/ Bohn 1970, Scheller 1976, Martin 1981, 1981 b, 1983, Brown in: Horne/Kiselica 1999.

Konsequenzen für die Prävention:
Soziologische Theorien der Gewaltentstehung basieren auf kumulierten Beobachtungsergebnissen, statistisch verrechneten Erhebungsdaten u.ä. Aus ihnen lassen sich daher nicht unmittelbar Methoden der Einzelfallhilfe ableiten. Auch mögen sie manchen Helfer vor Ort entmutigen oder in Rage bringen, weil sie oft gesellschaftliche Bedingungen sichtbar machen, gegen die er selbst wenig ausrichten kann. Was soll der einzelne tun gegen Armut, Arbeitslosigkeit der Eltern; Scheidung, zerrüttete Familienverhältnisse, Gewalt und Alkoholismus in Familien, soziale Isolierung u.ä., die zu den erklärungsmächtigsten Gewaltprädiktoren gehören (Patterson, Rutter, s. Selg u.a. 1997, 192)?

Die große Bedeutung der Theorien und Forschungsergebnisse für die Prävention ist aber unübersehbar. Für *gesellschaftliche und institutionelle Maßnahmen* ist es wichtig zu wissen, in welchen Gruppen, Subkulturen, Wohngegenden, sozialen Milieus u.ä. Prozesse der Anomie, des differentiellen Lernens von Gewalt, der gewaltfördernden Desorientierung und Verunsicherung, der Identitätsdiffusion usw. gedeihen. Die Notwendigkeit *schulischer, sozialpädagogischer und sozialtherapeutischer Gewaltprävention in Brennpunkten* wird deutlich (s. bes. GrF 11).

Lehrer- und (Sozial-)Pädagog/innen, Streetworker usw. dürfen allerdings Kinder und Jugendliche nicht schon deshalb für gewaltanfällig halten, weil sie aus einem gewaltanfälligen „Milieu" stammen. Das würde u.U. kontraproduktive Etikettierungs- und Stigmatisierungsprozesse auslösen. Wohl aber sollten sie sensibel werden für Bedingungen der Gewaltentstehung und motiviert für Maßnahmen in Gruppen und mit einzelnen Jugendlichen. Die Untersuchungen und Theorien lassen zahlreiche Ansatzpunkte für präventive Arbeit erkennen.

Auch wenn die gesellschaftlichen und institutionellen Strukturen nicht unmittelbar vom einzelnen Pädagogen oder einem Kollegium in Schulen oder Jugendhilfeeinrichtungen geändert werden können (Einflussmöglichkeiten sollten unbedingt genutzt werden!), so können wissenschaftlich begründete, methodisch geplante und kontrollierte *„Grundformen der Prävention"* doch viel ausrichten. Kindergärten, Schulen und Jugendfreizeitstätten können Orte werden, die Kindern und Jugendlichen aller Herkunftsgruppen, auch solchen aus benachteiligten sozialen und ethnischen Gruppen und Subkulturen, „Raum geben" (GrF 1) und ihre Unsicherheitsgefühle verringern, Anomie abbauen, Identifikationen und differentielles prosoziales Lernen ermöglichen.

Das erfordert *„pädagogischen Bezug"* zwischen Lehrer- und Schüler/innen, Jugendlichen und Jugendleiter/innen. Im *Schul- und Freizeitsport* kann soziales Zusammenspiel gelernt, können Regeln und faire Werteinstellungen vermittelt und gefestigt werden (GrF 2). *Unterricht und Schulleben* sollen Übungen in Toleranz und Empathie sein und zum moralischen Urteilen höherer Art erziehen (GrF 3 u. 6). Die Interaktionen in Schulklassen und Pausenhöfen sind ebenso wie diejenigen im Jugendheim auf *Förderung der Identität* anzulegen

(GrF 4). Konkurrenzorientiertes, auf Selbstdurchsetzung angelegtes Lernen muss durch *solidarischen Umgang, Hilfe für die Schwächeren und Benachteiligten* ersetzt oder wenigstens ergänzt werden (GrF 6, 8). *Bildung und Ausbildung* müssen Qualifikationen, Selbstvertrauen und Einstellungen vermitteln, die Zukunftsängste Benachteiligter und Verunsicherter vermindern. *Mitbestimmung* muss ermöglicht und kultiviert, *Menschenwürde* muss erfahrbar werden, auch in den Schulen. Der *Umgang mit Gewalttätigen* muss gelernt, *Konflikte* müssen produktiv bearbeitet werden (GrF 9, 10, 12). Nicht zuletzt geben *Projekte* Gelegenheit zu selbstgewählter und selbstmotivierter Arbeit an der Lösung der gewaltinduzierenden Probleme, zur Arbeit am eigenen Wertsystem und zum Erwerb friedfertiger Kompetenzen (GrF 7). Dazu müssen Lehrer/innen, besonders Klassenlehrer/innen, auch Sozialpädagoge/innen usw. ihren fachkundigen Beitrag leisten (Martin 1996; s. auch „Schulentwicklung", Schubarth 2000, 162ff).

Schließlich ist es notwendig, dass die schulischen und außerschulischen *Beratungssysteme* ihre Arbeit in der Intervention und Prävention tun. Schulleiter-, Klassen- und Beratungslehrer/innen müssen eine führende Rolle in der schulischen Präventionsarbeit übernehmen, müssen Schüler/innen, Eltern und Lehrer/innen bei akuten Gewaltproblemen beraten und bei der präventiven Gestaltung des Schullebens unterstützen (s .Kap. 4.6). Dazu gehört auch die Förderung der Entscheidungsfähigkeit und der Identität Jugendlicher durch schulische Berufsgrundbildung und pädagogische Schullaufbahn- und Berufsbildungsberatung (s. GrF 4).

Das alles mag wie ein unrealistischer Forderungskatalog klingen. Lehrer-, Klassen- und Beratungslehrer/innen, Jugendleiter- und Sozialarbeiter/innen zeigen aber immer wieder, dass das möglich ist. Und ohne derartige Anstrengungen wird das eher wachsende Problem der Jugendgewalt in unserer Gesellschaft auch nicht zu lösen sein. Wie es gehen kann, sollen die folgenden Grundformen der Gewaltprävention lehren, die durch Maßnahmen der tertiären Prävention bzw. der therapeutischen Intervention (Kap. 4) zu ergänzen sind.

3 Zwölf Grundformen pädagogischer Gewaltprävention

3.1 Pädagogisch-anthropologische Integration der Theorieansätze als Grundlage fachkundiger Prävention

Die *Pädagogische Anthropologie* sucht die verschiedenen Ebenen und Prozesse in der menschlichen Persönlichkeit differenziert zu erfassen und ihre Einheit zu erklären (siehe W. Flitner 1950/ 1974, 28ff; H. Roth 1968, 1971). Wenn man von einem solchen ganzheitlichen Verständnis des Menschen, seiner Erziehung und auch seiner abweichenden Verhaltensweisen ausgeht, dann fällt auf, dass die in den vorangehenden Kapiteln dargelegten Theorieansätze sich weniger widersprechen, als manche Autoren meinen. Vielmehr sind deren Forschungsziele und -methoden zum einen auf verschiedene Ebenen und Teilprozesse gerichtet, zum anderen werden gleiche Prozesse von verschiedener Warte aus betrachtet (so auch Heitmeyer u.a. 1996, s.o. S. 80; Veith 1996).

Die folgende Zusammenschau der Forschungsergebnisse der verschiedenen Disziplinen ist nicht begründet durch die oberflächliche Vorstellung, man könne sie einfach zusammenzählen, oder durch das Streben nach einer künstlichen Harmonie. Vielmehr verlangt die Verantwortung der Pädagogen um der Edukanden willen die Beachtung der vorhandenen Erkenntnisse – selbst wenn diese nicht alle widerspruchslos zusammenpassen.

In Anlehnung an und Fortentwicklung des pädagogisch-anthropologischen Modells unterscheiden wir wie in unserer Grundlegung der pädagogischen Beratung (Martin 1981) die folgenden Betrachtungsweisen oder auch Teilsysteme der menschlichen Persönlichkeit: die biologische, die tiefenpsychologische, die psychologische, die sozial-geschichtlich-gesellschaftliche sowie die geistige und personale. Sie alle bilden jedoch eine differenzierte Einheit und insgesamt das Reservoir, aus dem das multikausale Phänomen der menschlichen Gewalt erklärt werden kann und muss. Im Hinblick auf unser Thema müssen wir zusammenfassend feststellen: *Der Mensch ist ein aggressionsfähiges und erziehungsbedürftiges Wesen* (vgl. H. Roth).

Das ergibt sich bereits aus seiner *biologischen Ausstattung.* Die menschlichen Organe geben jedem die Möglichkeit zu aggressiven Handlungen. Schon der Säugling kann seinen Mund nicht nur zum Saugen benutzen, sondern auch zum Beißen – und viele tun es bereits an der Mutterbrust. Seine Arme und Hände ermöglichen es dem Menschen, andere zu streicheln, aber auch sie zu schlagen, kratzen, boxen. Und mit seiner Sprachfähigkeit und seinem Verstand hat der Mensch Instrumente und Methoden erdacht, aggressiv seine Ziele zu verfolgen und gewalttätig gegen Menschen, Tiere und Sachen zu sein. Schließlich können Menschen nur überleben, wenn sie andere Organismen „schädigen, verletzen, zerstören, vernichten" (vgl. die Definition der Aggression bei Selg u.a. 1997, 6ff; s. Kap. 1.2). Insofern üben sich Menschen täglich darin. Auch für die Fähigkeiten zur Aggression bzw. Gewalttätigkeit ergibt der Mensch-Tier-Vergleich, dass sie „beim Menschen eine seine Sonderstellung begründende, einmalige Steigerung erfahren und einen unvergleichlichen Variantenreichtum ... aufweisen" (Roth, 1968, 114).

Was immer die Genforschung auf diesem Gebiet im einzelnen zutage fördern mag (s.o. Kap. 2.3, Hinweis), die Beobachtungen und vergleichenden Analysen der Humanethologen haben insgesamt eine nicht zu vernachlässigende Erklärungskraft. Es scheint zu den stammesgeschichtlich ererbten „Vorprogrammierungen" zu gehören, dass Menschen Aggressionen ausüben können zur Sicherung ihres Lebensraumes, zur Verteidigung von Lebenspartnern und Familien, beim Streben nach Rang und Einfluss, beim Rivalisieren von Gruppen usw. (s. Kap.2.3). Das gilt unabhängig von der Frage, wie gewalttätiges Verhalten im Dienst solcher Ziele moralisch zu bewerten ist. Wir müssen also damit rechnen, dass die entsprechenden Bedrohungssituationen das Potential von Gewaltauslösern haben. In empirischen Untersuchungen werden solche Risikobedingungen u.a. fassbar als „Desintegration", als „Konkurrenz", in der Etikettierung von Schülern als Schuldige, Außenseiter usw., in der „Restriktivität bei der Regelanwendung durch Lehrer" (Meier 1997, 225ff), auch in der „Schulraumqualität" (ebd., dazu Klockhaus/ Habermann-Morbey 1986; Hanewinkel/ Knaack 1997, 299ff).

Die anthropobiologisch bestimmte Sonderstellung des Menschen im Reich des Organischen, die sich u.a. in seiner relativen Freiheit von schematisch wirkenden Umweltreizen manifestiert, kann einerseits diese Risikobedingungen außer Kraft setzen, andererseits aber auch Aggressionen bei geringfügigen Anlässen bewirken. Zusätzlich kann sich die lange Jugendzeit als Phase des Ausprobierens, der relativen „Marginalität", „Labilität" und „Unsicherheit" nicht nur allgemein delinquenzsteigernd (Oerter/ Montada 1995, 1024ff), sondern auch gewaltfördernd auswirken.

Die Humanethologie zeigt auch, dass die Menschen aus ihrer Stammesgeschichte grundsätzlich die Fähigkeit zur kulturellen Überformung aggressiver Tendenzen ererbt haben: Kontrolle, Regelsetzung, Rechtssysteme, Methoden der Streitschlichtung und Befriedung, Sitten und Bräuche, Erziehung. Damit sind wir beim Auftrag aller Lehrer/innen, Erzieher/innen, Eltern, Berater/innen, Sozialpädagog/innen usw. sowie der Einrichter und Unterhalter von Erziehungs-, Bildungs- und Beratungsinstitutionen, speziell auch in der Prävention und Intervention gegen Gewalt.

Das biologische Teilsystem des Menschen ist eng verknüpft mit dem sozialen, dem psychischen und dem geistig-personalen. Die *sozialen Bezüge* wurden teilweise bereits in der humanethologischen Betrachtung sichtbar: Menschen sind auf Mitmenschen angewiesen, entwickeln und entfalten sich in Familien, Gruppen, Gesellschaften. Sie müssen sich in eine Sprach- und Verständigungsgemeinschaft eingliedern, Traditionen übernehmen, verlebendigen, individuell variieren, Mitmenschen verstehen und sich selbst verständlich machen. Sie erfahren Erfüllung in sinnvoller Tätigkeit in der bzw. für die Gemeinschaft. Aber dieser Vorgang ist durch vielfältige Hindernisse, Gegensätze, Widersprüche eingeschränkt, bedroht.

Im Grunde setzen alle oben behandelten Lernprozesse *das soziale Teilsystem des Menschen* voraus. Auch das medial vermittelte Erlernen von Gewalttätigkeit samt den zugehörigen Werteinstellungen und Motiven ist nachdrücklich beeinflusst von industriellen, wirtschaftlichen, rechtlichen, bildungspolitischen, medienpolitischen u.a. gesellschaftlichen Bedingungen.

Besonders deutlich werden die Wirkungen der Sozialbedingungen menschlicher Existenz in der Erklärung von Gewalt als einer „sozialen Krankheit". Moderne Gesellschaften ermöglichen höchst „differentielle Kontakte" Jugendlicher mit sehr verschiedenartigen Gruppen. Diese können geprägt sein durch sehr unterschiedliche Situationsdefinitionen, Wertvorstellungen, Handlungsmotive und Ziele, so dass eben auch Gewaltverhalten sozial gelernt werden kann (Sutherland, s.o). Ebenso unterscheiden sich die Identifikationsmöglichkeiten der verschiedenen Kinder und Jugendlichen hinsichtlich des Erlernens von Aggressivität (Glaser, s. Kap. 2.6).

Wie oben ausgeführt, gehören zu diesen Sozialbedingungen jugendlicher Gewaltneigung u.a. Konflikte, Gewalt, Missbrauchserlebnisse im eigenen Elternhaus, Dauerarbeitslosigkeit, soziale Isolation, desolate Wohnverhältnisse, übermäßige Gewalt im nachbarschaftlichen Umfeld.

Moderne demokratische, teilweise multikulturelle Gesellschaften bieten Subkulturen mit Gewaltneigungen einen Nährboden. Eingeschränkte Bildungs-, Berufs-, Eigentums-, Mitbestimmungschancen einzelner Bevölkerungsgruppen befördern Aggressionen, z.B. zum Abbau von Versagenserlebnissen, aus Protest gegen die privilegierte Mehrheit. Gewalt kann auch ohne Deklassierungserfahrungen zum Lebensstil subkultureller Gruppen werden, z.B. stimuliert durch Massensportveranstaltungen mit Massenberichterstattung.

In der Anomietheorie Mertons wird Delinquenz einschließlich bestimmter Arten des Gewaltverhaltens durch die Schere zwischen geltenden Verhaltens-, Besitz-, Freiheits- u.a. Normen und den beschränkten Realisierungsmöglichkeiten unterprivilegierter Gruppen beschrieben und erklärt. Das neuere Desintegrations-Verunsicherungs-Gewalttheorem (Heitmeyer u.a.; s. Kap. 2.7, Exkurs.) erweist sich ebenfalls als sehr erklärungsmächtig. Schließlich beziehen die Erklärungen von Gewalttätigkeit als „soziale Krankheit" auch Identitäts- und Interaktionstheorien ein; z.B. vermehrt auch die institutionell und gesellschaftlich bedingte Beschränkung von Interaktionsmöglichkeiten, Beratung usw., die für die Identitätsbildung unerlässlich sind, Aggressionstendenzen. *Psychosoziale Prozesse in der Schulklasse*, insbesondere konfliktgenerierende Vorgänge in der informellen Struktur, die verschiedenen Positionen (Star, Mitläufer, Streber, Außenseiter, schwarze Schafe usw.) sowie die Gruppierungen (Zweier-, Dreier-, Vierergruppen, Cliquen usw.) ermöglichen unterschiedliche Chancen im Wettbewerb um Rang und Geltung. In Klassen mit niedrigem Binnenkontakt kann das Rivalisieren auf „die Stufe neidvoller Konkurrenz", ja „Grausamkeit" gegeneinander absinken, und Lehrer/innen können diesen Prozess durch Bloßstellung, Ironisierung von Schülern sowie durch Konkurrenz und Spannung stimulierende Unterrichtsstile und -methoden zusätzlich anheizen (Weiß 1970, 72ff, 133; Weber 1976). Die Bedeutung, die das Sozialklima der Schulklasse, die Lehrer-Schüler- und Schüler-Schüler-Beziehungen, soziale Etikettierungen und ein nicht einsichtig zu machender Leistungsdruck bei der Entstehung von Schulunlust, Vandalismus und interpersonaler Gewalt unter Schüler/innen haben, sind in neuerer Zeit auch empirisch nachgewiesen worden (Klockhaus/ Habermann-Morbey 1986; Meier 1997; s. Redl zur „gruppenpsychologischen Ansteckung", Kap. 4.1).

Als psychologische Teilerklärungen der Gewaltentstehung sollen hier besonders die im *psychischen System* der Individuen ablaufenden Prozesse zusammengefasst werden, obwohl auch sie selbstverständlich eingebettet sind in das menschliche Gesamtsystem. Zu ihnen gehören vor allem: das Erlernen und die Motivierung aggressiven Verhaltens sowie die Verursachung von Störungen des Verhaltens und Erlebens, die gewalttätiges Handeln entgegen geltenden Normen und persönlichen Werteinstellungen hervorrufen können.

In der Pädagogischen Anthropologie wird der Mensch als „unendlich lernbedürftiges" und „unendlich lernfähiges" Wesen beschrieben (Roth 1968, 115). Diese Charakterisierung trifft auch auf seine Möglichkeiten zum *Erlernen aggressiven bzw. gewalttätigen Verhaltens* zu. Eine Voraussetzung dafür ist die organische Ausstattung des Menschen als „Mängelwesen" (Gehlen). Seine Intelligenz ermöglicht Erfindungen und den Gebrauch von Waffen, Mordinstrumenten, atomaren und biologischen Waffen. Seine Denk- und Sprachfähigkeiten steigern seine Fähigkeiten zur Gewaltausübung „unendlich".

Gewalttätiger Umgang mit Gegenständen und Lebewesen ist für Menschen kein abgegrenzter Sonderbereich des Handelns: Bäume fällen, Wild jagen, Haustiere schlachten usw. gehören zu den Tätigkeiten, mit denen sich Menschen am Leben erhalten müssen. Zivilisierung (s. N. Elias, Kap. 2.2) besteht zum Teil darin, dass wir vieles den Fachleuten, den Jägern, den Schlachtern, den Soldaten, überlassen. Diese lebensnotwendigen Tätigkeiten enthalten ein großes Repertoire gewalttätiger Techniken, die überliefert und technisch perfektioniert werden. Sie sind auch gegen Menschen einsetzbar.

Der einzelne Mensch erlernt und verfeinert solches Gewaltverhalten auf vielen Wegen. Er muss es nicht unbedingt von anderen Menschen übernehmen, sondern kann die Grundschemata des Handelns im Prozess der Assimilation und Akkomodation an seine natürliche und menschliche Umwelt auch selbst beim Problemlösen „konstruieren" (Piaget). Darüber hinaus sind alle erforschten Lernprozesse, vom klassischen Konditionieren bis zum sozial-kognitiven Lernen, am Erwerb gewalttätiger Verhaltensweisen beteiligt. Neutrale Reize, z.B. bestimmte Gegenstände wie Steine, Laute, Gesichter, Situationen, Bilder können die Qualität von Gewaltauslösern annehmen. Bereits im kindlichen Spiel werden die Grundfähigkeiten zur Gewaltanwendung gelernt, geübt, verstärkt. Und wir verfeinern das Repertoire in sozial-kognitiven Lernprozessen durch Beobachtung, Nachahmung, Erfolg, Fremd- und Selbstbekräftigung, Selbststeuerung „unendlich". Dazu tragen besonders auch die immer weiter entwickelten modernen Medien bei. Bereits aus der Alltagserfahrung wissen wir, dass Individuen diese - ihnen durch Anlage- und Umwelteinflüsse vermittelten - Grundfähigkeiten der Gewaltausübung in ihren Lebensläufen und in unterschiedlichen Gruppen- und Sozialsituationen unterschiedlich entwickeln – so wie andere Fähigkeiten auch.

Die wissenschaftlichen Modelle sollen die unendlich mannigfaltigen Ereignisse des Erlernens und Praktizierens von Aggressivität auf erwiesene Gesetzmäßigkeiten zurückführen und verständlich machen. Aber die *Theoriebildung* ist grundsätzlich unabgeschlossen. Weitere Erkenntnisse sind zu erwarten, auch solche, die unser bisheriges Wissen relativieren, in Frage stellen, vielleicht auch entwerten. Auch das haben Pädagog/innen zu beachten.

Motivation: Menschen werden weithin, so auch bei der Gewaltausübung, durch innere Variablen zum Handeln bewegt (Krapp 1993, Heckhausen 1989, Bandura 1986): durch Motive, Einstellungen, Wertorientierungen, Ziele und Zielerwartungen; durch solche in ihrem Umfeld: in der Familie, in Altersgruppen, Schulklassen, Cliquen, Gangs usw., im Verhalten von Lehrer/innen, Eltern, Opfern; durch solche, die sich aus der Gewalthandlung selbst ergeben: Handlungsanreize, erwartete Erfolge u.ä. Dabei wirken frühere Sozialisationsbedingungen, die Lern- und Bekräftigungsgeschichte aggressiver Akte, Modelllernen, Identifikationen, Erfolge, aber auch Niederlagen und Sanktionen auf die Motivierung gewalttätiger Handlungen ein. Mitwirkende kognitive Prozesse betreffen das vorausgesetzte Wissen, Planen, Vorausschauen, Bewerten. Auch Emotionen haben Einfluss: Hass, Neid, Schadenfreude, Wut, Stolz usw., die individuell und gruppenspezifisch variieren.

Viele Variablen und Teilprozesse sind erst in den letzten Jahrzehnten genauer erforscht worden, besonders die kognitiven Elemente der Motivation von Handlungen: Handlungs-Ergebnis-Erwartungen, Folge-Erwartungen, die mitwirkenden Werteinstellungen und Standards, Handlungs- und Selbstbewertungsprozesse, die Anreize, die von dem Vollzug der Handlungen selbst ausgehen, die Rückwirkungen der Selbstwirksamkeit auf das Selbstbild, das Selbstgefühl u.ä. (s. besonders Bandura 1986, Heckhausen 1989). Sie erklären auch die Auswirkungen von (z.b.) extremistischen, frauenfeindlichen, sexistischen Werteinstellungen und Ideologien und die Effekte erwarteter Sanktionen (von Eltern, Lehrern, Polizei usw.), von erhoffter Medienpublizität, auch die Wirkung des erwarteten Verhaltens der Opfer (s. Holtappels u.a. 1997).

Angesichts der Vielfalt der zu kontrollierenden und zu beeinflussenden Variablen mag daher heute der Versuch wirksamer Intervention und Prävention hoffnungslos erscheinen. Dennoch zeigen erfolgreiche Programme zum Beispiel der Fanbetreuung und der sozialpädagogischen präventiven Projektarbeit, dass es möglich ist. Und wir möchten in den folgenden Kapiteln solche Programme und Programmkombinationen konzeptuell geordnet vorstellen, soweit sie wissenschaftlichen Ansprüchen genügen.

Unter dem Stichwort „Störung des Verhaltens und Erlebens" kommen noch andere psychologische Erkenntnisse in Betracht. Wie wir in Kap. 2.4 sahen, richten Tiefenpsychologen ganz besonders den Blick auf den psychischen Apparat des Menschen, seine triebhaften, moralisch wertenden und selbststeuernden Elemente und deren Funktionsweise. Aggressivität wird auch als Ergebnis pathologischer Persönlichkeitsentwicklungen fassbar, nämlich als Folge triebhafter Strebungen, als Ich- oder Über-Ich-Schwäche, als Folge mangelhafter Realitätsprüfung, als Auswirkung von Abspaltungen und Verdrängungen usw. Bedingungen und Prozesse in Elternhaus und Schule, welche diese Pathologien hervorbringen und steigern, werden dadurch fassbar: die Erzeugung von Versagens-, Minderwertigkeits-, Schuldgefühlen, Machtausübung, Projektionen, fehlende oder eingeschränkte emotionale Zuwendung, fehlende Empathie, Rücksichtslosigkeit, fehlendes Zutrauen zu den Fähigkeiten, ungenügende Selbständigkeitserziehung.... Empirisch erforschte Aggressionsbedingungen in Schulen wie „mangelnder Lebensweltbezug von Lerninhalten", „Leistungsdruck", „Restriktivität", „Wahrnehmung sozialer Etikettierung" usw. (s. Meier 1997; Tillmann u.a. 1999) bestätigen auch die entsprechenden, von der Individualpsychologie und der klientzentrierten Beratung ermittelten störungs- und konfliktgenerierenden Lehrerverhaltensweisen (s. Dreikurs 1975; Dinkmeyer/ Dreikurs 1973, Rogers 1978; 1998; Tausch/ Tausch 1990).

In einem umfassenden theoretischen Störungsmodell zur Erklärung aggressiver Verhaltensweisen sind noch weitere psychologisch erklärte Prozesse zu berücksichtigen, so die kommunikationswissenschaftlichen Erkenntnisse über Konfliktentstehung und -verläufe (Watzlawick u.a. 1974; Schulz von Thun 1981/1992), die Forschungsergebnisse über die Zusammenhänge von Hyperaktivität, Konzentrationsstörungen und sozial abweichendem Verhalten (Steinhausen 1982/ 1995, Horne/Kiselica 1999) u.a.m. Insgesamt verfügen wir über zahlreiche Erkenntnisse aus der psychologischen Forschung, die sich in diagnoseleitende Störungsmodelle einfügen lassen (Martin 1981, Betz/ Breuninger 1987) und so die Bedingungen der Aggressivität im Einzelfall recht gut aufklären helfen. So können auch gezielte und effektive Maßnahmen zur Prävention und Therapie ergriffen werden (s. das folgende Kapitel).

Bei der Lektüre der einschlägigen psychologischen und soziologischen Fachliteratur könnte in Vergessenheit geraten, dass Menschen nicht nur als physische, psychische und soziale Wesen zu betrachten sind, sondern darüber hinaus als *geistige Wesen* und als *Personen*. Zu Recht sagte W. Flitner (1957, 47), dass jede Pädagogik, die an dieser Betrachtungsweise vorübergeht, das Phänomen der eigentlichen Erziehung verfehlen muss. Auch die Erziehung zu Toleranz, zu friedlicher Lösung von Konflikten und zu gewaltlosem Umgang mit Menschen und Umwelt muss die geistige Ebene berücksichtigen. Bereits die historischen Analysen von N. Elias und Ph. Ariès (s. Kap. 2.2) ließen erkennen, dass geistige Bemühungen – Ethik, Religion, Bildung – eine wesentliche Rolle bei der „Zähmung" der gewalttätigen Umgangsweisen der Menschen früherer Zeiten spielten. Philosophen, Pädagogen, Dichter, Staatsmänner u.a. haben die Menschheit sensibel gemacht gegen Unrecht und plattes Macht- und Vorteilsdenken, haben soziale Ordnungen, Verfassungen, Rechtssysteme, Kultur entwickelt. Daraus kann die heranwachsende Generation ihre Wertmaßstäbe, ihre Verhaltensstandards und ihr Rechtsgefühl schöpfen, um sie lebendigen Geistes für zukünftige Aufgaben fortzuentwickeln.

Vor allem unsere *Schulen* sind Orte, an denen die geistigen Grundlagen für den humanen und sinnvollen Umgang mit Mitmenschen, der belebten Natur und den Gegenständen dieser Welt gelernt werden müssen. Auch die Lerninhalte und das Lernklima in Klassen und Schulen haben Wesentliches beizutragen zur Prävention gewalttätigen Verhaltens der Kinder und Jugendlichen. Das wissen auch die Verantwortlichen. Deshalb schreiben die Richtlinien Erziehungsziele vor wie diese:

- „die Bereitschaft und Fähigkeit, sich mit anderen zu verständigen...
- auch in komplexen und u.U. konflikthaften Situationen zu einer Verständigung zu kommen
- hinzuhören und mitzudenken
- die Bereitschaft, mit anderen zusammenzuarbeiten
- Aufgaben, Probleme, Konflikte rational zu analysieren, nach Lösungen zu suchen unter den Leitvorstellungen der Toleranz, der Verständigung, der Partnerschaft
- eigene Bedürfnisse und Interessen ebenso wie die anderer Personen und Gruppen zu erkennen, angemessen zu vertreten, Konflikte durchzustehen und, wo nötig und möglich, Kompromisse einzugehen
- die Bereitschaft und Fähigkeit, sich mit Werten und Wertsystemen auseinander zusetzen, zu urteilen und sich zu entscheiden
- Wertvorstellungen und auf ihnen beruhende Entscheidungen anderer zu respektieren...." (KM Nordrhein-Westfalen 1981, 17f)

Dazu tragen die Schulfächer auf je eigene Weise bei. In empirischen Untersuchungen hat H. Fend darüber hinaus die grundsätzliche Bedeutung der Bildungsprozesse für die Personwerdung aufgezeigt („Identitätsentwicklung in der Adoleszenz", 1991). Unter anderem sind Zusammenhänge zu erkennen zwischen „diffuser Identität" und geringer politischer Bildung, niedrigem Demokratieverständnis und aggressiven, fremdenfeindlichen Einstellungen einerseits und geringer Schulleistung, geringer Akzeptanz und Zuwendung durch Eltern und Lehrer/innen, mangelndem Selbstvertrauen, beeinträchtigter Ich-Stärke andererseits.

Die Abhebung der *personalen Betrachtungsweise* von den übrigen Ebenen meint besonders die *Einmaligkeit, Würde und Verantwortung der Person*: „Das Entscheidende am Personbegriff ist, dass das Ich in seinen Zuständen sich identisch setzt, dass es auch den anderen Menschen als solche Person ansieht, dass es sich dem anderen verantwortlich weiß" (Flitner 1957, 48). Das ist mehr als Geistesbildung, die jedoch solche Personbildung fördern kann.

Eine wichtige Grundlage solcher humanen Personqualitäten ist gemäß tiefenpsychologischen, lerntheoretischen und sozialpsychologischen Theorien zwar die *Identität*. (Fend (1991) hat auch die Auswirkungen untersucht, die eine beeinträchtigte Schulbildung darauf haben kann: diffuse Identitätsbildung (sowohl hinsichtlich der Ich-Stärke als auch hinsichtlich der Berufsorientierung und der politischen Einstellungen), niedriges Demokratieverständnis, rechtsextreme Einstellungen, „Ausmerzungsdenken"....)

Aber Personsein ist mehr, als Psychologen und Soziologen mit theoretischen Begriffen wie „Identität", „Selbstkonzept", „locus of control", „Selbststeuerung" umschreiben und empirisch erforschen können. Der Mensch ist auch mehr als ein mit Toleranzwerten programmierter Entscheidungs- und Verhaltensapparat. Er/ sie hat – so wie es auch unser Grundgesetz im 1. Artikel aussagt – *„Würde"*, welche „unantastbar" ist. Dieser Begriff bezeichnet die Bedeutung, die allen Menschen in gleicher Weise kraft des inneren Wertes ihres Menschseins zukommt, und die somit ihnen gebührende Achtung. Sie ist die Basis der „unveräußerlichen" Menschenrechte, der Grundrechte unserer Verfassung, durch welche die Würde gleichsam konkretisiert und dann in den Gesetzbüchern weiter operationalisiert wird.

Es ist klar, dass das Bewusstsein der *Würde des Menschen* – und auch der *Würde der übrigen Schöpfung* – den letzten Grund für den friedlichen Umgang der Menschen miteinander, für Achtung und Rücksichtnahme auf Mitmenschen und die Natur bildet (GrF 12). Wo sich Missachtung, Rücksichtslosigkeit, Hass einnisten und die Kraft und Klarheit des Gewissens bzw. der „Selbststeuerung" untergraben, werden Aggressivität bzw. verächtliches und gewalttätiges Handeln die Folge sein. Insofern muss die Erziehung zu „Selbstbestimmung in sozialer Verantwortung" gemäß den schulischen Richtlinien mehr noch sein als „Identitätsbildung" im (sozial)psychologischen Sinne. *„Personale Erziehung"* ist orientiert an den Idealen der Nächstenliebe und der Ehrfurcht vor dem Leben. Sie soll den Heranwachsenden Kraft und Orientierung zu humanem Handeln geben, auch in schwierigen Entscheidungssituationen.

Die sich aus der anthropologischen Integration der Einzeltheorien ergebenden *Aufgaben der Erziehung* sind offenbar komplex. H. Roth fasst sie in seiner Pädagogischen Anthropologie (1968, 394ff) so zusammen:

„Während wir beim Tier davon sprechen müssen, dass es gelebt, vom Leben geführt wird, von seiner Natur, vom Es, von seinen Reflexen und Instinkten, von seinen angeborenen Gefühlen, auch von den mittels Erfahrungen erweiterten Instinkten und Gefühlen, baut sich im Menschen eine *führende Steuerungszentrale auf: sein Ich.* Dieser Weg vom „Es" zum „Ich" ist der entscheidende in der Menschwerdung des Menschen."

Roth ordnet dem „Es", der „Tiefenperson", die angeborenen Grundfähigkeiten der Wahrnehmung, des Fühlens, Begehrens und Reagierens zu. Auf dieser Basis und in polarer Spannung zu ihr entwickelt sich die „Oberperson": Das „Ich" modifiziert zunehmend das „Es nimmt wahr" durch das „Ich denke" (also die Sacheinsicht), das „Es fühlt" durch das „Ich werte" (die Werteinsicht), das „Es begehrt" durch das „Ich will" (die Entscheidung für das sachlich und wertmäßig geklärte Handlungsziel) und schließlich das „Es reagiert" durch das „Ich handle".

Pädagogisches Ziel muss es demnach (1.) sein, Wahrnehmung, Denken und Lernen zu Organen gründlicher Sachkenntnis zu entwickeln, Weltverständnis zu vermitteln und so Aggressivität befördernden Irrtümern über Mitmenschen und Welt entgegenzuwirken. 2. müssen überschüssige (nicht zur bloßen Lebensfristung benötigte) Energien zu einem differenzierten Aktivitätspotential herangebildet werden, das vom Ich her willentlich eingesetzt und gesteuert werden kann – gegen aggressive Tendenzen, für Achtung, Toleranz, Beistand. 3. müssen aus der Erlebnisfähigkeit und aus der keimhaft vorhandenen emotionalen Ansprechbarkeit ein Gefühlsleben, ein „Organ" für Werte und die Fähigkeit gebildet werden, sich für höhere ethische Werte zu entscheiden. Aus der Reaktionsfähigkeit muss sich (4.) das freie, durch Werteinsicht gesteuerte, ausdauernde, selbst- und sozialverantwortliche Handeln, das Eintreten für Mensch und Umwelt und ein friedliches Zusammenleben bilden.

Prävention inhumanen, gewalttätigen Verhaltens verlangt somit das auf diese personale Bildung gerichtete Wirken der Lehrer- und Erzieher/innen und derer, die die dazu erforderlichen Bedingungen in Politik, Wissenschaft, Wirtschaft, Lehrerbildung usw. gestalten. Wer auch diese *personale* Dimension des Menschen als Ebene der Gewaltentstehung und als Aufgabe der Prävention beachtet, wird nicht an die vollständige Beseitigung inhumanen Handelns glauben; aber er/ sie wird dennoch nicht das Ziel der Humanisierung aus den Augen verlieren und nicht an der Aufgabe der Prävention und Intervention gegen Gewalt verzweifeln, für die es viele wirksame Methoden gibt.

Diese *Gesamtschau* der menschlichen Teilsysteme, die sich ihrer Erforschung widmenden Disziplinen und die von diesen entwickelten Theorien enthalten viele Hinweise auf mögliche Beeinträchtigungen und Störungen humaner Erziehung. Mögliche und notwendige Ansatzpunkte für gewaltpräventive Programme haben wir in unserem Theorieteil aufzeigen können. Mit allen Vorbehalten, die gegen eine zweidimensionale Darstellung nicht-räumlicher Gegebenheiten sprechen, bieten wir die folgende systematische Übersicht der nun vorzustellenden *„Grundformen der Gewaltprävention"* an. Aus der Anthropologie ergibt sich ebenso wie aus dem Zusammenhang der wissenschaftlichen Disziplinen, dass die Zuordnung dieser „Grundformen" (GrF) nur schwerpunktartig erfolgen kann. Siehe Seite 94!

Hinweis: Grundsätzliches zur Prävention und Intervention
In den folgenden Kapiteln sollen die Ziele und Methoden der Prävention und Intervention dargestellt werden, die sich aus den vorliegenden Theorien und ihrer Integration in das anthropologische Gesamtsystem ableiten lassen.

Grundsätzlich ist dabei erstens der *Zusammenhang von Prävention und Intervention* zu bedenken. Dieser gerät leicht dadurch aus dem Blick, dass die Verhinderung von Aggression und Gewalttätigkeit *allen* Bürgern und Bürgerinnen, den Eltern, Erzieher/innen und Lehrer/innen, Jugendleiter/innen usw., zugemutet und abverlangt werden muss. Dem gegenüber gilt die Intervention eher als Aufgabe professioneller Therapeut/innen: Ärztinnen, Psychologen, Psychotherapeutinnen, Sozialpädagogen usw., die eine besondere Ausbildung in Diagnose- und Therapieverfahren erfahren haben.

Glücklicherweise wird das Vertrauen in die quasi „natürlichen" sozialerzieherischen Fähigkeiten von Personen, die darin nicht intensiv ausgebildet sind, oft nicht enttäuscht. Leider beweisen aber viele Einzelfälle, in denen Eltern und Lehrer/innen ihr Bestes zu geben vermeinten, aber scheiterten, dass auch professionelle Hilfe dringlich sein kann. Und die Zunahme der Fälle und der Gewalttendenzen in Schule und Erziehungsfeld bestätigt, dass Prävention auch professionell betrieben bzw. gefördert werden muss. Dann aber gründet sie auf denselben Erkenntnissen und Theorien über die Verursachung und Verläufe gewalttätigen Handelns wie die therapeutische Intervention (s. Olweus 1995, Hanewinkel/ Knaack 1997, Schubarth 2000, Tillmann u.a. 2000).

Der *Zusammenhang von Prävention und Intervention* wird verdeutlicht durch die wissenschaftlich weithin, so auch von der Weltgesundheitsorganisation (WHO), akzeptierte Konzeption von Caplan (1964). Er unterscheidet drei Ebenen der Prävention:

1) *primäre Prävention* als Vorbeugung in den normalen Interaktionsfeldern und Institutionen der Familie, Schule, Arbeit, Freizeit usw.,
2) *sekundäre Prävention* als Einwirkung gegen die Verfestigungen von Störungen, aggressiven Verhaltenstendenzen usw. bei von Abweichung bedrohten Personen und Gruppen sowie in den sie umgebenden Bedingungsfeldern und Strukturen,
3) *tertiäre Prävention* als gezielte Intervention bei massiven Problemen, z.B. in persönlich und/ oder gesellschaftlich inakzeptablen Fällen abweichenden Verhaltens und Erlebens sowie Maßnahmen der Resozialisierung und Verhütung von Rückfällen.

System der Grundformen der Gewaltprävention (GrF)

Menschl. Teilsysteme	*Disziplinen/ Theorien*	GrF der Prävention
Personales System:	*Ethik, Religion, Pädagogik, Recht usw.*	4 Interagieren – Identität fördern 6 Werte bilden – Moralisch handeln 7 Projekte – Lernen durch tun 8 Gemeinschaft – Gemeinsinn entw. 12. Schöpfung achten – In Würde leben ...
Geistiges System:	*Wissenschaften, Philosophie, Geschichte, Bildungstheorien, Didaktik usw.* ...	3 Miteinand. reden – Einander verstehen 5 Medienkonsum – Durch Medien lernen 6 Werte bilden – Moralisch handeln 2. ...Regeln achten, Fairness üben i. Sport u. Spiel ...
Psychisches System:	*Lerntheorien, Motivationstheorien, Aggressionstheorien, Kommunikations- Psychologie usw.* ...	2 Frustrationen abbauen – Fairness üben 3 Miteinander reden – Einander verstehen 4 Interagieren – Identität fördern 5 Medienkonsum – Von Medien lernen 10. m.Tätern umgehen – Gew. entmachten ...
Psychologisches Tiefensystem:	*Psychoanalyse, Individualpsychologie, and. Therapieschulen* ...	3 Miteinander reden – Einander verstehen 4 Interagieren – Identität fördern 6 Werte bilden – Moralisch handeln 8 Gemeinschaft – Gemeinsinn entwickeln 7 Projekte – Lernen durch tun ...
Soziales System:	*Soziologie, Sozialisationstheorien, Individualpsychologie, Gemeinschaftspäd., Delinquenztheorien usw.* ...	2 Frustrationen abbauen – Fairness üben 4 Interagieren – Identität fördern 6 Werte bilden – Moralisch handeln 7 Projekte – Lernen durch tun 8 Gemeinschaft – Gemeinsinn entwickeln 9 Konflikte – Konfliktfähig werden 11 Kooperieren – Vernetzen 5 Medienkonsum – Von Medien lernen ...
Biologisches System:	*Humanbiologie, Humanethologie, Biol. Anthropologie, (Sport-)Medizin usw.*	1 Raum geben – Schulleben ermöglichen 2 Frustrationen abbauen – Fairness üben in Sport u. Spiel ...

Die Grenzen zwischen den drei Präventionsebenen sind offenbar fließend (s. auch Seubert 1978, Hb.d.Psych 8,2, S. 3173ff). Das liegt unter anderem daran, dass es keine eindeutige Grenze zwischen „normalem" und „gestörtem" Verhalten gibt. Je nach Maßstab (z.B.: statistische Norm, Idealnorm, funktionale Norm) und Störungsmodell erhält man verschiedene Zahlen von „Verhaltensgestörten", „Gewalttätigen", „Abweichlern" usw. Oft stellt es sich erst im Verlaufe einer Beratung, z.b. über Schullaufbahn- oder Berufswahlfragen, heraus, dass Ratsuchende massive psychosoziale Probleme haben. Auch die Bedingungsfelder lassen sich nicht völlig eindeutig in solche aufteilen, die „nur" primäre Prävention erfordern, und solche, die doch z.b. familientherapeutische Intervention verlangen. Denn unter gleichen Bedingungen können verschiedene Personen, z.b. Geschwister, durchaus verschieden anfällig sein für gestörte Entwicklung. Das Kontinuum menschlichen Verhaltens und Erlebens ist also nur an den Polen einigermaßen eindeutig bestimmbar. Diese lassen sich – und das auch nur unter Vorbehalten – auf der einen Seite als „Normalität", „psychische Gesundheit", „Gewaltlosigkeit" bezeichnen, auf der anderen Seite als „Aggressivität", „Verhaltensstörung", „psychische Krankheit" u.ä. Dazwischen liegen viele quantitativ und qualitativ graduelle, nicht aber scharf gegeneinander abgrenzbare Unterschiede.

Es spricht einiges dafür, die Ebenen der Prävention nach den *beteiligten Helfern* aufzugliedern: auf der einen Seite Eltern, Erzieher-, Lehrer/innen ohne spezielle Ausbildung in der Prävention, auf der anderen Seite Therapeuten mit Ausbildung, geregelter Fortbildung und fachlicher Supervision. Es ist klar, dass letzteren die schwierigen Fälle der Intervention bzw. tertiären Prävention vorbehalten sein müssen, während erstere nicht von ihren Pflichten der primären Prävention entbunden werden dürfen. Aber es gibt bei den Agenten auf allen drei Ebenen der Prävention Überlappungen; z.B. in den Schulen: Lehrer/innen mit guter pädagogisch-psychologischer Ausbildung, solche in Sonderschulen für erziehungsschwierige, verhaltensgestörte Kinder, ausgebildete und examinierte Beratungslehrer/innen, z.T. mit therapeutischer Ausbildung. Und auf allen Ebenen ist zumeist auch die Kooperation von Helfer/innen verschiedener Art – Ärzten, Therapeutinnen, Psychologen, Sozialpädagoginnen, Lehrer- und Klassenlehrer/innen, Beratungslehrer/innen usw.– notwendig. Oft kann auch ein Psychotherapeut wenig erreichen, wenn er nicht fachkundige Mitwirkung von (Beratungs-) Lehrer/innen in Anspruch nehmen kann. Und angesichts der Verschiedenartigkeit der Fälle, auch von Gewalttätigkeit, werden oft auch Psychotherapeut/innen an ihre Grenzen stoßen und u.U. einen Kollegen oder eine Kollegin mit einer andersartigen Therapieform um Mithilfe oder Übernahme des Falles bitten. Das Feld der in der Prävention Tätigen kann also grundsätzlich auch nur pragmatisch aufgegliedert werden.

Wir werden deshalb auch eine solche *pragmatische Gliederung* vornehmen. Zuerst werden wir Aufgaben und mögliche Maßnahmen der primären (teils auch sekundären) Gewaltprävention vorstellen, die auch von Laien und paraprofessionellen Helfern durchgeführt werden können, allein oder unter Anleitung von Fachleuten. Dadurch sollen auch Eltern, Lehrer-, Erzieher/innen usw. zur Übernahme ihrer Verantwortung ermutigt werden und wissenschaftlich begründete Strategien des Handelns kennen und verstehen lernen. Erst danach folgen die Kapitel über „tertiäre Prävention", also Interventionsmaßnahmen mit Einzelnen und Gruppen, Methoden, die zumeist eine intensive wissenschaftliche und praktische Ausbildung und Supervision erfordern.

Eine zweite grundsätzliche Überlegung betrifft die zunächst vorzustellenden primär- und sekundär-präventiven Maßnahmen, die auch als *„pädagogisch"* deklariert werden können. Leider werden pädagogische Konzeptionen leicht von ihrer theoretischen Grundlage abgelöst, einseitig ausgelegt, als Allheilmittel propagiert. Von diesem Missverständnis und Missbrauch sind weder die „natürliche Erziehung" Rousseaus, noch die „Bildung des Gedankenkreises" Herbarts, noch auch die „Normalisation" M. Montessoris verschont geblieben. Aus unserem anthropologisch-integrativen Verständnis der Aggressivität, speziell auch des Gewaltverhaltens Jugendlicher, ergibt sich, dass auch die einzelnen vorgeschlagenen Maßnahmen – ob auf der Ebene der Schulraumgestaltung oder der Identitätsförderung oder der Wertebildung usw. – nicht einseitig als Allheilmittel missverstanden und womöglich gegeneinander ausgespielt werden dürfen. *Unsere „Grundformen der Gewaltprävention" bilden vielmehr ein Ganzes*, auch wenn in der Einzelsituation nicht immer alle Grundformen gleich dringlich sind. Vielmehr werden in verschiedenen Fällen *unterschiedliche Kombinationen* von Präventionsverfahren vordringlich sein.

Diese „Grundformen" sind zwar aus den oben vorgestellten Theorien abgeleitet, aber nicht monotheoretisch begründet. Vielmehr werden wir sehen, dass sie jeweils von mehreren Theorien getragen werden. Zum Beispiel werden identitätsfördernde Maßnahmen nicht nur von tiefenpsychologischen Konzepten gefordert und inhaltlich nahegelegt, sondern auch von solchen der empirischen Psychologie und der Soziologie wie auch von der pädagogischen Bildungslehre. Entsprechend groß ist der Reichtum an Handlungsmöglichkeiten und Varianten.

Die Maßnahmen, die wir in diesen Kapiteln vorstellen, dürfen auch nicht als technische Verfahren zur Herstellung von gewünschten Verhaltensformen missverstanden werden. Ihr *pädagogischer Charakter* ist dadurch gekennzeichnet, dass es sich weithin um ganzheitliche pädagogische Situationen (vgl. P. Petersen) handelt. In ihnen sollen verantwortliche Erzieher- und Lehrer/innen usw. Bedingungen schaffen, Interaktionen und Aktionen anregen, die Kinder und Jugendliche als einzelne und Gruppen emotional, sozial, geistig herausfordern, ihr Denken, ihre Einstellungen, ihre Wertorientierungen, ihre Gewohnheiten und ihre Persönlichkeitskräfte auf prosoziale Ziele und Verhaltenweisen auszurichten, Konflikte friedlich zu lösen und den Gewalttätigkeiten in ihrem Lebensraum friedlich und effektiv entgegenzuwirken. Menschen werden nicht „gemacht", Verhalten wird nicht von Technikern „geändert" (s. J. Dewey, Th. Litt, O.Fr. Bollnow), sondern Menschen, auch Kinder und Jugendliche lernen, gewinnen Erfahrungen, setzen sich Ziele, handeln, arbeiten und wachsen dabei körperlich, geistig, moralisch. Obwohl Erzieher- und Lehrer/-innen dabei vielfältige und wichtige fachkundige Aufgaben erfüllen müssen, werden die Heranwachsenden die Verantwortung für diesen Prozess ihrer Persönlichkeitsentwicklung letztlich selbst tragen, mehr noch als in den später dargestellten Formen therapeutischer Intervention, aber auch dort.

3.2   Grundform 1 : Raum geben – Schulleben ermöglichen

Menschen brauchen für ihre Entwicklung und Selbstentfaltung Räume: Schutzraum, Bewegungsraum, Arbeitsraum, Begegnungsraum, Gesprächsraum, Lernraum, Spielraum, Erholungsraum, Gestaltungsraum, Freiraum, Entfaltungsraum, Lebensraum... (Kap. 2.3).

Beispiel: Ein Zwölfjähriger schreibt über das Thema „Gewalt überall – Erlebnisse, Ängste, Auswege" in einem Schreibwettbewerb der IG-Metall-Gewerkschaftszeitung (nach Pilz 1994, 56):

> „Wir wohnen in einer Neubau-Beton-Siedlung. Früher hatten wir wenigstens einen Spielplatz, doch der wurde jetzt abgebaut. Jetzt ist nur noch ein Schlammloch da. Wir haben nichts zum Spielen oder sonst was für die Freizeit, was kein Geld kostet. Wenn man sich im Freien vor dem Haus aufhält, wird man von den Leuten ausgeschimpft, obwohl man gar nichts gemacht hat. Die Leute haben alle eine Wut und lassen sie an uns Kindern aus. Wenn ich ein Hund wäre, würden bestimmt alle nett zu mir sein."

In schlichter Form bestätigt das Zitat die Richtigkeit der human-ethologischen, ökologischen und psychologischen Forderungen (s. auch Selg u.a. 1988, 151ff): *Kinder und Jugendliche brauchen Raum.* Und solche Räume müssen kind- und jugendgerecht gestaltet sein. Die Spielräume sollen ihnen auch vermitteln, dass sie von den Eltern und Lehrer/innen und anderen Erwachsenen gemocht werden – um ihrer selbst willen; dass sie, nicht nur als solche akzeptiert werden, die Geld in die Kinos und Spielhallen bringen. Sie brauchen Freiräume, in denen sie nicht ständig der Reglementierung und Sanktionierung durch Erwachsene ausgesetzt sind, in denen sie durch Aktionen und Interaktionen Kräfte bilden und erproben, Ich-Stärke gewinnen können. Sie wollen nicht nur der Frustrationsabfuhr der Erwachsenen dienen. Sie dürfen die Achtung ihrer Menschenwürde erwarten. In dem Zitat stecken also Anspielungen auf die humanethologisch erkannten Bedürfnisse unserer Kinder und Jugendlichen; sie erinnern auch an tiefenpsychologisch beschriebene Störungsprozesse und schließlich an die Bedingungen der Identitätsbildung und der Personbildung, aus denen die Verantwortung für Mitmenschen erwächst.

Wir müssen unseren Kindern und Jugendlichen den Raum geben, quantitativ und qualitativ, den sie für ihre gesunde körperlich-seelische, geistige und soziale Entwicklung benötigen. Andernfalls setzen wir uns ihnen gegenüber ins Unrecht, entfachen unter ihnen einen Kampf um Lebens- und Entwicklungsraum und provozieren ihren aggressiven Protest gegen unsere Gesellschaft wegen vorenthaltener Grundbedingungen für ihre Menschwerdung. Grundsätzlich geht es dabei um Räume, in denen Kinder wohnen, um Spielplätze und andere Sport- und Freizeitstätten, um Kindergärten und Schulen - die Bauten, die Gärten, die Straßen und Wege, die Schulhöfe...

Mit diesen Forderungen wenden sich die Erziehungswissenschaft und die Präventionsforschung an viele Instanzen, vor allem auch an solche, auf die sie wenig Einfluss haben: die staatlichen Behörden und die Kommunen, die die Raumplanung durchführen, die Straßen, Spiel-, Sport- und Bolzplätze planen, finanzieren, bauen und unterhalten. Sie wenden sich an die Architekten und Erbauer von Schulen, Pausenhöfen, Jugendheimen und Freizeiträumen. Sie wenden sich an die Erwachsenen, die die Kinder und Jugendlichen vertreiben, und an die Richter, die ihnen Recht geben; an die Hundebesitzer, die die öffentlichen Rasenflächen als Aborte für ihre Tiere benutzen, so dass Mütter ihre Kinder von ihnen fernhalten müssen; an die Politiker, die sich – so nach der Veröffentlichung des Familienberichtes 1998 – drüber streiten, ob es Kinderarmut ist oder nicht, wenn Eltern oder alleinstehenden Müttern mit drei Kindern insgesamt soviel Geld zur Verfügung steht, wie durchschnittliche Familien allein für die Miete ausgeben. Zur Erinnerung: Armut und schlechte Wohnverhältnisse stimulieren Kinder- und Jugendgewalt (s. Kap.2.7).

Solche Mahnungen und Forderungen bringen Wissenschaftlern leicht den Ruf ein, weltfremde Fantasten zu sein – trotz aller wissenschaftlichen Beweisführung. Aber ohne Kinderfreundlichkeit und gesellschaftlich gesicherte Raumgewährung für die Kinder und Jugendlichen ist Gewaltprävention nicht zu machen. Es kommen eher noch andere Notwendigkeiten (GrF) hinzu.

Es gibt *schöne Beispiele* für die Gewährung, Gestaltung und Nutzung kind- und jugendgerechter Spielräume. Allerdings lassen sich offenbar Spielplätze mit Sandkästen, Schaukeln und Klettergerüsten für die Kleineren („Für Jugendliche über 12 kein Zutritt!") leichter schaffen und unterhalten als Spiel-, Sport-, Abenteuer-, Werk- und Sportstätten und Erlebnisräume für die Jugendlichen. Die 10-15jährigen sind „am stärksten davon betroffen, dass die öffentlichen Räume für jugendliches Bewegungs- und Abenteuerbedürfnis immer mehr zusammenschrumpfen" (Pilz 1994, 58).

(Wir spielten in der Mitte des 20. Jhdts noch Fußball und Schlagball auf der Straße, ungeachtet der Tatsache, dass manchmal ein Ball samt Fensterscheibe auf einem Paradekissen landete. Und wir hielten den Berg an unserer Stadtgrenze samt Kirsch- und Apfelbäumen, Wiesen mit Hütten, Kartoffel- und Getreidefeldern und natürlich die ihn krönenden Wälder noch für unser „Eigentum". Und man wagt es kaum zu sagen, dass auf den Gleisen des Güterbahnhofs dicht bei unserer Straße für uns wunderbare, handliche Schottersteine für sportliche Übungen herumlagen, dass dort die Güterwagen mit herrlichen Führerhäuschen allein wegen unserem „Bewegungs- und Abenteuerbedürfnis" auf ihre Ladung warten mussten; und dass unser Nachbar, der die Rangierlok dort fuhr, uns zwar manchmal, wenn er uns beim Steinewerfen auf dem Bahnkörper erwischt hatte, eine Ohrfeige verpasste, dass er uns aber trotzdem mitfahren ließ, wenn er zwei Waggons aus der nahe Papierfabrik holte).

Raumgewährung gehört u.a. in ein Aufgabenfeld, das Beratungswissenschafter- und Pädagog/innen nicht missachten sollten: *Systemberatung* (Gaude 1975, Wulf 1977, Martin 1981). Wirksame Gewaltprävention erfordert, dass die Kenner der Gewaltphänomene und ihrer Ursachen – Praktiker und Theoretiker – Wege finden und nutzen, um ihr Wissen den gesellschaftlichen Entscheidungsträgern mitzuteilen und Notwendigkeiten und Methoden der Abhilfe aufzuzeigen. Dazu bedarf es der Öffentlichkeitsarbeit und der gezielten beratenden Einwirkung. Auch Parlamentarier sind oftmals dankbar für solche sachlichen Informationen. Es wäre hinsichtlich der Aufgaben der Gewaltprävention wichtig, die Tradition der Bildungsberatungsgremien (vgl. Deutscher Bildungsrat) wieder aufleben zu lassen. Aber auch die örtlichen Fachvertreter/innen in den Schul-, Jugend- und Sozialausschüssen haben wichtige Aufgaben wahrzunehmen (s. GrF 11 „Kooperieren – Vernetzen"). Zur „Community Education" s. Schubarth 2000, 159ff.

Angesichts der Hindernisse, die einer effektiven Systemberatung entgegenstehen, sind pädagogisch *sinnvolle Maßnahmen und Projekte* des „Raumgebens" *im kleineren Rahmen* durch einzelne Pädagog/innen, Schulen, Jugendstätten usw. wichtig. Sie dürfen allerdings nicht als Alibi für Untätigkeit der Raum-, Bau-, Wohnungs-, Jugend-, Familien- und Sozialpolitik ausgenutzt werden.

Pädagogisch wichtig ist sicher die präventive Bereitstellung, Nutzung und Gestaltung der Freizeiträume für Kinder und Jugendliche. Einige Beispiele aus der vorliegenden Literatur über Anti-Gewalt-Projekte mögen Anregung für kreative Maßnahmen von Lehrer- und Jugendleiter/innen sein. Dabei stellt sich aber immer die Frage, wie an solchen Maßnahmen nicht nur interessierte, hilfsbereite Jugendliche beteiligt werden können, sondern besonders auch potentiell gewaltbereite.

Stadt- und Stadtteilprojekte: Angesichts der Anonymität und „Unwirtlichkeit" vieler Städte und der Ängste vor bestimmten Straßen, Wohnvierteln, Ghettos, aber auch öffentlichen Gebäuden, Institutionen usw., ist es wichtig, Kindern und Jugendlichen die vorhandenen Lebensräume ihrer Städte vertraut zu machen, damit sie sich nicht fremd und beengt fühlen.

Möglichkeiten:
1) *Stadterkundungen* durch Kinder und Jugendliche unter Beteiligung von Bürgern, Institutionen, Ämtern, Betrieben; einschließlich Informationssammlung, auch über Aussiedler-Übergangsheime, Notwohnungen für Asylbewerber, von Ausländern betriebene Geschäfte, Gastwirtschaften, Restaurants.... – Projekte zur Stadtgeschichte im Geschichtsunterricht usw. (s. z.B. Posselt/ Schumacher 1992, 107ff);
2) *Schul- und Gruppenwanderungen und Geländespiele* in nahegelegenen Erholungsräumen.
3) Die *Öffnung der Schulen* zur Gemeinde hin, wie sie z.B. von nordrhein-westfälischen Gesamtschulen betrieben wird (s. Martin 1996, S. 244ff). Projekte dieser Art können Schulen gleichzeitig vertrauter, heimischer machen, mit dem Gemeindeleben verbinden und Raum für Jugendfreizeitbedürfnisse geben.

Über ein Beispiel „Öffnet die Schule – lasst das Leben rein" aus Bremerhaven berichtet H. Bründel in Hurrelmann u.a. 1995: 40-80 Schüler/innen kommen nachmittags auf das Schulgelände zu Tischtennis, Billiard, Schach, Bücherausleihe, Kicker, Filmveranstaltungen, Diskomusik, Skateboardfahren... Auch für kleinere Geschwister wird etwas geboten. Zusätzliche Arbeitsgemeinschaften (Theater, Sport, Computer...) laufen ebenfalls nachmittags;

Volkshochschulveranstaltungen...: „Insgesamt zeigt die Schule am Lehrter Markt, dass, wenn Gewalt abgebaut werden soll, es gelten muss, einerseits das Leben in die Schule hineinzulassen. Andererseits muss sich die Schule auch hinausbegeben an außerschulische Orte und sich mit dem Leben auseinandersetzen." (S.58f).

Außerunterrichtliche Projekte in Schulräumen; Beispiele:

- *„Oase Schulraum"*. Ein Raum im Keller eines Schulgebäudes wird als Begegnungs-, Diskussions-, und Meditationsraum für Schüler/innen aus verschiedenen Kulturen und Religionen eingerichtet... (Farin/ Seidel-Pielen 1993, 239)....
- In der *Schulküche* dürfen Schüler/innen und Lehrer/innen gemeinsam Gerichte aus verschiedenen Heimatländern kochen – gemeinsames Essen, Feiern.... Einladungen, Gespräche, Spiele....
- Die Pausenhalle wird zu einer *Ausstellung* genutzt: Themen: „Geschichte und Gegenwart der russlanddeutschen Aussiedler"..., „Andere Länder andere Sitten".... „Heimatländer unserer Mitschüler/innen"....
- *Tiere* in der Grundschule: pflegen und lernen... (Hurrelmann u.a. 1995, 59f).

Aktionen:

- *Briefe* einer Schulklasse, einer Jugendgruppe an die DISCO XY, welche Ausländer nicht in ihre Räume lässt...(Beispiel: Posselt/ Schumacher 1993, 224)...
- *Annonce* aufgeben: „Schwarzafrikaner sucht Zimmer" – Ergebnis diskutieren, veröffentlichen, Maßnahmen überlegen und durchführen...
- *Hilfsmaßnahmen* für wohnungssuchende Ausländer, Aussiedler, Asylbewerber...
- *„Zaunaktion"*: Jugendliche spielen eine (auch religiös begründete) Szene auf öffentlichem Platz. Ziel: Sensibilisierung der Öffentlichkeit für Ausgrenzung und Raumnot. Aktivierung zum Handeln.... (Posselt/ Schumacher 1992, 210 ff)
- *Stadtteilbegehung* zusammen mit Lehrer/innen, Jugendleiter/innen, Ratsmitgliedern, Journalisten usw. zur Erstellung eines Problemkatalogs und Initiierung jugendfreundlicher Maßnahmen (Bohn u.a. 1997, 54f)
- *Projekt „Heimat"*: Erfahrungen, Reflexionen, Diskussionen über die Bedeutung von Heimat für einzelne und Gruppen; Konsequenzen....

Schulgebäude, Klassenzimmer und ihre Qualität wurden empirisch als Bedingungen für die Gewaltbereitschaft der Schüler/innen nachgewiesen (Klockhaus-Habermann-Morbey 1986, Meier 1995, 232ff, Fuchs u.a.1995, 306f).

Noch ein *Beispiel:* Ein Klassenlehrer berichtet: Natürlich war unsere *alte Schule* zu klein geworden für fast 1000 Gymnasiasten. Natürlich sah das Gebäude ziemlich verkommen aus: die Tapeten, die vor 30 Jahren einmal überstrichen worden waren, vergammelt, hier und da beschmiert, Nagellöcher in der Wand..., die Treppen abgetreten, die Fenster undicht.... Aber immerhin konnten wir uns die Klassen einrichten. Wie kann man einer Obersekunda nach Lehrplan die Mittelhochdeutsche Dichtung nahe bringen: Nibelungenlied, Parcival, Walter von der Vogelweide? Alles im Urtext monatelang?

Wir haben den ganzen Klassenraum dazu als Rahmen benutzt: historische Übersichten, Bilder der großen Bauten der Zeit: die geschichtsträchtigen Dome von Speyer, Worms und Mainz, Kopien von Handschriften, Foto-Reportagen unserer Exkursionen zu mittelalterlichen Burgen, Dokumentationen von Museumsbesuchen.... Auch daher die Nägel und Klebstreifenreste an den Wänden! Ein Klassenraum als „home-room", als strategische Basis, Planungs-, Arbeits-, Dokumentationsraum unserer Projekte....

Natürlich ist unsere *neue Schule* größer und heller. Und sie ist regelrecht resistent gegen Abnutzung. Die Beton- und Backsteinwände lassen keinen Nagel rein. Und darauf, dass nicht einer ein Plakat mit Klebstreifen an die Wände pappt, achtet der Hausmeister genau, ganz abgesehen von dem Verwaltungsdirektor. Eine Wohnung muss laut Mietvertrag alle paar Jahre renoviert werden. Aber eine Schule mit mehr als 1000 Schülern in Treppenhäusern, Gängen, Klassen und Toiletten muss dreißig Jahre wie neu aussehen – ohne Neuanstrich.

Wir haben auch „Kunst am Bau", vorschriftgemäß! Ein Künstler hat mitten in den breiten Zuweg zur neuen Schule eine moderne Plastik gesetzt. Ein flaches Wasserbecken, backsteinummauert. Darin steht eine weiße Wand. Sie sieht aus wie ein weißer Karton, unten rechtwinklig abgeknickt. Auf das waagerechte Flachstück kann man hinüberspringen. Kann man, darf es aber nicht!– Die Schüler haben ihm schnell einen Spitznamen gegeben: Tabula rasa – der ideale Schüler. Viele meinen, es fehle noch der Nürnberger Trichter.

Eines Morgens war das hehre Kunstwerk beschmiert. Jemand hatte rot daraufgesprüht: „Zerstört, was Euch kaputtmacht". Welches Entsetzen, welche pädagogische Empörung! Jetzt haben wir dauernd diese neue Qualität von Vandalismus, nicht nur an der „Tabula rasa", auch an den Außenwänden, in den Fluren und Treppenhäusern und Toiletten – samt Befragungen, Untersuchungen, Strafdrohungen, Strafen... Aber mir kommt das alles irgendwie logisch vor.

Unwirtliche Schulneubauten, „schülerresistente" Klassenräume sind mit Recht zu einem pädagogischen Thema geworden. Selbstverständlich müssen die Stadtväter sparsam wirtschaften. Aber Räume, in denen sich ein gesundes, kreatives, Anspannung und Entspannung ermöglichendes Schulleben von oftmals 1000 oder mehr Schüler/innen entfalten soll, müssen noch anderen Kriterien genügen. Eine Mutter:

„Kürzlich haben wir mit einer Gruppe von Eltern mehrere Schulen besucht, und ich muss schon sagen, nach fünf Minuten überkam mich in einigen Schulen ein Frösteln. Diese Schulgebäude strahlen eine Kälte aus, die mich an Kühlschrankatmosphäre erinnert."

Dazu der Berichterstatter (N. Rixius, in Hurrelmann u.a. 1996, 112f):

„Kahle Wände, lange leere Flure im Neonlicht und Klassenräume, in denen außer Tischen, Stühlen und Tafel fast nichts zu finden ist, sind... nicht nur in Schulgebäuden aus den letzten 20 Jahren, sondern auch in Altbauten anzutreffen.

Graffitis auf Tischen und Wänden – besonders im Toilettenbereich – weisen auch auf Störungen im Schulklima hin, die bis zu regelrechten Zerstörungen an Sachen und Einrichtungsgegenständen reichen....

Fluchttendenzen beschreibt eine Lehrerin stellvertretend für viele als Folge unwirtlicher Schulräume: ‚Die einen flüchten auf die Straße, die anderen in Unterrichtsroutine. Lehrkräfte wie Schüler/innen verbringen so wenig Zeit wie möglich in der Schule, an der zwischen kahlen oder beschmierten Gängen, im Lärm und Gestank des Treppenhauses, in der Öde der kaputten Klassenzimmer vor allem *Aggression und Gewalt* gedeihen...'"

Diese verbreitete Erfahrung hat vielfältige Bemühungen von Schulleiter/innen, Lehrer/innen, Schüler/innen und Eltern ausgelöst, die als wichtige Maßnahmen der Prävention von Gewalt (nicht nur von Vandalismus, sondern der „sozialen

Krankheit Gewalt" überhaupt) gelten: *pädagogische Gestaltung vorhandener Schulbauten und Schulräume.*

Vorweg sei daran erinnert, dass beim Bau und der Einrichtung von Schulbauten und Klassenräumen pädagogische Gesichtspunkte zu beachten sind, von denen nicht jeder Architekt etwas versteht. Es gibt nachahmenswerte Schulbauten (z.B. Montessori-Schulen, die Bielefelder Laborschule, offene Schulraumgestaltung...), Schulgärten, Biotope, Pausenhöfe mit Spiel und Sport.., auch in öffentlichen Schulen.

Für die pädagogisch sinnvolle Gestaltung vorhandener Räume in der Lebenswelt der Schule werden u.a. vorgeschlagen und praktiziert: Freiarbeitsräume, Sitzecken, Leseecken mit Sitzkissen oder Matratzen zum Lesen und Stöbern in Büchern; in Fluren Tische mit Schreibmaschinen und Setzkästen zum Schreiben und Drucken; Tische für Einzel- oder Gruppenarbeit nach Wochenplänen; Schränke und Regale für individuell und frei nutzbare Übungsmaterialien; lebende Pflanzen und Tiere im Rahmen des Möglichen zur Versorgung und Pflege, Schränke und Tische zur Ausstellung von Schülerarbeiten in Kunst und Technik, von Exkursionsergebnissen; Plakate über Projekte und Unterrichtsreihen; von Schüler/innen geschaffener Bilderschmuck in Wechselrahmen, Nachrichtenbretter, Graffiti-Malwände in Schülerverantwortung, Flur-Bemalung durch Schüler/innen... (z.B.: Hensel 1993, s. Holtappels u.a. 1997, 356; Hurrelmann u.a. 1996, 127ff).

Folgende *Vorschläge* werden Lehrer/innen und Eltern gemacht:
- Sprachlosigkeit beim Thema Schulatmosphäre, Klassenraumgestaltung überwinden: in Schulklassen, Elternpflegschaftssitzungen, Schülervertretungen, Schulkonferenzen diskutieren, gemeinsam planen und verändern,
- Graffitis, Schmierereien usw. als Signale für psychosoziale Störungen deuten lernen; Verbesserungsvorschläge entwickeln und erproben,
- starre Ordnungspläne überdenken, offene Entwicklungen anregen und zulassen, dazu ermuntern, als soziales Lernfeld nutzen,
- Handlungsfreiräume, auch gegenüber Verwaltungen, Unfallversicherern, Feuerwehr, bewahren und erweitern, die Bedeutung der Raumgestaltung für Unterricht, Schulleben, Erziehung verdeutlichen und vertreten (Rixius a.a.O.).

Verschiedene dieser Möglichkeiten können auch zur *thematischen Auseinandersetzung mit Gewalt* in den Schulen, Ausländerfeindlichkeit, Aktionen für Toleranz usw. genutzt werden. *Insgesamt* sollten die Bemühungen zielen auf unterschiedliche Lern- und Erholungsumwelten, Heimischwerden der Schüler/innen in ihrem Schulhaus, das eigene Gesicht der Schule, Identifikation mit Schulgebäude und Klassenraum, Transparenz des Schullebens, Interesse und Beteiligung, individuelle Nutzungsmöglichkeiten, Mitgestaltung und Mitverantwortung aller...

Urteil einer Hauptschullehrerin:

"Je mehr Schule das Individuum Schüler/in wieder in die Mitte stellt und Kreativität als schöpferische Möglichkeit zulässt, um so eher wächst die Chance, das Starre und Destruktive der Institution Schule zu durchbrechen" (s. Rixius a.a.O., 135).

Die *Pausenhöfe* sind ein weiteres Kapitel der Raumgebung für Schüler/innen. Viele sind asphaltiert, weil sie so wenig Unterhaltung kosten. Folge: Öde, ohne Struktur, Abwechslung und sinnvolle Betätigungsmöglichkeiten. Man kann nur in der großen Masse herumstehen – oder andere anrempeln, umrennen....

Aber es gibt interessante Projekte und Erfahrungen zur Umwandlung von ödem Schulgelände in attraktive, gegliederte Erholungsräume, insbesondere, wenn wenigstens Teile bepflanzt und kultiviert werden können, manchmal unter Einbeziehung von benachbarten Ödflächen: vor allem Gliederung in Verkehrsflächen: Spielräume für „Bewegungspausen" mit Tischtennisplatten, Hüpfkästchen, Murmel- und Steinchenspiele, Laufspiele, Schaffung und Ausleihe von Spielanweisungen und Spielmaterialen, Rückzugsecken durch Bepflanzung; Anlage von Teichen, natürlichen Wegen mit Blumen, Bäumen, Hecken, Sträuchern; Feuchtbiotope mit vielfältigen Tieren und Pflanzen, die auch von Schüler/innen versorgt werden; Erlebnismöglichkeiten auf „Fußerlebnispfaden", integrierten Kleinsportanlagen, Abenteuerplätzen; Verbindung von Unterricht und Erholung auf dem „Lernort Schulgelände"; Aktive Pausen, Pausensport (Hanewinkel/ Knaack 1997, 307ff, ISW, Soest 1995, Hurrelmann u.a. 1996); Schulgärten, Lehrpfade, Klassenräume im Freien...; Förderung für Problemkinder durch „bewegte Pausen", „Bewegungswerkstatt", „Motopädagogik" (Balser u.a. 1997, 125ff, 145ff); Öffnung der Schulhöfe für Freizeitaktivitäten (Bohn u.a. 1997, 66f). Zahlreiche neue Beispiele in: www. Gewaltprävention in Erziehung und Schule.de (2002).

Hinweis: „Pädagogische Situation". Es gibt eine Fülle von erfolgreich praktizierten Vorschlägen für die sinnvolle Gestaltung von Schulgebäuden und Pausenhöfen. Aber keiner dieser Vorschläge bewirkt Gewaltprävention, wenn er nicht in eine „pädagogische Situation" eingebettet ist. Man kann eben auch Klassenkameraden in Teiche schubsen.

Der Begriff „pädagogische Situation" stammt von dem Reformpädagogen *Peter Petersen* (s. 1963). Er definierte ihn in der Sprache seiner Zeit als „problemhaltigen Lebenskreis von Kindern und Jugendlichen um einen Führer, von diesem in pädagogischer Absicht geordnet, dass jedes Glied dieses Lebenskreises genötigt (gereizt, aus sich herausgetrieben) wird, als ganze Person zu handeln, tätig zu sein". Das pädagogische Konzept wird auch durch die moderne Entwicklungs- und Lernpsychologie vielfach bestätigt (z.B.: Piaget, Aebli, Bandura; s. Kap. 2.6 u. GrF 7 „Projekte...").

Wie kann man die Einrichtung eines Biotops zu einer „pädagogischen Situation" machen? Nicht künstlich durch Aufgabenstellung, Fremdkontrolle, Leistungsbewertung ohne inhaltlichen Sinn! Es ist Teil der Fachkompetenz, eine derartiges Unternehmen als Lösung eines gemeinsam empfundenen Problems oder Problemkreises entstehen zu lassen, Anregungen aufzunehmen, Pläne zu befördern, zum Handeln zu motivieren, Arbeiten zu unterstützen, Hilfsmittel bereitzustellen, Hindernisse wenn nötig aus dem Weg zu räumen; sich einzu-schalten, wenn nötig; sich zurückzuhalten, wenn möglich.... Natürlich gewin-nen derartige Projekte noch an Bedeutung, wenn die Lehrerschaft, die Eltern, die Behörden, in diesem Falle Schulraumplaner, Naturschutzverbände usw., sie unterstützen. Und es ist für die Gewaltprävention notwendig, die jeweilige Maßnahme auch als soziales Erlebnis, als Mittel und Beweis der gegenseitigen Hilfe und Achtung, der Toleranz, des friedlichen Umgangs, prosozialer Werte-bildung erfahren und bewusst werden zu lassen. Und die Fortführung des Un-ternehmens in gemeinsamem Gebrauch, selbst- und gemeinschaftsverantwort-liche Pflege und Weiterentwicklung erst bewirken den Dauererfolg.

Das alles ist *nicht leicht* zu bewerkstelligen. Es ist leichter, Schüler/innen zu einem neuartigen Unternehmen zu begeistern, als dazu, die Mühen und Schwierigkeiten, die auch entstehen, auszuhalten. Es ist auch nicht leicht für Lehrer/innen, die Besserwisserei und den moralischen Zeigefinger bei allem beiseite zu lassen. Auch das verlangt Feingefühl, Fachkompetenz, Einfalls-reichtum und Erfahrung, die jede Form der Gewaltprävention erfordert.

3.3 Grundform 2: Frustration abbauen – Regeln achten – Fairness üben in Sport und Spiel (von Peter Martin)

Die Erfahrung lehrt, dass körperliche Anstrengungen und spielerische Betäti-gungen seelische Spannungen, Stress, Frustrationen mindern, u.U. auch abbau-en können. Dass es sich beim Zusammenhang von Sport, Spiel und Aggression nicht um ein leicht zu durchschauendes, lineares Ursache-Wirkungs-Verhältnis handeln kann, ist ebenso offensichtlich: Einerseits können körperliche Betäti-gungen, Spiele usw. mit Aggressionen verwoben sein, andererseits werden körperlich anstrengende Betätigungen und bestimmte Spiele, Wettkämpfe usw. als Ausgleich von seelischen Anspannungen, Konflikterlebnissen usw. unter-nommen. Mancher lässt im Wettkampf seine Wut am Gegner aus, andere üben sich in Fairness und gegenseitiger Hilfe. Auch stellt sich natürlich die Frage, ob subjektiv empfundene Wirkungen sportlicher Betätigung auf die dabei vollzogene Muskeltätigkeit allein oder auf Ablenkung, kognitive oder motiva-tionale Prozesse zurückzuführen sind und welche Wirkungen von den ver-schiedenen Sport- und Übungsarten ausgehen. Insofern verbietet es sich von vorne herein, den Sport unbesehen als Mittel zum Abbau oder zur Verhinde-rung von Aggression und Gewalt zu bezeichnen. Es verbietet sich aber auch, die Möglichkeiten des Abbaus von aggressionsauslösenden Spannungen (bzw. Gefühlen wie Wut, Ärger) durch Sport und Spiel von vorne herein auszu-schließen (s. Tausch/ Tausch 1990, 114, 335; Inst. f. Friedensforschg. 2002).

Ethologen behandeln das Thema im Rahmen der sog. *„Ventilsitten"*, durch welche Menschen ihr vermeintlich aggressives Erbe teilweise bewältigen können. Eibl-Eibesfeld (1975, 123ff; 1997, 131ff, s.o. Kap. 2.3) fasst die Argumente und Belege zusammen. Die Grundthese lautet: Sportlicher Wettkampf ermögliche es den Menschen, „Aggressionen in ritualisierter Form auszuleben" (S.131). Andere Ventilsitten sind danach z.b. verbale Beschimpfungen, aggressiver und nichtaggressiver Humor, das Betrachten von aggressiven Filmszenen u.ä. Als Beleg führt Eibl-Eibesfeld z.b. Experimente an, in denen durch Ärger erzeugter Bluthochdruck schneller abgebaut wird, wenn die Probanden gewisse aggressive Handlungen gegen den Verursacher ausüben. Da es sich in diesem Experiment nicht um Sport im Sinne der Leibesübungen handelt, kommt diesem und ähnlichen Belegen für unsere Frage nur eine begrenzte Beweiskraft zu. Aber auch die Einwände der *Lerntheoretiker* (vgl. Selg u.a. 1988, 28ff; Nolting 1994, 179) gegen die Auffassung der Ethologen sind nicht zwingend. Denn diese behaupten gar nicht, wie ihnen die Lerntheoretiker oft unterstellen, dass sich z.b. durch Kampfsportarten Gewalttätigkeit im übrigen Leben geradewegs vermindert oder dass gar Kriege verhindert werden könnten. Eibl-Eibesfeld (1997, 34ff) stellt demgegenüber fest, dass sich durch sie sowohl gewisse kurzfristige „kathartische Effekte" erzielen lassen als auch ein gewisses Training in aggressivem Handeln stattfindet. Dass verschiedene Variablen (z.b. das Geschlecht der Probanden) Einfluss nehmen, ist beiden Kontrahenten bekannt und wird je nach Position für oder wider die These des „Auslebens" von aggressionsauslösenden Frustrationen und Spannungen im Sport verwendet. Die Sache ist also verwickelt. Auch Schüler- und Studentinnen berichten von zwiespältigen Erfahrungen, klagen über aggressiven Ausschluss der Schwächeren und brutalen Siegeswillen von Klassenmannschaften. Immerhin berichtet z.B. ein Schulleiter: „Seit wir Taekwondo in den Sportunterricht integriert haben, sind die körperlichen Konflikte in den Pausen zurückgegangen" (Schwäb. Zeitung, 16.3. 2002).

Die Ambivalenz der Ergebnisse humanethologischer und psychologischer Forschung bestätigt das pädagogisch-anthropologische Prinzip der Erziehungsfähigkeit und Erziehungsbedürftigkeit des Menschen. Es kommt darauf an, was Erzieher/innen und vor allem Lernende selbst aus ihren Anlagen bzw. Möglichkeiten machen. Die Frage lautet also nicht: Entsteht durch Sport und Spiel von selbst Friedfertigkeit? Sondern: *Können* sportliche Wettkämpfe, Mannschaftsspiele, Kampfspiele usw. aggressive Neigungen abbauen und prosoziales Verhalten aufbauen helfen und wie können Lehrer- und Erzieher/innen derartige Prozesse fördern? Siehe auch Stützle-Hebel 1993.

Hinweise auf Forschungsarbeiten: Die Frage, *ob der Sport die seelische Gesundheit generell fördern* und somit auch *Stress abbauen und Frustrationen beseitigen kann*, wird durch neuere wissenschaftliche Untersuchungen positiv beantwortet:

I.„Sport, Alltagsbewältigung und seelische Gesundheit" (Roethlisberger 1995, 1997): Dass der Sport für psychosozial gestörte (auch aggressive) Spitzensportler einen Ausweg aus Frustration und Konfliktverhalten bietet, wurde bereits von D. Milenko nachgewiesen (Deutscher Sportbund: Leistungssport 4,1 (1974), 37-41). Ziel einer 1993-1995 durchgeführten Untersuchung von Chr. Röthlisberger war es, „präventives Potential" zu ergründen. Er beschäftigte sich mit der Frage: „Hat Sport wirklich einen günstigen Einfluss auf anderes Gesundheitsverhalten oder auf Persönlichkeitsmerkmale?" Auch: Bewirkt sportliche Betätigung eine Optimierung der sozialen Lernprozesse, der personalen Ressourcen, der Normen- und Wertorientierungen u.ä.?

Die Untersuchung wurde an drei Gruppen von insgesamt 367 Gymnasial- und Gewerbeschülern durchgeführt: 1) Jugendlichen, die in oder außerhalb eines Vereins mindestens einmal wöchentlich Sport treiben, 2) Jugendlichen in Jugendvereinen, aber ohne Sportausübung, 3) Jugendlichen ohne Sportausübung und ohne Verein.

Ergebnisse: 1. Messung: "Deutlich ist zu sehen, dass die sportaktiven Jugendlichen (1. Gruppe) in allen Hauptfaktoren des Instrumentes (Verhaltenskontrolle, seelische Gesundheit, Wohlbefinden, Selbstaktualisierung, Wertschätzung) günstigere Werte erhalten. In den Faktoren seelische Gesundheit (die Fähigkeit, mit Belastungen umzugehen), Wohlbefinden (Sinnerfülltheit, Beschwerdefreiheit) und Selbstaktualisierung erhalten diese Unterschiede statistische Signifikanz: „Sportaktive Jugendliche" sind „ressourcenstärker (bewältigungsfähiger) als inaktive!" Sie „schätzen ihre körperliche Gesundheit, ihre Fitness und ihre allgemeine Lebenszufriedenheit besser ein", geben an, „gesamthaft weniger aktuelle Belastungen zu erleben" (1/ 95, 18). Auch biographisch besonders überlastete Jugendliche, die sportaktiv sind, erleben deutlich weniger Belastungen als entsprechende Gruppen ohne Sportaktivität. Sie erreichen höhere Werte für „seelische Gesundheit", „adaptive Fähigkeiten und Verhaltensweisen" (12/ 95, 14 ff).

2. Messung (1994): Die Untersuchung des Bewältigungsverhaltens ergab bei den Nicht-sportaktiven deutlich mehr „Inadaptive Bewältigung" (passiv, gefühlsmäßig belastet, eher Hilflosigkeitsgefühle). Bei den Sportaktiven zeigten sich günstigere personale Ressourcen (Gefühl seelischer Gesundheit, positive Problembewältigungen). Die Daten lassen vermuten, dass regelmäßige sportliche Aktivitäten eher die Ablösung von der Kernfamilie bei Bewahrung emotionaler Verbundenheit unterstützen (S.16).

3. Messung: Die günstigeren Werte der Sportaktiven bleiben auch von Klasse 11-13 erhalten; hingegen zeigten die Sportinaktiven deutliche Verunsicherungen (Faktor „seelische Gesundheit". Sportaktive haben hinsichtlich psychosomatischer „Beschwerdefreiheit" über die Zeit bessere Werte als die „Inaktiven". Die sportlich engagierten Jugendlichen waren seltener krank und mehr zufrieden mit ihrer physischen, psychischen und sozialen Gesundheit. Die *Langzeitanalysen* (3/ 97, 4 f) bezüglich Zufriedenheit mit dem eigenen Leben (Gesundheit, emotionaler Rückhalt, soziale Unterstützung) ergaben bei den „Sportaktiven" durchweg signifikant höhere Werte.

„Bezüglich Zusammenwirken des Sportes mit *Stress* zeigte sich,... dass Jugendliche mit hohem Stress dann über höhere Zufriedenheit verfügen, wenn sie auf hohem Niveau Sport treiben". Insgesamt haben ein hohes Ausmaß und stabile Aktivitäten im Sport günstige psychologische Effekte; Sporttreibende entwickeln selbstaktive Ressourcen. Der Zufriedenheitsindex der „Sportaktiven" ist – anders als der der „Sportinaktiven" - unabhängig von emotionaler

Unterstützung. „Sportaktive Jugendliche scheinen also über Ressourcen zu verfügen, die den sportinaktiven nicht zugänglich sind" (S.5).

Hinzuzufügen ist, dass die (auch gewaltpräventive) Wirkung regelmäßiger Sportausübung wohl nicht nur auf die körperliche Aktivität zurückzuführen ist. Vielmehr bieten viele Sportarten auch Möglichkeiten für gegenseitige Hilfe, Erfolgserlebnisse, Kommunikation, Gemeinschaftsleben, Lernen prosozialen Verhaltens usw., welche in den einschlägigen Theorien als aggressionsmildernd und –bewältigend bewertet werden.

*II. Zusammenfassung internationaler Forschungsergebnisse über „**Stress und Frustrationsbewältigung durch Sport**" (bes. Israel 1990:* Stress ist „ein subjektiv intensiv unangenehmer Spannungszustand, der aus der Befürchtung entsteht, dass eine Situation (1) stark aversiv, (2) subjektiv zeitlich nahe (oder bereits eingetreten) ist und (3) subjektiv lange andauert, deren Vermeidung aber subjektiv wichtig erscheint" (Greif, S.: Stress in der Arbeit. In: Greif, S./ Bamberg, E/ Semmer, N.: Psychischer Stress am Arbeitsplatz, Göttingen 1991, 1-28).

Stress entsteht durch „die Einwirkung von Umwelteinflüssen mit Informationscharakter und emotionaler Bedeutung, die zu Reaktionen mit gesteigerter Spannung und Energiebereitstellung führen". Er ist wichtig für die Bewältigung erforderlicher geistiger, körperlicher und psychischer Leistungen; u.U. kann von Stress eine schädliche Wirkung ausgehen, dann nämlich, wenn anhaltende und stark negativ gefärbte emotionale Zustände (Konflikte) eine Dauerspannung bewirken, besonders bei langanhaltender Reizüberflutung, schwer lösbaren Problemen, bei wiederholten Misserfolgserlebnissen oder bei gestörten zwischenmenschlichen Beziehungen (Israel, 1990, 93 ff ; vgl.: Heitmeyer: Verunsicherung, Kap. 2.7).

„Körperliche Aktivität kann die psychischen Wirkungen belastender Probleme mildern und hat einen antidepressiven Effekt. Man kann sich *abreagieren* und psychische Probleme ausschalten... Viele psychoemotional belastende Sachverhalte erscheinen in einem anderen Licht. In der Psychiatrie wird dieser Effekt als Behandlungsmethode bei Depressionen gezielt genutzt" (Israel, 1990, S. 85). Der häufige Zusammenhang von Aggressivität und Depression ist vielfach nachgewiesen (s. auch Kap.4.5).

„Die Erklärung der psychisch befreienden und regenerierenden sowie mental aktivierenden Wirkung des Sportes befindet sich noch in den Anfängen." Eine Rolle spielen u.a. „verbesserte Durchblutung..., Sauerstoffversorgung des Gehirns", „Umstellungs-Prozesse im vegetativ-nervalen und endokrinen Bereich", „die Aktivierung von Transmittersystemen", „Modifikationen von Ansprechbarkeit von Rezeptoren"... S. 86 ff).

Bei Disharmonie im vegetativen Nervensystem durch psychische Belastungen sind „positive psychische Effekte der sportinduzierten Sympathikusdämpfung" zu erzielen (z.B. durch angemessenes Ausdauertraining, S.89f). „Aerobe Fitness und die Anfälligkeit gegenüber psychosozialen Stressoren sind zueinander negativ korrelativ", möglicherweise durch den nachgewiesenen Abbau von Katecolaminen (Adrenalin, Noradrenalin u.a.; S. 93ff).

Sport bewirkt nicht nur physische, sondern auch *psychische „Abhärtung";* es entsteht eine Kompensationsfähigkeit, auch durch Änderungen im organischen Bereich: Muskelhypertrophie, Sauerstoffaufnahme, Sportherzbildung, Reizabschirmung, *erhöhte Stresstoleranz*, Erhöhung des Selbstwertgefühls, der

Selbstsicherheit. Sport wirkt gegen hypochondrische und ängstliche Einstellungen. Die sozialen Fakten werden in veränderter Weise wahrgenommen. (S.96).

Insgesamt sind *also positive Wirkungen sportlicher Betätigung gegen Stress, Frustrationen, emotionale Störungen und solche im Sozialverhalten (auch Aggressivität) möglich*, obwohl natürlich Sport bei zwanghaftem Leistungsstreben auch negative psychosomatische Wirkungen haben kann (vgl. Uhlenbruck, G: „Wie Sporttreiben psychische Funktionen beeinflusst". In: TW Sport und Medizin 5,6 (1993), 395-398). Über Aggressivität im Sport gibt es ebenfalls wissenschaftliche Untersuchungen (bereits Schilling, G. in: Sportwissenschaft 6 (1976), 451-465.). Es gilt also der amerikanische Satz: Man kann Jugendliche nicht erziehen „by just throwing out a ball"! „If the physical, psychological, and social benefits available through sport are to occur, they must be purposely planned, structured, and taught as well as positively reinforced" (Brown 1999, 56). Es kommt also *entscheidend* darauf an, dass die Möglichkeiten der Prävention und Intervention gegen Gewaltbereitschaft und aggressives Verhalten im Sportunterricht durch *prosoziale Lernziele, Übungen, Spiele und Methoden* auch *realisiert werden.*

Somit sind der *Sportdidaktik* bedeutenden Aufgaben gestellt. Sie betreffen auch die *Neudefinition der Ziele* des Sportunterrichtes:
„Wenn Sportpädagogik aggressive Auswirkungen im Sport nicht verstärken, sondern abbauen will, dann wird ihre Didaktik stärker als bisher auf eine Unterrichtsrealisierung zu achten haben, die nicht den Leistungsgedanken und die Erfolgsorientierung zur obersten Maxime ihres Handelns macht." (W. Ohlerth, Sportunterricht, Schorndorf, 46 (1997) Heft 3).

Demgemäß fordern z.B. die *Richtlinien und Lehrpläne* des Landes NRW (Stand 2001) vom Sportunterricht die „ganzheitliche Erziehung zu Bewegungen" und die Aktualisierung sozialer Bezüge, Emotionen, Motive und Wertvorstellungen (S.37), die Erziehung zur „Beherrschung von Emotionen" und zur „Aggressionskontrolle" (S.50), die Befähigung der Schüler/innen zu Konfliktlösungen in gemeinsamen Verständigungsprozessen, (S. 52ff) zu fairem Umgang miteinander, zum Verständnis des Wesens und der Veränderbarkeit von Regeln und zu ihrer Befolgung (S.52ff); dem sollen auch die Kampfsportarten dienen (s.o. Zitat über Taewondo). Dazu wurde ein „Pakt" der Schulen „für den Sport" zusammen mit dem Landessportbund in NRW vorgeschlagen. Auch die Europäische Union nennt mit ihrem Projekt „Europäisches Jahr der Erziehung durch Sport" (bis 2004) die Ziele: Mehr Bewegung im Schulsport soll Aggressionen abbauen; Toleranz und Rücksichtnahme, Freundschaft und Solidarität, Integration durch den Sport (www.sportunterricht.de; 14.7.02).

Solche Überlegungen sind in der *Praxis des Sports und Sportunterrichtes* nicht neu. Für viele Sportlehrer/innen sind sie eine Selbstverständlichkeit. Ein spektakuläres Beispiel ist die seit 1986 in Maryland durchgeführte „Mitternachts-Basketball-Liga", in der „durch sportliche Wettkämpfe aggressive Neigungen abgebaut" werden sollen. Auch in deutschen Großstädten gibt es ähnliche Projekte, z.B. in Stuttgart (Inst. f. Friedenspolitik 2002, Struck 2001, 114).

Die Möglichkeiten und Aufgaben, die der *Schulsport* und die *„bewegungsbezogene Kinder- und Jugend(sozial)arbeit"* in der Gewaltprävention haben, sind also in den letzten Jahren deutlicher erkannt, wenn auch noch zu wenig genutzt worden. Eine wichtige Möglichkeit ergibt sich aus der Tatsache, dass im Sport exemplarisch die Bedeutung von *Regeln*, von Regelfindung und -veränderung, von Maßnahmen zur Förderung der Einhaltung von Regeln, von Sanktionen gegen Regelverstöße u.ä. erfahren und reflektiert werden kann. Spielregeln und Fairness-Gebote können durch die Auswahl angemessener Spiele und Übungen, durch Hilfestellungen usw. eingeübt und durch Schiedsrichterverhalten, Bewertungssysteme und psychologisch fundierte Unterrichts- und Sportleitermethodik gefördert werden.

Dazu legt z.B. das Landesinstitut für Schule und Weiterbildung NW (Soest) eine Handreichung vor: „Sportunterricht ohne Grenzen" (1998). Darin:

„Fachbezogene Lernziele (S.45ff): Typische Regeln und ihre Funktion für Spiele kennenlernen...; Regeln aufgrund situativer Bedingungen (Spiel-Raum, Spiel-Personal) verändern und mit alten/ neuen Regeln Spiele finden; die historische Entwicklung von Spielregeln verstehen und exemplarisch mit Regeländerungen umgehen; Spiele aus anderen Kulturen kennenlernen und verstehen; Integrative Möglichkeiten des Sports (als universales Phänomen mit seinen universalen sozialen Spielregeln) zur Verringerung kultureller Barrieren und ethnisch geprägter Rollenvorstellungen erkennen und nutzen."

Die Bedeutung dieser Lernziele und der Vorschläge zur Gestaltung des praktischen und theoretischen Schulsportunterrichts im Hinblick auf die Gewaltprävention sind offensichtlich. Ebenso die Bedeutung der

„Fächerübergreifenden Lernziele: Konfliktfähigkeit verbessern und positive Einstellungen zu Konfliktlösungen entwickeln, die Machtentscheidungen ausschließen; Toleranz gegenüber individuellen Unterschieden und Andersartigen aufbringen; Einfühlungsvermögen verbessern, eigene Gefühle erkennen und ausdrücken; Sich in belastenden Situationen selbst behaupten und kontrollieren; Problemlösungen erarbeiten, Kompromisse finden und sich an Vereinbarungen halten; Regelveränderungen in anderen gesellschaftlichen Bereichen als soziale Konventionen begreifen und mit dem Sinn von Sportregeln vergleichen."

Dazu werden auch Vorschläge für die *Kooperation mit anderen Schulfächern* (Deutsch, Geschichte, Gesellschaftslehre) gemacht. Interkulturelle Erziehung wird einbezogen (Erziehung, soziale Regeln, Körperverständnis, Bewegung, Sport usw. in anderen Kulturen). Fair-Play-Spiele sollen gesichtet, erprobt und dokumentiert werden. Die Bedeutung des Schiedsrichterverhaltens für Fair Play wird untersucht und dargestellt. Beispiele von *Fair Play* im Sport werden mit ähnlichen Situationen im Schulleben, in der Politik usw. verglichen und hinterfragt. Auch die Zusammenhänge mit unseren Grundformen der Gewaltprävention werden deutlich, besonders mit GrF 3 „... Einander verstehen", 4 „Interagieren...", 8 „Gemeinschaft fördern....", 9 „Konflikte bewältigen...". Zu 6 „Werte bilden – Moralisch handeln" sei angemerkt, dass im Sport in Wettkampf und Spiel immer wieder moralische Dilemma-Situationen erlebt werden, die im Sinne L.Kohlbergs für die moralische Erziehung (gegen Aggression und Gewalt) genutzt werden können und müssen. Siehe auch: Deutsche Olympische Gesellschaft DOG) (Hrsg.): Fairhalten. Materialien zur Fairness-Erziehung in der Schule. Frankfurt/ M. 1991, sowie Roth/ Pühse 1996.

Dass angesichts der allenthalben im kommerzialisierten Sport auch erlebbaren Rücksichtslosigkeit und Gewalt diese gewaltpräventiven Ziele erhebliche pädagogische Anstrengungen kosten, ist ebenso deutlich.

Ergänzend sei auch auf die *sozialpädagogische Kinder- und Jugendarbeit* hingewiesen, die sich ebenfalls in der Gewaltprävention durch Bewegungs- und Sportangebote engagiert und nach Ansichten von Fachleuten noch mehr und kompetenter bemühen sollte. Hier geht es vor allem darum, wie der „Verbetonierung von Bewegungsräumen" und der "Sinnkrise der heutigen Jugend als Folge von Erlebnisarmut und Mangel an Eigenerfahrungen" (s. auch GrF 1) entgegengewirkt werden kann. G.A. Pilz (1998) argumentiert ebenfalls, dass durch sportliche Aktivitäten in der Jugendarbeit „Aggressionen und motorischer Bewegungsdrang ‚gesteuert' abgearbeitet" werden können, dass „vorhandene körperliche Fähigkeiten positiv eingesetzt" werden sollten, „die Beziehungen von Jugendlichen (vor allem aus Randgruppen) untereinander, zu ihrer Umwelt und zu den Mitarbeiterinnen und Mitarbeitern geübt und verbessert" würden, „das Akzeptieren vorhandener Regeln erlernt und Erfolgserlebnisse erzielt werden" können (S.17).

Das sportliche Angebot sollte sich demgemäß nicht nur – wie oft in den Sportvereinen – an die „angepassten", leistungsorientierten Jugendlichen richten, sondern auch an die „unbequemen", von Gewalt und Gewaltneigungen bedrohten, „also ein Sportangebot, das gesellig, spannend, belebend und fordernd zugleich sein kann" (S. 18). Örtlich bereits realisierte Wege dazu sind: Straßen- und Mitternachtssport, Schaffung von ausreichendem Bewegungsraum im Nahbereich der Wohnungen, Spielstraßen im innerstädtischen Bereich, Ausbildung von Jugendleiter/innen als Übungsleiter, Berücksichtigung von sportlich-sozialpädagogischer Jugendarbeit bei der Vergabe öffentlicher Sportplätze, Umgestaltung von Einrichtungen der offenen Jugendarbeit in Spiel- und Bewegungsstätten...(s. auch die Maßnahmenkataloge zum Sport als Mittel der Gewaltprävention im Bereich der Vereine, Schulen, Jugend- und Sozialarbeit der „Unabhängigen Kommission zur Verhinderung und Bekämpfung von Gewalt in Berlin"; Berlin 1994).

Psychomotorische Pädagogik für verhaltensgestörte Kinder findet hauptsächlich Anwendung in Kindergärten, Grund- und Sonderschulen, aber aufgrund der Sozialisationsveränderungen der Zeit in Ansätzen auch in unseren Haupt-schulen. Sie zeigt die Bedeutung sportlicher Aktivitäten als Form der *Präven-tion und Intervention gegen Aggressivität und Gewaltverhalten.*

Unter dem Begriff Psychomotorik versteht man eine Art der Bewegungserziehung, die von ihrem Begründer Prof. E.J. Kiphard als ganzheitlich-humanistisch, ent-wicklungs- und kindgemäß beschrieben wird. Der Name soll die enge Beziehung zwi-schen Psyche und Motorik verdeutlichen. Wahrnehmung, Emotionen, Kognitionen, Reaktionen, Bewegungen hängen zusammen. Daher können auch Aggressivität auslö-sende Emotionen (Ärger, Wut) und Gewaltneigungen durch körperliche Übungen und sportliche Spiele beeinflusst werden. Psychomotorik vermittelt sowohl Selbstkompe-tenz (Verarbeitung von Erlebnissen und Gefühlen, Entwicklung neuer Verhaltenswei-sen, Förderung von Ich-Identität) als auch Sachkompetenz (neue Erfahrungen, Wissen, Einsichten) und Sozialkompetenz (Konfliktbewältigung, prosozialer Umgang mit ande-ren, Übernahme von Verantwortung).S. Kap. 2.5 sowie GrF 4, 8 u.9!

Dazu steht ein differenziertes Instrumentarium von Bewegungen, Übungen und Spie-len zur Verfügung, das auch mit Interaktionsübungen anderer Art (s. GrF 4) verknüpft werden kann. Nur einige *Beispiele* können genannt werden:

1) Sinnes- und Wahrnehmungsschulung (aggressive Kinder werden oft durch Fehlwahrneh-mungen zu Gewaltverhalten stimuliert).

2) Spiele und Übungen zur Gleichgewichtsfähigkeit (Aggressivität ist seelisches Ungleichge-wicht): Balancieren von Gegenständen, auch in Bewegung; Balancieren auf Teppichfliesen, Balken usw.; Hahnenkämpfe...; Stehen auf bewegter Matte bzw. Schwungtuch; gegenseitiges Ausweichen beim Gang über die Turnbank usw.; gemeinsames Aufstehen (zwei Kinder ein-gehakt Rücken an Rücken).

3) Spiele zur Erfahrung und zum Ausdrücken von Spannungs- und Entspannungszuständen: Freies Bewegen in der Halle und auf ein Zeichen zur „Salzsäule" erstarren; „Roboterbewe-gungen"; pantomimische Darstellung von Trauer, Wut, Enttäuschung; Entspannungsübungen nach Art der „progressiven Relaxation" oder des „autogenen Trainings"; siehe auch Peter-mann/ Petermann Kap. 4.4).

4) Spiele zur Verdeutlichung der Auslöser für Ärger, Wut und Aggression: Spiel mit ausge-schlossenem Kind; „Ich bin out und will rein" (Kreis eingehakter Kinder, eines draußen, be-müht sich hineinzukommen).

5) Wut-, Ärger-, Aggressionskontrolle: Raketenstart (leises, immer lauter werdendes Trom-meln, zuerst mit den Fingern, dann mit denn Händen, dann auch den Füßen, dann dasselbe rückwärts immer leiser; kontrollierte Hahnenkämpfe, Armdrücken, „Ballonkampf"...

6) Nichtaggressive Aufnahme von Beziehungen, auch mit „Fremden"; Vertrauen, Freude an gemeinsamen Handlungen wecken: Pyramide aus Kindern; Partnerspiel „Führen eines Blin-den" über Hindernisse....; Fangspiele, z.B. „Zusammen sind wir stark" (Wer einen Mitspieler umarmt, an die Hand fasst usw., kann nicht abgeschlagen werden); „Beschützerspiel" (Ab-werfspiel im Kreis; darin zwei Kinder, eines wehrt den Ball von seinem Schützling ab).

7) Regellernen, Fairness beim Ringen und Raufen: Schrittweiser Aufbau: Körperkontakt, Berührungserfahrungen, Spiele ohne Körperkontakt (z.B. Tauziehen), solche mit begrenztem Körperkontakt (Hände, Füße...), Ring- und Raufspiele zur Einsicht in Fairness-Regeln und zum Erwerb praktischer Kompetenz.

8) Spiel- und Bauprojekte zur Lösung von Handlungsaufgaben, Förderung von Kooperation, Gemeinschafts- und Selbsterfahrung (Selbstvertrauen, Selbstwert- und Gemeinschaftsge-fühl...; s. Vetter in „Praxis der Psychomotorik" 23, 1 (1998), 4-12.

E.J. Kiphardt hat detaillierte Anweisungen für die Nutzung der Psychomotorik in der „Mototherapie bei Verhaltensstörungen" erarbeitet. (1990, 1993). Zahlreiche Hinweise finden sich in der Zeitschrift „Praxis der Psychomotorik" (z.Z. im 27. Jahrgang) und in Veröffentlichungen und Kursangeboten des „Fördervereins Psychomotorik", Bonn. Siehe auch: Beudels/ Oertel-Goetz: „Wut im Bauch" – vom psychomotorischen Umgang mit Aggressivität, in: Beins H.-J. u.a.: Vom Wert des „Fehlers" in der Psychomotorik, Dortmund 1996, 50-64).

Exkurs: „Goal", ein „community based sport and life skills program" aus Amerika
„Goal (Going for the goal) " gewann 1996 den „Lela Rowland Prevention Award" der US National Mental Health Association. Das Programm kann die Bemühungen anderer Länder auf dem Gebiet der Nutzung des Sports zur Persönlichkeitsförderung verdeutlichen. Es ist für Mittelstufenschüler der High School gedacht und dauert zehn Stunden. Am Beispiel sportlicher Aktivitäten werden transferierbare „life-skills", also Fertigkeiten der Lebensbewältigung, gelehrt und praktisch geübt. „Lehrer" sind ausgewählte und darin vorgebildete Schüler mit Führungsfähigkeiten. Je zwei bis drei solcher Schüler leiten eine Gruppe von etwa 15 Schülern, für die sie auch als Rollenmodelle fungieren (im Ganztagsschulbetrieb oder im Jugendfreizeitbereich).
Aufbau und Themen:
1) „Dare to Dream": Erfahrungsaustausch und Diskussionen über die Bedeutung von Zukunftsvorstellungen und Plänen: „Dreams" ....
2) „Setting Goals", Ziele, für die man sich anstrengen muss. Wert, Maßstäbe, Vorgehensweise bei der Definition spezifischer, persönlich bedeutsamer, kontrollierbarer Ziele erlernen ....
3) „Making Your Goal Reachable": Praktische Anwendung von 2! Ein erreichbares persönlich bedeutsames und kontrollierbares Ziel für die sportlichen Anstrengungen der nächsten 2 Monate finden, sich begründet dazu entschließen („learning and applying this process is a key aspect of the program")....
4) „Making a Goal Ladder": Feststellung der notwendigen Schritte zur Erreichung des Ziels, richtige Reihenfolge, gelernte Kriterien beachten! ....
5) „Roadblocks to Reaching Goals: Hindernisse auf dem Weg zu persönlichen Zielen wie Drogenmißbrauch, vorzeitige Schwangerschaft, Gewalt, Schulversagen, Verlust des Selbstvertrauens usw. erkennen ....
6) „Overcoming Roadblocks": Erlernen und Anwenden von Problemlösungsstrategien („Star": „Stop and chill out, Think of all your Choices, Anticipate the consequences of each choice, and respond with the best choice")....
7) „Seeking Help From Others": die Wichtigkeit der Suche nach sozialer Unterstützung erkennen; z.B. ein „dreamteam" von 10 Personen aus dem persönlichen Umfeld (Familie, Freunde, Vorbilder etc.) zusammenstellen....
8) „Rebounds and Awards": Schritte korrigieren, wenn ein Zwischenziel nicht zu erreichen ist; lernen sich selbst zu belohnen für Fortschritte....
9) „Identifying and Building on Your Strengths": Eigene Stärken erkennen und weiterentwickeln lernen; ein Feld erkennen, auf dem einem die Weiterentwicklung besonders wichtig ist; Planung systematischer Bemühungen auf das Ziel zu....
10) „Going for your goal": Abschlussspiel zur Integration aller Lernschritte, Erfolgsmotivierung; z.B. „Know-It-All-Baseball":

Das beschriebene Programm ist also sozial-kognitiv-lerntheoretisch fundiert; es dient zur systematischen Entwicklung von Fähigkeiten und Fertigkeiten auf selbstgewählten und persönlich bedeutsamen Handlungsfeldern. Dazu zählen auch die Überwindung aggressiver Neigungen und, das Erlernen von friedfertigem Verhalten (vgl. bes. Kap. 4.4!). Sportliche Ziele und Aktivitäten werden exemplarisch genutzt, Transfer auf andere Handlungsfelder wird systematisch eingeübt.

3.4   Grundform 3: Miteinander reden - Einander verstehen

Verbale Formen gehören zu den im Schulbereich besonders häufigen Gewalthandlungen (s. Fuchs u.a. 1996). Vandalismus in Form von Wandbeschriftung besteht zum großen Teil aus Schimpfworten, Hetzparolen gegen Lehrer/innen, Ausländer, Andersdenkende. Auch ist das Sprachverhalten grundlegend für die Qualität der Beziehungen, im Schulbereich wie überall. Empirische Untersuchungen belegen den Zusammenhang zwischen aggressivem Verhalten Jugendlicher und gestörter Kommunikation bzw. schlechten Beziehungen unter den Schüler/innen und mit den Lehrer/innen (Holtappels u.a. 1997, 225ff). Heitmeyer u.a. wiesen Wirkungen von Desintegrationserfahrungen (Auflösung von Beziehungen zu anderen Personen, besonders in der Familie und dem Freundeskreis, Auflösung gemeinsam geteilter Wert- und Normvorstellungen) auf Verunsicherung und Gewaltreaktionen nach („Gewalt als Mittel der Ambivalenzreduktion"; s. Kap. 2.7). Das alles steht in einem Zusammenhang.

Deshalb bewähren sich Klassengespräche über aufgetretene Probleme, die Einführung von Regeln des Zusammenlebens, Gespräche der Lehrkräfte mit den Opfern, Tätern und ihren Eltern, Verfahren zur Streitschlichtung als Präventionsmaßnahmen (Holtappels u.a.1997, 307ff; 345ff). Die „Schule ohne Gewalt" ist u.a. gekennzeichnet durch freundlichen Umgang, Bemühungen um gegenseitiges Verstehen und Akzeptieren, Vermeidung von Beleidigungen und Provokationen (a.a.O. 347f; Forschungsgruppe Schulevaluation 1998).

Die *Wichtigkeit des „Miteinander Redens – Einander Verstehens"* für die Gewaltprävention ergibt sich darüber hinaus aus fast allen oben dargelegten Theorieansätzen (Kap.2). Das liegt an der zentralen Bedeutung der Sprache und der Kognitions- und Kommunikationsabläufe für sämtliche aggressionssteigernden Prozesse. Die von der Psychoanalyse aufgezeigte Stärkung vs. Schwächung der Ich-Funktionen, die Entstehung von Misstrauen und Schuldgefühlen, von Minderwertigkeitsgefühlen oder Überlegenheitsstreben vollziehen sich in der Kommunikation, besonders in der Familie und der Schule. Frustrationen werden vor allem durch Herabsetzungen, Beschimpfungen, Versagungen, Bedrohungen erzeugt. Umgekehrt bauen Verständnis, Empathie, Achtung und Wärme, einsichtsvolle Gespräche Frustrationen ab. Sowohl beim Bekräftigungslernen als auch beim sozial-kognitiven Erlernen oder Verlernen von Gewalt sind Lob oder Tadel, bei letzterem vor allem auch Kognitionen, Wertebildung, Vorausschau, Beurteilungen sprachlicher Art beteiligt. Und die „soziale Krankheit" Gewalt erscheint weitgehend hervorgerufen durch kommunikative Desintegration, gestörte Kommunikation und Beeinträchtigung der Ich-Identitätsbildung. Fehlende Empathie gilt in verschiedensten Erklärungsansätzen, so in der Individualpsychologie, der humanistischen Psychologie und in der symbolisch-interaktionistischen Sozialpsychologie, als Auslöser von Identitäts- und Verhaltensstörungen sowie Aggressivität; empirisch-analytische Nachweise bei Feshbach 1997, Kaukianen et.al. 1999. Umgekehrt bewährt sich das Einfühlungsvermögen als „wichtiger Bestandteil" bzw. als "Grundbedingung für Hilfeverhalten" (Petermann/ Petermann 1997, 20).

In der *Lebenswirklichkeit* unserer Kinder und Jugendlichen lassen sich zahlreiche Erscheinungen von *beeinträchtigter Kommunikation und mangelhafter Empathie* nachweisen. Grundschullehrer/innen und wissenschaftliche Untersuchungen stellen zunehmend verbreitete Sprachentwicklungsstörungen der Kinder fest, die auf oft schwere Beeinträchtigungen der Eltern-Kind-Kommunikation und (statt dessen) übermäßigen Konsum von – auch gewalthaltigen – Kinderfernsehprogrammen zurückgeführt werden (Dost 1996). Fachleute stellen zudem fest, dass bestimmte, viel gekaufte „martialische" Computerspiele keine Empathie bewirken: Spieler, die „ein gutes Gefühl" haben wollen, müssen lernen, Gefühle, Empathie zu unterdrücken. Andererseits sind „Lernfelder für die Ausbildung von Empathie" für die moralische Entwicklung „unverzichtbar" (Fritz/ Fehr 1997).

Milieus, in denen sich Gewalt ereignet, und Gruppen, von denen vermehrt Gewalt ausgeht, sind oft durch Beeinträchtigung der Kommunikation gezeichnet. So kann man insbesondere bei Kindern ausländischer Herkunft und aus kommunikationsarmen vollständigen oder unvollständigen Familien von einer (besonders auch) sprachlich bedingten Desintegration-Verunsicherung-Angst-Gewalt-Spirale sprechen. (Zu ihrem hohen Einfluss auf Gewalt in der Schule siehe u.a.; Akgün 1995,166ff; Fuchs u.a. 1995, 285ff; Schubarth 2000, 98ff).

Sprachwissenschaftliche und migrationpädagogische Schriften machen seit langem auf die höchst problematische Beeinträchtigung der Sprach- und Kommunikationsfähigkeit von Kindern und Jugendlichen aus Ausländer- und Aussiedlerfamilien aufmerksam. Und es werden Vorschläge unterbreitet, deren Bedeutung auch für die Gewaltprävention beachtlich ist (s. auch PISA 2000).

Nur auf den ersten Blick geht es dabei allein um die Vermittlung von Wortschatz und Grammatik zur Verbesserung der Kommunikation in der deutschen Mehrheitsgesellschaft. Aber bereits diese bedarf dringend größerer Anstrengungen. Die übliche Eingliederung in die bestehenden Schulklassen und Unterrichtung durch Lehrer/innen ohne Spezialkenntnisse über die ethnischen Voraussetzungen der Schüler/innen sowie in der Vermittlung von Deutsch als Zweitsprache hat schwere Mängel. Offenbar herrscht ein gewisses Unverständnis für die Schwierigkeiten der deutschen Sprache vor. Auch die Bedeutung der Muttersprache für Identitätsentwicklung, Selbstwertgefühl, Sicherheitsempfinden und prosoziale Werteinstellungen wird von vielen nicht erkannt. Forscher zeigen aber die schweren Beeinträchtigungen der Persönlichkeitsentwicklung durch Semilingualismus, sog. „doppelte Halbsprachigkeit", auf (s.u.a. Auernheimer 1990; Röhr-Sendlmeier 1986, Fthenakis 1985).

Die *Grundform* der Gewaltprävention *„Miteinander reden - Einander verstehen"* besteht erstens aus angemessenem *Sprachunterricht.* Er ist eine der Voraussetzungen dafür, dass sich „Ausländerkinder" (die zu einem großen Teil schon in Deutschland geboren sind) sowie Aussiedlerkinder (wegen ihrer Muttersprache oft als „Russen" bezeichnet) aus ethnisch-sprachlichen Randgruppen lösen können, „deren Bewusstsein um die Marginalität... zu einer Frustration (führt), die zusammen mit dem Wir-Gefühl für eine explosive Mischung sorgt" (Agkün 1995, 168). „Angemessener" Sprachunterricht verlangt auch die Förderung in der Muttersprache. Auf die sprachtheoretischen, psychologischen Probleme und die didaktischen Aufgaben, die ein solcher Deutschunterricht stellt, der ja auf den Grundlagen des Spracherwerbs in der Familie und im Kindergarten aufbauen und ggf. in ein bilingual-bikulturelles Konzept eingebunden sein muss, kann hier nur hingewiesen werden. Siehe die einschlägige Literatur zur Didaktik des Deutschunterrichts, speziell für Migrantenkinder, Einführungen in die Migrantenpädagogik/ Interkulturelle Erziehung (außer den bereits genannten Schriften u.a. Sandfuchs 1981) und die einschlägigen Fachzeitschriften „Deutschunterricht", „Deutsch lernen" usw.).

Obwohl die Beherrschung der deutschen Sprache für einen ungestörten Umgang mit anderen Jugendlichen und den Erwachsenen in unserer Gesellschaft fundamentale Bedeutung hat, heißt doch „Deutsch können" nicht unbedingt auch „Einander verstehen". *Verstehen lernen* ist deshalb die zweite Aufgabe des Unterrichts im Deutschen, aber auch in anderen Fächern. Darüber hinaus ist es eine Aufgabe der familialen, vorschulischen und außerschulischen Erziehung, ggf. der Beratung. Zunächst aber zum Problem: Die Forschung hat zahlreiche Prozesse gestörter Kommunikation samt ihren Folgen für das Verständnis, die Kooperation und das Zusammenleben der Menschen ausfindig gemacht. Die meisten von ihnen haben unmittelbare Relevanz für die Erklärung und Verhinderung von aggressiven Neigungen und Gewalthandlungen, speziell auch im Schulbereich.

R. und A.-M. Tausch haben in jahrzehntelanger Forschung die Auswirkungen von Erziehungs- und Unterrichtsstilen der Lehrer- und Erzieher/innen auf das Verhalten und Erleben der Schüler/innen erforscht und die dort gewonnenen Erkenntnisse schließlich zusammengeführt mit den klinischen Erkenntnissen aus der personzentrierten Gesprächspsychotherapie. Sie fanden eine außerordentlich große Verbreitung von verständnislosen und „nicht reversiblen", geringschätzigen, amtsautoritär-unechten Äußerungen von Lehrer/innen gegenüber Schüler/innen und wiesen u.a. Auswirkungen auf Ängstlichkeit der Schüler/innen, gespannte Klassenatmosphäre, Tendenz zu Widerstand und häufigen Unterrichtsstörungen, zu Vorurteilen und konformistischem Denken nach. Auch extreme Kritiksucht und Aggressionen einzelner Schüler, geringe Entwicklung von Selbständigkeit und sozialer Verantwortung werden damit in Zusammenhang gebracht (1971, 211, 218f, 223ff; 1978).

Nach dem Erfurter Massaker schrieb FOCUS (6. 5. 2002, 25f) über „Lehrer, die die Kinder hassen": „Durchhalten nicht etwas Kommunizieren scheint für viele Lehrer die erste Lehrerpflicht zu sein"

Im Modell der Klientzentrierten Gesprächstherapie werden die Wirkungen verständnisloser, verächtlicher, fassadenhafter Kommunikation auf Personen, also auch auf Kinder und Schüler/innen, aufgezeigt: eingeschränkte Gefühlswahrnehmung, geringe Selbstöffnung und Selbstakzeptanz, rigide Wahrnehmungskonstrukte und Urteile, Widersprüchlichkeit des Denkens und Verhaltens, Intellektualisierung und Verdrängung von Problemen, distanzierte, ängstliche oder *feindliche* Beziehung zu Mitmenschen, Abschieben von Verantwortung für sich selbst und andere.

Von Forschern vieler Länder (einschließlich R. u. A.M. Tausch, C.B. Truax, R.R. Carkhuff; siehe auch Burks/ Stefflre 1979, Brown/ Lent 1992, Palmer et al. 1996) wurden die Arbeiten von C. Rogers (s. Kap. 2.3) fortgeführt und ergänzt. Trainings- und Supervisionskonzepte für den schülerzentrierten Unterricht, die personzentrierte Therapie und Encountergruppen wurden entwickelt. In ihnen werden vor allem drei sog. „Therapeutenvariablen" (auch „Haltungen") zur Verhinderung und zum Abbau von psycho-sozialen Störungen, Konflikten und aggressiven Verhaltensweisen eingesetzt:

Zwei derselben seien nur knapp erwähnt, zumal ihre Wirkungen sich alltäglich erfahren lassen: „positive Wertschätzung/ emotionale Wärme" (Tausch 1973, 99ff), später (1990. 66ff) auch „Achten, Wärme, Sorgen" genannt, sowie „Echtheit/ Selbstkongruenz", „Ohne-Fassade-Sein" (1973, 126ff; 1990, 84ff). Es mag hier genügen, an geringschätzig redende, kalte und amtsautoritär-fassadenhaft auftretende Menschen – besonders auch Vorgesetzte, Lehrer/innen – zu denken und an die Gefühle, die sie in einem selbst auslösten.

Hier geht es vor allem um das „Verstehenlernen". In verschiedenen Fassungen heißt diese Variable „Empathie", „Einfühlendes, nicht-wertendes Verstehen", für Forschungs- und Trainingszwecke auch operationalisiert als „Verbalisierung emotionaler Erlebnisinhalte" (1973, 99; 1990,31). Diese *empathischen Verhaltensweisen* werden durch folgende Elemente beschrieben:

• Eingehen auf den oder die Gesprächspartner/in,
• Erfassen nicht nur der oberflächlichen, sondern der tieferen Bedeutung ihrer Äußerungen,
• Erfassen insbesondere der gefühlsmäßigen Erlebnisinhalte von Aussagen, ihrer existentielle Bedeutung für die Sprecher/innen,

- daher: Verstehen aus deren Bezugsrahmen und Erlebniskontext, nicht aus Vorurteilen oder vorgegebenen Interpretationsmustern,
- die Vermeidung von Urteilen, Wertungen, Ratschlägen; nicht Distanz, sondern Nähe,
- die Fähigkeit, dem Gesprächspartner zu signalisieren, was man von seinen verbalen und nonverbalen Äußerungen verstanden und mitempfunden hat.

Auch außerhalb der klientzentrierten Beratungstheorie gelten Empathie und emotionale Zuwendung als wichtige Voraussetzungen für die Entwicklung prosozialer Einstellungen und Verhaltensweisen. In empirischen Untersuchungen wurde auch das Zusammenspiel von emotionalen und kognitiven Prozessen weiter erforscht, u.a. auch die Bedeutung des Niveaus moralischen Urteilens (Schmidt-Denter 1994, 285ff; 293f, vgl. GrF 6; Feshbach 1997).

So wird es verständlich, dass das *Training von* (besonders *emotionaler*, nicht nur kognitiver) *Empathie* eine wirksame Methode der Gewaltprävention bei Kindern ist (Feshbach 1997, Buck/Ginsburg 1997, Shechtman 2002/03). In der Gesprächstherapie wurden Schätzskalen entwickelt, mit deren Hilfe Gesprächspartner und unabhängige Beobachter die Realisierung „einfühlenden, nicht-wertenden Verstehens" beurteilen können. Auch können Klienten die in ihrer Person ausgelösten Veränderungen auf Skalen beschreiben. So lassen sich die Wirkungen des personzentrierten Gesprächs beurteilen, nämlich:

- das Erlebnis, ernst genommen und verstanden zu werden,
- Akzeptanz und Ermutigung - Abbau von Ängsten - positives Selbstwertgefühl,
- das Gefühl, einen Helfer bei der Lösung von Problemen zu haben,
- Förderung der Selbstexploration, Abbau von Abwehrmechanismen,
- dadurch tieferes, unverzerrtes Verständnis der Realität, auch der Schwierigkeiten und der eigenen Anteile an ihrer Entstehung,
- Stärkung von Eigenverantwortung, Entwicklung von Problemlösungen
- Förderung prosozialer Einstellungen und Verhaltensweisen (Dokumentationen, weitere Einzelheiten bei Tausch 1973, 79ff, Tausch/Tausch 1990, 31ff; zur Kritik s. Martin 1992). Zum Umgang mit Behinderten s. Forster 2002!

Forschungsarbeiten lassen deutlich erkennen, dass viele Bedingungen in der Schule der Realisierung von „einfühlendem, nicht-wertendem Verstehen" entgegenstehen: autoritäre Strukturen, Beurteilungszwänge, Durchsetzungsschwierigkeiten von Lehrer/innen, dirigistische Unterrichtsmethoden, Vorurteile, Etikettierung und Stigmatisierung von Schüler/innen durch Mitschüler- und Lehrer/innen, „Bullying" (Mobbing), institutionelle Benachteiligung von Einzelnen u. Gruppen, fehlende methodische Kompetenz von Lehrer/innen ....

Eine wirksame *Gewaltprävention* erfordert also Änderungen, so dass sich Schüler/innen, besonders die benachteiligten, desintegrierten, verunsicherten, besser verstanden und angenommen fühlen und nicht nach gewalttätigen Problemlösungen drängen. Um die Notwendigkeit und die Wege dahin noch besser verständlich zu machen, sei auf einige weitere Forschungen, Analysen und

weitere Maßnahmekonzepte hingewiesen. Das genauere Verständnis derselben verlangt allerdings unbedingt ein eingehendes Studium der Schriften:
Th. Gordon (1977/ 1997) hat u.a. die Frage des *„Problembesitzes"* bei Störungen und Konflikten in Schule und Elternhaus analysiert. Er stellte fest, dass Stärkere, Erwachsene, Eltern und Lehrer/innen, dazu neigen, Schwächeren, Schüler/innen, Kindern Probleme zuzuweisen, auch wenn sie ihre eigenen sind. Aus eigener Erfahrung wissen wir, dass z.b. Aussiedlerjugendliche (ähnlich wie Ausländer) in verständnisloser Weise zu Problemträgern und Schuldigen erklärt werden: „Ihr seid doch Deutsche, dann müsst ihr auch Deutsch können!" – „Wenn ihr besser lernen würdet, wäret ihr nicht auf der Hauptschule!"- „Wer fleißig ist, findet auch einen Ausbildungsplatz!"... Zu neuerlichen Empfehlungen von kontraproduktiven Disziplinierungsmethoden (vgl.Wenger-Hadwig 2000) siehe Gordons „Neue Familien-Konferenz"; Martin 2002!

Fr. Schulz von Thun hat unter Nutzung *kommunikationstheoretischer* Erkenntnisse von Watzlawick u.a. (1974) wichtige Hindernisse des Miteinander Redens und Verstehens (1992, 2001) analysiert. Er zeigte, dass Nachrichten prinzipiell vieldeutig sind. Oft lässt sich nicht klar erkennen: handelt es sich um eine Sachaussage oder eher um einen Appell oder um eine Selbstoffenbarung oder um eine Beziehungsaussage? Missverständnisse, Widerstände und Konflikte sind häufige Folgen. Dies umso mehr, als Menschen in bestimmten Situationen und Lebensläufen auch Tendenzen entwickeln, Aussagen einseitig aufzunehmen. Zum Beispiel sind manche Personen besonders empfindlich auf dem „Beziehungsohr", oder sie beziehen jede Sachaussage auf sich, vermuten unerträgliche Appelle, Aufforderungen, Befehle. Gleichberechtigte Interaktion zwischen Personen und Gruppen hilft, solche Missverständnisse abzubauen. Hingegen werden bei nicht gleichberechtigter Interaktion ungünstige Effekte auf das soziale Handeln nachgewiesen (Schmidt-Denter 1994, 291).

Schüler/innen aus Gruppen, die besonders häufig Gewalt befürworten und an Gewalttaten teilnehmen, unterliegen daher oft derartigen Kommunikationsstörungen: zum Beispiel Hauptschüler, die besonders empfindlich sind für Selbstaussagen von Gymnasiasten; Jugendliche aus gestörten und/ oder unvollständigen Elternhäusern, die nach Anerkennung und Wertschätzung durch Mitmenschen lechzen und alle Aussagen von Lehrer- und Mitschülerinnen zunächst danach beurteilen, ob sie emotionale Zuwendung signalisieren oder nicht; Ausländerjungen, die grundsätzlich Missachtung wittern.

Im Rahmen der *Transaktions-Analyse* (Berne 1967/ 1988; Harris 1969/ 1991, Stern 1984, s. Burks/ Stefflre 1979; s. meine Bespr. im IJAC 1982, 73ff, 1986, 111ff) wurden Kommunikationsprozesse daraufhin untersucht, warum Kommunikationspartner – auch Lehrer/innen, Eltern, Schüler/innen, Auszubildende usw. – oft nicht zu einem Gespräch in gegenseitiger Anerkennung kommen, zu der Grundeinstellung „I am OK. – You are OK.". Es ergaben sich Erkenntnisse über in den Personen tief eingewurzelte und in Interaktionen wachgerufene Wahrnehmungs- und Kommunikationstendenzen. Menschen werden u.U. in einseitiger, pathologischer Weise von ihrem Kindheits-Ich oder dem Eltern-Ich bestimmt, statt als realistisch wahrnehmende, vernünftig und verantwortlich auf Situationen und Menschen reagierende „Erwachsenen-Ichs" zu reden und zu handeln. Die Probleme – Hilflosigkeit, Eigensinnigkeit oder auch Aggressivität von Jugendlichen mit psychosozialen Störungen – rufen bei vielen Erwachsenen ihr Eltern-Ich wach. Manche Lehrer/innen haben schon ihren Beruf so ausgewählt, dass ihr autoritäres Eltern-Ich sich ausleben kann. Schüler sind in ihren Augen „nicht OK", müssen belehrt, gelenkt, ggf. bestraft werden, so wie sie selbst von ihren Eltern und Lehrern behandelt wurden. Leistungsschwache, Benachteiligte, Schüler aus Minderheiten,

Arbeitslose finden sich von Interaktionspartnern dann vornehmlich als „Kinder" behandelt, missachtet – was Widerstände, auch aggressiver Art, hervorrufen kann. Individuelle Verhaltenstendenzen können sich zu dauernd wirksamen „life-scripts" – z.B. auch zu Gewaltkarrieren – verfestigen. Und aus dem Zusammenwirken von Personen mit verschiedenartig pathologischen Kognitions- und Kommunikationsgewohnheiten lassen sich systemisch eingefahrene „Spiele" (Berne: „games people play") erklären: z.b. strukturelle Gewalt in Altenheimen, sexueller Missbrauch von Kindern in Familien. Das Konzept hilft auch durchschauen, warum in manchen Schulen Drogenmissbrauch oder auch Vandalismus, Gewalt gegen Jüngere usw. mehr grassieren als in anderen und warum das anscheinend unausrottbar ist.

Die *Grundform „Einander verstehen lernen"* ist zunächst *Aufgabe* elterlicher Erziehung bzw. der familialen Sozialisation. In der *Schule* gehört sie – auch gemäß geltenden Richtlinien – in besonderem Maße zum Auftrag der geisteswissenschaftlichen Unterrichtsfächer: Sprach-, Literatur-, Geschichts-, Kunst-Unterricht, Philosophie. In ihnen wird das Verstehen von Äußerungen, Motiven, Einstellungen und Handlungen anderer Menschen (auch aus anderen Epochen und Kulturen) täglich geübt. Die Interpretation einer Kurzgeschichte, eines Romans oder einer Dramenszene zielt ganz wesentlich auf dieses tiefere Verständnis. Die Deutung von Hamlets berühmtem Monolog, die des tragischen Konfliktes zwischen Maria Stuart und Elisabeth oder des Scheiterns der Mutter Courage verlangen ein „empathisches Verständnis" der Personen „aus ihrem Bezugsrahmen" (s.o.). Das erfordert „Verbalisierung emotionaler Erlebnisinhalte". Wenn manchmal Psychologen (z.B. Gordon, s.u.) „Interpretation" in den Gegensatz zu solcher Empathie rücken, dann meinen sie Interpretationen mit starr vorgegebenen – z.B. literarhistorischen – Mustern, was leider nicht selten, aber nicht Sinn des Literaturunterrichts ist.

Guter Unterricht als „pädagogische Situation" (s.o.) beinhaltet, verlangt und fördert darüber hinaus in allen Fächern das „Einander Verstehen". Nur wenn Lehrer- und Schüler/innen wirklich auf die Gedanken, Gefühle, Motive usw. der anderen eingehen und angemessen reagieren, kann das Unterrichtsgespräch zum Lernerfolg und Persönlichkeitswachstum aller führen. Auch Lehrer/innen lernen dann, z.B. im Literaturunterricht, für sie überraschend neue Sichtweisen kennen und beachten. (Siehe GrF 8 „Gemeinschaft..." und 6 „Werte...").

Die oben genannten erziehungspsychologischen, therapie- bzw. *beratungswissenschaftlichen Konzepte* bieten sämtlich Kommunikationsregeln für Einzel- und Gruppengespräche, auch für den Unterricht. International bekannt geworden ist *Th. Gordons* Konzeption des *„aktiven Zuhörens"*. Es enthält auch Vorschläge für das Gespräch mit Schüler/innen, die psychosoziale oder unterrichtliche Probleme haben. Die erste Hauptempfehlung lautet: „Straßensperren" (befehlen, drohen, moralisieren, Ratschläge geben, belehren, verurteilen, beschimpfen, von außen interpretieren (s.o.), auch ausfragen, ablenken u.ä.) vermeiden! Der Katalog bereitet besonders Lehrenden, manchmal auch Studierenden, die Belehrungen, Fragen, Bewertungen, Ratschläge u.ä. gewohnt sind und auch erwarten, einigen Kummer. Im Kern lautet die Begründung von Gordon – genau wie die von *C. Rogers* und *R. Tausch* – : Diese „Straßensperren" führen nicht zur Selbstöffnung und Selbstexploration von Menschen, die mit Schwierigkeiten ringen, und daher auch nicht zu persönlich verantworteten Lösungen ihrer Probleme. Das leistet aber das aktive Zuhören, d. h. die Verbalisierung dessen, was Helfer/innen aus den Äußerungen von Ratsuchenden entnommen haben, in konkreten, kurzen, empathischen „Spiegelungen".

Freilich gehören dazu auch die Offenheit, Glaubwürdigkeit („Echtheit") und Souveränität der Lehrer/innen. Sie schieben dann nicht Schüler/innen ihre eigenen Schwierigkeiten zu, sondern bekennen sich durch sog. „Ich-Botschaften" dazu, gewinnen deren Verständnis und ihre Mitwirkung bei der Problembeseitigung. Schüler/innen lernen so, mitverantwortlich zu handeln (s. Gordon 1977, 103ff „Was Lehrer tun können, wenn Schüler sie vor Probleme stellen").

Eine solche *„personzentrierte"*, nicht problemorientierte (also nicht Lösungsvorschläge machende) *Gesprächsweise* fällt manchem nicht leicht. Allzu gern möchte man Besserwisser und Dirigent sein. Aber die hilfreichen sprachlichen Formen entstammen der alltäglichen, teilnehmenden Gesprächshaltung: „Du meinst...", „Dich hat es betroffen gemacht, wie er das sagte", „Da siehst du jetzt keine Chance..." usw.

Hinweis: Personzentrierte Kommunikationsweisen werden deshalb notwendig, weil man die verängstigenden, frustrierenden u.ä. Erlebnisse und Schwierigkeiten der Mitmenschen nicht mit Mitteln der Logik wegdiskutieren kann. Deshalb ist auch die Bedeutung von „Empathie" nicht voll aus Büchern zu begreifen. Man muss sie, z.B. in Selbsterfahrungsübungen erleben, in Rollenspielen und Realsituationen, trainieren.

Zahlreiche *Lehrbücher* liegen vor in vielen Sprachen. Z.B. kann man von Carkhuff/ Anthony (1979) lernen, wie personzentrierte Beratung von Aufmerksamkeit, aktivem Zuhören und Verstehen ausgeht, dann hinführt zu Verbalisierungen der Problemsituation, ihrer Bedeutung für Ratsuchende, zum „Spiegeln" ihrer Gefühle und Ursachenerklärungen, um dann Akzeptierung der Realitäten und schließlich die Exploration möglicher Ziele und Wege zu bewirken. Wertklärungen führen dann oft zu Schritten der Problemlösung (s. meine Bespr. im IJAC, 1981, 321ff; s. Mearns 1997).

Die Bücher von R. und A.-M. Tausch (1973, 1977, 1990) sind wissenschaftliche Lehrbücher mit vielen Gesprächsbeispielen, Konkretisierungen der Schwierigkeiten sowie der hilfreichen Aspekte und Varianten der personzentrierten Gesprächsführung. Auch die Einschätzung der Helferäußerungen durch Experten wird z.T. geliefert. Filme und Kassetten helfen, die im Buch nicht vermittelbaren nonverbalen Kommunikationsprozesse zu verstehen.

Ein viel benutztes Lehrbuch ist *W. Webers* „Wege zum helfenden Gespräch" (1996). In 26 Kapiteln, die zumeist von einem Impuls und seiner Begründung ausgehen und über kritische Reflexionen zu Konkretionen und praktischen Übungen führen, können zunächst die Grundkenntnisse und Erfahrungen in personzentrierter Gesprächsführung erworben werden: „Laster" der Gesprächsführung; Selbstwahrnehmung und Selbstkontrolle, partnerschaftliches Verhalten und Toleranz, Zuhören mit Methode, unbedingtes Annehmen und Wertschätzen, aktives Bemühen und Suchen, Echtheit und Selbstkongruenz usw. Die Verfeinerung der Kompetenz betrifft z.b. die Anpassung des Gesprächsniveaus, Vertrauensbrücken, Konkretion, Öffnung für Mut und Hoffnung, Strukturierung des Gesprächs, Umgang mit kritischen Situationen und Phasen des Gesprächs (Anfang und Abschluss, Pausen, Fragen, usw.).

Die Arbeit mit einem solchen Programm, besonders in einem Seminar, einem Trainingslehrgang, in Wochenendseminaren usw. unter fachkundiger Anleitung und Supervision, kann Lehrer-, Beratungslehrer-, Jugendleiter-, Erzieher/innen usw. tiefe Erfahrungen darüber vermitteln, wie oberflächlich, abstrakt, verständnislos, abschiebend und abweisend gewohnte Redeweisen in Schule, Familie und Jugendarbeit oft sind. Und sie kann wichtigen Bezugspersonen eine Gesprächskompetenz vermitteln, die man z.B. allen Klassenlehrer/innen wünschen möchte, damit Schüler/innen im Lebensraum Schule Gesprächspartner/innen finden, die sie annehmen, verstehen, ihnen zu Realitätswahrnehmung und Selbstexploration verhelfen und sie zu konstruktiver Arbeit an erlebten Schwierigkeiten anregen. Für die Gewaltprävention hat die Grundform „Miteinander reden – Einander verstehen" deshalb große Bedeutung.

Wie bereits angedeutet, können empathische Gespräche nicht nur in der Zweier- oder Kleingruppensituation der Beratung angewandt werden. Die genannten Autoren haben auch Empfehlungen und Richtlinien für schülerzentrierte, empathische Unterrichtsgespräche, Methoden des Gruppenunterrichts u.ä. gegeben (Tausch/ Tausch 1971, 407ff; 1977; Gordon 1977, 94ff). Diese sollen zu einer verstehenden Umgangsweise aller Schüler- und Lehrer/innen führen, die Störungen und Konflikte vermindert und Aggressionen weitestgehend vermeiden hilft. Neuere Forschungsarbeiten bestätigten die Steigerung prosozialer Kompetenzen und Motivationen durch kooperatives Lernen und Gruppenarbeit, insbesondere dann, wenn auch die Lerninhalte altruistische bzw. faire Entscheidungen fördern (Bilsky 1989).

*Hinweis: D*ie Methode der *„Themenzentrierten Interaktion"* (TZI), die *Ruth Cohn* als Psychotherapeutin entwickelt und viele Jahre als Lehrerin in Paul Geheebs Ecole d'Humanité erprobt und realisiert hat, gewährleistet „Miteinander reden – Einander verstehen", indem nicht allein die Unterrichtsinhalte die Gespräche bestimmen. Vielmehr zeigt das Konzept auf, dass auch die inhaltliche Arbeit am Thema nur dann alle Lernenden gründlich zum Erfolg führen kann, wenn das Thema, die Gruppenanliegen und -prozesse, aber auch die individuellen Befindlichkeiten, Fähigkeiten, Motive usw. gleichermaßen Berücksichtigung finden. „Es" (das Thema), „Wir" und „Ich" müssen in Balance gehalten werden. Zu dem Zweck werden anthropologische Grundaxiome anerkannt. Sie betreffen die Einheit und Eigenständigkeit der Person, die gebührende

Achtung voreinander und die Ehrfurcht vor allem Lebendigen sowie die Freiheit und gegenseitige Verantwortung – Gewaltprävention! S. Cohn 1997!

Auch neuere *verhaltensorientierte Gewaltpräventionsprogramme* fördern das differenzierte Wahrnehmen von Situationen und Personen, das Erkennen und Ausdrücken von Gefühlen, das sichere Interpretieren von Körpersignalen und das Einfühlungsvermögen (im Sinne einer Neubewertung der Folgen des eigenen Handelns aus der Sicht des Gegenübers). Sie werden im „Sozialtraining in der Schule" von *Petermann* u.a. (1997), nach Einleitungsphase, Regelsetzung und Entspannungsübungen, systematisch in Rollenspielen, Interaktionsübungen (mit Bildmaterialien und Geschichten) geübt (s. Kap. 4.4; weiterhin Holtappels u.a. 1997, 281-366; Horne/ Kiselica 1999).

3.5   Grundform 4: Interagieren – Identität fördern

„Miteinander reden – Einander verstehen", bildet nur einen Teil der menschlichen *Interaktion*, welche z.b. auch noch das gemeinsame, wechselseitig beeinflusste Handeln bei der Arbeit, im Spiel, im Verkehr, in der Wirtschaft usw. bezeichnet. Eben dieser Prozess des miteinander Lebens und Agierens wird von verschiedenen Theoretikern für die Entstehung abweichenden, speziell auch aggressiven, Verhaltens verantwortlich gemacht. Das erscheint zunächst trivial, denn Gewalttätigkeit selbst vollzieht sich nicht nur in einseitigen Aktionen.

Beschimpfungen, Faustschläge, Wandbeschmierungen sind selbst Teile von Interaktionsprozessen; sie sind auf Adressaten, Gegner, Opfer gerichtet, die darauf passiv oder aktiv reagieren, ggf. zurückschlagen, Täter bestrafen oder zu weiteren Taten verlocken usw.

Wenn man aber die familiären, schulischen, u.a. gesellschaftlichen Einflüsse und Reaktionen hinzunimmt, erkennt man, dass Gewalthandlungen eingelagert sind in verzweigte Interaktionsprozesse, die ganze Gesellschaften bewegen. Daher wird z.B. auch untersucht, was die Opfer und die Zuschauer zur Entstehung von Gewalthandlungen im Schul- und Erziehungsbereich, im Sport usw. beitragen. Und wir fragen nach den Wirkungen und dem Sinn von Strafen verschiedener Art (Knopf u.a. 1996). Prävention verlangt auch möglichst gewaltlose Interaktionsweisen in Institutionen und anderen Lebensbereichen.

Die in Kap. 2 dargestellten Theorien der Gewalt belehren uns weiterhin darüber, dass menschliche Interaktion das Medium darstellt, in dem Jugendliche ihre *Identität*, Ich-Stärke (oder Identitätsdiffusion) ausbilden. Und dies wiederum erweist sich als Vorbedingung für eher sozial verantwortliches oder aber gewalttätiges Handeln. In diesem Sinne fragen wir: Wie können in Familien, Schulen, Altersgruppen Interaktionsprozesse und Gewohnheiten gefördert werden, durch die unsere Kinder und Jugendlichen sich zu *Personen* entwickeln, die Gewalt ablehnen und ihr entgegenwirken? Es gehört zu den Entwicklungsaufgaben Jugendlicher, sich Fragen zu stellen: Wer bin ich? Was kann ich? Wer und was möchte ich sein? Wofür will ich mich einsetzen? (Havighurst u.a.; s. Oerter/Montada 1995). Und sie müssen weiterführende Antworten darauf finden. Die Gefahr der Altersstufe nennt E. Erikson Ich-Diffusion. Und Ich-Diffusion, Unsicherheit über die eigene Stellung in der Welt, im Hinblick auf die Zukunft, auf Partner, auf Ausbildung und Beruf usw., sowie mangelnde Ich-Stärke, mangelndes Vertrauen in die eigenen Fähigkeiten und Möglichkeiten usw. erhöhen gemäß vielfältigen Beobachtungen und Untersuchungen das Risiko für die Entstehung abweichendes Verhalten, für den Anschluss an Cliquen, in denen Gewalt ausgeübt wird (s. Kap. 2.7; zur Verunsicherung durch mangelnde berufliche Identität s. Fend 1991, 78).

Für die Entwicklung von Ich-Identität sind nun nicht nur Gespräche, Verstandenwerden u.ä. (s.o. GrF 3) wichtig, sondern vor allem auch *Handlungsmöglichkeiten*. Schon das Klassengespräch bedeutet nicht nur „Miteinander reden und einander verstehen", sondern es beinhaltet Wissenserwerb, Aufforderungen zum Handeln, Appelle zu Stellungnahmen und Entscheidungen unverwechselbarer Personen. Welche Interaktionsaufgaben und -formen werden in Familie, Freizeit und Schule arrangiert? Dienen sie der Bildung und Stärkung einer prosozial eingestellten, entscheidungs- und handlungsfähigen Ich-Identität? Die oben behandelten Theorien der Entstehung von Gewalt/ Aggression machen dazu relevante Aussagen, auch über notwendige Veränderungen.

Dazu gehört auch *Prävention* durch Veränderungen des Interaktionsfeldes *Schule/ Unterricht* ist! Das ist ein weites Feld. GrF 1 „Raum geben..." und 3 „Miteinander reden – Einander verstehen" zeigten bereits notwendige Veränderungen auf. In diesem Kapitel wäre eigentlich eine umfassende Unterrichtslehre und Pädagogik des Schullebens zu entwickeln – was nicht möglich ist.

Gewaltprävention durch *Unterrichtsgestaltung* müsste jedenfalls alle jene Prozesse verhindern, durch die unannehmbare Benachteiligungen, Frustrationen, Verunsicherungen, Etikettierungen erzeugt und Einzelschüler/innen und Gruppen in Außenseiterpositionen gedrängt werden, in denen beschädigte Identität, anti-soziale Werteinstellungen (s.u.) und aggressive Neigungen entstehen. Eine Fülle von Beobachtungen und empirischen Untersuchungen zeigt, dass z.B. bestimmte Methoden des Frontalunterrichts (durch Reduzierung der Interaktionsmöglichkeiten auf bloßen Frage-Antwort-Betrieb) der Persönlichkeitsbildung wenig Raum geben, zumal sie Lehrer/innen in eine autoritäre Rolle mit aggressiven Verhaltenstendenzen drängen (z.B. „Unterrichtsstile"; Weber 1976; „Unterrichtsmethoden"; Weiß 1970, Geißler 1973; Meyer 1994).

Leider ist die öffentliche Diskussion oft auf das Unterrichtsziel ‚Lernleistung' eingeengt. Und das wirkt sich für die Gewaltprävention teilweise kontraproduktiv aus. Allein die Interaktionsform ‚Drannehmen' der Schüler/innen im Unterricht erweist sich in vielen Fällen als ungerecht, spannungs- und aggressionssteigernd (s. Geißler 1973, 36ff). Die Notengebung ist leider oft nicht frei von stereotypen Urteilen, auch aufgrund einseitiger „impliziter Persönlichkeitstheorien" der Lehrer/innen. Schüler/innen werden dann in die Position von Versagern und moralisch Verdächtigen gebracht, und schlechte Prognosen bestätigen sich als „self-fulfilling prophecies" (Höhn 1976; s. Martin 1980, 31ff). Schüler/innen werden z.T. im Unterrichts als Abweichler etikettiert und stigmatisiert (s. z.B. Brusten/ Hurrelmann 1976, Tillmann u.a. 1999, 239ff).

Die neueren Untersuchungen zur Entstehung von Gewalt in den Schulen arbeiten vornehmlich mit dem Instrument des Schüler- und Lehrerfragebogens. Dadurch werden die genannten Lehreraktionen und ihre Wirkungen nicht direkt erfasst. Aber die Prozesse werden sekundär greifbar in den Variablen gestörter Lehrer-Schüler-Beziehungen, problematischen (ungerechten, autoritär-aggressiven) Lehrerverhaltens, schlechten Sozialklimas in der Schulklasse, empfundener Isolation bzw. Desintegration und Verunsicherung. Diese steigern demnach, vor allem in Wechselwirkung mit familiären Bedingungen, die Gewaltbereitschaft und die Häufigkeit gewalttätigen Verhaltens (Heitmeyer u.a. 1996; Holtappels u.a. 1997, 255ff, 274ff; s. auch Hurrelmann 1995; Schubarth 2000).

Zur *präventiven Unterrichtsgestaltung* wird Lehrer/innen daher zumeist vorvorgeschlagen,

- *sozialintegrative Methoden einzusetzen* (z.B.: Aufhebung von Anonymität und Isolierung, Akzeptanz und Wertschätzung der Schüler/innen, Ausbau der Schülermitwirkung, Stärkung der Schülerverantwortung, Verbesserung der Kommunikationskultur, Abbau von Konkurrenz und Rivalität unter den Schüler/innen, offene Gespräche in der Klasse, Gruppen und Partnerarbeit, Vermittlung und Anwendung prosozialer Normen),
- *schülerzentriert zu arbeiten* (z.B.: Orientierung an der Bedürfnissen und Interessen der Schüler/innen, transparente Lernziele, Lebensweltbezug der Inhalte, frustrationsarme Unterrichts- und Beurteilungsmethoden, Vermeidung von Angst und unnötigem Leistungsdruck, Verbesserung des Lernklimas, Hilfe bei Leistungsdefiziten, Unterstützung bei persönlichen Schwierigkeiten, Vermittlung von Konfliktlösungsstrategien),
- den Unterricht in eine *offene Schulstruktur* einzubetten (Öffnung zur Gemeinde/ zum Stadtteil hin; reichhaltiges Schulleben unter Einbeziehung der Eltern, schulübergreifende Projekte, Kooperation mit Eltern, Beratungsstätten usw.); s. GrF 1!

Literatur: Korte 1993; Preuschoff/ Preuschoff 1992, 58ff; Hurrelmann et al. 1995, 41ff; Knopf et al. 1996, 63ff; Martin 1996; Holtappels et al. 1997, 225ff, 299ff, 331ff, 351ff, Tillmann u.a. 1999, 297ff, Schubarth 2000.

So richtig die meisten dieser Ratschläge sind, so problematisch erschiene doch ihre isolierte Anwendung als Rezepte. Erstens fehlen Unterrichtselemente, die auch manchmal notwendig sind (wie Klassenarbeiten, Ordnungsmaßnahmen, u.U. auch Strafen). Und zweitens haben alle vorgeschlagenen Maßnahmen ihre

Wirkungen und Nebenwirkungen, die im Rahmen ganzheitlicher Unterrichtsgestaltung zu beachten sind. Gruppenunterricht ist z.b. nicht immer besser als ein Lehrer- oder Schülervortrag (s. Geißler 1973, Meyer 1994).

Im Sinne der *identitätsfördernden Interaktion* im Unterricht ist auf folgendes besonders zu achten. Die Lernenden sollten sich im Unterricht von wesentlichen Inhalten – Tatsachen, Erkenntnissen, Erfahrungen, Problemstellungen, künstlerischen Formen usw. – zum Lernen, Bewerten, Stellungnehmen, Planen und Handeln herausgefordert fühlen. Sie sollten in der Gruppe die Arbeitsweisen, Sichtweisen und Stellungnahmen anderer erfahren und ernstnehmen lernen. Sie sollten sich den Erwartungen anderer Gruppenmitgliedern stellen. Das setzt Verstehen, Empathie (GrF 3) voraus. Die fruchtbare Kommunikation verlangt sogar, dass sie diese Erwartungen ein Stück weit antizipieren können, damit sich ein Basiskonsens für Gespräche und Kooperation sowie Hoffnung auf Erfolg entwickeln.

Im Modell des *symbolischen Interaktionismus* (Mead, Goffmann, Krappmann u.a.; s.o. Kap.2.7) wird das Verstehen und Annehmen der Erwartungen anderer als „role-taking" bezeichnet. Demnach zielt ein Erwartungsdruck in die Richtung „sein wie die anderen" – was die vergesellschaftete Seite der Person (Meads „Me") ausmacht und bildet. Dem steht das kreative Selbst mit seinem Streben nach Einmaligkeit gegenüber: „sein wie kein anderer" (Meads „I"). Identität ist das Ergebnis von „role-making", nämlich in der Auseinandersetzung von „I" und „Me", z.B. in einer Form von „Identitätsbalance". Ein Unterricht, in dem verschiedene Personen die verschiedensten Erwartungen repräsentieren und zur wertenden und handelnden Stellungsnahme herausfordern, ist dafür besonders hilfreich – was nicht heißt, dass nicht auch die einsame Lektüre eines Buches, die Betrachtung eines Kunstwerks eine starke Betroffenheit und eine Auseinandersetzung mit dem Handeln, Denken und Werten anderer Menschen auslösen kann (Rilkes: "Du musst dein Leben ändern").

Der Unterricht soll also die Identitätsbildung durch günstige Interaktionsformen fördern. Und die sich herausbildende Identität der Jugendlichen, ihr Fähigkeits-, Werte-, Zukunftsselbstbild, soll dadurch realistisch, kraftvoll und flexibel werden, so dass die Heranwachsenden auf Anforderungen der Welt angemessen, und ohne zu zerbrechen, reagieren können. Gelingt das, so wirkt der Unterricht ganz generell gewaltpräventiv. Hinzu kommt die Möglichkeit und Aufgabe, Themen und Werte der Erziehung zu Toleranz, Achtung und Frieden auch zum Gegenstand des Unterrichts zu machen.

Ein solcher identitätsfördernder Unterricht ist eine *anspruchsvolle pädagogische Aufgabe* für die Lehrenden. Er erfordert Klassengespräche, aber nicht „Gelaber". Schülerzentrierter Unterricht ist streckenweise hilfreich, aber die ernsthafte Auseinandersetzung mit Inhalten und deren Kenntnis und Verständnis sind unumgänglich. Gruppenunterricht liegt nahe, aber ein Lehrer- oder Schülervortrag oder eine Stillarbeitsphase können je nach Thema, Situation und Lernzielen ebenfalls Wesentliches beitragen. Die Verschiedenheit der Schüler/innen, ihre Stärken und Schwächen (auch aufgrund sozialer, ökonomischer oder ethnischer Bedingungen), ihr Entwicklungsstand hinsichtlich der wesentlichen Elemente ihrer Identität usw. erfordern Differenzierungsmaßnahmen und Eingehen auf die Individuen. Lehrer/innen benötigen das ganze methodische Unterrichtsrepertoire und die Fähigkeit, es variabel gemäß „anthropogenen und soziokulturellen Voraussetzungen" (W. Schulz) einzusetzen. Dazu bedarf es einer gründlichen pädagogischen Ausbildung und Fortbildung – in Theorie und Praxis! Und man wünscht Lehrer/innen die Möglichkeit der kollegialen Supervision, weil diese Kompetenzen hinter der hermetisch abgeschlossenen Klassentür nicht gedeihen können. Das alles bedeutet, dass die effektive Gewaltprävention dieser Grundform 4 auch davon abhängt, was die Finanzminister den Schulen bewilligen können.

Selbstverständlich sind auch die *Unterrichtsinhalte* wichtig für die Identitätsbildung, für die Erziehung zu Toleranz, friedlichem Umgang und Widerstand gegen Gewalt. Insbesondere die geisteswissenschaftlichen Fächer enthalten eine Fülle von hilfreichen Unterrichtsgegenständen. Freilich kommt es darauf an, w i e Lessings „Nathan der Weise" oder Brechts „Guter Mensch von Sezuan" im Unterricht behandelt werden (Lernziele, Unterrichtsstile und -methoden, Gesprächs- und Umgangsformen in der Klasse). Die Fächer Geschichte und Geographie bieten oft die Möglichkeit, Streit, Krieg, Gewalt und Unmenschlichkeit, die Leiden von Unterdrückten usw., andererseits den Segen humanen Denkens und Handelns in Politik und Kultur zu erarbeiten und Grundsätze des friedlichen Umgangs zu bilden. Religion, Ethikunterricht, Philosophie, ermöglichen Klarheit im eigenen Wertsystem und die Bildung prosozialer Einstellungen (GrF 6). Und gegenseitige Hilfen, der Umgang mit Problemen und Konflikten in der Schulklasse (GrF 9) sowie Projekte (GrF 7) fördern zugleich Begriffsbildung und soziales Handeln. S. auch Sport, GrF2!

Leider wird im deutschen Erziehungs- und Bildungssystem die *„career identity"* der Schüler/innen kaum gefördert. Die Ausrichtung auf eine allzu eng definierte Allgemeinbildung verhindert weithin die entwicklungspsychologisch wichtige Inbezugsetzung von Lernen, Spielen, Lesen usw. mit der sich von Kindheit an bildenden Berufsidentität (career identity). Immer wichtig sind Fragen die: Was kann ich, welche Interessen habe ich, welchen Beruf möchte ich einmal erlernen und ausüben? Wie steht das, was ich in Freizeit und Schule tue, in Verbindung damit?

Die große Zahl der Studienabbrecher in Deutschland ist dadurch mitbedingt, dass in den Gymnasien unrealistische, z.T. kindlich-illusionäre Vorstellungen über Studium und Berufswelt kultiviert werden. Das Kurssystem erfüllt, wegen der vermeintlich vermittelten „allgemeinen" Hochschulreife, nicht den Zweck, den es in anderen Schulsystemen öfters erreicht: die Förderung von Motivation, Anstrengungsbereitschaft, Zielstrebigkeit, Entscheidungsfähigkeit, Ernsthaftigkeit, Selbstverantwortung und Sicherheit. Das sind Persönlichkeitskräfte, die u.U. auch Amokläufe (s. Fall Steinhäuser) verhindern können.

Hinweis: Die Anbahnung und Förderung der Berufsidentität: Bereits *im Kindesalter* wachsen Interessen für die Berufs- und Arbeitswelt; altersgemäße Kenntnisse werden gebildet durch: relevante Spiele, positive Rollenmodelle aus der Realität und aus Filmen, Beantwortung kindlicher Fragen; durch Erzählungen und Gespräche über den Wert erfüllten Tuns, Geschenke von Werkzeugen, gemeinsames Arbeiten; Informationen über Voraussetzungen, Ausbildungswege, berufliche Befriedigung, Besuche von Arbeitsstätten; Diskussion über Schwierigkeiten; Berufe und Lebensläufe.... *In der Sekundarstufe* ist „planmäßige Instruktion über Berufsalternativen und Entscheidungsfindung dringend notwendig." Das „erfordert den Zugang zu professionell ausgebildeten Berufsbildungsberatern, zu Lehrern, die ausgebildet sind im Berufsentscheidungsprozess und die sowohl Elemente der Berufsbildung in den Klassenunterricht integrieren können als auch Berufsinformationszentren einrichten und auf dem Laufenden halten können" (Brown 1999). Aus amerikanischen High Schools sind Pflichtkurse in Career Education bekannt: Kursangebote, jährlich schriftliche Arbeiten über Berufsplanung, regelmäßige Beratungsgespräche, Planungsmodifikation durch Lernerfahrungen und zunehmende Selbstkenntnis; Interessenbildung durch Schulbibliotheken und Computerprogramme, Job- und Projekterfahrungen, Arbeit in schulischen Zentren für Berufsinformationen.... (ebd., Martin 1981, 1983, Super 1957).

Trotz aller dieser Möglichkeiten ist vielfach festgestellt worden, dass die Interaktionsangebote in Familie, Schule und Freizeit für viele Kinder und Jugendliche zu sehr begrenzt und einseitig sind, so dass zusätzliche Methoden der *Interaktionspädagogik* entwickelt wurden. Sie geben Lehrer- und Jugendleiter/innen in Unterricht und Freizeit viele Möglichkeiten, gezielt Entwicklungsrückstände zu beheben: *Interaktionsspiele und -übungen* zur Förderung

- der Offenheit für das eigene Erleben und für die eigenen Erfahrungen,
- der Wahrnehmung eigener Fähigkeiten und Grenzen (Denken, Fühlen, Handeln),
- der Sensibilisierung für die Situationen, Probleme und Gefühle anderer,
- des Hineinversetzens in deren Rollen und Problemlöseversuche,
- der Bildung von Vertrauen,
- des Umgangs mit Demotivierung, Blockierungen, Ängsten usw.,
- der Selbstbejahung, Selbstbehauptung, Ich-Stärkung,
- des Umgangs mit Einfluss, Autorität, Macht, Konkurrenz,
- der Hinterfragung eigener Denk- und Verhaltensweisen durch Feedback,
- der Entwicklung, Erprobung und des Trainings neuer Verhaltensweisen,
- der Förderung der Selbststeuerung durch Metakommunikation,
- der Konfliktbewältigung, der Ermöglichung von Konsens und Kooperation,
- der Bildung/ Klärung persönlich verbindlicher Werte und Werthierarchien,
- der Entwicklung eines Verhältnisses zu Vergangenheit, Gegenwart und Zukunft,
- der existentiellen Entscheidung und Lebensplanung,
- der Offenheit und Kreativität im Umgang mit neuen Herausforderungen...

Beispiel eines Abends mit Interaktionsspielen: Thema *„Mit Problemen fertig werden"* (vgl.. Schwäbisch/ Siems 1974, Vopel 1981, Gudjons 1992):
1. *„Blitzlicht"* (reihum, kurze Aussagen) Wie fühle ich mich im Augenblick? Wie interessiert bin ich? Was erwarte ich?... *(Einstimmung, Konzentration auf Thema; .Personen, eigene Gefühle und Gedanken wahrnehmen als Grundlage für intensive Interaktion; Gemeinschaftsgefühl).*
2. *„Energieverteilungskuchen":* Teilnehmer zeichnen eine „Torte" und darin „Tortenstücke", deren Größe anzeigt, welche Lebensbereiche ihnen die meiste Mühe machen, Energie verbrauchen: z.B. Schule, einzelne Fächer, Prüfungen, Eltern, Freunde, Freizeit, Berufswahl.... Anschließend Gespräch in Dreiergruppen *(Nach-*

denken über sich selbst, eigene Gefühle, Bestrebungen und Belastungen; über ihre wichtigen Interaktionspartner und deren Einflüsse, Erwartungen, Probleme; Vertrauen zu Gleichaltrigen aufbauen, deren andere Empfindungen und Probleme kennenlernen, Zuhören, Empathie...). Abschließend Auswertung in der ganzen Gruppe: Was hat es gebracht? Woran möchte ich weiterarbeiten?

3. *„Lösbares und Unlösbares":* Einleitung durch Leiter/in über die Problematik und die Ziele des Spiels; Bildung von Gruppen (5-6 Jugendliche), Aussprache über Erfahrungen in Situationen, in denen Unsicherheit über das Gelingen bestand (20 Min.), sodann über Probleme, bei denen klar war, dass es gelingen würde. In welchen schwierigen Situationen wollt ihr in Zukunft Verantwortung übernehmen? (20 Min) –- Sprecht jetzt über Erfahrungen mit *unlösbaren* Problemen: Was habt ihr gefühlt? Wie seid ihr herausgekommen? Was habt ihr euch vorgenommen? Wie könnt ihr Energie und Zuversicht mobilisieren?... (10 Min.) – Danach *Auswertung im Kreis*: Wie hat das Experiment gefallen? Was habe ich über mich erfahren? Wie kann ich mit zukünftigen Schwierigkeiten besser umgehen? Mit wem kann ich mich ggf. besprechen?... *(Realistische Einschätzung von Schwierigkeiten, Selbsterfahrung, Selbsteinschätzung, erfahren wie andere mit Schwierigkeiten umgehen, Entscheidungsfähigkeit, planmäßiges Problemlösen...)*

4. *Rollenspiel* zum Finden angemessener Lösungen: Aussuchen einer Problemsituation mit drei Personen (z.B. Lehrer, Schüler, Schülerin). Herausarbeiten der Spielsituation mit Requisiten (Lehrer am Pult, unzufriedener Schüler mit Klassenarbeitsheft, ihm beistehende Schülerin mit Lehrbuch...); Rollenspiel mit ängstlichem Verhalten...; Feedback der Gruppe; Rollenspiel mit überschießendem Verhalten (herausfordernd, rechthaberisch, frech, aggressive Reaktionen...); Feedback der Gruppe; Suche nach effektivem Vorgehen in experimentellen Rollenspielen (ruhig, freundlich, sicher, angstfrei, sachlich...?); Feedback der Gruppe. *(Realistisches Problemlösen, Umgang mit Mächtigeren, emotionale Kontrolle, Selbstsicherheit..)*

5. *Schlussblitzlicht:* Wie fühle ich mich im Augenblick? Was habe ich heute gelernt?

Solche Interaktionsspiele dienen zugleich der Bewältigung von Entwicklungsproblemen, der Identitätsbildung und der Gewaltprävention, selbstverständlich in je verschiedener Intensität, je nach Personen und Situationen. Viele Lehrer-, Jugendleiter-, Pfarrer/innen kennen Sammlungen von Interaktionsspielen und -übungen sowie Vorschläge für Rollenspiele samt methodischen Hinweisen (Gudjons 1992, K.-W. Vopels vielbändige Sammlung von Interaktionsspielen samt Handbuch für Gruppenleiter; ISKO-Press, Hamburg) sowie die umfangreiche Literatur über Rollenspiele und ihre pädagogische, diagnostische und therapeutische Verwendung. In vielen Schulbibliotheken sind sie vorhanden.

Hinweis „Spielpädagogik": Von M. Montessori kann man lernen, dass eine Beschäftigung, die wie ein Spiel aussieht, konzentrierte Arbeit von Kindern an ihrer Persönlichkeitsentwicklung sein kann. Es gibt daher nicht nur Freizeit- und Gesellschaftsspiele, sondern auch Lernspiele, Übungsspiele, Sport- und Wettkampfspiele, Spieltherapie – und eben auch Rollenspiele und Interaktionsspiele.

Ihre Wertschätzung als Erziehungsmittel verdanken Spiele bestimmten „Wesensmerkmalen": Sie haben keinen äußeren Zweck, aber doch Sinn; sie setzen Grenzen und sind doch gekennzeichnet durch „innere Unendlichkeit"; sie binden an Regeln und ermöglichen doch Freiheit; sie sind „scheinhaft", „unernst" und haben doch eine höhere Realität, so dass Schiller sagen konnte: „Der Mensch ist nur da ganz Mensch, wo er spielt". Spiele können bis zur Erschöpfung anstrengen, aber sie wirken doch motivierend (s. Scheuerl 1965).

In der Geschichte der Pädagogik wurden verschiedene Aspekte und erzieherische Wirkungen des Spiels hervorgehoben und genutzt: der diagnostische Wert, der Erziehungswert (Übung, Kräftebildung, Kreativität, Experimentieren, soziales Lernen; Locke, Rousseau, Schiller, Fröbel, Groos), therapeutische Verwendungsmöglichkeiten (Abreagieren, Triebbewältigung, Störungs- und Konfliktbearbeitung, z.B. Freud, Axline, Schmidtchen, Hb. d. Psych.8, 2, 2429ff). In der Interaktionserziehung greift man auf diese Wirkungen des Spiels zurück. Besonders die Möglichkeiten zum Selbsttun und Experimentieren mit sich selbst und die der Entwicklung und Erprobung der Selbststeuerung in entspannter Begegnung werden hervorgehoben (Gudjons 1992).

Für *Klassenlehrer- und Jugendleiter/innen* ergeben sich oft auf Fahrten, Freizeiten, Wochenenden, an Abenden usw. Gelegenheiten zu solchen Übungen mit Spiel- und Ernstcharakter. Sie machen Jugendlichen bei angemessener Auswahl, Dosierung und Gruppenleitung zumeist viel Spaß (s. auch Martin 1996). Selbst- und Fremderfahrung, das Austesten von Grenzen und das Ausprobieren von Rollen in der Gruppe erweisen sich für viele als willkommene Abwechslung. Jugendliche erleben an sich selbst, was in der Theorie das pädagogische Ziel solcher Übungen ist: „personal growth", Identitätsentwicklung!

Darüber hinaus wird Lehrer- und Gruppenleiter/innen jede gute Gelegenheit willkommen sein, die hilft, in der Gruppe einfühlendes Verständnis für Opfer zu entwickeln, prosoziale Werteinstellungen für den Umgang mit benachteiligten und verfemten Mitschüler/innen, auch mit Tätern, „Bullies", zu bilden und Handlungskompetenzen einzuüben für friedliche Konfliktlösungen und den Abbau aggressiver Tendenzen. Für die zielgerechte Auswahl entsprechender Übungen liegen zahlreiche Vorschläge und Anleitungen bereit. Ohne sensible Sichtung, methodisch überlegte Vorbereitung (Handbücher für Gruppenleiter) und Auswertung ist aber auch auf diesem Feld keine wirksame Gewaltprävention möglich (zur Wertebildung s. GrF 6, zur Projektarbeit GrF 7).

Besonders in jenen Institutionen, in denen alle Jugendlichen pflichtmäßig Bildung und Erziehung erfahren, muss solche Prävention durchgeführt werden. Denn viele freiwillige Angebote der außerschulischen Jugendarbeit erreichen vornehmlich diejenigen, die ohnehin weniger gefährdet sind.

3.6   Grundform 5: Medienkonsum – Durch Medien lernen

Moderne Medien – Fernsehen, Videofilme, Computerspiele usw.– gehören zu den spektakulären Vermittlern von Gewaltdarstellungen. Kinder und Jugendliche sind besonders eifrige Konsumenten. Die Ursachen sind komplex: Entwicklungstendenzen in der Gesamtgesellschaft, in den Familien, Arbeitsstätten, Schulen und Altersgruppen und solche in den Medien finanzierenden, produzierenden und verbreitenden Anstalten verstärken sich gegenseitig. So ist bemerkt worden, dass die lockerer gewordenen Beziehungsstrukturen, in denen Kinder und Jugendliche aufwachsen, weniger deutliche Einflüsse der nahen Bezugsgruppen zulassen und dass gleichzeitig die Massenmedien an Einfluss gewinnen. Dieser ist allerdings durch diffuse und widersprüchliche Modelle und Normen gekennzeichnet.

„Die Medien besetzen soziale Leerräume und produzieren unmittelbare Verhältnisse (etwa in ... parasozialer Interaktion mit Rambo) sowie actiongesättigte Handlungsmodelle, deren Übertragung in den ... Alltag von Jugendlichen ins Leere führt. Das erklärt mit die Zunahme von scheinbar motivloser Gewalt. Wem keine geordneten und orientierenden Handlungsräume zur Verfügung stehen, der kann ein Kalkulieren seiner Handlungsfolgen und Handlungszwecke nicht lernen" (Baacke 1998, 124, 128).

Über die *Häufigkeit der Gewaltdarstellungen im Fernsehen* besteht kein Zweifel. Groebel (1995) nennt als Ergebnis unabhängiger Studien in Europa im Schnitt stündlich fünf Gewaltszenen pro Sender, rund 3.500 aggressive Szenen im deutschen Fernsehen pro Woche. Der „Quotendruck", wirtschaftliche Ziele (Verkauf von Werbung, „Merchandising" von Produkten, z.B. Kinderspielzeug nach Filmen, Bindung von Konsumenten) bewirken, dass im Zweifelsfall die „stärkeren Bilder", d.h. gewalthaltigere, für die Sendungen (auch für „Nachrichten") ausgewählt werden. „Nicht-action-haltige Erlebnis- und Informationsangebote" scheinen „immer weniger konkurrenzfähig" zu werden (ebd.). Hinsichtlich der *Fernsehgewohnheiten* von Kindern und Jugendlichen stimmen die Untersuchungen weithin überein: 18,2% der 15-jährigen sehen mehr als 5 Std. täglich fern (PISA 2000), besonders häufig und lange sehen Jungen „action-haltige" Filme kommerzieller Sender: „immer brutalere Tötungsszenarien" (Feierabend/ Klingler in: Bundeszentrale 1998, 140ff; DIE ZEIT 8.5.02).

Während Forscher, Politiker und Regierungskommissionen vieler Länder und der UNESCO darin übereinstimmen, dass Gewaltdarstellungen *negative Wirkungen* auf die psychosoziale Entwicklung der Kinder haben, ist doch die Forschungslage verworren: „Es ist bislang nicht gelungen, die zur Problematik Medien und Gewalt vorliegenden Studien in ihrer Aussagekraft zu bündeln" (Kunczik/ Zipfel 1998, 179). Das liegt vor allem daran, dass die Einflussvariablen zahlreich und komplex sind. „Natürlich ist die Darstellung gewaltsamer Methoden weder eine hinreichende noch ein notwendige Bedingung für aggressives Verhalten. Dasselbe kann für jede andere Determinante aggressiven Verhaltens behauptet werden" (Bandura 1979, 294). Zudem sind Forschung und Publikationen z.T. auch von kommerziellen Interessen geleitet: mit Gewalt in Filmen (und Computerspielen) wird viel Geld verdient.

Bandura (1979, 302) macht darauf aufmerksam, wie widersprüchlich die Argumente von Vertretern kommerzieller Sender oft sind: einesteils bestreiten sie die Fähigkeit des Fernsehens aggressive Reaktionsbereitschaft zu wecken oder zu verstärken, andererseits verkaufen sie Werbezeiten mit der Überzeugung, das Kaufverhalten der Zuschauer beeinflussen zu können. Beides geschieht durch dieselben Lernprozesse. Auch H.-D. Schwind, 1987-1990 Vorsitzender der (Anti)-Gewaltkommission der Bundesregierung, berichtet, dass die Medienvertreter Selbstkontrollaufgaben mit dem Argument der Meinungsfreiheit vernachlässigen. Der Deutsche Presserat hielt in seiner Stellungnahme vom 14.11. 1990 die gewalt- und gewaltlegitimierenden Darstellungen hinsichtlich der Sozialentwicklung junger Menschen für unschädlich. Man verlangt eindeutige empirische Gegenbeweise, die jedoch angesichts der multiplen Verursachung der Gewalt für einen einzelnen Faktor nie gegeben werden können. „So ist man auf der Seite der Medien fein raus" (Schwind 1998, 273).

All dies erklärt, dass der „Habitualisierungsthese" (man gewöhnt sich an Gewalt, hält sie für moralisch akzeptabel, verroht auf diese Weise und fühlt sich nicht zu Gegenmaßnahmen und Hilfe für Opfer genötigt) eine sog. „Katharsis-Behauptung" entgegengesetzt wird (es komme zu einer „Reinigung" von eigenen aggressiven Tendenzen durch Miterleben beobachteter Aggressionsformen). Dass im Einzelfall Filmgewaltszenen Nachahmungstaten hervorrufen können, andererseits aber auch Widerwillen gegen Aggression, entspricht der Alltagserfahrung und bedarf keiner wissenschaftlichen Beweisführung. Es kommt auf die Personen und Umstände an.

Trotzdem sind *empirisch-wissenschaftliche Studien* bedeutsam, die die Tendenz zu vermehrt aggressiven Handlungen nach der Beobachtung ähnlicher Szenen nachgewiesen haben (s. Bandura, Kap. 2.6; Fuchs u.a. 1995, 231-261). Wenn (wegen der unterschiedlichen Wirkung vor allem geschlechtsspezifischer Merkmale, vorhandener Motivationen, Werteinstellungen, Erfolgserwartungen sowie der situativen, familiären und Altersgruppenbedingen) die Korrelationsquotienten insgesamt nur niedrig liegen, so besagt das jedoch nicht, dass Gewaltdarstellungen in den Medien harmlos seien.

Kunczik/ Zipfel (1998, 182) errechneten aus vorhandenen Feldstudien einen Koeffizienten von ungefähr 0.1-0.2. Das hieße, etwa zwischen einem und vier Prozent des späteren aggressiven Verhaltens werden durch vorausgehenden Konsum von Fernsehgewalt erklärt. Neuere Studien nennen 10-15%. Das ist deshalb nicht wenig, weil die für die Gesamtheit recht schwache Beziehung doch für einzelne Problemgruppen (nicht nur psychisch gestörte Kinder und Jugendliche! Bandura 1979, 296) dramatische Effekte haben kann. Im einzelnen verstärken sich gegenseitig die Wirkungen des Medienkonsums und die Person- und Umweltvariablen:

„Dazu gehören unter anderem: ungünstiges Milieu (zu wenig Platz, keine alternativen Freizeitangebote), Eltern, die selbst aggressive Filme konsumieren beziehungsweise keine Vorbilder vermitteln können, Inkompetenzüberzeugung, Neugier, Reizsuche, mangelnde Bildung, Identifikation mit Siegern im Film, Männlichkeitsstereotyp, Aggressivität als Persönlichkeitseigenschaft, Erfolg durch aggressives Verhalten, Vergeltungsethik, eine negative Sicht des Weltzustandes, ein raues Klima in der

Peergruppe, ein Klima der Konkurrenz in der Schule, das Gefühl, die Umwelt nicht kontrollieren zu können, ein aggressiver Erziehungsstil der Eltern."

So fassen Kunczik/ Zipfel (1998, 183) die von ihnen als realistisch bewerteten Forschungsergebnisse von E.F. Kleiter zusammen. Diese entsprechen durchaus den Erkenntnissen, die in den neueren lerntheoretischen und soziologischen Konzepten („Gewalt als soziale Krankheit") beschrieben und begründet werden (s. Kap. 2.6 und 2.7). Dem entsprechen auch die Ergebnisse von Problemgruppenanalysen durch Expertenbefragung. Psychologen und Psychiater schrieben überwiegend (zu 70 bzw. 62 Prozent) dem Konsum von Gewaltfilmen eine schädigende Wirkung auf die von ihnen wegen psychischer Störungen behandelten bzw. beratenen Kinder und Jugendlichen zu (a.a.O. 184).

Die Frage nach Möglichkeiten der *Gewaltprävention durch Beeinflussung des Konsums und der Verarbeitung von Fernsehgewalt* ist also ebenso dringlich wie die Gewährung von Raum, die Förderung von Empathie und Moral, die Befähigung zu friedlicher Konfliktlösung usw. (s. alle übrigen „Grundformen"!). Bei der Entwicklung und Anwendung solcher Präventionsmaßnahmen stoßen wir allerdings wiederum auf das Phänomen der Multidimensionalität von Aggression und Gewalt. Ebenso wie die zahlreichen beteiligten Verursachungsfaktoren dazu verführen, die Schuld jeweils bei anderen zu suchen, so kann auch die Verantwortung für Gegenmaßnahmen zwischen staatlichen Organen, Institutionen, Medienvertretern, Schulen, Eltern, Beratern usw. hin- und hergeschoben werden. So aber kann kein wirkungsvolles Gesamtkonzept zustande kommen. Ein *multimodales Konzept* unter Beteiligung aller, die auf Produktion und Sendung, Empfang und Verarbeitungsbedingungen Einfluss haben, ist notwendig. „Multikausalität erfordert Pluralität pädagogischen Handelns" (Knopf u.a.1996, 54ff.); denn: „soziale Veränderung muss auf mehreren verschiedenen Wegen angegangen werden" (Bandura 1979, 351). Dabei dürfen die immanenten Hindernisse, die die Wirkungsmöglichkeiten der einzelnen Agenten – Familie, Schule, Fernsehanstalten, Regierung usw. – einschränken, nicht verkannt werden. Es geht sozusagen um die Bewirkung positiver Effekte durch ein System von an und für sich unvollkommenen Einzelbeiträgen.

Von *staatlichen Eingriffen* darf sicher nicht zuviel erwartet werden, wenn wir die Freiheit des einzelnen, auch umstrittene Äußerungen zu tun, Romane zu schreiben, Fernsehbilder zu produzieren und zu senden, Geld zu verdienen, nicht ungebührlich einschränken wollen. Dennoch können Politik und Regierungen viel tun. H.D. Schwind, 1987-1990 Vorsitzender der – u.a. nach dem Vorbild der US-„Violence Commission" (1968) und einer ähnlichen Einrichtung in Frankreich (1976) – in Deutschland eingesetzten (Anti-)Gewaltkommission der Bundesregierung, ist sicher ein kompetenter Sachverständiger dafür. Auch Schwind beschreibt den „Kreislauf der Gewalt" in der Familie, in dem u.a. der Fernsehkonsum und Computerspiele eine wichtige Rolle spielen.

Statt der „3Z" (Zärtlichkeit, Zuwendung und Zeit) müssen technische Medien vielfach „Babysitter-Funktionen" übernehmen: Ich-bezogenes Handeln, fehlende Empathie- und Mitleidsfähigkeit, geringere Wertschätzung für Nächstenliebe, Pünktlichkeit und Fleiß, Suche nach Geborgenheit in Cliquen oder Banden, Flucht in Drogen seien als die natürlichen Folgen anzusehen (1998, 260). Auch verweist er auf die Entstehung einer Art von „Vollstreckermentalität" bei Gewalttätern, die Ausländer angreifen, und auf Stärkung des Selbstwertgefühls gewaltbereiter Jugendlicher durch die Medien. In seinen „Leitlinien" zur Eindämmung der Gewalt in der Familie, in der Schule, im (Fußball-)Stadion, auf Straßen und Plätzen sowie zur Verminderung rechtsradikaler Gewalt schlägt *Schwind,* auf der Basis der Empfehlungen der Kommission und neuerer Berichte, u.a. folgende *medienbezogenen staatlichen Maßnahmen* vor:

- Freizeitangebote in Jugendzentren, Sportvereinen, freiwilligen Nachmittagsveranstaltungen in der Schule bilden einen wirksame Prävention gegen den übermäßigen Konsum einseitiger und gewaltdarstellender Medieninhalte.
- Die Einführung von medienkundlichen Lehrveranstaltungen in Schulen soll Kinder und Jugendliche gegen negative Einflüsse der Medien immunisieren.
- Deshalb soll auch die Rechtserziehung in den Schulen gefördert werden.
- Eltern sollen über das Medienangebot und die Gefahren der unsachgemäßen Nutzung durch Kinder aufgeklärt werden.
- Es wird auch gewarnt vor der finanzbedingten „Vergreisung" und altersbedingten Medieninkompetenz der Lehrerkollegien (1998, 267f).
- Bestimmte Unterhaltungsspiele (z.B. sog. „Killer- und Pornoautomaten" und „Laserdomes") sollen verboten werden; (das ist auch eine Forderung des Deutschen Städtetags).
- Grundsätze für den Vertrieb von Videoprogrammen mit gewalttätigem, brutalem oder pornographischem Inhalt sollen (auch gemäß Empfehlung des Ministerkomitees des Europarates, schon v. 6. Sept. 1989) erarbeitet und von nationalen Selbstkontrollsystemen überwacht werden.
- Die wichtigen Beiträge der Bundeszentrale und der Landeszentralen für politische Bildung zur Information über Medien und Medienwirkungen und zur Intensivierung der Medienerziehung (Schwerpunktthema „Gewalt und Extremismus") sollen weiterhin gefördert werden (s.u.).

Die Beeinflussung der Medienproduktion, -verbreitung und -kontrolle sowie die Förderung der pädagogisch zu verantwortenden Nutzung in Familien- und Kinderzimmern sind eng verwoben mit *Leitlinien* für den Abbau von sozialen Stressfaktoren, für familienfreundlichen Wohnungsbau, wie überhaupt für eine „kriminalitätsabwehrende Architektur-, Stadt- und Umweltplanung (auch für Schulen: „Im Beton wächst der Hass"; S.265). Zu fördern sind die Identifikation mit der Schule, die normative Ächtung der Gewalt in Familie und Schule, die Verringerung leistungsbedingter Schulfrustration, das Angebot von Zukunftsperspektiven, die Ausbildung und der Einsatz von Beratungslehrer/innen und eine „flächendeckende Elternberatung", ebenso die Verstärkung einschlägiger Lehreraus- und -fortbildung. Im Hinblick auf mögliche Tätergruppen wird die „Erhöhung des Misserfolgsrisikos" durch verstärkte und qualitativ verbesserte Arbeit der Polizei, in Vernetzung mit den sozialen und pädagogischen Einrichtungen, angestrebt. Schwind plädiert also mit diesen und weiteren Vorschlägen für einen Verbund jener Maßnahmen, die in unseren „Zwölf Grundformen der Gewaltprävention" beschrieben und begründet werden.

Wie erwähnt, bietet die *Bundeszentrale für politische Bildung* viele *Materialien* an, um „Kompetenz im Umgang mit Medien, ihren Bildern und offenen wie versteckten Botschaften zu vermitteln" (www.bpb.themen.Gewalt und Prävention). Zu den für die Minderung gewaltfördernder Wirkungen aus den Medien sehr wichtigen und laufend aktualisierten Publikationen gehören: „Das Informationssystem „Medienpädagogik, ISM 2002" und die „Text- und Materialsammlung „Medienpädagogik 02" (beide auf CD-ROM) sowie die Handbücher „Medienforschung, Medienerziehung, Medienkompetenz" (1999) und „Computerspiele".

Als „Medienpädagogische Handreichung für Video- und Computerspiele" ist der Informationsdienst „Computerspiele auf dem Prüfstand" zu nennen (zweimal jährlich mit je acht Besprechungen aktueller Video- und Computerspiele: „Zu problematischen Spielen werden pädagogisch erprobte Aufarbeitungsvorschläge gemacht"; wichtig für unser Thema: Staffel 8 „Computerspiele zwischen Faszination und Gewalt".
„Augenblick mal..." ist ein „Faltblatt mit medienpädagogischen Informationen für Eltern": „Das Faltblatt motiviert Eltern und pädagogische Bezugspersonen in Kindergarten und Grundschule, sich mit diesem Thema auseinander zusetzen. Vorrangig werden die Themen kindgerechte Programme, Gewalt in den Medien und Werbung behandelt" (Verzeichnis 1998, 67). Weitere Materialsätze mit Broschüren und Poster informieren Eltern und Erzieher/innen über „Neue Medien und Familie", „Neue Medien – Freunde unserer Kinder?" Insgesamt gesehen spricht viel für den Grundsatz: die Probleme, die mit der Erscheinung der neuen Medien in der familialen und außerfamilialen Sozialisation der Kinder und Jugendlichen erzeugt werden, sind nicht ohne Kenntnis der Medien und der Medienwirkungen zu lösen. Die Möglichkeiten, die die neuen Medien als Informationsträger und medienpädagogische Beratungsinstrumente spielen können, sollten genutzt werden. Dem dient die CD-ROM „Informationssystem Medienpädagogik" 2002 mit den sieben Datenbanken der wichtigsten deutschen medienpädagogischen Informationsstellen. Sie bietet ausführlich annotierte Literatur, Filme und Videos sowie Nachweise von Forschungsprojekten aus den Bereichen Medienpädagogik, Medienpolitik, Kinder- und Jugendfernsehen, Leseförderung, Medien/ Computer in der Unterrichtspraxis sowie Jugendmedienschutz.

Einen weiteren Schwerpunkt der „Bundeszentrale für politische Bildung" bilden *mediengestützte Programme der Gewaltprävention* für Schulen und Jugendarbeit. Der AV-Medienkatalog der „Bundeszentrale für politische Bildung" enthält zahlreiche Filme und Videos zum Thema Gewalt. Sie können in den Kreisbildstellen und -medienzentren ausgeliehen werden. Viele örtliche Institutionen der Jugendpflege und Beratung, des Verbraucherschutzes, der Polizei usw. bieten ebenfalls nützliche Materialien an.

Aktuell bietet die „Bundeszentrale" u.a. an: „Über Medien reden, Fernsehen, Computer, Video" (2001, 64 S.),"Rechtsextremismus im Internet" (CD-ROM 2002), „Konflikte XXL" (CD-ROM 2002), „Schritte gegen Gewalt", (W. Redwanz 2000, 16 S.), „Mobbing" (G. Gugel 2002, 30 S.).

Um die Angebote der „Bundeszentrale" beispielhaft genauer zu charakterisieren und *medienpädagogische Arbeitsmöglichkeiten* auch in den *Schulen* aufzuzeigen, beschreiben wir im folgenden einige Video-Kassetten mit Begleitmaterialien:

Thema: Gewalt und Recht: Unterrichtseinheit mit einem 8-minütigen Dokumentarfilm „Gewalt ist Gewalt" (1997) samt Begleitmaterial für die Planung und Durchführung von bis zu elf Unterrichtsstunden. Ziele der Unterrichtseinheit sind: Wissen und Verständnis der historischen Entwicklung des „Gewalt-Begriffs" in der deutschen Rechtsprechung, demokratisches Rechtsverständnis und Rechtsempfinden, Kenntnis der Instanzen und Verfahren der Gesetzgebung und Befähigung zur Einschätzung von Situationen der Gewalt.

Der Dokumentarfilm verbindet einen Expertenvortrag mit Interviewsequenzen und problematisierenden Situationsdarstellungen. Das Begleitmaterial bietet Hintergrundinformationen über Gewalt, Gewaltmonopol und Versammlungsfreiheit. Arbeitsaufträge und -blätter leiten an zur Erfassung der Thesen des Experten und zur persönlichen Meinungsbildung in der Lerngruppe sowie zu weiterer Informationssammlung und -sicherung durch Arbeitsgruppen und das Plenum. Den Abschluss der Reihe bilden selbst gestaltete Bildergeschichten zur Schlusssituation des Films sowie zu relevanten Erfahrungen der Jugendlichen: „Gewalt an unserer Schule", „Gewalt in unserem Stadtteil", „Gewalt in Video- und Computerspielen" u.ä. mit Präsentation und Diskussion. Dadurch werden auch die Vorzüge der Projektarbeit zur Geltung gebracht (s. GrF 7).

Thema: Fußballfans, Hooligans und die Polizei: „Bock auf Gewalt", Unterricht mit einem 10-minütigen Film. Das Begleitmaterial bietet Grundwissen über gewaltbereite und gewalttätige Hooligans, ihre Motive und Praktiken. Im Film wird das Verhalten zweier Gruppen von Hooligans im Zusammenhang mit einem Fußballspiel gezeigt und von einem Polizeibeamten erläutert und rechtlich und rechtspraktisch bewertet. Es bleiben Fragen offen, die die Zuschauer zur engagierten Stellungnahme und Teilnahme an Problemlösungen anregen sollen.

Ziele der mehrstündigen Unterrichtseinheit sind: Kenntnisse über die Unterschiede zwischen Fan-Gruppen, die Motive und Praktiken von Hooligans, die Erarbeitung möglichst gewaltfreier Vorgehensweisen der Polizei. Das didaktische Material schlägt vor: Beobachtung, Beschreibung und Kommentierung der gezeigten Situationen und Erklärungen; Beschreibung und Gestaltung weiterer Szenen in Texten, Zeichnungen, ggf. als Foto- oder Videoproduktion, Präsentationen und Diskussionen. Ein Arbeitsblatt soll Gelerntes überprüfen. Medienpädagogisch gilt das Durchschauen der filmtechnischen Mittel der Wirklichkeitsdarstellung (Bild, Sprache Musik, Szene, Einstellung, Schnitt...) als wichtige Voraussetzung für die reflektierte, kritische Mediennutzung.

Thema: Gewaltbereitschaft und Gewalt in Schule und Alltag: ein 8-minütiger Film „Bereit zur Gewalt?" mit Unterrichtsanregungen. Der Film beginnt mit alltäglichen Gewaltszenen, z.B. im Verkehr. In seinem Mittelpunkt ein Rollenspiel: Schüler/innen spielen eine Lehrerkonferenz über einen gewalttätigen Mitschüler; dabei diskutieren sie kontrovers die verschiedenen Beurteilungs- und Handlungsmöglichkeiten.

Ziele der Unterrichtsreihe: Kenntnis der Fülle und Formen gewalttätigen Verhaltens im Alltag; Durchdenken eigener Erfahrungen und Beurteilungen; Erfassung der Dynamik von Gewaltprozessen, Entwicklung von Interventionsmöglichkeiten und Konfliktlösungsstrategien; speziell Erfassen der Motive und Ursachen fremdenfeindlicher Gewalt, Entwicklung von Präventionsstrategien.

Arbeitsaufträge zielen auf Klärung des Gewaltbegriffs, Erkundung des eigenen Gewaltverständnisses (Fragebogenbearbeitung; Gruppen- und Plenumdiskussionen; Arbeitsblatt mit Zeichnungen von Stadien eines Konfliktes zum Studium der Dynamik von Konfliktabläufen; Rollenspiele: Gewalt im Alltag; Konfliktsituationen und -abläufe, Erprobung und Bewertung alternativer Handlungsmöglichkeiten. Das Begleitmaterial bietet zusätzlich Grundwissen über Gewalt: Definitionen, wissenschaftliche Erklärungen, Konflikte und Konfliktlösungsstrategien und Literaturhinweise.

Diese Filme und didaktischen Materialien sind nur Beispiele für vielfältige Angebote der Gewaltprävention durch Medieneinsatz. Bereits Bandura hatte in seiner grundlegenden Arbeit über „Aggression" aufgezeigt, dass Fernsehsendungen solche „positiven Wirkungen" haben können, "wenn das Medium konstruktiver eingesetzt wird" (Bandura 1979, 300). Solche pädagogisch sinnvolle Nutzung der Filme und didaktischen Materialien ist nicht zu ersetzen durch „friedliche" Kindersendungen, in denen die Realität von Konflikten völlig ausgespart wird, und auch nicht dadurch, dass Kinder offensichtlich Gewalt verherrlichende Kinderfilme ansehen, denen pro forma ein kurzer Schluss mit einer scheinbar gerechten Lösung angehängt wurde. Erforderlich ist eine *Medienerziehung*, die die Realität unserer Welt nicht verschleiert, aber zur kritischen Nutzung der Medien und ihrer Inhalte befähigt.

Es gibt durchaus ernst zu nehmende Einwände gegen zu häufige *schulische Mediennutzung*: Außer der Darstellung und Wirkung von Gewalt bereiten Fernsehen und Computer für die Bildungs- und Erziehungsarbeit *grundsätzliche Schwierigkeiten*: „*Die Aufgabe des Pädagogen ist noch einmal um vieles schwerer geworden.*" H. von Hentig, der so urteilt (1993, 27ff), begründet das mit vielfältigen Hindernissen, welche die modernen elektronischen Medien errichten gegenüber der sinnlichen Erfahrung der vieldeutigen Wirklichkeit, gegenüber der Entfaltung der Wahrnehmungsfähigkeit in der Begegnung mit den Phänomenen, der Einbildungskraft, des Denkens und Erkenntnisstrebens, der Erprobung des Willens und seiner Grenzen, der Sympathie und der elementaren Verantwortung:

„Die Schule muss die Grunderfahrungen bereitstellen, die man gemacht haben muss, um in der Gesellschaft, in der Kultur zu bestehen: körperliche, sinnliche, intellektuelle, ästhetische, politische, sittliche... Sie muss Kindern Eigenverantwortung geben (für ‚meine Sache'), den Anlass für Gemeinsinn (‚unsere Sache')..., und alles tun, was das Kind ermutigt, Subjekt seines Lebens zu sein – sich gegen die Welt der Apparate und Institutionen zu behaupten, von denen und mit denen es lebt" (S. 69f).

Die Tatsache, dass die oben beschriebenen mediengestützten Programme zehnminütige Filme mit vielen Stunden Beobachtung, Beurteilung, Diskussion, Rollenspielen, Problemlösungs- und Gestaltungsaufgaben usw. verbinden, zeigt, worauf es in der Bildungs- und Erziehungsarbeit ankommt. Die Methodik hat u.a. der Medienpädagoge G. *Tulodziecki* mit seinem Team aufgezeigt (1995,23ff). Folgende *Ziele der schulischen Medienerziehung* werden dort genannt und begründet (1995, 23ff; *Die Schüler/innen sollen Medien-Einflüsse erkennen und aufarbeiten; -Botschaften verstehen und bewerten; -Angebote unter Abwägung von Handlungsalternativen auswählen und nutzen; Medien selbst gestalten und verbreiten; ... hinsichtlich ihrer gesellschaftlichen Bedeutung analysieren und beeinflussen.*

Das Buch zeigt die pädagogischen *Methoden* an zahlreichen Beispielen für alle Klassenstufen auf. Beginnend mit der Analyse der Ausgangslage und der Themenstellung wird in jedem Beispiel eine „Handlungslinie" erarbeitet, in der die Schülererfahrungen beachtet, Ziele vereinbart werden. Sodann wird das Vorgehen gemeinsam geplant und aktualisiert. Zum Schluss werden die Ergebnisse gesichert und bewertet.

Auch die *Erziehungsaufgaben der Eltern* sind noch komplizierter geworden. Ihre Möglichkeiten zu verhindern, dass ihre Kinder Gewaltfilme betrachten, und ihre Chancen, deren Wirkungen zu neutralisieren, sind sehr differenziert zu beurteilen (Bandura 1979, 297). Kinder können in andere Häuser ausweichen; viele Eltern kennen nicht die Fernseh- und Computerprogramme, die ihre Kinder konsumieren; über restriktive Kontrollen könnte es zur Beeinträchtigung des Erziehungsverhältnisses kommen; außerdem unterliegen die Eltern auch selbst der Faszination der Medien. Die Beeinflussung des Fernsehkonsums der Kinder ist genauso schwierig wie die Erziehung zu fleißigem Lernen, zu Wahrhaftigkeit, Hilfsbereitschaft usw. Und die Schere zwischen denen, deren Erziehung familienbedingt beeinträchtigt ist, und denen, deren Eltern über genügend Zeit und Erziehungskompetenz verfügen, öffnet sich weiter durch die Verlockungen des Medienangebots.

Selbstverständlich sind Eltern keine professionellen Erzieher. Und Pädagogen wären arrogant, wollten sie sie deshalb rügen oder zu ihren Schüler/innen machen. Gottseidank können viele Eltern ohne Belehrung ihre familiären Aufgaben, auch die ihren Kindern gegenüber, gut erfüllen – was nicht jeder Pädagogikprofessor von sich sagen kann. Aber die Lebenswelten in Familien, im Wohngebiet, in den Schulen und Freizeitbereichen sind komplexer, die Aufgaben und die Hindernisse der prosozialen Erziehung sind größer geworden! Davon zeugen die Untersuchungen über sich ausbreitende Sprachentwicklungs- und Verhaltensstörungen ebenso wie alle Indizien der soziologischen Erklärung „Gewalt als soziale Krankheit" (s. Kap.2.7), auch die der familiären Bedingungen der Gewaltentstehung (s. Kap.4.3, Patterson).

Grundsätzlich sind *elterliche Einflüsse auf den Medienkonsum ihrer Kinder* in mehreren Stadien erforderlich: 1) „Interesse" am Kind, genügend informiert sein darüber, was es tut, auch womit es seine Freizeit verbringt..., 2) Beeinflussung der Häufigkeit und zeitlichen Ausdehnung der Beschäftigung mit Fernsehen und Computer, 3) Einfluss auf die Auswahl der Filme, Videos, Computerspiele, 4) Hilfe bei der Verarbeitung von Gesehenem und Erlebtem in Gesprächen. Dass dabei Verbote und direkte Steuerungsmaßnahmen wenig hilfreich sind, ist bekannt und pädagogisch und erziehungspsychologisch vielfach bewiesen worden. Gute emotionale Beziehungen, Kommunikationsgewohnheiten, Gemeinschaftsgefühl und gemeinsame Anerkennung von Regeln des Zusammenlebens sind wichtig für die Vermeidung von Gewaltneigungen (s. Kap.4.3) und für die förderliche Beeinflussung des Medienkonsums der Kinder. „Interesse" am Kind zeigt sich auch darin, dass Eltern wissen, was ihre Kinder kaufen, welche Inhalte z.B. Computerspiele haben, die sie selbst ihren Kindern schenken, wann und wie lange diese welche Videos sehen, Computerspiele treiben usw. Attraktive Alternativen in gemeinsamen Unternehmungen, Sportvereinen, Jugendclubs müssen angeboten werden. Gemeinsames Sehen von Fernsehsendungen und vor allem Gespräche über problematische Inhalte sind notwendig. Sie werden von den Institutionen des Jugendmedienschutzes und den Medienpädagogen dringend empfohlen und auch durch konkrete Vorschläge zu geprüften Videos und Videospielen gefördert (s.o.).

Im Grunde genommen enthalten die in diesem Buch beschriebenen und begründeten *„Zwölf Grundformen der Gewaltprävention"* jene Maßnahmen, die auch in der häuslichen Medienerziehung beachtet werden müssen. Jede von ihnen gibt Anregungen zum Nachdenken darüber, was im Zusammenhang mit dem Mediengebrauch der Kinder beachtet werden sollte. Und es werden die Richtungen aufgezeigt, die eingeschlagen werden müssen, wenn allgemeine Entwicklungsschwierigkeiten der Kinder verhindert und speziell Gewaltneigungen ausgeschlossen werden sollen. Das soll hier aus Platzgründen nur bei den zuerst genannten „Grundformen" angedeutet werden:

- *Grundform 1: „Raum geben – Leben ermöglichen":* Pädagogen wie H. v. Hentig werden nicht müde aufzuzeigen, wie bedeutsam die unmittelbare, körperlich-sinnliche und Fragen aufwerfenden Erfahrung der Welt für die Bildung der gesunden Persönlichkeit ist. Die geistigen und moralischen Kräfte hängen davon ab. Im Hinblick auf die förderliche Beeinflussung des Mediengebrauchs ihrer Kinder müssen sich Eltern Fragen stellen wie diese: Wie viel Möglichkeiten zur unmittelbaren Erfahrung der natürlichen, menschlichen und sozialen Wirklichkeit hat mein Kind? Welche Experimentier- und Gestaltungsmöglichkeiten in der realen Welt nimmt es wahr? Wie viele Möglichkeiten zu Bewegung und Abenteuer, zum Schlafen, zur Erholung, zur unreglementierten Begegnung mit Mitmenschen und Natur, zu verantwortlichem Handeln in der Welt haben unsere Kinder? Was können die Medien allgemein und die von meinem Kind genutzten Programme im besonderen dazu beitragen, was nicht?...

- *Grundform 2 : „Frustration abbauen – Regeln achten – Fairness üben in Sport und Spiel":* Inwieweit vermitteln welche Medien sinnvolle Lernerfahrungen, Abwechslung und Entspannung? Wie kann ich verhindern, dass sie zusätzlichen Stress, Frustrationen bewirken? Welche Möglichkeiten zu körperlicher Anstrengung und Kräftigung, zu gesundem Ausgleich physischer, psychischer, geistiger, sozialer Funktionen nimmt mein Kind wahr? Hält sich mein Kind an die familiären Regeln für Fernsehen und Computergebrauch? Welche Erfahrungen hinsichtlich Zusammenarbeit, Eingehen auf Mitmenschen, „Zusammenspiel" entbehrt mein Kind? Inwieweit tragen die Medieninhalte zum Erlernen von Fairness oder von Unfairness bei? Wie kann ich mein Kind anregen, die individuellen und sozialen Lernerfahrungen zu machen, die im Sport vermittelt werden können?...

- *Grundform 3 „Miteinander reden – Einander verstehen":* Wie viel Zeit nehmen wir uns, um in der Familie miteinander zu sprechen? Verstehen wir unser Kind? Gehen wir auf seine Bedürfnisse und Empfindungen ein? Sind wir bei unseren Forderungen hinsichtlich des Mediengebrauchs glaubwürdig, oder widerspricht unser eigenes Tun unseren Forderungen? Welche Sprach- und Kommunikationsstörungen erzeugen wir in unserer Familie, auch im Hinblick auf das Thema Medien? Wie bearbeiten wir sie? Wie kompensieren wir die Beeinträchtigungen der familiären Kommunikation, die die moderne Arbeits- und Medienwelt mit sich bringt? Welche Chancen haben unsere Kinder, Empathie und Sympathie für wirkliche Menschen mit ihren Problemen und Freuden zu entwickeln?... (Zur Bedeutung der „Verarbeitung" von Gewaltfilmen s. Fuchs u.a. 1995, 245-261)

- *Grundform 4 „Interagieren – Identität fördern":* Wie beeinflusst der Medienkonsum die identitätsbildenden Interaktionen in unserer Familie? Hindern die Fernsehgewohnheiten der Familie sie daran, sich selbst zu erfahren in der Begegnung mit anderen? Fördern unsere Fragen und Rückmeldungen ihre Bemühungen um eigene Auffassungen und Ziele, ihre Übernahme wichtiger Werte? Werden Medieninhalte zu klärenden Aussprachen und zu wertenden Stellungnahmen genutzt? Motivieren wir unsere Kinder genug für solche Aktivitäten? Oder stören uns ihre „unbequemen" Fragen? Wie steht es mit gemeinsamem Spielen und Arbeiten?...

- *Grundform 6: „Werte bilden - Moralisch erziehen":* Welche Werte und Verhaltensnormen werden in den Medien, die mein Kind nutzt, vertreten? Mit welchen „Helden" lernt es sich zu identifizieren? Auf welchem moralischen Niveau werden die Verhaltensweisen begründet? Wie kann ich mein Kind, meinen Heranwachsenden anregen, über bloß „konventionelle Moralvorstellungen" hinauszuwachsen und prinzipiengeleitet human zu urteilen und zu handeln? Diskutieren wir moralische Dilemmata, z.B. auch nach Fernsehsendungen? Regt unser eigenes moralisches Handeln glaubwürdig an zu solchen Urteilen und Handlungen?...

- *Grundform 7: „Projekte durchführen – Engagiert handeln":* Wie viel Gelegenheit hat mein Kind noch zu aktivem Tun? Zum Erfahren von Lebensproblemen, zur selbst gewagten Problemlösung, zur Übernahme von Verantwortung, zur Bewährung in Begegnung, Hilfeleistung in anstrengendem, gewagtem Tun? Welchen Wert haben seine Aktivitäten? Welche diejenigen, die wir zusammen mit ihm unternehmen? Hat mein Kind die Möglichkeit, in ernsthaften, gemeinsam mit anderen erarbeiteten Projekten seine Kräfte zu bilden, Kooperation zu üben, den Wert eigener und gemeinsamer Anstrengungen aus den erreichten und nicht erreichten Zielen abzulesen, sich selbst zu beurteilen? Erfährt es auch die Medienwelt als ein Feld der Schwierigkeiten, notwendiger Problembearbeitung und Bewährung?

Was die weiteren *Grundformen 8-12* im Hinblick auf die familiären Regeln für den Fernseh- und Computerspielgebrauch des Kindes und der ganzen Familie nahe legen, sei den Leser/innen zunächst selbst zum Nachdenken empfohlen: Entwicklung von Gemeinschaftsgefühl, Bewältigung von Konflikten, Erlernen von Konfliktfähigkeit, Entmachtung von Gewalt, das Leben in Würde.... S. u.a. auch Struck 2001, 41ff!

3.7   Grundform 6: Werte bilden – Moralisch handeln

Wir haben in den bisher vorgestellten Grundformen bereits mehrfach über prosoziale Werteinstellungen als wichtige Grundlage des friedfertigen Umgangs und damit der Gewaltprävention gesprochen. Selbstverständlich ist stabile Ich-Identität nicht ohne eine einigermaßen verlässliche Selbststeuerung aufgrund eines persönlich als verpflichtend empfundenen Systems von *Werten* und Wertpräferenzen möglich. Prosoziales Verhalten hängt einerseits davon ab, welche Werte die Handelnden bestimmen – kulturelle, soziale, humane, ökonomische, ästhetische usw. –, zum anderen davon, wie motiviert und wie effektiv sie diese Werte auch in kritischen Situationen vertreten und befolgen. Die Berichte über Szenarien jugendlicher Gewaltausübung verdeutlichen, welche Wertauffassungen gewalttätige Jugendliche leiten: Gewalt erscheint als etwas, das Spaß macht, das eigene Stärke und Macht erleben lässt, womit man sich materielle Wünsche erfüllen kann, was einem Vorteile einbringt oder Anerkennung in der Clique verschaffen kann, womit man andere herabsetzen und unterwerfen kann, was man gar nicht so ernst nehmen sollte usw. Die *Theorien* der Gewalt und Aggression enthalten sämtlich auch Beiträge darüber, wie die menschlichen Wert- und Steuerungssysteme gebildet werden, was sie beeinträchtigt und wie man sie fördern kann. S. Freud misst bekanntlich dem Über-Ich als der „richterlichen Funktion", die wir „als unser Gewissen empfinden" (1928, 85), große Bedeutung zu. Wie wir sahen (Kap. 2.4), sind die Stärke, die Klarheit und die Flexibilität des Über-Ichs im Zusammenspiel mit dem „Es" und dem „Ich" wichtig für die Problembewältigung ohne abweichendes, z.B. auch gewalttätiges, Verhalten. Vor allem die Identifikationsprozesse in Folge der ödipalen Phase werden für die Stärke und die im Über-Ich enthaltenen Werte und Normen verantwortlich gemacht. Die individuellen Wertordnungen selbst sind jedoch verschieden, je nach den Wertorientierungen der Eltern und anderer Identifikationspersonen.

Daher kann die Freudsche Psychoanalyse mit den Sozialisationstheorien und den Lerntheorien in Verbindung gebracht werden. Denn auch sie betrachten die Selbststeuerung von Personen ganz oder weitgehend als variable Ergebnisse unterschiedlicher Umwelteinflüsse, sowohl hinsichtlich der Steuerungskräfte als auch hinsichtlich der Präferenzordnungen. Dies gilt gleichermaßen für Durkheim wie zum Beispiel für Skinner und – wenn auch nicht mehr ausschließlich – für Bandura (s.o. Kap. 2.6; 2.7).

Demgegenüber wird das „Gemeinschaftsgefühl" in der Adlerschen Individualpsychologie als universelles Wertsystem angesehen (auf den Anderen gerichtet sein, andere nicht verletzen, andere achten, wertschätzen, lieben; ihnen im Beruf dienen usw.). Es gilt als angeborene Fähigkeit und bildet sich dann in den Beziehungsgefügen Mutter-Kind, Familie, Schulkasse usw. konkret heraus. Abweichendes Verhalten, Aggressivität usw. werden mit defizitärem oder gestörtem Gemeinschaftsgefühl erklärt (s. Kap. 2.4; 4.2).

Personzentrierte Ansätze betonen ganz besonders „Man is no beast" (s. Rogers 1973, 112); die gesunde, „voll funktionierende Person" verhält sich moralisch. Denn jeder Mensch ist danach mit der Fähigkeit der „organismischen Wertung" ausgestattet, die in ein „echtes sozialisiertes System von Werten mündet", sofern nur die im Menschen angelegte Entwicklung zu persönlichem, auch moralischem, Wachstum („growth") und zur Selbstaktualisierung nicht von außen durch Missachtung, fassadenhafte, unglaubwürdige Autoritätspersonen, fehlende Empathie u.ä. gestört wird. Abweichendes Verhalten ist die Folge der Entzweiung von Selbstkonzept und Wahrnehmung; dabei wird die „organismische Wertung" verzerrt oder destruiert, und ein "Teufelskreis" der „Inkongruenz" wird in Gang gesetzt, der das Selbst zu Verteidigungsmaßnahmen zwingt. Realitätsleugnungen, Konflikte, Aggressionen sind die Folge (Rogers 1978, Martin 1975, 413ff). Eine stringente Beschreibung eines verbindlichen Systems von sozialen Werten fehlt aber auch hier.

Demgegenüber muss Gewaltprävention aber die Fragen klären: *Welche Werte sollen unseren Jugendlichen zu gültigen Normen werden*, damit sie friedfertig mit Mitmenschen und Umwelt umgehen? Und wie können wir solche Werteinstellungen und moralisches Handeln in ihnen fördern?

Als herausragender Kenner der moralischen Entwicklung gilt *Lawrence Kohlberg* (1927-1987). Er ist nicht nur berühmt wegen seiner Untersuchungen über universell geltende Stufen des moralischen Urteils, sondern auch für seine Experimente und Vorschläge im Bereich der Erziehung zu moralischem Handeln. Überlegungen zur Gewaltprävention durch Wertebildung und Förderung prosozialen Handelns müssen die Erkenntnisse Kohlbergs und seiner Schule berücksichtigen. Sie wurden auf der Basis der von J. Piaget begründeten kognitiven Psychologie entwickelt.

Exkurs: Die moralische Entwicklung nach L. Kohlberg.
Piaget hatte bereits „Das moralische Urteil beim Kinde" (1932) erforscht. Er erkannte, dass auch das moralische Denken und Urteilen von den Kindern und Jugendlichen „konstruiert" wird – in der Auseinandersetzung mit der Umwelt. Und zwar ließen sich zwei Hauptstadien des moralischen Urteilens (über die Achtung vor Spielregeln, die gerechte Behandlung von Kindern u.ä.) unterscheiden. Erst vom 4.-5. Lebensjahr an werden Spielregeln als verpflichtende Normen aufgefasst. Danach bis zum 10. Lebensjahr herrscht eine „heteronome Moral" – die ihren Ursprung Gott oder Autoritäten wie Eltern und Lehrern verdankt. Erst danach entwickelt sich die sog. „moralische Auto-

nomie". Normen werden begründet durch Einsicht in ihren Sinn für das Leben der Gemeinschaft. Während die jüngeren Kinder eine Verfehlung als bloße Verletzung der Gebote und Verbote der Erwachsenen und somit als Ungehorsam beurteilen, steht für die älteren Kinder im Vordergrund, ob Vereinbarungen mit Partnern, das Vertrauen, die gegenseitige Achtung verletzt wurden.

Diese Betrachtungsweise und ihre Ergebnisse haben bereits eine gewisse *Bedeutung für die Gewaltprävention* in Kindheit und Jugendalter. Vor allem: offenbar darf man bei Kindern von Appellen an die Einsicht in den tieferen Sinn friedlichen Handelns nicht zu viel erwarten. Wenn moralisches Denken sich in der Auseinandersetzung der Heranwachsenden mit der Umwelt entwickelt, dann muss man den Kindern und Jugendlichen entsprechende Begegnungen und Problembewältigungen erlauben und ermöglichen. Offenbar muss moralische Erziehung zur Toleranz und zum friedfertigen Umgang mit Mitmenschen und Umwelt wert legen auf die Ermöglichung von Einsicht in den Sinn von Abmachungen, Regeln des Zusammenlebens, Vertrauensbeziehungen usw. sowie in die Erweckung von Achtung vor den Mitmenschen.

L. Kohlberg untersuchte bereits in seiner Dissertation (University of Chicago 1958) die Stufen des moralischen Urteilens und Entscheidens und widmete sein Forscherleben weitgehend diesem Thema, später auch dem der moralischen Erziehung (s. Sammelband Kohlberg 1997). Er war Anhänger Piagets und verfeinerte und erweiterte dessen kognitiv-konstruktivistische Psychologie erheblich. Zu dem Zwecke entwickelte Kohlberg hypothetische moralische Konfliktsituationen (Dilemma-Geschichten), die Kindern, Jugendlichen und Erwachsenen zur moralischen Stellungnahme vorgelegt wurden. Die Antworten der Befragten

„konnten zuverlässig jeweils einer von *sechs Stufen* zugeordnet werden, die wiederum zu drei Hauptniveaus der Entwicklung zusammengefasst wurden:

Niveau I - Prämoralisch
Stufe 1: Orientierung an Strafe und Gehorsam.
Stufe 2: Naiver instrumenteller Hedonismus (Konformität um der Belohnung willen; „Wie du mir, so ich dir").

Niveau II – Moral der konventionellen Rollenkonformität
Stufe 3: Moral des guten Kindes, das gute Beziehungen aufrecht erhält und die Anerkennung der anderen sucht.
Stufe 4: Moral der Aufrechterhaltung von Autorität (gemeint: „legitime Autorität", Beachtung der gesellschaftlich definierten Regeln des Zusammenlebens)

Niveau III – Moral der selbst-akzeptierten moralischen Prinzipien
Stufe 5: Moral des Vertrages, der individuellen Rechte und des demokratisch anerkannten Gesetzes / Rechtssystems.
Stufe 6: Moral der individuellen Gewissensprinzipien" (Kohlberg (1968), 1997, 26).

Schon in seinen frühen Veröffentlichungen zeigt Kohlberg, was diese gestuften Typen des moralischen Urteils für verschiedenen Aspekte der Ethik insgesamt bedeuten, z.B. für die Bewertung des Lebens anderer und des Lebens überhaupt, für individuelle Schuldgefühle auf verschiedener Stufen, für entsprechende Sanktionsmaßnahmen usw.

Zahlreiche Untersuchungen mit Menschen verschiedenen Alters, sozialer, kultureller, ethnischer und staatlicher Herkunft und der internationale Diskurs der Forscher verschiedener Disziplinen (auch *J. Habermas* 1983) führten zu Ergänzungen und Korrekturen. Dabei wurde u.a. deutlich, dass diese Stufen des moralischen Urteilens besonders die „Ontogenese des Gerechtigkeitsdenkens" rekonstruieren, also z.b. die Moral aus christlicher Nächstenliebe nur partiell umfassen. Dies ist ebenso einsichtig wie die Tatsache, dass die erhobenen qualitativen „Argumentationsmuster" bei moralische Urteilen nicht unmittelbar mit moralischem Handeln verwechselt werden dürfen (Oerter/ Montada 1987, 752). Jedoch hielt die Forschergruppe um L. Kohlberg an einigen wissenschaftlich begründeten „Postulaten" fest. Die folgenden sind für unseren Zusammenhang besonders wichtig:

- Wesentliche der genannten Merkmale der moralischen Entwicklung sind „universell", finden sich in allen Kulturen und Subkulturen.
- Die moralischen Urteile sind kognitiv, sie stellen rationale Gründe für geplantes Handeln dar.
- Sie sind „prinzipienorientiert", also nicht einfach pragmatische Bewertungen einzelner Handlungen.
- Es handelt sich „weder um angeborene, a-priori gewusste Propositionen noch um empirische Verallgemeinerungen von realen Tatsachen, sondern um menschliche Konstruktionen", die in der Interaktion entstehen (s.o. Theorien; Kap. 2.7).
- Zwar folgt aus dem moralischen Urteil auf einem der genannten Niveaus nicht unmittelbar auch entsprechendes moralisches Tun, aber es ist mit ihm eine „präskriptive" Komponente verbunden. Die Urteilenden empfinden, dass sie auch so handeln sollten. Insoweit können die (etwas umformulierten) Stufenbeschreibungen auch „als Grundlage einer Theorie des moralischen Handelns dienen" (Kohlberg u.a. (1984; 1997).

Was bedeutet diese knapp referierte Theorie der moralischen Stufen und der Moralentwicklung für die *Aufgaben der moralischen Erziehung in der Gewaltprävention heute*? Wir fragen zunächst nach den Anforderungen, die an das moralische Urteilen und Handeln von Kindern und Jugendlichen in unserer Gesellschaft gestellt werden, auch dies in der hier gebotenen Kürze.

Offensichtlich ist wohl, dass die „prämoralischen Stufen" des Urteilens und Verhaltens Kindern und Jugendlichen in früheren Zeiten begrenzter Lebensräume und fester Autoritätsbeziehungen genügt haben mögen, dass sie aber für Gewaltprävention unter den gegenwärtigen Bedingungen weithin untauglich sind. Gewalt von Kindern und Jugendlichen, in Familien und Schulklassen wird oft geradezu hervorgerufen durch Einstellungen wie „Wenn es keiner sieht, kann ich ruhig die Wände besprayen" oder „Wie du mir, so ich dir".

Die konventionelle Moral des „guten Kindes" (Stufe 3) ist dadurch gekennzeichnet, dass „Lösungsversuche beschränkt (sind) auf persönlich bekannte Personen. Die Familie und andere Primärgruppen bilden den Bezugsrahmen" (Oerter/ Montada 1987, 753). Es erscheint selbstverständlich, dass Kinder „gute Beziehungen" und „Anerkennung" (s.o. Kohlberg), um derentwillen sie sich freundlich verhalten sollen, bei ihren Vätern, Mütter, Geschwistern, Nachbarn usw. auch erleben müssen – was leider nicht überall gegeben ist.

Des weiteren ist unsere Gesellschaft – wie andere moderne Industriestaaten – gerade dadurch gekennzeichnet, dass sich das Leben weit mehr als früher außerhalb der Familien und Gruppen mit „guten Beziehungen" abspielt. Bereits im Kindergarten und in Schulen kommen Kinder mit „Fremden" zusammen, die offensichtlich fremdartige Sprach- und Verhaltensgewohnheiten haben. Jugendgewalt ereignet sich besonders auf Straßen und Plätzen, in Sportarenen, an Orten, wo Menschen mit Fremden zusammentreffen, in Anonymität, dort, wo die Moral der intimen Gruppenbeziehungen außer kraft gesetzt zu sein scheint. Somit stellt die moderne plurale, multikulturelle Lebenswelt erhöhte Ansprüche an das moralische Urteilen und Verhalten unserer Kinder und Jugendlichen. Gewaltprävention verlangt also, dass – wenn denn die jüngeren Kinder in ihrem Lebenskreis durch Gehorsam und die „Moral des guten Kindes" annähernd gesteuert werden können – *die Jugendlichen* bald die *Moral der 4. Stufe* erlernen: Sie sollen aus Einsicht in die notwendigen Regeln geordneten und unbeschädigten Zusammenlebens in unserer Gesellschaft ihren eigenen aggressiven Antrieben, den Verlockungen von Cliquen und allgegenwärtigen schlechten Beispielen widerstehen und friedfertig leben, tolerant sein, allen Aggressionen ohne Gegengewalt entgegenwirken.

Leider ist aber auch das moralische Urteilen und Verhalten gemäß den gesellschaftlichen Konventionen zur Aufrechterhaltung von „law and order" nicht gegen Gewaltanfälligkeiten gefeit. Eine Hauptquelle von Intoleranz und Gewalt besteht darin, dass die Wertschätzung der „eigenen Gemeinschaft" nicht selten verbunden wird mit der Abwertung und Aggression gegen solche Gruppen und Einzelne, die man ausschließen möchte. Die Heiligsprechung der „deutschen Volksgemeinschaft" im sog. „Dritten Reich" bedeutete gleichzeitig die Herabsetzung und Verfolgung von Juden als „Parasiten"; Behinderte wurden (ungeachtet ihres „arischen Blutes") zu „unwertem Leben" erklärt.

Die Aggression gegen Feinde „draußen" ist von Kollektiv-Pädagogen geradezu als Mittel zur Stärkung der Moral im Kollektiv genutzt worden, wie man auch in Makarenkos „Pädagogischem Poem" nachlesen kann (s.u. Exkurs.). Besonders rechtsextreme Gewalttäter, fremdenfeindliche Gruppen, auch gewalttätige Ausländer, Hooligans u.ä. beziehen aus solchem Einsatz für das, was sie als „ihre Gesellschaft", „ihr Volk" ansehen, Motive und Energien zur Aggression gegen Fremde, Ausländer, Minderheiten oder auch die Mehrheitsgesellschaft. Allein die Tatsache, dass jährlich etwa 100.000 ausländische Kinder in Deutschland geboren werden, erfordert, dass solcher Anfälligkeit der konventionellen Moral der 4. Stufe entgegenwirkt wird.

Das kann nur gelingen, wenn das zwischenmenschliche Verhalten gesteuert wird von moralischen Überzeugungen postkonventioneller Art. Entscheidend ist die Fähigkeit, die – ohnehin oft als widersprüchlich erlebten – gesellschaftlichen Regeln nicht nur aufrechtzuerhalten, sondern auf Prinzipien zu beziehen, nach ihrem Sinn zu fragen und „die existierenden sozialen Regeln zu verbessern" (Stufe 5). Das impliziert auch ein Streben nach Realisierung der offenbar schwer durchzuhaltenden Moral der Stufe 6, auf der „das Wesen der Moralität erkannt wird" und andere Personen „als Selbstzwecke respektiert werden" (Damon, 380f.). Erst auf dieser Stufe sind Einsicht und Überzeugung angesiedelt, dass die Würde jedes einzelnen Menschen unantastbar ist (GG Art.1) und dass sich deshalb jede Gewalt gegenüber anderen Menschen verbietet. Hier wurzeln dann auch das Verständnis des religiösen Bildes vom Menschen als „Kind Gottes", „nach seinem Bilde geschaffen" und die Bereitschaft sich unter das Gebot der Nächstenliebe zu stellen (GrF 12).

Selbstverständlich haben Pädagogen zu allen Zeiten über *moralische Werte und Erziehung* nachgedacht. Als Beispiel sei auf *Pestalozzis* Überlegungen hingewiesen, die in vielen Punkten dem Modell Kohlbergs ähneln. Sie wurden auch aus der praktischen Erfahrung gewonnen, sind aber nicht streng empirisch-analytisch begründet. Sie enthalten aber ebenfalls wichtige Hinweise auf Methoden der Erziehung zu prosozialem, Gewalt vermeidendem Verhalten.

Pestalozzi: Der „sittliche Zustand" und die sittliche Erziehung in Stans (1799): In seinem philosophisch-anthropologischen Hauptwerk „Meine Nachforschungen über den Gang der Natur in der Entwicklung des Menschengeschlechts" (1797) zieht Pestalozzi (1746-1827) die Konsequenz aus der (besonders durch den Verlauf der französischen Revolution hervorgerufenen) desillusionierenden Erkenntnis, dass die Welt nicht durch Besinnung auf eine „natürliche Sittlichkeit" in Ordnung gebracht werden kann. Er gewinnt Einsicht in die Widersprüche des natürlichen, gesellschaftlichen und sittlichen „Zustandes" des Menschen, so dass er von einem Zurück zur Natur im Sinne Rousseaus die Versittlichung des Menschen nicht erhoffen kann. Sittliche Erziehung muss anders verfahren. Das ist auch für unser Thema wichtig.

Die *drei „Zustände"* enthalten durchaus gewisse Parallelen zu Kohlbergs Stufen des moralischen Urteils. Um zu zeigen, welche komplexen Strebungen das Handeln des Menschen bestimmen, stellt Pestalozzi diese „Zustände" im historischen Nacheinander dar. Gemeint ist aber, dass der Mensch jederzeit unter dem Einfluss aller drei Zustände steht, was sittliches – tolerantes, prosoziales – Handeln so schwierig macht.

Der *„tierische Zustand"* des Menschen hat in seinem Ursprung etwas naturgegeben Unverdorbenes. Der Mensch ist Naturwesen wie das Tier, bestimmt, sein Leben durch Erfüllung seiner Triebe (Hunger und Fortpflanzung usw.) zu fristen. Freilich ist ein solcher vormoralisch „unschuldiger" Naturzustand dem Menschen durch die Fähigkeit des Denkens genommen worden. Das Paradies ging verloren. Das Denken ermöglicht den Menschen immer raffiniertere Wege der Triebbefriedigung. Klugheit wird List. Mit schlauen Tricks werden Mitmenschen, die sich der eigenen Triebbefriedigung in den Weg stellen, übervorteilt, beiseite geräumt. Eigentum wird aufgehäuft und Armut entsteht. Mächtige unterdrücken Ohnmächtige...

Obwohl das Kohlbergsche Modell andere Konstruktionsmerkmale hat, ist es sicher nicht abwegig, gewisse Parallelen zwischen seiner Stufe des vormoralischen Urteils und dem „tierischen Zustand" des Menschen im Sinne Pestalozzis zu ziehen: In beiden werden die Menschen durch heteronome Kräfte bestimmt, entscheiden hedonistisch.

Ähnlich wie sich in der Individualentwicklung aus der Kohlbergschen prämoralischen Stufe die „Moral der konventionellen Rollenkonformität" bildet, so erwächst in Pestalozzis Modell aus dem „tierischen" der „gesellschaftliche Zustand". Die Erfahrungen von Unterdrückung, Ausnutzung, Armut und auch das Elend der Herrschenden rufen das Streben nach einer Rechtsordnung wach. Diese wird mit Macht durchgesetzt und aufrecht erhalten. Das erinnert an die moralischen Urteile derer, die sich (nach Kohlberg) an „legitimer Autorität", an gesellschaftlichen Konventionen orientieren.

Pestalozzi stellt den „gesellschaftlichen Zustand" des Menschen sehr kritisch dar. Er sieht darin eine Fortsetzung des tierischen Strebens mit politischen Mitteln. Recht ist darin auch nur Mittel der Macht. So wächst beim Menschen im „gesellschaftlichen Zustand" eine Sehnsucht nach Überwindung desselben. Statt Recht soll höhere Gerechtigkeit herrschen, statt der Einhaltung definierter Moralgesetze das moralische Gewissen, das in jeder – auch neuen, unbekannten – Situation sittliches Handeln bestimmt. Solche Sittlichkeit ist nach Pestalozzi nicht durch Organisation des Zusammenlebens, durch Schulen und durch Gesetze zu erreichen, allenfalls können diese günstige Bedingungen für sie schaffen. Der „sittliche Zustand" kann nach Pestalozzi nur von der einzelnen Person errungen werden. Er erfordert den Aufschwung, die Einsicht, dass es auf einen selbst ankommt, dass man seine tierische Natur überwinden muss und die Aufgabe der Sittlichkeit nicht auf die anderen, die Regierungen, die Organisationen und Gesetzeshüter abschieben darf. Das Gute will von jedem einzelnen getan werden, und der einzelne trägt dafür die Verantwortung. Solche Sittlichkeit erwächst nach Pestalozzi allein aus der selbstlosen Hingabe an den Mitmenschen, aus reiner Menschenliebe.

So sehr sich das aus empirischen Untersuchungsergebnissen theoretisch konstruierte Modell der Entwicklung des moralischen Urteils und Pestalozzis philosophischanthropologisch erdachtes Verständnis des Wesens der Sittlichkeit im einzelnen unterscheiden (eine interessante Studienaufgabe!), so deutlich sind doch die Parallelen zu erkennen. Auch diese, dass humanes, sittliches Handeln, und damit die Überwindung von Aggression und Gewalt, in der Verantwortung jedes einzelnen liegt. Autonome Gewissensentscheidungen sind dafür erforderlich und der Wille, aus der Einsicht in das Gute heraus zu handeln und dieses Tun auch gegen eigene Trägheit und äußere Widerstände durchzuhalten. Diese Verwandtschaft der Auffassungen ist nicht zuletzt auch dadurch begründet, dass Pestalozzi wie Kohlberg von Kants Ethik beeinflusst waren.

Für unser Thema: Grundform 6: „Werte bilden – Moralisch handeln" haben beide Konzepte große Bedeutung. Schon Pestalozzi zog aus seinen Überlegungen praktische pädagogische Konsequenzen. Er stellte sich der Frage: Wie kann man Menschen durch Gesetzgebung und Erziehung in einen Zustand versetzen, aus dem heraus sie „gänzlich durch sich selbst, durch eigene Kraft" sittlich werden? Eine willkommene Gelegenheit, seine Ideen in der Erziehungspraxis weiterzuentwickeln und zu erproben, gab ihm sein Sozialerziehungsprojekt in Stans (1798/99). In diesem kleinen Schweizer Ort war nach kriegerischen Zerstörungen und Brandschatzungen eine Armenanstalt eingerichtet worden. In ihr lebte eine Zeitlang „eine Anzahl Individuen aus den ärmsten Kindern im Lande". Bis zu achtzig Kinder wurden aufgenommen, hungrig und unterernährt, elternlos oder von Eltern zum Betteln ausgeschickt, schmutzig, krank, ängstlich, verwahrlost, untereinander verächtlich und misstrauisch, diebisch und aggressiv. Pestalozzi wurde Leiter und Erzieher in dieser Anstalt. Dort entwickelte und praktizierte er seine Methode der „sittlichen Elementarbildung", die sich deutlich unterschied von den aufklärerisch-intellektuellen Vorstellungen der Zeit. Er berichtet darüber in seinem berühmten „Brief an einen Freund über meinen Aufenthalt in Stans" (1799):

„Der Umfang der sittlichen Elementarbildung beruht überhaupt auf den drei Gesichtspunkten: der Erzielung einer sittlichen Gemütsstimmung durch reine Gefühle; sittlichen Übungen durch Selbstüberwindung und Anstrengungen in dem, was recht und gut ist; und endlich der Bewirkung einer sittlichen Ansicht durch Nachdenken und Vergleichen der Rechts- und Sittlichkeitsverhältnisse, in denen das Kind schon durch sein Dasein und seine Umgebungen steht."

Pestalozzi suchte also seine Zöglinge nicht zu sittlichem Handeln zu überreden, sondern er begann damit, mit ihnen zu leben, sie selbst „allseitig zu versorgen", ihnen „alles in allem", Vater und Mutter zugleich, zu sein, sie zu kleiden, zu ernähren, zu beschützen und unterstützen und darauf zu vertrauen, dass sie selbst auch das Gute tun wollen, und ihnen darin Vorbild zu sein. Alle Ergebnisse sollten „einfache Folgen der Überzeugung meiner Liebe gegen meine Kinder" sein. Das heißt: „Erzielung einer sittlichen Gemütsstimmung durch reine Gefühle". Die Liebe bewirkt fühlbar das Gute.

Der zweite Schritt in dieser *sittlichen Elementarbildung* bestand in „sittlichen Übungen durch Selbstüberwindung und Anstrengung..." – also in der Ermöglichung von sittlichem Handeln in Ernstsituationen. Und dazu gab es in Stans vielfältige Gelegenheiten: zu teilen, einander zu helfen und zu beschützen, sich in die Gemeinschaft einzuordnen, den eigenen Egoismus um des Nächsten willen zu überwinden – bis hin zur Aufnahme anderer notleidender Kinder, was Opfer und Bewährung bedeutete.

Sittlichkeit ist nicht eine Sache abstrakter Ansichten. Das Nachdenken und die Überzeugungen (3. Stufe) müssen aus den Erfahrungen der Liebe und dem Erlebnis eigenen Tuns und seiner Folgen für einen selbst und andere erwachsen: "So war es, dass ich belebte Gefühle jeder Tugend dem Reden von dieser Tugend vorausgehen ließ"! Erst „zuletzt komme mit den gefährlichen Zeichen des Guten und Bösen, mit den Wörtern!"

Pestalozzis Methode der „sittlichen Elementarbildung" wurde seither zu einer wichtigen Grundlage aller Moralerziehung, bestätigt auch durch moderne Lernpsychologie – bis hin zu unserem Kapitel über GrF 7 „Projekte durchführen – Lernen durch tun".

Auch *L. Kohlberg* hat schon früh danach gefragt, wie denn moralisches Verhalten vermittelt werden könne; und praktisches Handeln ist auch für ihn fundamental. Allerdings grenzt er sich von einem individualistischen Erziehungskonzept im Sinne Pestalozzis und vieler seiner Nachfolger in der Pädagogik ab. Der Schwerpunkt seiner Bemühungen liegt auf der *Schaffung von Sozial- und Interaktionsbedingungen, die zur Erreichung höherer Stufen der moralischen Entwicklung führen:*

„Die Theorie der kognitiven Entwicklung kann sich mit der Alltagsvorstellung „Zuneigung schafft Zuneigung" nicht zufrieden geben; viele Delinquenten erfahren im Kontakt mit Sozialarbeitern oder Bezugspersonen Fairness und Zuwendung, ohne deshalb fairer oder moralischer zu werden. Für die Entwicklung der Moral genügt nicht, dass man sich wohlfühlt, sie verlangt Herausforderungen, kognitive Konflikte. Aber auch kognitive Konflikte und Konfrontation mit Normen und Denkansätzen der nächsthöheren Stufe reichen nicht aus, diese erstrebenswert erscheinen zu lassen.... Es bedarf nicht nur einer fairen, kohäsiven und relativ um eine Stufe höherstehenden moralischen Atmosphäre bzw. Gruppe; der Jugendliche muss vielmehr in eine *neue, moralisch engagierte und für äußere Einflüsse offene Gruppenstruktur* eingebunden werden." (Kohlberg u.a. 1978, 235).

Selbstverständlich können diese Ausführungen Pestalozzis differenziertes Konzept der sittlichen Erziehung nicht widerlegen, weil dieses ebenfalls nicht nur Zuwendung, sondern auf seine Art auch kognitive Konflikte und moralisches Denken in Richtung höherer moralischer Stufen enthält. Wohl aber sind die Nutzung der Gruppe, die sozialwissenschaftliche und die demokratische Orientierung Neuerungen. Sie sind das Ergebnis der Berücksichtigung moderner sozialpsychologischer und kognitiv-psychologischer Erkenntnisse. Die in unserem Theorieteil vorgestellten Konzepte von Piaget, G.H. Mead und J. Dewey sind dafür konstitutiv. Es handelt sich um ein kognitivistisch-symbolisch-interaktionistisches Programm der Förderung moralischen Verhaltens, das dann auch für unsere Fragestellung der *Prävention von Aggressionen und Gewalt* unter Kindern und Jugendlichen bedeutungsvoll ist. "Moral wird nicht wie Lesen und Schreiben gelernt; sie ist keine Technik, die ein Individuum aus individuellen Motiven erwirbt. Die moralische Entwicklung ist in jeder Hinsicht ein sozialer Vorgang. Moralische Entwicklung als Erziehungsziel verlangt die Schaffung moralischer, d.h. gerechter Interaktionsstrukturen" (S.223). Mehrere unserer „Grundformen der Gewaltprävention" wurden auch in den Erziehungsprojekten Kohlbergs berücksichtigt.

Kohlberg und seine Mitarbeiter/innen führten verschiedene *Experimente* zur Moralerziehung durch (Power /Higgins /Kohlberg 1989). Wir stellen eines der berühmtesten, die „Cluster School" in Cambridge, Mass., dar: das *Modell einer „Just Community School"* (1974ff; vgl.Gemeinschaftserziehung, GrF 8).

Das Schulkonzept mit dem Ziel des „kognitiven und moralischen Entwicklungsfortschritts des einzelnen Schülers" basiert u.a. auf J. Deweys erziehungsmethodischer Einsicht in die Einheit von Ziel und Methode: „Gerechtigkeit als Ziel und Methode der Moralerziehung" (1978, 222ff). Auf die Kritik, dass Gerechtigkeit nur eine von mehreren Komponenten der Moral darstellt, gehen wir im folgenden nicht weiter ein. Siehe dazu Kohlberg 1997, Index).

Wie sehen die „moralischen, d.h. gerechten Interaktionsstrukturen" aus, die in „Cluster" zur Förderung der moralischen Entwicklung der Schüler/innen geschaffen wurden? Zunächst ist „Cluster" nur eine Teilschule. Das besagt der Name: eine weithin unabhängige Schule in einer größeren High School. Das ist auch eine wichtige Bedingung: Es soll *eine überschaubare Interaktionsgemeinschaft* sein. Das wiederum bedeutet nicht, dass größeren Schulen keine moralische Erziehung leisten könnten – Cambridge High School ist ja eine große Schule –, sondern, dass dann innerhalb größerer Schulen Gliederungen vorgenommen werden müssen, die die folgenden Regelungen ermöglichen.

Ein allgemeines Ziel der Schulorganisation bestand darin, dass sie von Schüler- und Lehrer/innen als fair und gerecht erlebt werden sollte. Dazu gehörte auch ihre *Offenheit* für Schüler/innen aus allen ethnischen und sozioökonomischen Gruppen: ein hoher Anteil „benachteiligter" aber auch eine Minderheit hochbegabter Schüler/innen. Das ist auch für die Gewaltprävention wichtig, bedenkt man die Auswirkungen des Erlebens sozialer und ethnischer Ungerechtigkeit auf Gewalt als „soziale Krankheit" (s. Kap.2.7).

Die gerechte Schule ist *demokratisch*. Alle Mitglieder sind gleichberechtigt: Lehrer/innen und Schüler/innen haben je eine Stimme in den Entscheidungsgremien. Bei der Bildung der erforderlichen *Gremien* (Vollversammlung mit verschiedenen Vorbereitungs- und Beratungsgruppen, Disziplinarausschuss) wurden die Erfahrungen aus den anti-autoritären Alternativschulen genutzt. So wurden wegen der „extremen Schwierigkeit, in großen Versammlungen konstruktiv zu diskutieren", und der Schwerfälligkeit der Vollversammlung bei Routine-Entscheidungen (S. 226) verschiedene vorarbeitende Kleingruppen eingerichtet. Das Problem des nachlassenden Interesses der Schüler/innen an der Mitbestimmung bei nur äußerlichen Schulthemen, bei allgemeinen Ordnungsfragen usw. wurde aus dem Ziel und Geist des Projektes gelöst: Wenn die *Fragen der Gerechtigkeit und Moral im Zentrum der demokratischen Prozesse* stehen, wenn „reale Probleme wie Drogen, Diebstahl, Unruhestiftung oder Noten" unter dem Aspekt der Fairness und Gerechtigkeit verhandelt werden, bleiben die Jugendlichen für die demokratische Mitarbeit motiviert (S. 228). Die *Beteiligung* an den moralischen Entscheidungsprozessen regt die Schüler/innen zu reiferem moralischem Denken, Urteilen und Handeln an.

Nicht einzelne demokratische Lehrer/innen, sondern nur die *demokratische Gemeinschaft* kann Gerechtigkeitsprobleme moralbildend lösen. Das wird am Beispiel eines Drogenfalles aufgezeigt. Der Konflikt zwischen einer Marihuana rauchenden und verkaufenden Schülerin und der Lehrerin, der sie sich anvertraute, die aber aus grundsätzlichen Erwägungen die Sache mit der Schulleitung besprach, soll nicht nur gelöst werden durch Argumentation auf der Stufe 3 der guten persönlichen Beziehungen und der Stufe 4 der Aufrechterhaltung der Autorität. Eine höhere Stufe ist erreicht, wenn die Schülerin und die Lehrerin ihre unterschiedlichen Moralverständnisse und deren immanente Berechtigung verstehen lernen und (z.B. mithilfe einer Kleingruppe aus Schüler- und Lehrer/innen) die für diese Gemeinschaft und prinzipiell gerechteste Lösung finden. Für solche fairen Konfliktlösungen sind *Lehrer- und Schüler/innen gleich verantwortlich*.. „Nur wenn die Schüler sich als Teil einer gerechten Schul-Kooperative fühlen, sind sie motiviert, sich fair zu verhalten" (S. 232). Man vergleiche „Cluster" mit der „Arbeitsschule" (S. 162f).

Aus diesem Grunde kommt es auch auf die *Fairness der* administrativen, kollegialen und Bezugsgruppen-*Strukturen* an. Dazu gehören die nötige *Auto-*

nomie der „Cluster School", Vertrauen in die Fähigkeit der Kooperative, autonom gerechte Entscheidungen zu treffen, Teilung der Verantwortung durch Lehrer- und Schüler/innen sowie die Bereitschaft aller, vor der Vollversammlung oder dem Disziplinarausschuss Rechenschaft abzulegen. *Kleingruppen* mit einem Lehrer und höchstens zehn Schüler/innen sollen sinnvolle Beziehungen erlauben, arbeitsfähig sein, intensive Beteiligung an Moraldiskussionen und den Wechsel der Rollenperspektive ermöglichen, Vorschläge aus der Warte höherer Moralstufen stimulieren und bearbeiten. Kleine Beratungsgruppen um einzelne Beratungslehrer/innen bearbeiten gemeinsam individuelle Schwierigkeiten und Konflikte mit Hilfe der personzentrierten Methode nach C.Rogers (s. GrF 3 „Miteinander reden – Einander verstehen" und 9 „Konflikte bewältigen – Konfliktfähig werden").

Es besteht ein Disziplinarausschuss aus (von den sieben Beratungsgruppen im Losverfahren delegierten) Schüler/innen, drei durch die Vollversammlung bestimmten Mitgliedern und jeweils einem/r ebenfalls durch Los bestimmten Lehrer/in. Alle Mitglieder der Kooperative sollen durch das Rotationsverfahren Gelegenheit bekommen, diese verantwortliche Arbeit zu tun

Wöchentliche *Vollversammlungen* werden durch die Kleingruppen vorbereitet. In ihnen fallen die übergreifenden Entscheidungen über die Regelungen für die Cluster School, über Krisenfälle usw. Die einzelnen Schüler/innen sollen an den Informations- und Entscheidungsprozessen, der Diskussion der unterschiedlichen Auffassungen und den fairen Lösungen möglichst aktiv teilnehmen. Die *Verfassung der Schule* wird in einem *Vertrag* niedergelegt, auf die alle Mitglieder, auch neu aufgenommene bzw. angestellte Schüler- und Lehrer/innen in gleicher Weise verpflichtet werden.

Organisation zur Begünstigung demokratischer Entscheidungsprozesse ist also wichtig, aber es kommt darüber hinaus auf den *Geist* an, der die Organisation und die Beteiligten prägt. *Gemeinschaftlichkeit und Gerechtigkeit* sollen das „Curriculum" sein (s. GrF 8) . Dafür wird ein „gemeinsamer Arbeitszusammenhang" mithilfe der *Projekt-Methode* Deweys geschaffen:

„Das erste Projekt der Gerechten Schul-Kooperative ist ihr Aufbau selbst sowie der tägliche Betrieb. Die Gründung einer Schule aus dem Nichts, auf der Basis eines Abkommens, ist ein spannender und die Gemeinschaft stärkender Prozess, in dessen Verlauf zudem der einzelne Beteiligte viel über Gerechtigkeit und Grundsätze der demokratischen Leitung lernen kann. Meinungsverschiedenheiten auszudiskutieren, bis eine gemeinsame Basis geschaffen ist, ist eine ermutigende Erfahrung. Krisen zu überwinden, in denen die Weiterführung der Schule auf dem Spiel steht, schafft ein Bewusstsein der Zusammengehörigkeit.... Lernen, für ein gemeinsames Ziel zu arbeiten, ist ein moralischer Lernprozess, der für den Einzelnen wie für die Gesellschaft ebenso wertvoll ist wie individuelle Aneignung von Fertigkeiten und Wertmaßstäben" (S. 224). Siehe GrF 7 „Projekte durchführen – Lernen durch tun"!

Eine zentrale Aufgabe haben in der „Gerechten Schul-Kooperative" *morali-sche Diskussionen* als Motor der moralischen Entwicklungsprozesse. Dazu sollen die Lehrer/innen die Moralstufen kennen und mit den Schüler/innen diskutieren. Aktuelle Probleme und vorgegebene Dilemmata ermöglichen das Verständnis der jeweiligen „Moral", die Suche nach der fairsten Lösung und den Aufstieg zu höheren Moralstufen (ab Stufe 5).

In diesem Zusammenhang ist zusätzlich auf *die Bedeutung des Literaturun-terrichts* hinweisen. Die großen Schriftsteller und Dichter der Weltliteratur haben in ihren Werken immer wieder neu die moralischen Probleme und Di-lemmata ihrer Zeit empathisch und künstlerisch überzeugend bearbeitet: „Oe-dipus", „Hamlet", „Nathan der Weise", "Faust", „Michael Kohlhaas", „Ras-kolnikow", „Der gute Mensch von Sezuan".... Diese Werke sind unverzichtbar in einer Erziehung, die nicht auf einfache Moralisierung hinausläuft, sondern auf tieferes Verständnis höherer Moralstufen einschließlich der Grenzsituatio-nen moralischen Handelns (s.„Die 12. Grundform"). Ähnliches gilt z.B. auch für den Geschichtsunterricht (s. auch Koch 2002). Gleichwohl kann auch die Moraldiskussion über moralpsychologisch konstruierte Dilemmata hilfreich sein, zumal die Diskussion über Werke der Weltliteratur oder geschichtliche Ereignisse nicht so stringent auf die Theorie der Moralstufen bezogen werden kann. (Wir haben Deutschlehrer kennen gelernt, die Lessings Nathan für „in-different" statt in zutiefst humanem Sinne tolerant erklärten).

Als *Zusammenfassung* mögen die Begründungen aus der Kohlbergsche Theo-rie der Moralentwicklung dienen: Die in „Cluster" getroffenen Regelungen und angewandten Methoden sind danach durch folgende *„direkten Bedingun-gen der Moralentwicklung"* charakterisiert:

1. *Rollen-Empathie:* Deshalb sollen Gruppenleiter (Schüler- bzw. Lehrer/innen) dazu anregen, sich in die Gefühle und Standpunkte anderer zu versetzen; Rollenspiele werden vorgeschlagen (s. GrF 3 „Miteinander reden – Einander verstehen");
2. *Orientierung an Fairness*: Unter diesen Gesichtspunkt sollen alle Diskussionen, Problemerörterungen und Entscheidungen gestellt werden (s. GrF 2 „Fairness...");
3. *Entscheidungen unter moralischem Aspekt* betrachten: „Verfahrensrechtliche Entscheidungspragmatik" reicht nicht aus;
4. *Konfrontation mit kognitiv-moralischen Konflikten*: Gruppenleiter/innen sollen schwierige moralische Probleme aufgreifen und sie von den verschiedenen Seiten durchdenken lassen. Dazu gehören aktuelle Situationen, vorgegebene „Dilemma-ta", unseres Erachtens besonders auch Literaturunterricht;
5. Dabei kommt es auf die *Konfrontation mit der jeweils nächsthöheren Stufe* an sowie auf Gelegenheiten zum *Wechsel der Rollenperspektive* (s.o.);
6. *Aktive Beteiligung* aller Schüler/innen (und der Lehrer/innen) an den Moraldebat-ten und –entscheidungen. Gruppenleiter/innen sollen dazu motivieren und darauf achten, dass in dieser Praxis alle Schüler ein Kooperativ-Bewusstsein, Gemein-schaftssinn, ein „Wir-Gefühl" bilden und so die „moralische Atmosphäre" ihrer

„attraktiven, kohäsiven Gruppe" schaffen, mit der sie sich identifizieren (s. GrF 4 „Interagieren – Identität fördern"; 8 „Gemeinschaft fördern"; a.a.O., 233 ff).

„Unter diesen Bedingungen werden die Gruppenmitglieder (a) auch diejenigen Gruppennormen inhaltlich akzeptieren, die zugunsten anderer eigene Freiheiten und Interessen einschränken; (b) sich tendenziell auf die nächsthöhere Moralstufe zubewegen, sofern das moralische Klima einer höheren Stufe entspricht; und (c) zu einer neuen Ebene des Verantwortungsbewusstseins gelangen, d.h. sich verpflichtet fühlen, gemäß der höchsten Stufe ihres Moralverständnisses zu handeln" (Kohlberg u.a. 1978, 236).

Die Frage, ob denn diese Ziele auch wirklich erreicht wurden und also *die Ergebnisse* eine Übertragung der Organisationsformen und Methoden auf andere Schulen nahe legen, ist wie bei allen schulischen Modellversuchen, nicht einfach zu beantworten. Das liegt schon daran, dass die Bedingungen einer Modellschule mit einer beratenden, universitären Projektgruppe und ausgesuchten engagierten Lehrer/innen sowie freiwillig mitwirkenden Schüler/innen in ausgewogener Zusammensetzung aller sozialen und ethnischen Gruppen nicht leicht herzustellen sind.

„Cluster" arbeitete fünf Jahre als wissenschaftlich kontrollierte „Just Community School". Danach wurde sie in ähnlicher Form als Alternativschule fortgeführt. Evaluationsstudien bestätigten die Förderung moralischer Standards und Verhaltensweisen bei Lehrer/- und Schüler/innen. Eintreten für andere, Selbstsicherheit, Übernahme von sozialer Verantwortung wuchsen. Lehrer erweiterten ihr Rollenverständnis: Fachlehrer entwickelten sich zu Erziehern vollständiger Menschen. Diebstahl, Drogenmissbrauch, Täuschung kamen praktisch nicht mehr vor. Für unser Thema besonders wichtig: „Racial relations improved there over four years, and interracial conflict was almost nonexistent" (Power u.a. 1989, 300f). Dass es auch Unzufriedene gab, die noch mehr erwartet hatten oder sich überfordert fühlten, ist natürlich.

Selbstverständlich können L. Kohlbergs Modellversuche zur moralischen Erziehung nicht einfach auf andere Schulen, Situationen usw. transplantiert werden , aber sie wurden *Richtschnur für die Ziele, Organisation,, Methoden schulischer Moralerziehung* in aller Welt; so auch in Deutschland (s. auch Power u.a. 1989, Busch/ Todt 1997). Zur (moralischen) Erziehung gegen Gewalt im Kindergarten s. Aufenanger, in Schmälzle 1993.

Anregungen: Studieren Sie die Beschreibungen und Begründungen der Theodor-W.-Adorno-Schule in Elze (Hilbig 1995; s. Kap.2.2, Hinweis). Vergleichen Sie diese deutsche Reformschule für „Entbarbarisierung" im Geiste Adornos mit Kohlbergs Modellschulen für moralische Erziehung! S. auch Makarenkos Kollektiverziehung (GrF 8)! Neuere Beispiele in: www. Gewaltprävention in Erziehung und Schule.de (2002).
Beziehen Sie Stellung zu folgendem Zitat des Jugendgewalt-Forschers W. Heitmeyer (DIE ZEIT, 2.5.2002; nach dem Amoklauf R. Steinhäusers):

„Die Debatte setzt auf die Vertretung von proklamierten Werten wie Menschlichkeit und Solidarität. Doch die gesellschaftliche Realität wird von anderen Werten bestimmt, von Werten, die auch belohnt werden: die Verabsolutierung von Selbstdurchsetzung, der Aufstieg um jeden Preis, der Erfolg auf Kosten anderer. – Dieser Wertefundus ist längst durchgesetzt; und die Jugendlichen haben die Doppelbödigkeit dieser Wertedebatte längst durchschaut. Die Frage der Zukunft muss deshalb lauten: Woher bekommen junge Menschen, die nicht mithalten können ihre Anerkennung?" Ist Moralerziehung im Sinne L. Kohlbergs für immer gescheitert?

3.8   Grundform 7: Projekte durchführen – Lernen durch tun

Zahlreiche Sozialpädagogen und Psychologen mit Erfahrungen im Umgang mit gewaltbereiten und gewalttätigen Jugendlichen veröffentlichten Bücher mit „Projekten gegen Gewalt" (s. u.a. Farin/ Seidl-Pielen 1993, Preuschoff/ Preuschoff 1992, Posselt/ Schumacher 1992, 1993). Auch offizielle Stellen bieten derartige Berichte und Vorschläge an (z.B.: Bundesministerium f. Frauen u. Jugend 1994, s. auch Balser u.a. 1997, Bohn u.a. Bd. 1-5, 1997, Griffel 2000).

In solchen Projekten werden die unterschiedlichsten Wege beschritten, z.B. um „sowohl Punks als auch Skins", „viele der Jugendlichen, die sonst zu „Nachahmungstätern geworden wären", „in Projekte einzubinden"; „Deeskalation zu bewirken", „Orte der Begegnung zu etablieren und Möglichkeiten, gewaltfrei miteinander zu leben" (Bundesmin. f. Frauen u. Jugend 1994). Ministerin Merkel urteilte im Vorwort dieser Dokumentation:

> „Die Arbeit mit jungen Leuten, die für ausländerfeindliche, rechtsextreme und aggressive Ressentiments anfällig sind, ist mühsam und langwierig. Die AgAG-Projekte haben bewiesen, dass die Arbeit mit gewaltbereiten und aggressiven Jugendlichen möglich ist. Sie haben viele Jugendlichen wieder ins Gespräch zurückgeholt, sie haben Mut gemacht, sie haben neue Wege beschritten. Am Ende – und davon bin ich überzeugt – werden sie einen entscheidenden Beitrag dazu geleistet haben, dass sich eine demokratische, offene, phantasievolle und gewaltfreie Jugendkultur in den neuen Bundesländern festigen kann."

Pädagog/innen, die mit dergestalt geweckter Hoffnung nach Büchern und Projektberichten greifen, um gewaltpräventiv zu wirken, werden allerdings nicht selten enttäuscht sein. Das liegt vor allem daran, dass die Berichterstatter/innen in je besonderen Kontexten arbeiten: in Schulen, Jugendämtern, als Streetworker in sozialen Brennpunkten, in Freizeitclubs, in der kirchlichen Jugendarbeit, in Stadtmissionen, psychosozialen Beratungsstätten, kommunalen AGs für Gewaltprävention u.v.m. Und je kreativer und treffender die Projekte auf die jugendlichen Adressaten eingestellt sind – Schüler/innen aller Altersgruppen, Aussiedler, Ausländer, Punks, Skins, Hooligans, Cliquen und einzelne mit unterschiedlichen Lebensläufen, Graden und Arten von Aggressivität oder Anfälligkeit für Gewalt – umso weniger können derartige Projekte in die eigene Präventionsarbeit übernommen werden. Auch erfahren Leser zumeist wenig über erwiesene Effektivität der vorgeschlagenen Projektmaßnahmen. Und es ist oft leichter, gutwillige, interessierte Jugendliche zum Mitmachen zu motivieren als solche, die sich abseits halten, an gewaltbereite Cliquen gebunden sind oder aus anderen Gründen der Gewaltprävention bedürfen.

Um von Projektberichten profitieren und eigene adressaten- und situationsspezifische Unternehmungen erfolgreich planen und durchführen zu können, bedarf es daher der grundsätzlichen Besinnung auf *die Theorie der Projektmethode* und die darin begründeten Möglichkeiten, Formen und Grenzen dieser Arbeit. Daraus können begründete Kriterien für die Beurteilung und Verwirklichung von Projektvorschlägen gewonnen werden.

Dass Lernvorgänge durch praktische, problemlösende Tätigkeiten ausgelöst und befördert werden, ist eine alte Erfahrung. Sie hat in der Pädagogik (z.B. in den Erziehungstheorien J.J. Rousseaus und Pestalozzis) einen festen Platz. Das Arrangement von zeitlich und thematisch begrenzten, von Lernenden selbständig geplanten, durchgeführten und verantworteten Projekten wurde bereits zu Anfang des 20. Jahrhunderts im berufsvorbereitenden und berufsbildenden Schulwesen der USA praktiziert. Eine stringente theoretische Begründung erhielt die Projektmethode durch *John Dewey (1859-1952)* und seine Mitarbeiter (u.a. W.H. Kilpatrick). Im Gegensatz zu dem in der ersten Hälfte des 20.Jhs vorherrschenden Behaviorismus mit seinen aus Tierversuchen gewonnenen Erkenntnissen über das Lernen (s.o. Kap. 2.6) stellte J. Dewey in seiner Lern- und Erziehungstheorie *menschliches Lernen* in den Mittelpunkt seiner Beobachtungen und Experimente. Dabei erkannte er die große Bedeutung der sozialen Umwelt sowie die Notwendigkeit eigener Erfahrungen für die Lern- und Denkentwicklung und das menschliche Handeln („How we think", 1910). „Learning by doing" ist zum Schlagwort geworden. In seinem Hauptwerk „Demokratie und Erziehung" (1916; dt.3/1964) stellt er die tiefgreifenden Unterschiede in der geistigen Haltung und den Lernprozessen von einerseits Zuschauern und andererseits Mitwirkenden, Handelnden gegenüber. Daraus ergaben sich Einsichten in die Entwicklung engagierten Lerninteresses, der Motivation und „Willensstärke" sowie in die Entfaltung der geistigen und moralischen Kräfte im Prozess der Bearbeitung und Bewältigung selbst gewählter und für wichtig erachteter Aufgaben.

Die Analyse des Zusammenhangs von Denken und Erfahrung führt Dewey zu zwei pädagogisch wichtigen Schlüssen:

„1. Erziehung ist in erster Linie eine Sache des Handelns und Erleidens" (nämlich des Widerstandes der Sache), „nicht des Erkennens" (also z.B. nicht des bloß abstrakten Schlussfolgerns).

„2. Der Maßstab für den Wert einer Erfahrung liegt in der größeren oder kleineren (praktisch erworbenen, u.U. erlittenen) Einsicht in die Beziehungen und Zusammenhänge, zu der sie uns führt."

Dewey verdeutlicht die Zusammenhänge zwischen der Wahrnehmung in der Auseinandersetzung mit der Sache bzw. Situation, der Begriffsbildung, dem Bewerten sowie der Verantwortung des Handelnden für sein Tun. Die Analyse

154

des Handlungs-, Erfahrungs-, Denk- und Lernprozesses ergab die folgende *Stufenfolge*, die für die Durchführung von erfolgreichen Projekten charakteristisch ist:

1. Gründliches Denken und Lernen ereignet sich im gesellschaftlichen Interaktionsprozess. Es beginnt mit der *Erfahrung einer problemhaltigen Situation*, dem „Einbruch des Unbekannten", der zum Wagnis des Erkundens, Forschens und Nachdenkens herausfordert. Die das Denken und Lernen antreibenden „Befremdungen, Verwirrungen, Zweifel" sind gleichzusetzen mit der „Fragehaltung", die gute Lehrer/innen zu Beginn von Lernprozessen bei ihren Schüler/innen anzuregen suchen.
2. Aus solcher Fragehaltung entstehen im Prozess der fortschreitenden Problembewältigung *„probeweise Deutungen der gegebenen Elemente"*. Dabei werden mögliche Folgen verschiedener Entwicklungen bedacht. Diese führen weiter zu
3. der *„sorgfältigen Erkundung* (Erforschung, Feststellung, Prüfung, Zergliederung) *aller erreichbaren Umstände*; sie dient der bestimmten Erfassung und Klärung des vorliegenden Problems". Es folgt
4. *„eine versuchsweise Ausgestaltung der vorläufigen Annahme"* (über die wesentlichen Komponenten und Bedingungen der problematischen Situation) und
5. „die *Entwicklung eines Planes* für das eigene Handeln auf der Grundlage der so durchgearbeiteten Annahme, Anwendung dieses Planes auf die gegebene Sachlage, d.h. *Handeln* in der Absicht, gewisse Ergebnisse zu erzielen und dadurch die Richtigkeit der Annahme nachzuprüfen" (Dewey 1964, 201f).

Diese Schrittfolge lässt sich leicht als Erweiterung, Differenzierung und Vertiefung der früh in der Projektunterrichtbewegung praktizierten Stufen „Purposing – Planning – Executing – Judging" erkennen. G. Kerschensteiner hat in seiner Theorie der Arbeitsschule, die u.a. auf Deweys Theorie aufbaut, zu Recht die Bedeutung der fünften Stufe (Ausführung und „Verifikation") betont. Dewey selbst hebt aber auch die Wichtigkeit umfangreicher und genauer Arbeit im dritten und vierten Schritt hervor, weil sich durch sie der echte Erfahrungsgewinn vom Handeln „auf gut Glück" unterscheidet.

J. Deweys Theorie des Denkens und Lernens wurde zwar während der Zeit des vorherrschenden Behaviorismus etwas weniger beachtet. Durch (die vor allem von den Arbeiten und Erkenntnissen J.Piagets hervorgerufene) „kognitive Wende" in der Psychologie ist sie jedoch eindrucksvoll bestätigt worden.

H. Aebli (1994, 179) stellt in der Einleitung zum zweiten Teil seiner „Grundformen des Lehrens" („Handlung, Operation und Begriff") fest:

„Die Handlung (ist) die ursprüngliche Form des geistigen Lebens, und dies in der individuellen Geschichte des Kindes ebenso wie in der Geschichte der Menschheit... Dieses Handeln ist nicht chaotisch. Es hat seine innere Ordnung. Mittelhandlungen treten in den Dienst von Zwecken. Ziele verschiedener hierarchischer Höhe sind einander über- und untergeordnet. Mit zunehmendem Alter differenzieren sich die Handlungsschemata der Menschen. Aber noch der Alltag des Erwachsenen ist ein Alltag des Handelns, mehr als ein solcher der Reflexion. Der Unterricht muss in seinem Aufbau diesem genetischen Gesetz gehorchen und das geistige Leben wiederum von den Quellen der Handlung her in Gang setzen."

Konsequenterweise schreibt auch Aebli (1994, 198ff) in seinem didaktischen Kapitel über das Lernen einer Handlung fast dieselben Lernschritte vor wie J. Dewey, auf den er sich im übrigen des öfteren ausdrücklich beruft.

Es ist klar, dass soziales Lernen als Gewaltprävention „Lernen von Handlungen" darstellt. Dasselbe gilt aber auch für das Lernen von Begriffen, z.B. des Inhalts und der Bedeutung von Toleranz, Achtung, Menschenwürde usw. So wie Dewey betont auch Aebli: „Begriffe sind nicht einfach Inhalte des geistigen Lebens. Begriffe sind seine Instrumente". Mit ihnen lösen wir also Probleme. Und auch das Erlernen, Durcharbeiten und Anwenden der Begriffe ist nach Aebli eng an „echte Lebenssituationen" gebunden (S. 245ff).

Das in der gemeinsamen Problemlösung gewonnene Verständnis der Grundsätze und Begriffe humanen und friedfertigen Zusammenlebens und die gewonnene Kompetenz darin sollen sich entwickeln zu Überzeugungen, Handlungsmaximen und Methoden der Konfliktbewältigung und Aggressionsabwehr. Dazu können auch „Fixpunkte" und „Metainteraktion" hilfreich sein.

Fixpunkte nennt Frey (1984, 131ff) „organisatorische Schaltstellen in der Projektarbeit". Die Teilnehmer informieren sich gegenseitig über den Stand ihrer Arbeit, über aufgetretene Probleme in bestimmten Teilprojekten, diskutieren Lösungsschritte, bestätigen und bestärken sich gegenseitig usw. *„Metainteraktion"* meint „Auseinandersetzung auf höherer Ebene" (S.137ff). „Sie trägt dazu bei, dass das Tun pädagogisches Tun wird": also vertiefte Besinnung auf die Ziele und den Sinn des Projektes; kritische Beurteilung des gegenwärtigen Standes und der Chancen und weiterer Wege der Zielerreichung, Verbesserung der Kommunikation im Projekt... (s.d.).

In lerntheoretischer Sicht erweist sich die Projektmethode auf der Basis von Deweys Lehre vom Erfahrungslernen als komplexes System menschlichen Lernens, das auch Platz hat für Signallernen, Bekräftigungslernen und Modelllernen älterer Theorien. Darüber hinaus aber wird der Erwerb von Begriffen und Handlungsschemata „konstruktivistisch" (Piaget) erklärt durch die Auseinandersetzung, Assimilation und Akkomodation in der Begegnung mit der Welt. Die Lernenden sind Selbstverursacher ihres Lernens, weil sie die Probleme, die ihnen die Umwelt stellt, lösen wollen, müssen und nur so lösen können. Somit umfasst dieses Lernverständnis prinzipiell auch die Erkenntnisse über Selbstverursachung, Selbstbewertung, „self-efficacy" und „human agency", die A. Bandura erst in den letzten Jahren in Angriff nahm (s.o. Kap.2.6).

Aller wirklichen Projektarbeit liegt somit eine umfassende und von verschiedenen Seiten wissenschaftlich belegte Theorie des Lernens zugrunde. Aus ihr ergeben sich auch *Maßstäbe:*

1) Es ist notwendig, dass sich auch diejenigen Jugendlichen beteiligen, die der Gewaltprävention besonders bedürfen.

2) Die Projekte müssen aus dem Erleben der Jugendlichen erwachsen und von ihnen gewollt sein.

3) Die Ausgangslage muss real erfahrene Schwierigkeiten enthalten, Probleme, deren Lösung den Jugendlichen am Herzen liegt, für die sie bereit sind, Anstrengungen praktischer, körperlicher und geistiger Art auf sich zu nehmen.

4) Projekte sollten soziales Lernen ermöglichen: gemeinsame Zielsetzungen, arbeitsteiliges Vorgehen, gegenseitige Abstimmung, Hilfe und Korrektur.

5) Die Teilnehmerinnen sollten selbständig erkunden, planen, verantworten können.

6) Die Durchführung muss nicht immer zu den gewünschten Zielen führen, aber sie sollte Gelegenheit zur selbständigen Beurteilung der Wahrnehmungen, Einschätzungen, Planungen und Handlungen der Gruppe und der einzelnen geben.

7) Die Zusammenarbeit im Projekt muss selbst von den Regeln prosozialen Verhaltens geprägt sein, z.B. durch Bewusstmachung der gewaltpräventiven Ziele, durch Beispiele aggressionsfreien Verhaltens auch in Konfliktsituationen, durch gegenseitige Bestärkung in friedfertigem Verhalten.

8) Gewaltpräventive Projekte sind dann erfolgreich (selbst wenn sie die angenommenen Ziele nicht oder nicht vollständig erreichen), wenn sie nachweislich friedfertige Werteinstellungen, Handlungsmuster, Willensanstrengungen und soziale Verantwortung fördern.

9) Der Erfolg solcher Projekte sollte als solcher und zur Selbstbestätigung der Teilnehmer/innen sowie zur Verstärkung zukünftiger Verhaltensweisen durch besondere Maßnahmen erlebbar gemacht werden: Abschlussdiskussionen, Dokumentationen, Feiern, Belohnungen usw.

10) Perspektiven für weitere Arbeit können weiteres Engagement und Fortsetzung der Bemühungen gewährleisten.

11) An bestimmten „Fixpunkten" können pädagogisch unterstützte Klärungen, Zwischenüberlegungen, Korrekturen sehr hilfreich sein; ebenso können die Kommunikationsweisen im Projekt den Erfordernissen angepasst werden.

Die aus der Literatur und der sozialpädagogischen Praxis *bekannt gewordenen Projekte gegen Gewalt* entsprechen diesen Kriterien teilweise zu wenig. Das liegt schon daran, dass viele Jugendleiter/innen nur diejenigen Jugendlichen erreichen, die der Gewaltprävention am wenigsten bedürfen. Auch begnügen sich viele mit der Schaffung von Kontakten zwischen jugendlichen Gruppen verschiedener sozialer, ethnischer usw. Herkunft. Die gewaltpräventive Wirkung bloßer Begegnungen und gemeinsamer Handlungen ist jedoch oft zweifelhaft (s. GrF 11 „Kooperieren – Vernetzen", „Über die Wirksamkeit von Kontakten"). Auch ein Besuch in einem Ausländerviertel kann u.U. Vorurteile eher erhärten als abbauen. Und eine Plakataktion gegen sexistische Gewalt kann u.U. mehr schaden als nützen. Projektarbeit zur Gewaltprävention muss von Aktionismus unterschieden werden (s. auch Griffel 2000, Koch 2002).

Drei positive Beispiele

1. Stadtprojekt „Fremdsein in unserer Stadt" (vgl. Posselt/ Schumacher 1993, 218ff): Ein Schulklasse hat mehr als ein Drittel ausländische (türkische, jugoslawische, marokkanische) und russlanddeutsche Kinder. Es gibt Cliquen und Konflikte, Schlägereien. Die Lehrer/innen sind machtlos. Die Atmosphäre in der Klasse ist auf dem Tiefpunkt. Einige ausländische und einheimische Jugendliche ärgern sich darüber, wollen das ändern. Sie schlagen für die Projektwoche ein „Verständnisprojekt" vor: Wie ist es eigentlich, wenn man hier als ausländischer oder Aussiedler-Jugendlicher leben muss?

Ein Planungskomitee wird gegründet: Es sammelt Vorschläge für das Vorgehen in der Projektwoche: die Familien der Mitschüler/innen besuchen, Interviews machen auf den Straßen, Erkundungen im Wohnungsamt, im Sozialamt, bei der Ausländerbehörde, bei kirchlichen und diakonischen Einrichtungen, bei Sportvereinen, Flüchtlingsgruppen, dem Stadtrat, in Restaurants und Läden mit ausländischen Betreibern....

Ziele werden vorüberlegt: Kennenlernen der Lebenssituation „Fremder" in Familien, Arbeitsstellen, Freizeit; Einblick gewinnen in Rechtsgrundlagen und Verwaltungspraktiken, in das Vorgehen der Ämter; welche Unterstützung bekommen neuzugezogene Ausländer oder Aussiedler von Hilfsorganisationen? Wie organisieren sie selbst ihr Zusammenleben mit den Einheimischen und mit Mitbürgern der eigenen Nationalität?...

Zu Beginn der Projektwoche werden diejenigen Aufgaben ausgewählt, die die meisten Stimmen in der Klasse bekommen; zusätzlich dürfen Kleingruppen Teilprojekte anmelden. Es wird beschlossen, gemischte Arbeitsgruppen zu bilden aus einheimischen und „fremden" Jugendlichen. Insgesamt kommen 7 Arbeitsgruppen aus je 3-5 Schüler/innen zustande mit den folgenden Arbeitsthemen: „Leben im Übergangsheim für Aussiedler", „Die unterschiedlichen Schwierigkeiten türkischer Mitschüler/innen, solcher, die hier geboren wurden, und solcher, die als Kinder hier herkamen", „Sozialhilfe für bedürftige Ausländer", „Schulbesuch und Ausbildungschancen ausländischer Schüler/innen", „Sportvereine und Ausländerjugendliche", „Nachbarn ausländischer Mitbürger", „Mädchen und Jungen in Deutschland und anderswo".

Die Schüler/innen arbeiten in Gruppen ihre Pläne aus: überlegen Ziele, versuchen *Schwierigkeiten vorherzusehen und Wege zur Realisierung* zu finden. Die Klassenlehrerin steht auf Anfrage zur Verfügung, um Hilfen bereitzustellen, Kontakte zu knüpfen, Wege zu ebnen. Zeitungsberichte werden gesammelt, Vorschriften studiert, Gespräche geführt. So kommt in jeder Gruppe ein *Arbeitsplan* zustande, der freilich flexibel bleiben muss, damit die Schüler/innen unvorhergesehene Schwierigkeiten überwinden können. Fragebögen müssen entwickelt und erprobt werden; Möglichkeiten der Dokumentation in Wort und Bild und Zahl werden überlegt, Besuche, Befragungen und Interviews bei Familien, Ämtern, Fachleuten durchgeführt usw. In vielem können die Klassenlehrerin und ein Lehrer, der Stadtrat ist, Vorschläge machen, Realisierungshilfe geben. Alle zwei Tage findet eine Plenumsitzung statt: *Berichterstattung* über den Stand der Bemühungen, *Abstimmung über das weitere Vorgehen*, auch über die Vorstellung der Ergebnisse und Einsichten am Projekttag mit Besuchern: Es wird vereinbart, dass jede Gruppe Verbesserungsvorschläge in ihrem Bereich formulieren soll....

Am Projekttag werden die *Ergebnisse* der Gruppen der Schulgemeinde vorgestellt: Plakate mit Fotos, Kurzdarstellungen, Zahlen, Grafiken; eine vervielfältigte Dokumentationsschrift; Vorführung einer Szene über die Ausbildungsberatung eines Aussiedlerjungen; die Verbesserungsvorschläge werden auf Plakaten zur *Diskussion* gestellt.

Ergebnisse: Die Präsentationen am Projekttag beeindruckten Eltern, Lehrer- und Mitschüler/innen. Die Schüler/innen bekundeten, dass die Projektarbeit spannend und lehrreich war, dass insbesondere die gemischten Arbeitsgruppen wichtig waren, weil so erst die unterschiedlichen Lebens- und Beurteilungsweisen verständlich wurden und vor allem weil so alle Teilnehmer/innen zur Beseitigung von Missverständnissen und zu Kompromissen gezwungen worden seien. Die Projektwoche hatte gute Effekte in der Klassengemeinschaft. Folgeprojekte wurden geplant, insbesondere gemeinsame Freizeitunternehmungen mit interkulturellen Themen und im Sport, eine Schüler-Hausaufgabenhilfe... Die Schulkonferenz erhebt „Fremdsein – Vertrauen" zum Jahresthema, im Mittelpunkt ein Theaterprojekt „Fremdistan" (zusammen mit einer örtlichen multikulturellen Theatergruppe; Bericht der Ernst-Macke-Hauptschule, Bonn).

2. *„Jugend baut für Jugend"* (BM f. Frauen u. Jugend 1994, 17.7). In einer ostsächsischen Stadt im Dreiländereck zwischen Polen, Deutschland und Tschechien herrschen Strukturkrisen, Bevölkerungsrückgang, Jugendarbeitslosigkeit. Es gibt fremdenfeindliche Ausschreitungen. Ein nationalistischer Jugendblock hat sich etabliert. Dies sind „Momentaufnahmen, die Sozialarbeitern zufolge die Stimmung in ... widerspiegeln."

Ein Institut für Friedens- und Konfliktforschung baut ein „Netzwerk aktiver Gruppen und Einrichtungen" auf. Es entwickelt sich auch dieses Projekt in einem maroden ehemaligen Jugendhaus. Jugendliche „besetzen" das verfallene Haus, reinigen, bessern aus, tapezieren, fliesen die Böden usw. Die Stadt als Eigentümer ist froh über das jugendliche Engagement, hilft beim Einbau von Heizung und Toiletten. Sozialarbeiter machen mit, besorgen aus Mitteln der Anti-Gewalt-AG Tische, Stühle, einen Mikrowellenherd, eine Hausbar, eine Tischtennisplatte und Fitnessgeräte. Die „Jugendlichen" (15-25jährige) können sich hier täglich treffen, entwickeln ein friedliches Gemeinschaftsleben, nicht nur für Angepasste. Auch eine Fußballmannschaft wird gegründet.

Sozialpädagogen helfen mit. Es gibt Arbeitslosenberatung, Förderunterricht für die Schule, eigene Film- und Videokurse, Angebote der Mädchenarbeit... Drogenberater kommen ins Haus... All das geschieht in Selbstverwaltung durch die Jugendlichen. Die Politiker der Stadt sind sich einig: „Allein Hinweise auf den abschreckenden Charakter der ausländerfeindlichen Gewalt genügen nicht!" Sozialarbeiter fühlen sich durch die Eigeninitiative der Jugendlichen bestätigt: Solche Projekte können helfen, soziale, gesellschaftliche und politische Probleme, auch die Gewaltproblematik, zu bewältigen.

3. *Radioworkshop „Wir machen uns hörbar"* (Bohn u.a. 1997,5, 60f). 15 Jugendliche aus drei Jugendzentren treffen sich. Sie sind besorgt über Jugendgewalt am Ort und im Land. Sie planen, erarbeiten sich Grundkenntnisse „learning by doing", suchen Kontakt zu Profis in einer Radiostation, führen dann einen dreitägigen Radioworkshop durch, um ein 45-minütiges Feature über „Gewalt" für den Offenen Kanal zu entwickeln.

Radiogerechte Einführungen, Statements, Interviews und Szenen werden entworfen, geprobt, durchgeführt: „Gewalt ist für mich, wenn...", „Unser Alltag ist weniger gewaltsam, wenn..."; themengerechte Sketche mit zwei oder drei Personen; ein kurzes Hörspiel, von türkischen Jugendlichen gestaltet; auch versetzen sie sich „in die Rolle von Skinheads, die über Asylanten und Türken schimpfen". Sie staunen, „wie die Kraftausdrücke ihr Rollenverhalten beeinflussten."...

Ergebnisse: u.a. die Einsicht, dass Gewalt eigentlich Schwäche bedeutet; ein differenzierteres Verständnis des Gewaltbegriffs; die Vielheit der Möglichkeiten, gewaltlos zu reagieren; die Schwierigkeit, seine Interessen gewaltfrei durchzusetzen; die Erprobung der Möglichkeiten, durch das Radio auf Mitmenschen im Sozialraum einzuwirken....

Durch drei zufällig ausgewählte Beispiele können die Möglichkeiten dieser Grundform nicht systematisch belegt werden. Die angegebenen Projektbücher zeigen jedoch ebenso wie die ausgesuchten positiven Exempel, dass es nicht ganz leicht ist, allen Kriterien für gewaltpräventiv wirksame Projektarbeit Genüge zu tun. Bitte überprüfen Sie das beim Studium der Projektbücher! Man muss pädagogische Maßstäbe beachten, wenn ineffektiver Aktionismus vermieden werden soll (Griffel 2000). Zu Fan-Projekten s. Schubarth 2000, 171ff!

3.9 Grundform 8: Gemeinschaft fördern – Gemeinsinn entwickeln

Zunächst ein *Hinweis: Bullying – Wehret den Anfängen!*

„*Bullying*" bezeichnet leicht zu übersehende, oft unscheinbare Formen der Aggression in Gruppen, Schulklassen usw.: Gruppenmitglieder werden von „*Bullies*" gehänselt, unterdrückt, beschimpft, bloßgestellt, herumgeschubst, (heimlich) geschlagen... (Ich ziehe es vor, „Mobbing" am Arbeitsplatz, von „Bullying" in Schulen zu unterscheiden – anders als z.B. W. Kindler in seinem Arbeitsbuch, 2002). Bullies sind zumeist stärker, oft älter als ihre Opfer. Auch Mädchen können „gemein" oder „gehässig" zu bestimmten Mitschülerinnen sein. Dabei erfahren „aktive Bullies" oft Zustimmung bzw. Unterstützung von inaktiv erscheinenden Zuschauern oder Mitläufer/innen.

Die aggressiven Handlungen erreichen oft nicht das Niveau offensichtlich unerlaubter Gewalt; manchmal werden sie von den Verantwortlichen als natürliches Gerangel oder als Schuld der schwächeren Opfer abgetan. „Bullying" kann dann ganze Schulklassen oder gar Schulen „verderben". Zu den bekannten Ursachen von Gewalt tritt also hier, wie beim sog. „Mobben" am Arbeitsplatz, die Unaufmerksamkeit der Verantwortlichen und Nichtbeachtung oder gar heimliche Unterstützung der Gruppenmitglieder.

Verschiedene Forscher/ Autoren haben sich des Problems angenommen (so Olweus, 1994; Horne/ Kiselica 1999, 313ff u.a.). Neben täter- und opferbezogenen Maßnahmen sind besonders die Grundformen 3"Miteinander reden...", 6 Moralerziehung und eben 8 Gemeinschaftserziehung, Förderung des Klassenklimas notwendig. Das Handbuch für Lehrer/innen von Newman/ Horne/ Bartolomucci (2000) „for helping bullies, victims and bystanders" schlägt folgende Schrittfolge der Prävention/Intervention vor (Einzelheiten s.d.!):

- Bessere Wahrnehmung und Beachtung von „Bullying" (Merkmale, Szenarien, Ermutigung zu Gegenmaßnahmen...)
- Bullies erkennen (Verhalten von Bullies, Jungen und Mädchen; Bewerten...)
- Opfer erkennen (Merkmale, Anzeichen, Typen; das Schweigen brechen...)
- Intervention gegen Bullies (Verantwortung übernehmen; Verhaltensmodifikation, positives Verhalten aufbauen, Täter-Opfer-Ausgleich...)
- Opfern helfen (Beistand, Verhaltensänderungen für verschiedene Opfer-Typen)
- Gemeinsame Präventionsmaßnahmen (günstigere Schulbedingungen u. .Lehrereinstellungen, Regeln für Klasse und Schule, Aktivierung, Teamarbeit, soziales Lernen, Elternbeteiligung, „Schüler-Bully-Courts"; Horne/ Kiselica 1999, 328...)

• Entkrampfung/ Bewältigung (Stressbewältigung, Entspannung, Beruhigung)

Fast alle Theorien, die jugendliches Gewaltverhalten zu erklären trachten, beweisen erhebliche *Einflüsse der Gruppen, in denen Jugendliche verkehren:* gewalttätige Cliquen, einheimische und ausländische Straßengangs, fremdenfeindlichen Gruppen, Hooligans (s. u.a. Bundesministerium 1994, Fuchs u.a. 1995, Hurrelmann u.a. 1995). Aber auch die informellen, weniger organisierten Bezugsgruppen Jugendlicher in Schule, Nachbarschaft, Freizeit sind von Bedeutung für die Entstehung und Verfestigung abweichenden Verhaltens (s.o. „Bullying"). Das wird auch greifbar in empirischen Untersuchungen. R. Möller u.a. stellen ihrem Forschungsbericht folgende Zusammenfassung voran:
„Gewalterfahrungen machen Jugendliche in der Regel in Gruppen, weitaus weniger als einzelne Personen.... Die Gruppe stellt damit eine entscheidende Gelegenheitsstruktur für gewaltförmiges Handeln dar."

Im einzelnen ließen ihre Befragungen von Jugendlichen folgende Zusammenhänge erkennen. Unter männlichen Jugendlichen, die Cliquen angehören, finden sich signifikant mehr gewalttätige Jugendliche als unter denen, die sich keiner Clique zurechnen. Gewaltsteigernden Einfluss haben besonders: starker Konformitätsdruck, eine hierarchische Ordnung und nicht-diskursive Kommunikationsformen. Anders als Mädchen neigen *männliche Jugendliche* dazu, ihre Gruppenbindung durch "körperbetonte Interaktionsformen" herzustellen. Schlagen und Geschlagenwerden gehören dann zu den „normalen Interaktionserfahrungen" innerhalb der Gruppe und gegenüber sog. „Feinden". Verbale Auseinandersetzungen, Diskussionen u.ä. gelten als unmännlich. Verteidigungsbereitschaft, Waffenbesitz, Drohungen, Sachbeschädigung, Körperverletzung, Raub entsprechen der Gruppenmoral. Im einzelnen wirken auch milieuspezifische Einstellungen mit, so die herkunftsbedingte Orientierung an Leistungsstreben und Durchsetzungsvermögen, Konsumorientierung bei geringen Ressourcen und Realisierungschancen, Desintegrationserfahrungen (Heitmeyer u.a. 1996).

Diese Erkenntnisse bestätigen verschiedene Aggressions- und Jugendgewalttheorien: so die Subkulturtheorie, das „differentiellen Lernen", überhaupt die Lerntheorien. Auch für die Wirksamkeit der Anomietheorie gibt es darin deutliche Hinweise (Kap. 2.7). Auf der tiefenpsychologischen Ebene hat besonders A. Adler die familiären Bedingungen festgestellt, die die Entwicklung eines prosozialen Gemeinschaftsgefühls in der Person verhindern. Danach führen übermäßige Versagenserlebnisse, Entwertungen, Herabsetzungen (auch zu starke Fürsorge) oft zu Überlegenheits- und Machtstreben, Sicherheitsstreben, Suche nach Idolen und stützenden Gruppen und schließlich zu aggressiver „Sicherung durch Distanz". Auch Lebensschicksale, wie Redl/ Wineman sie schildern, verdeutlichen dies eindrucksvoll (s. Kap. 2.4 u. 4.2).

Somit liegen überzeugende Belege aus Untersuchungen und Theorien vor, die dringend *Gemeinschaftserziehung als präventive Maßnahme* nahe legen.

Das gilt für die Primärgruppen (Gemeinschaftssinn in der Familie, besonders auch unter Geschwistern), das gilt aber unter den modernen, institutionalisierten Erziehungsbedingungen auch für Kindergärten, Schulen, Jugendgruppen. Dabei muss z.b. die Schulklasse unter den multikulturellen Bedingungen unserer heutigen und zukünftigen Gesellschaft als Ort erkannt werden, an dem ethnische, religiöse, kulturelle, soziale, ökonomische u.a. Gegensätze aufeinanderstoßen. Klassengemeinschaft, gegenseitiges Verständnis, Toleranz, Solidarität herzustellen, ist eine durchaus schwierige, aber wichtige Aufgabe.

Bereits in der *Reformpädagogik* wurden *Maßnahmen und Methoden* vorgeschlagen und erprobt, die dafür bis heute Maßstäbe und Anregungen bieten können. So hat *G. Kerschensteiner* (1854-1932) seine Theorie und Praxis der Arbeitsschule in den weiten Rahmen der staatsbürgerlichen Erziehung aller und der sittlichen Erziehung jedes einzelnen gestellt. Zur Befähigung der Jugendlichen zu berufstauglichen, kompetenten Staatsbürgern, die sich für die „Versittlichung" des Gemeinwesens verantwortlich fühlen, ist gemeinschaftliches Arbeiten und Lernen in Schulen und Schulklassen notwendig. „Wo und sobald es irgendwie angängig ist", soll man „den eigentlichen Schulbetrieb selbst in Arbeitsgemeinschaften organisieren".

Die „Klärung des sittlichen Urteils" und die „moralische Belehrung" sind ihm nur dort „Hebel zur Förderung des sozialen Verhaltens", „wo sie sich mit Gewohnheiten und Willensrichtungen des sozialen Verhaltens verschmelzen können" („Grundaxiom des Bildungsprozesses", 1917). Kerschensteiner lehrte (in Übereinstimmung mit J. Dewey und durch dessen Schulversuche inspiriert), dass „die Tugend des Gemeinschaftslebens, die Gerechtigkeit, nur gelernt wird durch die unmittelbare Teilnahme an der Gemeinschaft selbst". In Arbeitsgemeinschaften sollen die Älteren den Jüngeren, die Stärkeren den Schwächeren Führung und Hilfe beim gemeinsamen Werk zuteil werden lassen; Feinfühligkeit – Empathie und Toleranz – und vor allem Verantwortlichkeit sollen so erlebt und entwickelt werden. Die Schüler/innen selbst sollen praktisch an der „Versittlichung ihrer eigenen kleinen schulischen Lebensgemeinschaft" arbeiten und dadurch zugleich die große Gesellschaft versittlichen helfen („Der Begriff der Arbeitsschule", (7)1928; s. auch GrF 6 „Werte bilden...", bes. Cluster School, S. 148ff).

Die erzieherische Bedeutung der Gemeinschaft in allen „pädagogischen Situationen" hat *P. Petersen* (1884-1952) zu seinen Reformen der Lerngruppen inspiriert, die auch heute noch in „Jena-Plan-Schulen" praktiziert werden. Mehrere Altersjahrgänge (sozial und intellektuell gemischt, Jungen und Mädchen, Nichtbehinderte und Behinderte) leben, arbeiten und lernen die meiste Zeit zusammen in „Stammgruppen". Hier sollen sich die „Vorteile der Gruppe" entfalten: „einfache Menschlichkeit", „gegenseitiges Helfen und füreinander Sorgen", Aufgaben, Anregungen und Pflichten, „Erleben miteinander", „richtige Sozialbildung", auch Ordnung und Regeln einhalten; „Unfrieden wird geschlichtet", Patenschaften älterer für jüngere Schüler werden frei gebildet als „Hilfsmittel gegenseitiger Erziehung". Toleranz, Hilfe und „das Gefühl gegenseitiger Verantwortlichkeit" sollen zur „Schulgesinnung" werden („Der Kleine Jena-Plan", „Führungslehre des Unterrichts"). Wir haben glaubhafte Berichte über den sozialerzieherischen und unterrichtlichen Erfolg von heutigen Peter-Petersen-Schulen (s. u.a. „40 Jahre – sich der Wirklichkeit stellen – der Vision hinterher jagen"; Peter-Petersen-Schule „Am Rosenmaar", Köln.).

Exkurs: Kollektiv-Erziehung für jugendliche Rechtsbrecher durch A.S. Makarenko

Makarenkos (1888-1939) Berichte über seine Erziehungskollektive verdienen auch in der nachkommunistischen Ära Beachtung – in unserem Zusammenhang ganz besonders, weil viele seiner Zöglinge, besonders in den Anfängen der Gorki-Kolonie, jugendliche Delinquenten, Gewalttäter waren. Maxim Gorkis Name ist Symbol und Ziel: ein verwahrloster Junge, der zum gefeierten Schriftsteller wurde.

A.S. Makarenko schildert in seinem ersten Hauptwerk „Ein pädagogisches Poem" die Geschichte der Gorki-Kolonie. Die Anfänge liegen in den Nachkriegswirren und der Frühzeit der Sowjetunion. Zehntausende hungrige, verwahrloste, plündernde und raubende Kinder und Jugendliche streunen durch das Land. Der gelernte Lehrer Makarenko, Pädagoge aus Leidenschaft und Überzeugung, bekommt den Auftrag, ein Heim, eine Kolonie mit solchen Jugendlichen einzurichten und „neue Menschen" aus ihnen zu machen. Es lohnt, die *Schritte seines Vorgehens* zu bedenken.

Es begann mit der *„Organisationsperiode":* Herrichtung von Räumen, Beschaffung von Nahrungsmitteln, Anstellung zweier „lebensfrischer Menschen" als Erzieher/innen – alles unter Schwierigkeiten! Dann kamen die ersten sechs Zöglinge. Vier Achtzehnjährige waren wegen bewaffneten Raubüberfalls, zwei Jüngere wegen Diebstahls geschickt worden. Sie sehen die Einweisung als „Schlamassel" an. Sie rühren keine Hand, um im Winter wenigstens den hohen Schnee vom Hof zu räumen, sind höhnisch und unverschämt, zeigen ihre Messer und reißen Zoten in Gegenwart der Erzieherinnen. Die Atmosphäre ist unheimlich; die Pädagog/innen wissen keinen Rat! Ohnmächtige Anstrengungen, Verzweiflung, emsiges Lesen über Erziehung – alles vergeblich!

Den *Anfang der Gemeinschaftserziehung* bildet ein „Sturz vom pädagogischen Seil". Die Jugendlichen hatten sich trotz des kalten Winters geweigert, im Wald Holz für die Öfen zu schlagen. Makarenko kam hinzu, wie sie statt dessen das Bretterdach eines Schuppens abrissen. Dabei verhöhnten sie den protestierenden Leiter und seinen Helfer. Makarenko befahl Sadorow, dem Cliquenboss, Holz zu hacken. Dieser wurde frech, beleidigte ihn. Makarenko schlug dreimal zu. Dann stellte er die sechs vor die Alternative: entweder Holz schlagen oder verschwinden!

Sie gingen Holz schlagen, trugen Sägen und Äxte. Und Makarenko ging mit ihnen. Die Szene wurde Stoff für pädagogische Deutungen in aller Welt. Makarenkos Erklärung der günstigen Wirkung seines zweifelhaften Tuns hieß: etwas wagen, authentisch reagieren, gemeinsam arbeiten, dabei die „Machorka" mit den Gewalttätern teilen! Von da an stellt Makarenko die Zöglinge zunächst vor die Wahl: Arbeiten und Disziplin zeigen – oder die Kolonie verlassen. Die sechs Jugendlichen bleiben, erzählen begeistert von Makarenkos „Heldentat". Weitere verwahrloste Jugendliche kommen....

Nahrungsmittel mussten organisiert werden. Makarenko schlug sich mit den Behörden herum. Der ständige Hunger „erschwerte in hohem Maße die sittliche Erziehung". Einer der Jungen stahl Fische aus den Reusen der Bauern. Es folgte ein für die Kolonie höchst unrühmlicher Skandal. Schlimmer: Als die Jungen selbst einige Reusen bekommen hatten, begann ein emsiges Fische-Fangen. Aber eine kleine Clique verzehrte die Fische, ohne den anderen etwas abzugeben.

Makarenkos Stunde kam, als er selbst von diesen eingeladen wurde mitzuessen. Er lehnte ab. Und was folgte, war eine *Lehrstunde über Kameradschaft*. Von da an wurden gefangene Fische und „organisierte" Nahrungsmittel geteilt unter allen, die ja auch gleich hungrig waren: Zöglingen und Erzieher/innen....

Wie kann man gemeinschaftsfördernd auf einen *Diebstahl aus der Gruppe* reagieren? Aus Makarenkos Schublade war eine beträchtliche Summe Geldes gestohlen worden. Einige Jungens kannten den Täter, wollten ihn aber nicht verraten. Makarenko ließ sie zunächst gewähren, und tatsächlich fand der Täter einen Weg, das Geld unerkannt zurückzugeben. Zwei Tage später wurde der ganze Speckvorrat gestohlen, dazu Süßigkeiten aus der Vorratskammer, Wagenschmiere – „ für uns so wertvoll wie Gold". Alle waren betroffen von den Folgen. Darüber gab es auch eine Strafpredigt. Als man endlich wieder Speck organisiert hatte, wurde er wieder gestohlen, und dann Bettlaken, Handwerkszeug, Pferdegeschirr, ...

Makarenko steht selbst nachts Wache. Sadorow, den er mit seinen Schlägen und seinem Mut beeindruckt hatte, gesellt sich zu ihm. „Warum das alles? Sie werden alles stehlen und dann auseinanderlaufen! Stellen Sie lieber zwei gute Wächter an und geben Sie ihnen Gewehre..." Eine Art sportlichen Interesses hat sich breit gemacht: ob Makarenko es schaffen wird? Makarenko dagegen: „Ihr müsst die Herren im Hause sein!" – Viele begreifen: sie müssen selbst Wache stehen.

Dennoch wieder ein schlimmes Ereignis: Die alte Wirtschafterin war versetzt worden. Sie soll mit ihren Habseligkeiten zu ihrem neuen Dienstort gebracht werden. Aber ihre „Freunde und Helfer" rauben sie dabei völlig aus. Schluchzend kommt sie zur Makarenko. Der Haupttäter war Burun, ein versierter siebzehnjähriger Räuber, der sich inzwischen zu einem soliden, freundlichen Kolonisten gewandelt zu haben schien. In seinem Versteck fand sich ein großes Arsenal von Diebesgut.

Ein *„Volksgericht"* wurde durchgeführt. Makarenko selbst war der Ankläger: Eine alte schwache Frau um ihr paar Lieblingssachen zu berauben, während man Hilfe vortäuscht, „das heißt wirklich ohne jede Menschlichkeit sein,... ein elender Wurm sein." Er appelliert an Stolz, Stärke, Selbstachtung der Jungen. Tatsächlich wendet sich die „Volksmeinung" gegen den Übeltäter. „Es geht uns an!" Sie wollen ihm „die Fresse polieren, ihn hinausjagen!" Schließlich muss Makarenko ihn vor den anderen schützen. Sadorow hilft seinem wütenden Leiter dabei. Schließlich verspricht Burun, nie wieder zu stehlen. Er möchte unbedingt in der Kolonie bleiben, will von Makarenko selbst bestraft werden. Dieser entscheidet: drei Tage Karzer bei Wasser und Brot.

Makarenko schloss die Tür nicht ab. Burun gab ihm sein Ehrenwort, das Zimmer nicht zu verlassen. Am zweiten Tag brachte der Leiter selbst dem Häftling ein Mittagessen, das Burun aber stolz ablehnen wollte. Makarenko laut: „Zum Teufel, willst du dich auch noch zieren?"

Burun wurde ein Ehrenmann, der niemals mehr in seinem Leben jemanden bestahl. Er machte sich – ebenso wie Sadorow – besonders verdient, als die Kolonie kurz darauf die Bewachung einer Chaussee übernahm, auf der jede Nacht jemand beraubt wurde. Der Förster übertrug den Jungen die Bewachung des Staatsforstes: Holzfrevler wurden gefasst – eine *aufregende Arbeit, von „staatlicher Bedeutung".* Das bewirkte mehr als Makarenkos frühere Strafpredigten: Selbstbewusstsein, „erste Keime eines guten kollektiven Tons!" Ein einheitliches Ganzes begann zu wachsen – die Gorki-Kolonie.

Soweit der Bericht über die Anfänge der „Gemeinschaftserziehung" Makarenkos. Das „Pädagogische Poem" schildert den weiteren Aufbau des Kollektivs, die Entstehung von Träumen eines würdigen Lebens, die Entwicklung von *„Perspektiven"* – Freude auf das Morgen, Planung und Einsatz für lohnende Ziele, die einen längeren Atem benötigen, und die Mitarbeit an einer vermeintlich besseren Welt unter der Führung der Sowjetunion.

Zentrale Elemente von Makarenkos Kollektivpädagogik, die in seinen theoretischen Schriften (bes. im 5. Bd der Ostberliner Ausgabe, 1964) auch systematisch beschrieben und begründet wird, sind u.a.: die Einrichtung von Abteilungen unter der Führung gewählter und ernannter Kommandeure, die Einsatzabteilungen als kurzzeitige Einrichtungen für besondere Aufgaben unter der Leitung von in der Sache bewährten Jugendlichen, die so auf Zeit zu Vorgesetzten auch arrivierter Kommandeure werden; die Selbstverwaltung der Abteilungen und die Vollversammlung; Disziplin als „Form des politischen und moralischen Wohlergehens"..., die „über den Interessen der einzelnen Mitglieder des Kollektivs" steht; ein System der Verteilung und Verzahnung von Verantwortung aller, einschließlich der Leitung; Arbeitsgemeinschaften im Wettbewerb; ein von Kameradschaft, Selbstbewusstsein und Würde getragener Stil der Arbeit im Kollektiv; Pädagogen als Vorbild, die „Methodik der parallelen pädagogischen Einwirkung" (der Verfolgung notwendiger Ziele über das Kollektiv)....

Makarenkos Schriften können Studierende und fertige Pädagog/innen auch heute noch faszinieren. Sie geben auch eine Antwort auf unsere Frage, wie Gemeinschaftssinn und soziale Verantwortung in Gruppen Jugendlicher entwickelt werden können – eine notwendige Grundform der Erziehung gegen Gewalt. Vergleiche mit anderen Modellen der Gemeinschaftserziehung (Kohlbergs „Just Community Schools" (Kap. 3.7), Hilbigs Adorno-Schule (s. Kap. 2.2) und heutigen Plänen zur „Schulentwicklung" können auch die kritischen Aspekte der Kollektiverziehung Makarenkos aufdecken helfen. S. auch die sittliche Erziehung Pestalozzis (Kap. 3.7).

Durch Reformschulen und Makarenkos Kollektiverziehung haben wir aufschlussreiche Annäherungen an die Methodik der Gemeinschaftserziehung als Grundform der Gewaltprävention kennen gelernt. Die Frage ist, *welche Möglichkeiten haben unsere Lehrer- und Sozialerzieher/innen* unter den Bedingungen, die in unserer Gesellschaft und ihren „normalen" öffentlichen Erziehungseinrichtungen gelten? Einige Anregungen sollen gegeben werden:

1.Gemeinschaftsfördernder Erziehungsstil. Seit den Untersuchungen von Lewin, Lippit und White (1939) über den Zusammenhang von Führungsstilen, sozialem Klima und aggressivem Verhalten haben verschiedene Forscher die „Haltungen" und Verhaltensweisen von Lehrer- und Erzieher/innen und deren Wirkungen auf die emotionale, soziale und geistige Entwicklung von Kindern und Jugendlichen untersucht (C.W. Gordon, H.H. Anderson, U. Walz, G. Dietrich, R. und A.M. Tausch; Weber 1976). Dass die Ergebnisse nicht schematisch verallgemeinert werden können, so dass die Erziehungs- und Unterrichts-situationen, das Alter und andere anthropogenen und soziokulturellen Voraus-setzungen der zu Erziehenden, Lerninhalte usw. unbeachtet blieben, sollte selbstverständlich sein. Ergebnis: Erzieher- und Lehrer/innen schaffen durch ihre Haltung gegenüber den zu Erziehenden und durch ihr Interaktionsverhal-ten (s. GrF 3, 4, 6) ein mehr oder weniger förderliches soziales Klima für die emotionale, soziale und geistige Entwicklung von Kindern und Jugendlichen.

Allein das Drannehmen der Schüler/innen im Unterricht oder in Gruppendis-kussionen kann ganz unterschiedlich gepolt sein. Es kann erfolgen, um He-ranwachsenden die Gelegenheit zu geben, zum gemeinsamen Lernfortschritt beizutragen, oder auch nur sie vor der Klasse vorzuführen, zu blamieren.

Lehrer und Ausbilder/innen können ein soziales Klima der mitleidlosen Konkurrenz in Lerngruppen erzeugen, aber auch ein Klima der gegenseitigen Hilfe und der Freude an Fortschritten jedes einzelnen. Gelegenheiten zur De-monstration solcher Haltungen und Verhaltensweisen ergeben sich in allen Erziehungs- und Lernsituationen. Kinder und Jugendliche erfahren daher ne-ben förderlichen Einstellungen und Verhaltensweisen auch viel aggressives, autoritäres, verständnisloses, verächtliches, „nicht reversibles" Verhalten von Erwachsenen, welche emotionale Spannungen, Konflikte, antisozialen Nei-gungen, Aggressionen usw. erzeugen. Die GrF 8 „Gemeinschaft fördern..." empfiehlt dagegen, die schulische Arbeit so zu gestalten, dass geistige Fort-schritte mit der Entwicklung von Sozialkompetenz und sozialer Verantwortung einhergehen. Verschiedene Autoren (Nohl, Klafki, Schiefele, Tausch u.a.) haben ohnehin gezeigt, dass auch die Motivation und die Anstrengungen für das Lernen günstiger ausfallen, wenn das soziale Klima der Lerngruppe und das pädagogische Verhältnis zwischen Lehrer- und Schüler/innen von Ach-tung, Wärme, Rücksichtnahme, Verständnis, sozialer Verantwortung und dem Glauben an die Entwicklungsmöglichkeiten der Heranwachsenden geprägt sind. (s. auch GrF 3 „Miteinander reden - Einander verstehen"). Sozial förder-liche Grundhaltungen und Verhaltensweisen der Lehrer-/ Erzieher/innen wer-den durch weitere ausführlich begründete Stichworte beschrieben: Achtung des Grundwertes Selbstbestimmung, Förderung der seelischen und körperli-chen Funktions- und Leistungsfähigkeit aller, Ermöglichung des offenen Aus-einandersetzens Heranwachsender mit dem eigenen Erleben, Förderung der Selbstachtung und des Selbstkonzeptes (vgl. „Identität", GrF 4); „Grundwert soziale Ordnung", Ethik der „Ehrfurcht vor dem Leben", Erwachsene als Mo-delle prosozialen Verhaltens (Tausch/ Tausch 1977, 1992; Keller 2001, 64ff).

2. Sozialintegrative Unterrichtsmethoden: Der Streit um die negativen Wir-kungen des weithin praktizierten Frontalunterrichts ist teilweise müßig. Gute Lehrer können die genannten sozial-förderlichen Haltungen und Verhaltens-weisen auch in frontal geführtem „fragend-entwickelndem Unterricht" verwirklichen (vgl. hierzu Geißler 1973, Meyer 1994). Die Frage ist allerdings: Wie wahrscheinlich ist es, dass das vielen Lehrer/innen tagtäglich gelingt?

Die Erfahrungen vieler Schüler- und Student/innen sowie die Erkenntnisse aus zahlreichen Unterrichtsbesuchen beweisen, dass unter den gegebenen Rahmenbedingungen (Schul- und Unterrichtsorganisation, Stundenpläne, Unterrichtszeit, Richtlinien usw.) viele Lehrende Schwierigkeiten damit haben. Das liegt auch daran, dass ständiger Frontalunterricht gewisse Züge der „déformation professionelle" von Lehrer/innen herausbilden kann: das Besserwissen, Überlegenheitsgefühle, beschränkte implizite Persönlichkeitstheorien, Urteilsfehler, unnötiges Dirigieren, Ungeduld u.a.m.

Die Grundform „Gemeinschaftserziehung" erfordert, dass die „Sozialdimension" des Unterrichts förderlich gestaltet wird, besonders durch die „räumlich-organisatorischen, sozial-kommunikativen und moralisch-personalen Aspekte methodischen Handelns" (Meyer 1994, 223; s. GrF 1, 3, 4, 6). Hier soll besonders auf sozial-förderliche Unterrichtsarrangements hingewiesen werden, die auch bei aufkommenden Konfliktneigungen, Außenseiterkreierungen, Cliquenbildungen, aggressiven Tendenzen eingesetzt werden können.

Dazu gehört, dass Lehrer/innen in allen Unterrichtsformen eine Gruppenkultur des gegenseitigen Zuhörens, der Rücksichtnahme sowie der Achtung vor der Person, Meinung, Leistung des anderen zu gewährleisten vermögen (bes. durch Anregungen, Aufgabenstellungen, Regelsetzung und Gewohnheitsbildung, ggf. durch Kontrolle, nicht zuletzt durch eigenes Vorbildverhalten). Die Raumgestaltung und die Sitzordnung, z.B. im Kreis oder Viereck, können das allein nicht hervorrufen, aber befördern. S. bes. Kap.4.2!

Weitgehende Einigkeit besteht unter Experten der Pädagogischen Soziologie, der Erziehungspsychologie und der Unterrichtsmethodik darin, dass Partner- und Gruppenarbeit in der Schule, womöglich auch in der häuslichen Vor- und Nachbereitung, bei gekonnter Durchführung gute Chancen für die Förderung von Gemeinschaftssinn, Kooperation, Überwindung von Rivalität sowie auch für effektive Lernarbeit bieten.

Bereits *Carl Weiß* (1970, 140ff) stellte von soziologischer Seite das *Arbeitsschulverfahren* als Weg zur Erreichung der Bildungsziele in unserer dynamischen Gesellschaft dar. Gruppenarbeit hat demnach zwei wesentliche Ziele: „a) die Entbindung der Spontaneität und der Aktivität des Schülers, b) die Erziehung zu Kooperation und Partnerschaft". Mit G.H. Meads symbolisch-interaktionistischer Theorie (s.o. Kap. 2.7, 3.4) erklärt er, dass „Selbst- und Gemeinschaftsfähigkeit" sich „Hand in Hand" ... „im Handlungssystem der Gruppe entwickeln"; beide sind „die Wirkung der Zusammenarbeit" (S. 142f). Soziale Reife besteht vor allem in der Einsicht und der Ausrichtung auf Spielregeln des Zusammenseins und Zusammenarbeitens (mit Gehlen und Piaget erläutert; s. auch Kap. 4,3; Patterson). Ihre „Hochform" hält Weiß erst ab dem 13.-14. Lebensjahr für erreichbar (a.a.O., 150; s.o. Kerschensteiner).

Für die effektive Nutzung von *Partner- und Kleingruppenarbeit* sind nach Weiß frühzeitige Anbahnung und die Kenntnis der Sozialdynamik in Kleingruppen erforderlich. Arbeitsgruppen müssen auf Grund guter Kenntnis der Schülerpersönlichkeiten sensibel zusammengesetzt werden. Aber nach unserer Erfahrung können die besten Absichten scheitern, wenn in der Gruppenarbeit dann doch Rivalität, Konkurrenz, Aggressivität gepflegt werden. Dagegen kann schon der Arbeitsauftrag, bestimmte Schüler/innen mit Nachholbedarf zu Berichterstattern der Gruppen zu wählen, fruchtbare Zusammenarbeit, Hilfeleistung und Solidarität entfachen, wenn er in angemessener Weise erteilt wird.

R. und A.-M. Tausch halten in ihrer „Erziehungspsychologie" nach eingehenden Studien die „Ermöglichung kurzzeitiger themengleicher Kleingruppenarbeit im Unterricht" (etwa 40% der Unterrichtszeit) für notwendig. Andernfalls müssten Lehrer/innen „bei ihrem Bemühen um einen humanen Unterricht mit gleichzeitiger Freiheit, sozialer Ordnung und Leistungsfähigkeit scheitern" (1977, 253ff, s. auch 1990). Nur durch Ermöglichung solcher Gruppenarbeit seien selbstbestimmtes Handeln, selbständiges Denken, emotionaler und sozialer Kontakt zu Mitschülern, gegenseitige Kooperation und Hilfe, daraus erwachsende Gemeinsamkeiten und Selbstdisziplin im Unterricht möglich.

Den Beschreibungen und Durchführungsvorschlägen mit Beispielen folgen bei Tausch/ Tausch Überblicke über die beobachteten Tätigkeiten und Vorgänge bei Kleingruppenarbeit Hier interessieren besonders die Sozialprozesse:

„Schüler haben engen Kontakt zu Mitschülern und kooperieren miteinander und helfen sich gegenseitig. Sie arbeiten gruppenzentriert. Sie treffen verantwortlich Gruppenentscheidungen und erfahren Konsequenzen der eigenen Tätigkeiten. Sie berücksichtigen die Meinung der anderen. Sie lernen ihre Meinungen durch Kenntnisse der Meinungen der anderen zu ändern. Sie entwickeln Arbeitsregeln, lernen sie beachten und kontrollieren sie. Sie erhalten über ihr eigenes Verhalten Rückmeldungen durch die Gruppenmitglieder und können so ihr Verhalten korrigieren" (1977, 260).

H. Meyer (1994, 141) weist auf die Schwierigkeiten hin, die sich dem empirisch-analytischen Nachweis der Vorzüge einzelner Sozialformen des Unterrichts in den Weg stellen. Sie liegen darin, dass die personellen und sachlichen Umstände und die Wechselwirkungen einzelner Faktoren in Unterrichtssituationen höchst unterschiedlich und komplex sind. Auch im Gruppenunterricht können manche Lehrer/innen und Schulklassen Aggressivität und Konflikte entfachen. Aber bei fachkundigem Vorgehen sind prosoziale Wirkungen auch in der Unterrichtsbeobachtung festzustellen. Günstige Einsatzweisen *aller* Sozialformen lassen sich beschreiben und bei der Planung des Unterrichts in gewaltpräventivem Sinne berücksichtigen (s. auch Geißler 1973).

3. Die Aufgaben von Klassenlehrer- und Tutor/innen: Ein weiterer wichtiger Weg zur Förderung des sozialen Zusammenhalts und des Gemeinschaftssinnes der Lerngruppen kann und sollte von Klassenlehrer- und Tutor/innen beschritten werden. Wir haben in umfangreichen Forschungsarbeiten die Aufgaben, Tätigkeiten und Wirkungen der Klassenlehrer- und Tutor/innen untersucht (Martin 1996). Dabei ergab sich u.a., dass Lehrer/innen, die sich über mangelhaften sozialen Zusammenhalt, schlechten Gemeinschaftssinn, Cliquenkämpfe und Konflikte in ihren Klassen beklagten, deutlich weniger für die Förderung der Klassengemeinschaft taten als diejenigen, die das soziale Klima ihrer Klassen gelobt hatten. Als besonders förderlich für das soziale Klima erwiesen sich: das Engagement in der Beratung der Schüler/innen bei Störungen des Lernens, Verhaltens usw., bei sozialen Konflikten, Schullaufbahnproblemen; die Zusammenarbeit mit der Schülervertretung und mit den Eltern, die Vermittlung bei Konflikten zwischen Schüler/innen und Fachlehrer/innen, besonders auch die Durchführung von außerunterrichtlichen Aktivitäten wie Klassenfahrten, Klassentreffen und -festen, Theaterprojekten und schließlich die gute Kenntnis der persönlichen und häuslichen Verhältnisse der Schüler/innen.

Im einzelnen konnten wir eine Fülle von Erkenntnissen gewinnen über diese Tätigkeiten, ihre z.T. schwierigen Bedingungen, die Methoden und schließlich über ihre Auswirkungen – u.a. auch auf die Klassengemeinschaft. Für unser Thema ist es z.B. wichtig zu erfahren, dass die Schüler/innen aus den unteren, benachteiligten Schichten unserer Bevölkerung und solche ausländischer Herkunft ganz besonders intensiv nach Beratung, Hilfe, pädagogischen Aktivitäten der Klassenlehrer- und Tutor/innen verlangen (Martin 1996, 81ff, 89ff). Es sind die Kinder aus eben jenen „Milieus", die nach Heitmeyer u.a. (1996) von der Spirale der Desintegration-Verunsicherung-Gewalt bedroht sind. Wir sehen das als Beweis dafür an, dass Klassenlehrer- und Tutor/innen ganz besonders wichtige Agenten der Gewaltprävention sind. Sie haben es weithin in der Hand, auch die GrF „Raum geben – Leben ermöglichen"(1), „Miteinander reden – Einander verstehen"(3), „Interagieren – Identität fördern"(4), „Werte bilden – moralisch Handeln" (6) zur Wirkung zu bringen.

Hier geht es speziell um die *Förderung von „Gemeinschaftssinn", „Gemeinschaftsgefühl", „sozialer Integration", „prosozialem Verhalten", „sozialer Verantwortung".* Dafür stellen moderne Schulklassen/ Lerngruppen mehr denn je „problemhaltige Lebenskreise" (P. Petersen, s. Hinweis Kap. 3.2) dar. Die oft höchst diskrepanten soziokulturellen und anthropogenen Bedingungen der Schülerschaft sind als Herausforderungen zur Fortentwicklung prosozialer Werte, Einstellungen und Verhaltensweisen zu begreifen. Schüler/innen, die in ihren Familien zum Teil immer noch relativ homogene Werteinstellungen erleben, sitzen an einem Arbeitstisch mit solchen aus anderen sozialen Schichten, mit solchen, die z.T. fremdländisch aussehen, sich anders kleiden, anders werten, reagieren, anders glauben. Schon die *Sitzordnung*, für die Klassenleiter/innen zuständig sind, kann Bedingung für Verständnis und gegenseitige Hilfe sein oder auch Ursache immer neuer Streitigkeiten (vgl. Fall Manfred, Kap. 4.6).

Um wie viel mehr ist es die Planung und Durchführung einer gemeinsamen *Klassenfahrt!* Die Wünsche und Interessen der Jungen und Mädchen, lernfreudiger und weniger eifriger, ausländischer und einheimischer, religiös und wenig religiös eingestellter, finanziell unterschiedlich gestellter Schüler/innen sind zu beachten. Bereits die Planung ist im besten Falle eine Übung in Empathie, Rücksichtnahme und Toleranz sowie in der Bildung und Bewusstmachung gemeinschaftlicher Interessen und Werte.

Die Fahrt selbst ist Handeln. Sie kann in neu erfahrenen Umwelten und Begegnungen den Streit von Cliquen, die Ausgrenzung von Schwachen, „Fremden" befestigen oder hervorrufen. Sie kann unter guter Leitung aber auch stündlich neuen Anlass bieten, Interessen auszugleichen, sich abzustimmen, Mitschüler aus einem neuen Blickwinkel zu erleben, ihre Stärken zu bekräftigen und ihre Schwächen zu ertragen, sich für andere einzusetzen, ihnen zu helfen, Hilfe anzunehmen, Zuneigungen und sozialen Zusammenhalt zu entwickeln und für sich selbst, die Mitschüler/innen und die gemeinsame Sache Verantwortung zu tragen (s. Martin 1996, 70f, 183ff, 211ff, 223ff, 241ff).

Auch in der *Förderung der Schülervertretung* treffen Klassenlehrer/innen auf eine problemhaltige Situation, die soziales Lernen ermöglichen kann: Macht SV Sinn, da doch die schulischen Vorschriften wenig Raum zu lassen scheinen, da doch viele Schüler/innen wenig Interesse daran zu haben scheinen, da doch das fachliche Lernen die Hauptsache sein soll – und angesichts der Mehrarbeit und des Ärgers, den man auch mit Kolleg/innen bekommen kann und oft genug erfährt?

In unseren Befragungen schätzen die Schüler/innen die Items über das *Eintreten* der Klassenlehrer- und Tutor/innen *für die Belange der Schülerschaft* sehr hoch ein (S. 72ff). Die Lehrerschaft scheint hinsichtlich der Zusammenarbeit mit und der Förderung der Arbeit der SV eher gespalten zu sein. Eine beträchtliche Zahl von Lehrer/innen kümmert sich wenig um diese Aufgabe, hat Einwände und Kritik. Viele andere fördern die SV, die Schülerzeitungen...; Klassenlehrer/innen unterstützen Unternehmungen der Schülerschaft, bieten Gesprächsrunden für Schüler/innen an, richten Kummerkästen ein, vermitteln bei Konflikten von Schülern mit Fachlehrern (das von unseren 1955 Schüler/innen am höchsten bewertete Item unseres Fragebogens), kooperieren mit den Verbindungslehrer/innen u.a.m. Lehrer/innen begründen das auch, z.B.: „Sehr wichtig! Förderung der Selbstverantwortung der Schüler!" (A.a.O., S.175).

Damit bestätigen diese engagierten Klassenlehrer- und Tutor/innen das, was laut Schulmitwirkungsgesetzen, SV-Erlassen usw. das Ziel der Schülervertretung in unseren Schulen und Schulkonferenzen ist: demokratische Erziehung, Förderung der Selbständigkeit, der Verantwortung, des solidarischen Handelns in Problemsituationen und selbstgewünschten Unternehmungen (s. BASS, NW). Und die Schüler/innen danken es ihnen durch ein gutes soziales Klima in den Klassen, das auch der Lernarbeit nützt. Sie schlichten Streit (GrF 9) und unterbinden „Bullying" durch „Bully-Courts" (s.S.159f).

Zum Schluss sei noch einmal auf die auch hinsichtlich des Gemeinsinnes wichtige Vorbild- oder *Modell*funktion von Klassenleiter/innen hingewiesen, besonders im Hinblick auf die jüngeren und mittleren Schülerjahrgänge. Ob Klassengemeinschaft den Lehrer/innen etwas bedeutet, merken die Schüler/innen alltäglich. Nicht nur die großen Aktionen (die Planung und Durchführung einer Klassenfahrt, ein Theaterprojekt, der Einsatz für einzelne Schüler oder die Klasse in der Konferenz usw.) bringen das zum Ausdruck. Auch der „Kleinkram" (der Umgang mit Kranken, „schlechten" Schülern, Behinderten, Zuspätkommenden oder Schulschwänzern, die Austeilung von Zeugnissen, das Gespräch mit den Eltern...) enthüllt alltäglich, ja oft stündlich, was die Schüler/innen an Solidarität von Klassenlehrer/innen erwarten, woran sie sich ein Beispiel nehmen können. Gemeint sind nicht Nachgiebigkeit und Kumpanei. Es geht um erziehungswirksame Achtung der Gemeinschaft und jedes einzelnen darin, um gegenseitige Verantwortung, um tolerantes, solidarischen Zusammenarbeiten (vgl. Kohlbergs „Just Community School" (GrF 6).

4. Außerschulische Jugendarbeit: Die Bücher über sozialpädagogische Jugendprojekte gegen Gewalt, Fremdenfeindlichkeit usw. enthalten zahlreiche Beispiele für gemeinschaftsfördernde Unternehmungen (z.B. Bundesministerium 1994, Posselt/ Schumacher 1992, 1993; Bohn u.a. 1997). Für Jugendleiter/innen gilt in vieler Hinsicht das, was über Klassenlehrer/innen in diesem Kapitel gesagt wurde, wenn auch die ganz andere Situation der freiwilligen Jugendarbeit beachtet werden muss. Viele Jugendliche, wenn auch leider oft nicht diejenigen, die das am nötigsten brauchen, erleben Jugendclubs, Jugendheime usw. als Orte, an denen jugendgemäßer Umgang, auch als Kompensation für die schulische Lernarbeit, autoritäts- und gewaltfrei erlebt werden kann. Jugendgemäße Gemeinschaft und Solidarität können sich dort entwickeln – auch als Prävention gegen gewalttätige Einstellungen und Verhaltenstendenzen (s. unsere Hinweise und Beispiele in den GrF 3, 4, 6, 7, 9, 11; s. auch Schubarth 2000, 165ff).

3.10 Grundform 9: Konflikte bewältigen – Konfliktfähig werden (von Peter Martin)

Konflikte sind nicht dasselbe wie Aggression und Gewalt; aber sie *können zu aggressiven Handlungen ausarten* (s. Kap. 1.3). Aus diesen Gründen gehören Strategien zur Konfliktbewältigung in Familie, Schule und Freizeit zu den wichtigsten Grundformen der Gewaltprävention. Sie werden auch in anderen einschlägigen Schriften empfohlen (Keller 2001, Knopf 1996, Nolting 1994, Walker 1995). Allerdings werden soziale Konflikte und ihr Zusammenhang mit Aggressivität nicht immer gründlich genug verstanden. Die Verbreitung von Streitigkeiten, Konflikten, Aggressivität und Gewalt einerseits und die Aufwendigkeit professioneller Methoden der Konfliktbewältigung und Erziehung zu Konfliktfähigkeit andererseits erzeugen den Ruf nach Patentverfahren.

Konflikte können aber viele verschiedene Ursachen und Verläufe haben. Ein Rollenkonflikt, der im wesentlichen durch die unterschiedlichen Erwartungen der Bezugsgruppen – z.B. der Lehrer und der Mitschüler oder verschiedener Cliquen – bedingt ist, unterscheidet sich prinzipiell von Konflikten durch Ich-Schwäche, wie sie Fritz Redl bei seinen „Kindern, die hassen" festgestellt und beschrieben hat (s. Kap. 2.4). Wertkonflikte sind zu unterscheiden von Kommunikationskonflikten (s. GrF 3).

In der *Schulberatung* (Martin 1981 (Modell S.40ff), 1987, 1991; Martin/ Rüdiger (DIFF) 1985) hat sich zur Erfassung der im Einzelfall vornehmlich wirksamen Konfliktursachen das folgende *„allgemeine Konfliktmodell"* bewährt: Im Konflikt treffen je verschiedene Wertüberzeugungen, Ziele und Ansprüche, Interessen, Kognitions- und Kommunikationsgewohnheiten, Rollen, Triebwünsche usw. von Personen, den Konfliktpartnern, aufeinander. Schüler/innen stehen dabei v.a. unter dem Einfluss von Erwartungen der Mitschüler/innen, der Freund/innen, der Eltern, der Lehrer/innen und überhaupt der Schule. Die Bezugspersonen werden dabei von höchst verschiedenen Motiven und auch Interessen geleitet, und sie verfügen über unterschiedlich starke Sanktionsmethoden. Und alle diese Variablen und das Konfliktgeschehen selbst werden beeinflusst von gesellschaftlichen (kulturellen, politischen, sozialen, ethnischen, wirtschaftlichen u.a. Bedingungen. Beratung muss die einzelnen Variablen erkennen und zur Förderung der Konfliktbewältigung verändern helfen (Mertens 1974, Watzlawick u.a. 1974, Schulz v. Thun, 2001).

Hier sollen einige *Methoden der Konfliktprävention und -bearbeitung* dargestellt werden, die Lehrer/innen bei dieser pädagogischen Arbeit helfen können. Sie verlangen gewisse theoretische Kenntnisse zur Einschätzung ihrer Voraussetzungen, Möglichkeiten und Grenzen, aber auch Übung. Beides sollte in fachkundiger Ausbildung in Hochschulen oder Instituten der Lehrerfortbildung erworben werden. Ziel ist es, Konflikte konstruktiv zu bearbeiten, das Umschlagen in Aggressionen zu verhindern und Konfliktfähigkeit zu fördern.

1) Prävention durch pädagogisches Lehrerverhalten (Tausch/ Tausch; Gordon): GrF 3 „Miteinander reden – Einander verstehen" zeigte bereits wesentliche Charakteristika von gewaltpräventiven Gesprächsweisen in Familien, Schulklassen, Altersgruppen auf. Noch einmal sei darauf hingewiesen, dass das Lehrerverhalten leider oft Ursache sozialer Konflikte in der Schule ist. Die Lehrerrolle mit ihren Lehr-, Beurteilungs- und Ordnungsfunktionen weist den Lehrpersonen eine gegenüber den Schüler/innen überlegene, ja mächtige Position zu. Die tägliche Arbeit bewirkt aber andererseits nicht selten Gefühle der Überlastung, Unzufriedenheit, Ungeduld, Ärger und Stress, die nur selten durch Lehrerfortbildung, kollegiale Zusammenarbeit und Supervision aufgefangen werden. Daher klagen Schüler/innen oft über Unverständnis, Missachtung, Beleidigung u.ä. Konflikte entstehen, offene oder versteckte, verlagerte usw. Sie machen Schüler/innen wie Lehrer/innen das Leben schwer und können in Vandalismus und interpersonale Gewalt ausarten.

Pädagogisches Umgehen mit Konflikten in der Schule beginnt mit der *richtigen Einschätzung* ihres Wertes oder Unwertes. Das oben beschriebene Modell zeigt, dass Konflikte, so ärgerlich sie oft sein mögen, dem normalen Zusammenleben der Menschen entstammen. Sie dürfen nicht von vorne herein verurteilt werden. In Politik, Wirtschaft, Kultur verdanken wir ihnen fortschrittliche Lösungen für neue Probleme, weshalb sie dort nicht abgeschafft, sondern möglichst human geregelt werden. Lehrer/innen dürfen Konflikte nicht verteufeln. Das schafft eine gute Ausgangsbasis für Konfliktbewältigung und Erziehung. Und wenn Lehrer/innen *ehrlich zu sich selbst* sind und zugeben können, dass sie als Kinder oft nicht anders gehandelt haben als ihre Schüler/innen, dann erhöhen sich die Chancen durch ihre Glaubwürdigkeit. Verständnis für die Jugendlichen aus der Offenheit für das Selbsterlebte vermeidet viele Konfliktauslöser und schafft Vertrauen für die angemessene Bearbeitung von zwischenmenschlichen Schwierigkeiten. U.U. kann auch das Zugeben eigener Spannungen, Enttäuschungen usw. (Gordons *„Ich-Botschaft"*) positive Einstellungen, Mitwirkung an der Problemlösung auslösen, eher als der Versuch, zu vertuschen und zu verdrängen, den die Schüler leicht durchschauen.

Die verwandten Konzepte des sozial-integrativen Erziehungs- und Unterrichtsstils und der personzentrierten Beratung legen es zudem nahe, dass guter Gesprächskontakt und *verständnisvolle Aussprachen* über Spannungen und Probleme unnötige Konflikte gar nicht erst aufkommen lassen. „Ich merke, diese Aufgabe reizt dich nicht so recht," kann – ohne ironischen Seitenhieb gesprochen – viel mehr für die Motivation, Findung angemessener Aufgaben und Lernanstrengungen und das gute Lehrer-Schüler-Verhältnis bewirken als ein gereiztes „Dir passt wohl mal wieder die Aufgabe nicht?!"

Dass *„Aktives Zuhören"*, Verständnis der persönlichen Betroffenheit der Gesprächspartner/innen, hilfreich ist, wurde bereits im Kapitel „Miteinander reden..." (GrF 3) begründet. Leider gewöhnen sich viele Lehrer/innen statt dessen daran, selbst zuviel und ohne Rücksicht auf Gesprächspartner zu reden. Es ginge aber darum, den Ursachen des Ärgers, der Spannungen, des Widerwillens usw. auf die Spur zu kommen und Schüler/innen durch Ernstnehmen und innere Anteilnahme an ihren Bemühungen den Weg zur Problemlösung oder Einsicht zu ebnen. Aus diesem Verständnis erwachsen auch *Lehreranregungen zur selbständigen Bearbeitung* von Schwierigkeiten durch Schüler und Schülergruppen. Auch das fällt manchmal schwer, weil Lehrer/innen oft meinen, sie seien für alle Problemlösungen zuständig. Der daraus folgende Dirigismus und die Machtausübung bewirken dann neue Gegensätze und Spannungen – der Kreislauf der Störung beginnt von neuem.

Sind Konflikte erst einmal eingetreten, so bringen sie oft Enttäuschungen, Ärger, Einschränkungen u.ä. mit sich. Diese aber stellen die für humanes Zusammenleben und -lernen wichtigen Haltungen aller oft in Frage. *Auch im*

Konflikt Achtung vor Schüler/innen zu bewahren und Empathie zu entwickeln fällt nicht immer leicht, gerade das aber wäre wichtig. Achtung bewirkt Achtung und Selbstachtung. Sie zu empfinden und zu zeigen bedeutet nicht etwa, dass man in jedem Falle seine Enttäuschung unterdrücken muss.

Die *klientzentrierte Beratung* baut darauf, dass vor allem durch treffende, empathische Rückmeldung („Spiegeln", "Verbalisierung emotionaler Erlebnisinhalte", s. GrF 3) die geistigen und psychischen Kräfte derer, die mit Problemen ringen, aktiviert und zu befriedigenden Lösungen vorangetrieben werden. Das schlagen Rogers, Tausch, Gordon und andere daher auch vor. Sie lehnen aber auch gewisse verständnis- und respektvolle *Konfrontationen* nicht ab: „Du bist anderer Meinung als er." „Du möchtest, dass gar kein anderer seine Meinung äußert!" Sie sollen Nachdenken und Neuorientierung bewirken.

Weitere Vorschläge beinhalten: das Bemühen um befriedigende *Kompromisse* sowie das Finden von *Alternativen und Vereinbarungen*. Manchmal sehen Kinder und Jugendliche die Folgen ihres Handelns nicht. Ohne Drohgebärde können und müssen aber z.B. die Folgen mangelhafter Lernanstrengungen oder des Fehlverhaltens anderen Schüler/innen gegenüber ehrlich ausgesprochen und Vereinbarungen getroffen werden.

Auch müssen in der Schule und in der Klassengemeinschaft *Regeln* eingehalten werden. Sie auf das Sinnvolle zu beschränken und ihren Sinn *transparent* zu machen, kann unnötige Konflikte vermeiden helfen. Auch penetrant nachfragenden Schülern muss erklärt werden, dass die Freiheit des einzelnen durch die Freiheitsrechte der Mitmenschen begrenzt wird. Selbstverständlich ist es notwendig, dass Erwachsene sich selbst an die Ordnung halten, die sie vertreten. *„Modelle"*, auch schlechte, werden nachgeahmt.

Trotz allem gibt es *Übertretungen* von Regeln und Vereinbarungen. Das ist u.a. entwicklungspsychologisch und gruppendynamisch erklärbar. Pädagogisches Handeln verlangt *angemessene Reaktionen*, nicht Gewalt, Verletzung, Demütigung. Sog. „natürliche Strafen", die aus der Natur der Sache folgen (auch richtig dosiertes „Nachsitzen" bei Störverhalten und mangelnder Mitarbeit im Unterricht), sind überzeugender und hilfreicher als Willkürmaßnahmen. Und Jugendliche sind oft über *Wiedergutmachungs*regelungen leicht für prosoziales Handeln zu motivieren. Überhaupt lohnt die Suche nach produktiven Auswegen aus Feindschaften und Sackgassen. Im übrigen ist es hilfreich, wenn Lehrer-, Schüler/innen und Eltern einen *Schulkodex* mit Regeln und Konsequenzen von Übertretungen gemeinsam erarbeiten (s. Keller 2001, 74ff).

Für Maßnahmen und Wirkungen, die gute Lehrer-Schüler-Beziehungen und sozialen Zusammenhalt der Klasse teils voraussetzen, teils auch fördern können, sind bei Tausch/ Tausch (1977, 315 ff; 1992) zahlreiche Beispiele und überzeugende Begründungen zu finden. Derartige Haltungen und Vorgehensweisen gehören in das pädagogische Repertoire aller Lehrer/innen. Zumindest braucht jedes Lehrerkollegium genügend Klassen- und Fachlehrer/innen, die dazu in der Lage sind (s. Martin 1996; zum „Täter-Opfer-Ausgleich" Walter 1995, Schubarth 2001, 174f, Struck 2001).

Bekanntlich liegt den viel gekauften Konfliktbewältigungsprogrammen *Th.Gordons* („*Lehrer-Schüler-Konferenz*", „*Familienkonferenz*" usw.) auch diese Theorie der personzentrierten Beratung zugrunde. Gordon fragt zuerst nach dem Problembesitz. Wer hat die Schwierigkeiten, die zu Konflikten führen können? Hat sie der Schüler, so empfiehlt Gordon „aktives Zuhören", hat sie der Lehrer, die Lehrer/in, so empfiehlt er „Ich-Botschaften" (s.o.). S. auch „Die Neue Familienkonferenz" (1989,2001).

Gordons „Konferenzen" haben sich in Familien, Schulklassen, Betrieben tausendfach bewährt – auch seine Vorschläge für den Konfliktfall, in dem beide Seiten das Problem haben. Die häufigen Bemühungen um die Lösung der eigenen Probleme auf Kosten der anderen, die Durchsetzung des eigene Standpunktes und der eigenen Interessen wird unter pädagogischen und psychologischen Gesichtspunkten geprüft und kritisch beleuchtet. Hilfreich sind „*niederlagelose Konfliktbewältigungen*". Einen Konflikt gemeinsam zu bewältigen ist ein Projekt im Sinne J. Deweys. Daher verläuft dieser Prozess in den Stufen der Projektarbeit (s. GrF 7). Gordon gibt in seinen Büchern Anregungen für dieses Vorgehen:

1) *Definition des Problems* (durch die Betroffenen, freiwillig, ohne Tricks, aktiv zuhörend...)

2) *Sammlung möglicher Lösungen* (Brainstorming, schriftlich, ohne Rechtfertigung, ohne Bewertung...)

3) *Wertung der Lösungsvorschläge* (getrennt von 2; nur Lösungen zulassen, die für alle akzeptabel sind; aktiv zuhören und Ich-Botschaften senden, Begründungen ohne Zeitdruck...)

4) *Entscheidung für die beste Lösung* (durch Konsens; Realisierbarkeit und Folgen eines Scheiterns durchdenken; u.U. schriftlich fixieren)

5) *Richtlinie für die Realisierung der Entscheidung* (Zeitplan; Aufgaben und Verantwortung verteilen, u.U. Kontrollen vereinbaren...)

6) *Bewertung der Effektivität der Lösung* (Verschwinden des Konfliktes? Zufriedenheit? Unerwartete Schwierigkeiten? Wie soll es weitergehen?)

Die Methode bewährt sich bei Streitigkeiten im Lehr-Lernprozess, bei der Planung von Unternehmungen, Methodenstreit usw.; auch bei Konflikten zwischen Schüler/innen. In meiner Arbeit, früher in der Leitung eines Mitarbeiterstabes in einem großen Behindertenheim (Verwaltungs-, Versorgungs-, Pflege-, Therapiefachleute), jetzt in Schulklassen und der Lehrerfortbildung war und ist mir die Methode sehr hilfreich (P. M.).

Dennoch gibt es Grenzen: Gordon selbst betont, dass die Methode III bei Konflikten über Wertvorstellungen versagt. Auch lassen sich festgefahrene Gruppenkonflikte mit tiefsitzenden Überzeugungsgegensätzen nicht mit ihr lösen, ebenso wenig Konflikte, die aus unbewussten Komplexen immer wieder neu entfacht werden... Theoretische Grundlage ist eben die "Selbst-Theorie von C. Rogers, in der das Gewicht darauf gelegt wird, Menschen durch Realisierung humaner Haltungen und Gesprächsvariablen in den Stand zu setzen, selbst ihre Probleme zu erkennen und ihre Problemlösungs- und „Wachstumskräfte" zu mobilisieren. Somit sind bestimmte Ursachen und Formen der Gewalt mit ihr nicht zu beseitigen. Dennoch schaffen bereits die Präsens der Konferenz-Methode im Handlungsrepertoire der Lehrer/innen und gute gemeinsame Erfahrungen mit ihr günstige Voraussetzungen für ein gewaltfreieres Klima.

2) Streitschlichtung durch Schüler/innen: An über 5000 amerikanischen Schulen wird das Konzept der „Peer Mediation", Vermittlung durch Gleichaltrige, recht erfolgreich angewandt (s. Engert/ Rixius 1996). Schulen anderer Länder haben die Einrichtung übernommen, auch deutsche. Institutionen der Lehrerfortbildung fördern diese Entwicklung (Jeffereys 1998, Wichterich u.a. 1998). Das Konzept hat Vorzüge: Schüler/innen übernehmen selbst die Verantwortung bei der Beilegung von Streitigkeiten untereinander. Die Betroffenen empfinden keine Angst vor Indiskretion oder Strafen. Die ausgebildeten und praktizierenden Jugendlichen verbessern ihre Kommunikationsfähigkeiten; ihr Selbstwertgefühl steigt; überhaupt wächst in der Schülerschaft die Fähigkeit, mit Konflikten umzugehen, die Konfliktparteien zu verstehen, moralisch von höherer Warte zu urteilen, kreativ Problemlösungen zu finden und zu überzeugen. Das alles wirkt sich günstig auf die Schulkultur und die Prävention von Gewalt aus (GrF 3, 4, 6; s. Walker 2001, Kindler 2002).

Freilich muss man die Grenzen des Verfahrens kennen, wenn falsche Hoffnungen vermieden und notwendige Anstrengungen mit anderen Präventions- und Interventionsverfahren nicht unterbunden werden sollen. Letzteres droht deshalb, weil Streitschlichtung durch Schüler/innen auf den ersten Blick billiger zu kommen scheint als Beratung und Therapie durch Fachleute. In Wirklichkeit braucht man letztere natürlich für die Ausbildung und Supervision der jugendlichen Mediator/innen. Vor allem aber ist Schlichtung nur in Fällen angezeigt, in denen „Interessengegensätze oder geringfügige Regelverstöße vorliegen, denn sie hat das Ziel, einen Kompromiss oder ein beiderseitiges Wiedergutmachen zu bewirken" (Jefferys 1998, 5, ebenso Wichterich 1998, 14f). Gewalt unter Jugendlichen hat zumeist tiefere Gründe (s.o. Kap.2) und verlangt mehr Anstrengungen; aber Gewaltneigungen können auch aus „geringfügigen" Anlässen erwachsen, und sie gilt es frühzeitig zu beseitigen.

Dazu können jugendliche Streitschlichter/innen vieles beitragen. Es ist günstig, wenn sie für *das Schlichtungsverfahren* ein Beratungszimmer oder eine „Friedensecke" im Schulgebäude oder auf dem Schulhof zur Verfügung haben – einen neutralen Raum also. Er soll das Gefühl der Vertraulichkeit des Verfahrens erhöhen. Die Schlichtung verläuft gewöhnlich in bestimmten *Phasen*:

1) Bekanntgabe und *Übereinkunft über die Regeln* der Gesprächsführung: höflich sprechen, ausreden lassen, zuhören; wiederholen, was der andere gesagt hat (!).

2) *Die Streitenden berichten* nacheinander in aller Ruhe, was passiert ist, wie die Umstände waren und wie sie das Geschehen beurteilen, was sie beschwert usw. Der jeweils Zuhörende wiederholt, was er davon verstanden hat. Der Mediator hilft dabei, so dass der Prozess des Vortrags, des gegenseitigen Verstehens und der Wiedergabe des gegnerischen Standpunktes möglichst gut gelingt.

3) *Lösungen* erwachsen aus größer gewordenem gegenseitigen Verständnis. – Was möchtest du? Und du? – Was bist du bereit zu tun? Und du? Möglichst kreative Ideen äußern; Schlichter sammeln und wiederholen die *Vorschläge*.

4) *Bewertung:* Welche Lösung ist die fairste und für beide akzeptabel? Gegebenenfalls Anregungen zur weiteren Vorschlägen.

5) Ein *Vertrag* wird aufgesetzt, der das *Lösungsabkommen* detailliert und genau wiedergibt. Der Vertrag wird vorgelesen, ggf. korrigiert und dann von allen unterschrieben. Die Mediator/innen beglückwünschen die Konfliktpartner; die Teilnehmer bedanken sich für die Kooperation. Vertraulichkeit wird verabredet.

6) Nach Ablauf der im Vertrag festgesetzten Fristen berichten die Streitenden über den *Erfolg oder Misserfolg* des Schlichtungsverfahrens.

Die *Beurteilung* solcher Mediationen hinsichtlich der Fairness des Schlichtungsgesprächs und der Zufriedenheit der Konfliktgegner mit den gefundenen Lösungen fällt z.T. sehr gut aus (in einer Untersuchung: jeweils über 96% positive Urteile; Engert/ Rixius 1996, 227; Jefferys-Duden 2000).

Varianten der Schlichtungspraxis sehen zwei Schlichter/innen vor, die zugleich als „Anwälte" je einer Seite und als gemeinsame Gesprächsleiter/innen fungieren. An Sonderschulen wird oft auch ein/e Lehrer/in als Ko-Schlichter/in eingesetzt (Wichterich 1998,15f). Die Einführung und erfolgreiche Praxis der Streitschlichtung durch Schüler/innen haben einige *Voraussetzungen*, die beachtet werden sollten (Jefferys/ Noack 1995, Faller u.a. 1996, Wichterich u.a. 1998). Vorteilhaft ist es, dass die Schulgemeinde sich eingestehen muss, dass Konflikte vorhanden sind, die nun nicht mehr verdrängt werden. Ein Diskussionsprozess kommt in Gang, der die Schule ein kleines Stück voran bringt auf dem Weg zur „Gerechten Schulgemeinschaft" (also in der moralischen Erziehung; GrF 6).

Schlichter/innen müssen ausgewählt und ausgebildet werden. Auch Supervision ist notwendig. Das wiederum erfordert fachkundige Beratungslehrer/innen, ggf. Schulpsycholog/innen. Die Auswahl kann problematisch werden (Wer wählt sie aus? Wer wird Schlichter/in: nur Musterschüler/innen? Solche die selbst viel Erfahrung mit Konflikten haben?...). Die *Aus- und Fortbildung der Schlichter/innen* umfasst verständlicherweise Elemente, die auch in unseren „Grundformen der Prävention" vorgestellt werden: Gesprächsführung, „aktives Zuhören", Empathie-Training, „niederlagelose" Konfliktlösungen, Rollenspiele, Vertragsabfassungen, Verschwiegenheit, theoretische Grundlagen... (s. vor allem GrF 3, 4, 6, 8, 10).

Die engen *Grenzen*, die solcher Streitschlichtung durch Schüler/innen im Hinblick auf die Bewältigung von Schülergewalt – nicht im Hinblick auf die Verbesserung des Schulklimas, des Gemeinschaftsgefühls usw. (GrF 8) – gezogen sind, sind zu beachten (s.o.). Konflikte, die aus Gruppengegensätzen, Cliquenbildungen, aus der Lehrer-Schüler-Interaktion, aus der familiären Sozialisation usw. entstehen, sind nicht durch sie zu lösen. Daher sei noch ein weiteres Konfliktbewältigungsprogramm vorgestellt, das sich besonders bei der Verbesserung der Interaktion in der Schulklasse, bei Gruppen- und Außenseiterkonflikten u.ä. bewährt hat:

3) *Kooperative Verhaltensmodifikation* (Redlich/ Schley). Auch dieses Verfahren ist an bestimmte Voraussetzungen gebunden. Diese ergeben sich aus seinen theoretischen Grundlagen. Der Terminus *„Verhaltensmodifikation"* verweist auf die *Lerntheorien*: instrumentelles und operantes Konditionieren und Modellernen (s.o. Kap. 2.7). Es geht also in diesem Programm unter anderem darum, jene Bedingungen in der Gruppe zu finden, die unerwünschtes, konflikthaftes Verhalten stimulieren, bekräftigen, modellieren und aufrechterhalten. Des weiteren sollen solche Verhaltensweisen der Umwelt realisiert werden, die unerwünschtes Verhalten verändern oder löschen; und es soll erwünschtes Verhalten aufgebaut und gefestigt werden. In das lerntheoretische Basismodell wurden aber nicht nur die Außensteuerungsprozesse aufgenommen, sondern auch wirksame Selbstbewertungs- und Selbstbekräftigungsverfahren. Damit gewinnt die Kooperation aller Beteiligten zentrale Bedeutung: Beratungslehrer/in, Lehrer- und Schüler/innen, (u.U.) Schulpsycholog/in.

Mit dem Verfahren können also vor allem Konflikte und konfliktauslösende Störungen bearbeitet werden, die durch Stimuli, Bekräftigungen und Modelle hervorgerufen und aufrecht erhalten werden: Stören und mangelnde Aufmerksamkeit bzw. Mitarbeit im Unterricht, Unpünktlichkeit und schlechte Arbeitshaltung, gestörte Kooperation (z.B. zwischen Jungen und Mädchen), Außenseiterkreierung, auch demotivierendes, überforderndes oder anderweitig kritikwürdiges Lehrerverhalten. Es muss eine Übereinkunft der Betroffenen und der mitbeteiligten Gruppe erreichbar sein, aktiv an der Veränderung der Situation mitzuwirken. Das ist z.B. bei feindlichen Straßengangs nicht gegeben. Und Hooligans stimmen, wie man weiß, oft mit ihren Gegnern gerade darin überein, dass es zu einem „fight", einer Randale, kommen soll.

Redlich/ Schley (1981, S.39 ff) schlagen drei bewährte *Handlungsschritte* vor: Diagnose, Planung und Intervention. Sie stehen aber in einer wechselseitigen Beziehung: Im Prozess einer Verhaltensmodifikation „reichert sich das Wissen über die Bedingungen des Problems mehr und mehr an" (1981, 40):

Neun Teilschritte haben sich als Strukturierungs- und Orientierungshilfe für die meisten Probleme bewährt:

(1) Erfassung der Sichtweise des Lehrers, der Lehrerin: Der Lehrer konkretisiert seine Sichtweise des Problems gegenüber der Beraterin. Er beschreibt seine Sicht möglichst in gut verständlichen Verhaltensbegriffen und gibt der Beraterin ungefähr die Stärke des Problems an. Zusätzlich versuchen Lehrer- und Berater/in herauszufinden, welche Bedingungen das problematische Verhalten der Schüler und des Lehrenden auslösen. In diesem ersten Schritt geht es um die Beschreibung der Realität in der Klasse durch die „Brille" des Lehrenden.

(2) Erfassung der Sichtweise der Schüler/innen: In einem Unterrichtsgespräch oder einem Fragebogen können die Schüler ausdrücken, was sie stört: am Unterricht, an den Mitschüler/innen, am Lehrer, an sich selbst. Sie können die Problemsicht des Lehrers bestätigen oder nicht. Sie können Probleme in der Klasse anders gewichten als der

Lehrer oder gar gut finden, was dieser problematisiert. Unterschiedliche Sichtweisen werden klar.

(3) Gemeinsame Sicht: Bedingungsmodell: Die Sichtweise der Schüler/innen wird mit der des Lehrers verglichen. Aus den vorliegenden Informationen entwickeln Lehrer und Beraterin ein Bedingungsmodell des Problems. Es soll Antwort geben auf die Fragen:
- Wann ist das Problem zum erstenmal aufgetreten?
- Wie hat es sich im Laufe der Zeit entwickelt?
- In welchen Situationen tritt das problematische Verhalten auf?
- Was folgt dem Problemverhalten, was dem Zielverhalten?
- Hängt das Verhalten des Lehrers mit dem der Schüler/innen zusammen?
- Welche Abfolgen (Stimuli, Bekräftigungen usw.) treten dabei auf?
- Bedingt problematisches Lehrerverhalten das Störverhalten der Schüler/innen?
- Bedingt das problematische Schülerverhalten das Verhalten des Lehrers?

Der Grundgedanke des gemeinsamen Bedingungsmodells ist, dass die Wahrnehmungsverzerrungen der einzelnen "Seiten" durch die Einbeziehung aller Sichtweisen wieder ausgeglichen werden können und ein reales Bild des Geschehens und seiner lerntheoretisch erklärbaren Bedingungen entsteht. Das aufgestellte spezielle Erklärungsmodell sollte einfach formuliert sein (Transparenz für Schüler/innen). Z.B. (S.46):

Situation:	Problem aus der Sicht d. Lehrers:	... aus d. Sicht d. Schüler:
Frontalunterricht	Es beteiligen s. nur 4-5 Schüler,	Es stört alle Schüler, dass
Klassengespräche	80-90% d. Klasse schweigen	ihre Mitschüler häufig
Fragen d. Lehrers		bei Fehlern lachen oder
		abfällige Bemerkungen
		machen
↑	↑	↑

(4) Gemeinsame Zielbestimmung: Der Lehrer bespricht mit den Schüler/innen die Ergebnisse der Befragungen und das gemeinsam entwickelte Bedingungsmodell. Gemeinsam werden auch die Ziele überlegt und festgelegt. Im Beratungsgespräch zerlegen Lehrer und Berater/in das Ziel in Teilziele. Diese werden in Verhaltensbegriffen definiert, damit Missverständnisse vermieden werden. Durch die operationale Zielbestimmung kommt man der Handlungsebene möglichst nahe.

(5) Planung konkreter Interventionsmethoden: Lehrer- und Berater/in (oder Lehrer und Schüler/innen) ordnen den einzelnen Teilzielen konkrete Methoden und Maßnahmen zu. Die Interventionsmöglichkeiten bestehen im wesentlichen in den Methoden der „Diskriminationshilfe" (Hinweisreize wie Tafeln mit den Aufschriften ‚Partnerarbeit', ‚Frontalunterricht'; oder der Änderung der Sitzordnung), der „Verhaltensübung" (Rollenspiel der Konfliktsituation), der „Motivationshilfe" (äußere Verstärker wie Hausaufgaben, Fußballspielen,...). Interventionsmethoden können aber auch sein: verbale Instruktionen, Veränderung der strukturellen Bedingungen, Modellvorgaben, Interaktionsregeln, Sicherheitsübungen, Selbstkontrolle bei Aggressionen, Entspannungsübungen, Gesprächstechniken wie „aktives Zuhören" und „Ich-Botschaften"..

(6) Zeit- und Kontrollplanung: Methoden und Maßnahmen werden nun in eine zeitliche Reihenfolge gebracht. Fortschritte und Misserfolge sollen möglichst rasch festgestellt werden. Erfolgsrückmeldungen entsprechen den Kriterien der Selbstbewertung. Der Zeitplan dient als Orientierungshilfe für alle Beteiligten, kann aber, wenn nötig, verändert werden.

(7) Methodeneinsatz/ Erfolgsprüfung: Der Lehrer bespricht gemeinsam mit seinen Schülern seine Planung. Anregungen, Veränderungsvorschläge sollen, soweit wie möglich, aufgenommen werden. Je stärker die Schüler/innen an der Planung beteiligt werden, desto nachhaltiger sind meistens die Veränderungen. Ob die Einbeziehung der Schüler „echt" ist oder „pro forma", wird sich an dieser Stelle zeigen. Gemeinsam wird der Plan in die Tat umgesetzt, Fortschritte werden festgehalten. Korrekturen sollten angebracht werden, wenn sie den Beteiligten erforderlich erscheinen. Die Gefahr, dass Interventionen im Sande verlaufen, ist sonst groß.

(8) Stabilisierung: Falls die Ergebnisprüfung zeigt, dass das Ziel zur Zufriedenheit aller Beteiligten erreicht worden ist, können die Interventionsmaßnahmen schrittweise ausgeblendet werden.

(9) Abschlussbewertung: Am Schluss wird das Projekt von allen bewertet. Was war am Projekt gut, was war verbesserungswürdig? Lernfortschritte, Schwierigkeiten, überwundene Fehlschläge werden herausgearbeitet. Allen wird deutlich, dass soziales Verhalten gelernt werden kann. Das Projekt sollte die Schüler/innen zu neuen kooperativen Vorhaben anregen.

Somit ergibt sich als *Gesamtbeurteilung der hier vorgestellten Verfahren,* dass die Bewältigung von schulischen Konflikten und die Erziehung zur Konfliktfähigkeit verschiedene Methoden erfordern, die den (nach Vorgeschichte, Schwere, Art, Anzahl der Beteiligten, Ursachen usw.) sehr unterschiedlichen Konfliktarten entsprechen (s. auch Becker 1989, Neubauer u.a. 1992, Keller 2001). Für eine wirksame Gewaltprävention kann es nur schädlich sein, wenn unreflektiert modische und vermeintlich billige Verfahren propagiert werden, die sich dann als wirkungslose Alibi-Aktionen herausstellen, welche Gewaltneigungen und gewalttätiges Verhalten von Jugendlichen nicht verhindern.

3.11 Grundform 10:
Mit Tätern umgehen – Gewalt entmachten

Nach allem, was wir über die Aggressivität der Menschen (auch über gewalttätiges Handeln von Kindern und Jugendlichen) wissen und was uns die Theorien der Aggression erklären, können wir nicht annehmen, dass die bisher vorgeschlagenen „Grundformen der Gewaltprävention" oder die folgenden Maßnahmen zur Vorbeugung und Therapie einen hundertprozentigen Erfolg haben werden. Wir tun gut daran, mit Tätern zu rechnen. Was können wir tun, und wie können wir unsere Kinder und Jugendlichen darauf vorbereiten, dass sie mit Tätern umgehen und Gewalt entschärfen oder gar entmachten lernen?

Wir haben uns bisher hauptsächlich auf gewalttätiges Verhalten von Kindern und Jugendlichen bezogen und Methoden der Erziehung zur Friedfertigkeit, Toleranz, Konfliktbewältigung usw. durch Pädagogen und Eltern aufgezeigt. Hier nun spätestens wird es dringlich, dass wir uns selbst, die Erwachsenen, Erzieher- und Lehrer/innen usw., auch als Täter sehen. Zu Recht weisen etliche Bücher über Gewaltprävention darauf hin, dass wir geringe Chancen haben werden, wenn wir nicht unseren eigenen Anteil an der Entstehung von Jugendgewalt erkennen und mindern (s. auch: „Worüber man am liebsten nicht spricht"; Oelze in „Schüler '95", 87ff). Also zunächst: *Erzieher- und Lehrer/innen als Täter*. Auch ich beginne mit mir selbst:

Ich hatte, wie gewöhnlich während der vorlesungsfreien Zeit informell Anmeldungen für mein Seminar über „Gewalt in der Schule" angenommen. Die Liste der gemäß Seminarplätzen möglichen Teilnehmer war bis auf fünfzehn gefüllt. Aber zu Semesterbeginn standen noch mehr als hundert vor der Tür. Das war seit langem nicht vorgekommen, so dass ich die Anmeldung auch nicht vorher verlangt hatte. Manche der nicht Angemeldeten waren extra früh gekommen und hatten sich einen Platz im Übungsraum erobert. Ein anderer Raum stand nicht zur Verfügung. Was tun?

Ich habe tatsächlich zunächst diejenigen aufgenommen, die sich in der Sprechstunde angemeldet hatten und denen ich dabei die Teilnahme zugesagt hatte; dazu noch zwanzig weitere, so dass der Raum brechend voll war. Aber die anderen hundert? Was haben sie gedacht, als sie murrend abzogen und sich nach einem anderen, noch nicht vollen, aber vielleicht nicht gerade erwünschten Seminar umsahen? Das war offensichtlich Gewalt! Institutionelle Gewalt! Dozentengewalt! – Klar, dass wir damit einen Einstieg in das Thema des Seminars hatten. Ich habe auch die Lage nicht vertuscht, meine Ungeschicklichkeit, mangelnde Voraussicht und Hilflosigkeit zugegeben, um Verständnis geworben. Vielleicht war es das, was die Lage wenigstens im Seminar entspannte.

Sind *Lehrer/innen* Gewalttäter? Vergessen wir nicht, dass bis weit in unser Jahrhundert hinein der Stock zur Grundausrüstung der Lehrer gehörte. Das Lehrbuch meines Lateinlehrers war schmutzigbraun gefärbt von der Pomade, die viele Schüler damals auf ihre Haare taten. R. und A.-M. Tausch registrierten bei Unterrichtsbeobachtungen verbreitet „geringschätzige", „sozial irreversible" Lehreräußerungen, z.B.: „Du Holzkopf!" „Ihr Trantüten!" „Hat deine Mutter eigentlich einen Freund bei der Post?" „Du Idiot, wenn du noch einmal so einen Quatsch sagst, scheuere ich dir eine!" (1974, 330ff, 368ff). Sie schätzten 40-60% aller Äußerungen von Lehrer/innen gegenüber Schüler/innen im Unterricht sowie von Erzieherinnen gegenüber Kindern als sozial irreversibel ein (d.h.: Kinder und Jugendliche könnten es sich nicht erlauben, mit Erwachsenen so zu sprechen; 1977, 168;). „Gewalt fängt mit der Sprache an" (Struck 2001, 50ff).

Die *gegenwärtige Situation* wird zwiespältig beurteilt: „Die Mehrheit der Lehrer weiß um ihre Verantwortung... Von ihnen wird auch aggressives Lehrerverhalten nicht praktiziert, sondern, im Gegenteil, es wird verurteilt. Andere Lehrer handeln mitunter unbewusst aggressiv, ohne die Tragweite ihres Verhaltens einzuschätzen, und andere können aufgrund mangelnder sozialer und fachlicher Kompetenzen nicht anders handeln" (Knopf 1996, 98). Aber „ein Haupthindernis für Anti-Bullying-Programme" sind „teachers who bully students" (Schüler/innen)! (Horne/ Kiselica 1999, 330; Kindler 2002, 26ff).

V. Krumm zählt u.a. folgende „aggressionsauslösende" Lehrerverhaltensweisen auf: schimpfen, schreien, brüllen, mahnen, zur Rede stellen, mit No-
tendruck arbeiten, ins Klassenbuch eintragen, Eltern vorladen, blamieren,
fertig machen. Auch bezweifelt er, ob auswendig lernen lassen, „Stoff durch-
machen", abstufen in niedrigere Leistungsgruppen, schlechte Verhaltensnoten
u.ä. zu Friedfertigkeit erziehen können (zit. ebd.). Strukturelle Bedingungen
der Schule wie Machtverteilung, Auslesefunktionen, Zurückbleiben der Lerninhalte, Lehrbücher usw. hinter den aktuellen Lebensanforderungen, soziale
Bevorteilung u.ä. werden ebenfalls als „Lehrergewalt" erlebt (Heitmeyer/
Ulbrich-Hermann 1997, 45ff). „Soziale Etikettierung" erzeugt Gewaltbereitschaft; Tillmann u.a. 1999 253ff. Mit einer „Kette der Niederlagen" wird der
Amoklauf R. Steinhäusers in Zeitungen begründet (2002).

Weil auch Lehrer/innen wie andere Beschäftigte sich Verhaltensweisen an-
gewöhnen, die sie nicht immer neu bedenken können, sind Vorschläge zur
Selbsterfahrung und -überprüfung angebracht (s.Creighton/ Kivel 1993, Knopf
u.a.1996). Betroffenheit kann ein Wegweiser sein (Büttner 1994, 151ff).

Vorschläge einiger Autoren an Lehrer-, Erzieher-, Sozialpädagog/innen:
- Bilden Sie *Lehrergruppen u.ä. zur Förderung des sozialen Milieus* Ihrer Schule
  (Olweus 1996, 79ff).
- *Fragen Sie die Kinder/ Jugendlichen*, was sie als gewalttätig/ aggressiv in der
  Schule, in Jugendheimen empfinden! Führen Sie ein empathisches Gespräch mit
  ihnen (s. GrF 3 „Miteinander reden – Einander verstehen"). „Teacher awareness of
  Bullying" ist der erste Schritt in Anti-Bullying-Programmen (s.S.159).
- Lassen Sie sie *persönliche Erfahrungen mit Gewalt* aufschreiben: „Beschreibe ein
  Erlebnis, bei dem du mit Gewalt zu tun hattest oder dich vor jemandem gefürchtet
  hast. Entweder in der Schule, in deiner Nachbarschaft oder deiner Familie... Was
  ist geschehen? Wie hast du dich dabei gefühlt? Was hast du unternommen?...
  Wenn das Erlebnis, das du beschrieben hast, noch nicht vorbei ist, was kannst du
  dagegen tun?" Hilfsangebote.... (Creighton/ Kivel 1993, 161).

Man kann „*Adultismus*", die „fast unüberwindliche Barriere für Erwachsene,
die im Beruf oder privat Kontakte mit Jugendlichen aufbauen wollen", *verlernen.* Creighton/ Kivel (1993,120ff) schlagen z.B. einen vierstündigen *Work-
shop mit Erwachsenen und Jugendlichen* vor. Kurze *Programmübersicht*:
1. *Eröffnung* mit einer Plakatübung (Plakate mit den Zahlen 11-18; die Teilnehmer wählen eines dieser ihrer Jugendjahre aus und schreiben daraus besondere
   Ereignisse nieder);
1. Erklärung und *Vereinbarungen* über folgende Vorgehensweise;
2. Erinnerungen an die *eigene Jugendzeit*: Visualisierung: Rufname, Spitzname;
   Schule, Schulleben, Pausen...; Kleidung, Frisur, Vorlieben...; Musik...; Freunde...,
   Unternehmungen, Gespräche mit ihnen; die eigene Wohnung, das Zimmer, Besu-
   cher, Rückzugsplätze.... Gespräche der Teilnehmer/innen in Zweiergruppen über
   ihre Erfahrungen... Gruppengespräch....

4   Über Unterdrückung Jugendlicher:

4.1   Übung „Bitte aufstehen": Gruppenleiter/in bittet alle Teilnehmer/innen aufzustehen, die Augen zu schließen, sich in die Rolle eines Jugendlichen zu versetzen und
auf ihre Gefühle zu achten, während er/sie ihnen in ansteigend aggressivem Ton
Erwachsenensprüche „an den Kopf wirft" wie: „Jetzt nicht! Ich habe keine Zeit!"–
„Dazu bist du noch zu jung!"– „Geh auf dein Zimmer!"– „Nicht bevor die Aufgaben fertig sind!"– „Als ich so alt war wir du, hatte ich es viel schwerer!"– „Ich
schufte mich für dich kaputt!" – "Keine Widerworte!"– "Mach endlich die Flim-
merkiste aus!"– „Du bist einfach noch zu dumm dazu!"...

4.2   Übung „Jugendliche bitte aufstehen": Teilnehmer/innen denken an ihre Jugend.
Gruppenleiter/in bittet Teilnehmer/innen schweigend aufzustehen, die eine oder
mehrere der folgende Erfahrungen gemacht haben: „Du bist von einem Erwachsenen beschimpft worden."– „Du bist von einem Erwachsenen als „dumm" bezeichnet worden."– „Ein Erwachsener hat dich ignoriert."– „Ein Erwachsener hat dich
belogen."– „Ein Erwachsener hat dich verlassen, in Stich gesetzt,...festgehalten,..
.eingesperrt,..., angeschrieen,...mit Schlägen bedroht,... verprügelt" usw.

4.3   Gruppendiskussion über Gefühle und Erfahrungen in Zweiergruppen (die eher als
Gruppengespräche Selbstöffnung und tiefen Erfahrungsaustausch ermöglichen); –
Aussprache in der Gesamtgruppe über das Wesen des „Adultismus" und die Rolle
von Erwachsenen als Partner.... Fragen....

5   Diskussion in Altersgruppen. Jugendliche reden über Themen wie: Was   Erwachsene über uns wissen sollten; was ich von Erwachsenen erwarte, die auf meiner
Seite stehen wollen...; Erwachsene diskutieren über Fragen wie: Erwartungen, die
an mich als Erwachsener gestellt werden; was mir das über mich selber sagt; mein
nächster Schritt auf dem Weg zur Partnerschaft mit Jugendlichen....

6   „Speak Out" der Jugendlichen: Die von Adultismus betroffene Gruppe gibt Statements ab; die Erwachsenen hören zu und wiederholen das Gesagte, ohne weitere
Stellungnahme....

7   Schluss: Hilfsangebote, Aussagen zur Bildung von Bündnissen, Bewertung des
Workshops und des Erfahrungsgewinns....

Derartige Übungen haben sich in unseren Beratungslehrer-Kursen und -Trai-
nings sehr bewährt; ebenso *Rollenspiele mit Auswertung,* z.B. über häufige
Konfliktszenen zwischen Lehrer/innen oder zwischen Lehrern und Eltern usw.

Auch für den ***Umgang mit aggressiven, gewaltbereiten Mitmenschen,*** *auch
Schüler/innen,* sind *Verhaltensregeln* entwickelt worden. Dazu gehören die
übrigen Grundformen der Gewaltprävention. Verschiedene Autoren (Nolting
1994, 240ff; Knopf 1996, 130) schlagen u.a. folgende Verhaltensweisen vor,
die sich Lehrer-, Pädagog/innen zur Regel machen und einüben sollten:

- Selbst nicht aggressiv sein (Reduzierung von „Druck"; Modell-Wirkung);
- Versuchen, auch Täter zu verstehen, wertzuschätzen, nicht unfair zu behandeln
  (Gefühl des Angenommenseins vermitteln);
- Verzicht auf Schuldzuschreibungen und Etikettierungen (sonst Gefahr der Vertei-
  digungshaltung, Verstockung); Hinterfragen persönlicher Erklärungsmuster;
- Machtkämpfe, Autoritätsbeweise vermeiden;

- Gerade auch mit Tätern bewusst kontrolliert kommunizieren (Vermeidung bzw. Reduzierung von Aggressionsauslösern; Provokationen u.ä.);
- Achten auf Feedback über eigenes Verhalten (als Regulativ für sich selbst);
- Selbst deutlich Feedback geben (Vorzugsweise in „Ich-Botschaften"; zur Förderung tieferen Verständnisses durch Perspektivenwechsel);
- Kommunikationsstopper („Was soll der Unsinn?"-„Wie oft habe ich dir schon gesagt, dass...") vermeiden;
- Konstruktive Formen der Konfliktbewältigung anwenden (s. GrF 9).

In der *konkreten Begegnung mit einem gewaltbereiten oder aggressiven Interaktionspartner* (Lehrer- oder Schüler/in) legen die psychologischen Erkenntnisse (s.o. Kap .2.6) folgende Reaktionsweisen bzw. Maßnahmen nahe:
- *Immunisierung gegen Provokationen* (z.B.: Durchatmen, Selbstberuhigung durch Selbstinstruktion: „Auch wenn es noch so dick kommt: Immer die Ruhe bewahren!"– „Ich lasse mich nicht provozieren!" u.ä.). Gelassenheit ist lernbar: Entspannung lernen; Rollenspiele zum Umgang mit Aggressoren; „Beschimpfungsspiel": Teilnehmer/innen aus dem Kreis versuchen, in der Mitte sitzendes Mitglied durch Beschimpfungen aus der Ruhe zu bringen; mit Feedback; Rollenspiel Lehrer/in und provozierender Schüler, mit Rollentausch und Feedback....
- *Lage durchschauen:* Konflikt oder pure Gewalt; Bagatellfall (u.U. ignorieren oder mit Humor begegnen) oder ernste Sache? (S. GrF 9 „Konflikte...")
- *Gewalt stoppen:* Opfer schützen, Schaden vermeiden, ggf. Hilfe organisieren! Nicht eine anonyme Masse ansprechen, sondern einzelne Personen. Das Unerwartete tun! Notruf 110. U.U. kann der Schutz der Opfer vordringlich sein.
- *Genau beobachten*, Täter, Kleidung, Aussehen, Fluchtrichtung usw. merken;
- *Eingreifen in kritischen Situationen* ohne Körpereinsatz. Verhalten trainieren: Ruhig bleiben, mit der Person sachlich sprechen, ihr Aufmerksamkeit schenken; nicht attackieren, beschimpfen oder bedrohen; Geduld haben; der Person einen Fluchtweg lassen, ihr nicht zu nahe rücken, Handgemenge vermeiden...
- Ggf. *Situation kommunikativ deeskalieren* (GrF 3 „Miteinander reden – Einander verstehen"). S. u.a. Knopf 1996, Walker 1995, 35f.

Beurteilung: Wie in anderen Erziehungssituationen so dürfte auch für die sehr unterschiedlichen Arten, Schweregrade und Fälle bzw. Situationen von Gewaltereignissen gelten, dass Kataloge von allgemeinen Verhaltensregeln nur begrenzt hilfreich sind. Die vorliegenden Erfahrungsberichte und methodischen Vorschläge für schulische und außerschulische Gewaltsituationen sind noch sehr unterschiedlicher Art und Qualität. Handlungsstrategien im Konfliktfall sind gefragt, „Erfahrungsaustausch" von „ABM-Streetworkern", die vorher Kindergärtner oder Diplomsportlehrer waren und „das noch nie gemacht haben", soll helfen. Die Vorschläge lauten dann höchst unterschiedlich: „Vertrauen gewinnen!"– „Gefestigt, selbstbewusst, mutig sein!" - „Konflikte entschärfen!"- Ggf. auch: "Weglaufen!"– „Polizei alarmieren!"– „Etwas gegen eigenen Stress, Punk, Wut, Resignation unternehmen!" (BM f. Frauen u. Jugend 1994; Projekt 17.3 Seminar in Blossin: „Ohne Deeskalation keine

Pädagogik!" (Prof. L. Böhnisch, a.a.O., Projekt 17.10); „Heil Hitler, Herr Lehrer!" (Reaktionen und Vorgehensweisen von Lehrer/innen; Posselt/ Schumacher 1993, 230ff)).

„Lehrende haben Konfliktlösungsstrategien nicht eingeübt und sehen sich als Einzelkämpfer, vom Kollegium allein gelassen oder als unfähig stigmatisiert". So lautet das Vorwort zum Bericht über ein „Einstiegsgespräch in eine *Supervision"* (Hilbig in „Schüler '95 – Gewaltlösungen", 94f). *Fortbildungsmaßnahmen*, Trainings sind also dringend erforderlich (s. z.B. Landesinstitut für Schule und Weiterbildung, Soest: „learn-line.NRW.de"; „Kommunale Gewaltprävention" 1997).

Vielfach empfohlen wird das bereits seit längerem vorliegende sog. *„Konstanzer Trainingsmodell"* (KTM; Tennstedt u.a. 1987). Es besteht aus zehn Trainingseinheiten und ist für Kolleg/innen gedacht, die jeweils als „Tandem" zusammenarbeiten. Das Training soll die in den vier Hauptphasen der Gewaltabläufe erforderlichen Kompetenzen fördern:

Phase I: Situationsauffassung (Situationen, Worte, Handlungen usw. als Gewalt erkennen; mögliche und notwendige Handlungsziele überlegen);

Phase II: Handlungsauffassung (Handlungsrepertoire durchmustern und für die Anwendung in der Situation bewerten; Entkrampfung durch „Handlungsstopp"; Entscheidungen treffen, z.B. über Gesprächsverhalten, Verhaltenssteuerung durch Anreize, Veränderung der Sichtweisen und Bewertungen usw.);

Phase III: Handlungsausführung (Deeskalation; Vermittlung zwischen Kontrahenten; Grenzen und Spielräume sichtbar machen; in der Folge langfristige Maßnahmen der Prävention in der Schulklasse planen und durchführen; Vernetzung mit übergreifenden, z.B. gesamtkollegialen, schulischen und außerschulischen Maßnahmen);

Phase IV: Handlungsergebnisauffassung (Kontrollieren von Erfolg und Misserfolg im gesamten Handlungsprozess, auch durch Gespräche mit Beteiligten, Kollegen usw., Abschlussevaluation).

Als Erfolg des KTM wird gewertet, dass die Trainingsteilnehmer sensibler, flexibler, selbstsicherer werden, angemessener auf Gewalthandlungen reagieren, auch ihre Unterrichtsqualität verbessern. Schüler/innen werden in die Gewaltprävention einbezogen, werden zu sozialem *und* schulischem Lernen motiviert, setzen sich mit eigenem Verhalten auseinander. Im Kollegium steigt die Bereitschaft zur Zusammenarbeit, zu Offenheit und Vertrauen sowie die Kompetenz im Umgang mit Gewaltbereitschaft und Gewalthandlungen (Miller 1995).

Für die *Befähigung der Kinder und Jugendlichen zum Umgang mit Gewalt bzw. Gewalttätern* gibt es zahlreiche Projekte, Programme, Trainings. Sie lassen sich teilweise im Unterricht durchführen; aber auch Klassentreffen, Fahrten, Schullandheimaufenthalte, Projektwochen usw. werden oft zu solchen

Maßnahmen sozialen Lernens genutzt (Martin 1996). Die gemeinsame Aufstellung von Regeln („Klassenkodex", „Schulkodex", s.o.) motiviert.

Als wichtige Voraussetzung angemessener Maßnahmen gilt die Kenntnis bestimmter Merkmale von Schüler/innen, die häufig *Opfer* sind. Zumeist wird unterschieden zwischen

- eher *passiven Opfern*, die physisch und motorisch schwächer, unsicherer, ängstlicher, teilweise auch misstrauisch, verschlossen, unterwürfig sind; und wenig Selbstvertrauen haben; oft sind sie Einzelgänger; und
- eher *provokativen Opfern*, die schnell erregbar, oft hyperaktiv, unangepasst sind. (In Anti-Bullying-Programmen wird das Erkennen der Opfer besonders geübt; s.o. S. 159; Newman u.a. 2000, 77ff).

Es gibt Schüler/innen, die sich mit der Opferrolle anfreunden und Vorteile (Mitleid, Geschenke, Unterrichtsbefreiung) daraus ziehen. Oft werden generelle oder partielle Leistungsschwächen bei ihnen festgestellt. Es werden auch Tendenzen festgestellt, bestimmte Personen häufig als Sündenböcke für erlebte Niederlagen, Frustrationen, Nachteile der Klassengemeinschaft u.ä. zu missbrauchen. Das gilt besonders für Jugendliche, die nicht sehr beliebt in der Klasse sind, die sich nicht effektiv wehren können, die sich moralisch (z.B. hinsichtlich der Kameradschaft) Blößen geben und/ oder die durch Aussehen, Sprache, Herkunft usw. aus dem Rahmen fallen. Aber im allgemeinen gilt: Grundsätzlich kann jeder Opfer von Gewalt werden (Knopf 1996, 154ff; Nolting 1994, 165ff; Olweus 1995; Rostampour/ Melzer, 1997, 169ff).

Beispiele für AGs, Projekte usw.

1. Übung mit Grundschülern: *„Beleidigung als Auslöser von Gewalt"* (vgl.„learn-line.NRW.de"; LSW Soest):

- Arbeitsphase 1: Ein situativer Anlass: Ein Mädchen ist beschimpft worden, weil sie mit Fußball spielen wollte: „Verschwinde, du dumme Kuh!" Daraus Kreisgespräch: Sammeln von Beispielen für Beleidigungen zwischen Kindern, Erwachsenen usw., auf Karten geschrieben, in die Mitte gelegt, sortiert nach Fällen, Schimpfwortarten usw. (Gewalt zwischen Jungen und Mädchen, zwischen deutschen und ausländischen Kindern, auf dem Schulweg...)
- Arbeitsphase 2: Kleingruppenarbeit: Gewaltfreie Lösungsmöglichkeiten für verschiedene Fälle sollen erarbeitet werden; Ziel: Präsentation im Spiel; ggf. „Erarbeitung eines hypermedialen Fallbeispiels" als Fortsetzungsprojekt.

Siehe auch „Umgang mit sexueller Belästigung": Ja-Nein-Spiel; Grenzen setzen – Grenzen respektieren; Nein-sagen; Sich wehren... (Walker 1995, 90ff).

2. *„Wir werfen nicht mit Steinen"* – ein Unterrichtsprogramm zur „Unterstützung konstruktiver Elemente" nach Aggressionen" im 7. und 8. Schuljahr, die besonders gefährdet erscheinen; Gesamtschule Wuppertal-Ronsdorf; jahrelang erprobt von einer Arbeitsgruppe aus einem Sozialpädagogen, einem Schulpsychologen und Beratungslehrer/innen... *Hauptabschnitte:*

a) Programmvorstellung und Blitzlicht über Erwartungen der Teilnehmerinnen;

b) Aggressionen erkennen – Gewalt benennen (Gruppendiskussionen über „Gewalt ist, wenn..." und „Bei Gewalt fühle ich (mich)...";

c) „Die Streitmüll-Tonne" (Spielsituation; z.B. mit „Weg, du blöde Ziege!" – Vorspielen von Reaktionsmöglichkeiten: „Gleiche Münze", „Was kümmert es mich?" – „Ich reagiere unerwartet." – „Ich frage, was los ist." – „Klar und höflich sagen, was ich nicht gut finde." – „Ich reagiere humorvoll." Ähnliche Rollenspiele über erlebte Streitsituationen; Videoaufnahmen; Auswertung;

d) Gruppenspiel „Randale" mit Gesprächen, Rollenspielen, Aktionen zum Kennenlernen von Einstellungen und Reaktionsweisen und zur Überprüfung und Diskussion von Konfliktlösungen. Mit Auftragskarten: 1.Konfliktsituationen, 2. „Überraschung", 3. „Aktionen" 4. Gefühle. Spieler können Helfer wählen...;

e) „Lisa" (Suche nach Konfliktursachen): „Lisa" und tobender Lehrer spielen destruktive Unterrichtssituation; Gruppe sucht/ diskutiert Ursachen u. Lösungen;

f) „Litfasssäule": Karten schreiben mit sozial angemessenen Rückmeldungen: „Liebe/ Lieber..., ich finde gut, dass Du...." u.ä.; an Rücken von Teilnehmer/innen heften, lesen lassen. Gruppengespräch mit Feedback.;

g) Blitzlicht mit Auswertung.

Das Trainerteam berichtet nach fünfjähriger Erprobung von guten *Ergebnissen* in der „Orientierungshilfe beim Umgang mit Gewalt", hinsichtlich der Selbsterfahrung und Offenheit, der Akzeptanz von Mitmenschen, des Aufbrechens von Cliquen, des Erlernens von neuartigen Problemlösungen. Gleichwohl sehen Fachleute das Programm zu Recht nur als einen Baustein in einem notwendigerweise umfassenderen Programm schulischer Gewaltprävention an (Kopietz in „Schüler '95", 69ff). Das gilt auch für andere Programme.

Siehe auch: das „Deeskalations- und Mediationstraining von Korn/ Mücke (2000) !

3.12 Grundform 11: Kooperieren – Vernetzen

Als man annahm, Aggressivität und andere Störungen des Verhaltens seien eine „Krankheit" der Person („medizinisches Erklärungsmodell"), erschien es sinnvoll, Präventions- und Interventionsbemühungen auf die Gestörten, die Täter und Opfer allein zu konzentrieren. Besonders die GrF 1 „Raum geben...", 8 „Gemeinschaft fördern...", 9 „Konflikte bewältigen...", 10 „Mit Tätern umgehen..." richteten sich aber auch auf Veränderungen in der menschlichen und räumlichen Umgebung der Täter. Dazu gaben unsere Erkenntnisse zwingenden Anlass. Prävention muss sich auch auf familiäre Bedingungen, soziale Milieus, Institutionen usw. richten, die Gewalt mitverursachen.

1. Zusammenarbeit mit den Eltern
Die Grundlagen der Sozialentwicklung der Kinder (Sozialisierung, Enkulturation, Spracherwerb, Kommunikationsfähigkeit, moralische Erziehung...) werden in der Regel im Elternhaus gelegt. Und die Eltern sind auch in der Zeit der schulischen Bildung und Identitätsentwicklung ihrer Kinder die wichtigsten

Erzieher – erfolgreiche oder auch wenig erfolgreiche. Eltern haben daher eine tragende Rolle in fast allen Grundformen der Gewaltprävention inne. *Kooperation mit den Eltern ist dringend notwendig.*

Das komplizierte Neben-, Mit- und leider auch Gegeneinander von Lehrer-, Erzieher/innen und Eltern lässt sich nicht in einem Satz beschreiben. Die 276 von uns interviewten Lehrer/innen aus dem Rheinland (Koblenz bis Essen) gaben zu 35,1 % an, dass die Zusammenarbeit mit den Eltern einen „großen Anteil" in ihrer Klassenlehrerarbeit einnimmt (34,1% mittlerer, 22,8% kleiner Anteil), deutlich mehr in Grund- und Hauptschulen, weniger in Realschulen und Gymnasien. Dabei fallen die Werte für „großer Anteil" von 60,7% in der Grundschule bis zu 2,9% in der Gymnasialen Oberstufe kontinuierlich ab.

Gegensätzliche Aussagen charakterisieren die erlebte Realität: „Eltern kommen oft zu mir..."; „Wenige Eltern kümmern sich um ihre Kinder..."; „Intensive Zusammenarbeit, *wenn* die Eltern kommen". Dabei sind sich die meisten Lehrer/innen im klaren drüber, dass die Kenntnis der häuslichen Verhältnisse besonders in „kritischen Fällen" für pädagogisches Handeln wichtig ist. Immerhin 35,2% der von uns befragten 1956 Schüler/innen hielten Gespräche der Klassenlehrer/innen mit den Eltern für wichtig (25,1% „teil-teils"), „in kritischen Fällen Hausbesuche" sogar 49,7% (17,8% „teils-teils"). Noch höher liegen die Prozentsätze bei Schüler/innen aus unteren Sozialschichten und bei Migrantenkindern (Martin 1996, 59ff, 89ff, 176ff, 189ff). Darin spiegelt sich sicher auch der höhere „Verunsicherungsgrad" in diesen „Milieus" gemäß Heitmeyer u.a.(1996) wider.

Besonders *schwierig* ist die Zusammenarbeit zwischen Lehrer/innen und Eltern oft bei verhaltensgestörten Schüler/innen. Das erfahren besonders die Lehrer/innen von Hauptschulen und Schulen für Erziehungshilfe. Teilweise sind diese Eltern nicht zur Zusammenarbeit zu bewegen. Viele von ihnen „haben Angst vor der Schule und den Tatsachen", „sind bereits zugepflastert worden mit blauen Briefen, Mahnungen und Beschwerden", sind selbst per Telefon oder Hausbesuch nicht zu erreichen (Martin 1996, 266ff).

Ohne die Mithilfe der Eltern sind die Erfolgschancen aber oft gering. Vor allem sind in vielen Fällen die Bedingungen im Elternhaus *Mitverursacher* der Aggressivität der Kinder und Jugendlichen. Nicht nur gehören Armut, schlechte Wohnverhältnisse, gestörte oder zerbrochene Beziehungen der Eltern untereinander zu den wichtigsten Bedingungsvariablen für die Entwicklung jugendlicher Gewalt (s. Selg u.a. 1997, 192), sondern der therapeutische Abbau aggressiver Neigungen läuft auch zu einem wesentlichen Teil über die Veränderung der elterlichen Einstellungen zum Kind („Interesse") und ihres Erziehungsverhaltens („Regeln setzen", Verhaltenssteuerung, Konfliktmanagement...; s. Kap.4.3). „Miteinander reden – Einander verstehen", „Interagieren –

Identität fördern", „... Durch Medien lernen" und weitere Grundformen der Gewaltprävention müssen zunächst auch im Elternhaus vollzogen werden.

Da auch schulische Strukturen und das Lehrerverhalten für Verhaltensstörungen und Gewaltneigungen Jugendlicher mitverantwortlich sein können, ist oft eine Situation gegenseitiger Schuldzuweisungen, des Misstrauens, auch der Ängste gegeben. Dadurch ist Zusammenarbeit nicht leicht zu bewerkstelligen. In der Erziehungsberatung gilt die Regel, dass (selbst wenn familiäre Bedingungen als Hauptverursacher kindlicher Verhaltensstörungen angesehen werden müssen) Schuldgefühle der Eltern die Förderung eher behindern. Deshalb gilt es, Formen der Zusammenarbeit mit Eltern zu entwickeln und anzuwenden, die die Eltern und Lehrer/innen als „unvollkommene Partner" in der Förderung der Kinder und Jugendlichen zusammenwirken lassen (s. u.a. Balser u.a. 1997, Schüler 1995, Gratzer 1993, Knopf 1996, Olweus 1996).

Erprobte *Formen der Zusammenarbeit* mit den Eltern sind: Benachrichtigungen, Briefe, Telefongespräche, Sprechstundengespräche, Elternsprechtage, Hausbesuche, Elternstammtische, Treffen mit Eltern und Schüler/innen, geselliges Beisammensein, Schulfeste, gemeinsame Wanderungen, Projekttage, Unterrichtsbesuche, Klassen- und Schulpflegschaftssitzungen, Schulkonferenzen. Allerdings werden diese Möglichkeiten von Eltern und Lehrer/innen sehr unterschiedlich häufig und intensiv genutzt (Martin 1996, 176ff, 189ff).

Für die Zusammenarbeit im Einzelfall kann man nur *allgemeine Handlungsvorschläge* machen. Informationen über Ausmaß, Hintergründe und Anzeichen von Gewaltbereitschaft usw. sowie Hinweise auf die Notwendigkeit engagierter Zusammenarbeit von Eltern und Lehrer-/ Erzieher/innen u.ä. sind wichtig. Die Grundformen der Gewaltprävention sollten bekannt gemacht werden. Es sollten Kontakte aufgenommen, Treffen vereinbart werden, ggf. mit den Gewalttätern und den Opfern. Oft sind Schadenersatz- bzw. Wiedergutmachungsmöglichkeiten zu besprechen, muss das Geschehen in *Gesprächen* möglichst weitgehend aufgearbeitet werden. Gewisse Ratschläge an Eltern mobbender Kinder („Bullies", s. S 159f) sind durchaus erfolgversprechend: regelmäßige Gespräche mit den Kindern/ Jugendlichen, Einführung und Einhaltung von Normen und Regeln des Zusammenlebens, Bekräftigung von Wiedergutmachung und prosozialem Verhalten, sinnvolle und konsequente Bestrafung, Kontrolle des Umgangs der Kinder usw. (s. z.B. Olweus 1996, 83ff, 100ff).

Auch für *Gespräche mit Eltern von Opfern* sind einige Punkte beachtenswert. Wenn ihre Kinder (wie es häufig der Fall ist) verhältnismäßig schwach und unsicher sind, können Anregungen zur Ermutigung, ggf. zur körperlichen Ertüchtigung und Selbstbehauptung, zur Förderung von Freundschaften u.ä. hilfreich sein. Bei provozierenden, z.B. hyperaktiv-unangepassten, Opfern sind oft Maßnahmen der Erziehungs- und Schulberatung, ggf. auch eine psychiatrische Behandlung angezeigt (Lauth/Schlottke 1995; Steinhausen 1982, 1995). In Situationen persönlicher Betroffenheit sind wohlgemeinte Ratschläge zumeist wenig hilfreich. *Beratung* erfordert bestimmte Kompetenzen der Gesprächsführung und Intervention, die eine Ausbildung und Supervision erfordern. Darüber verfügen ausgebildete Beratungslehrer-, Erziehungsberater-, Schulpsycholog/innen, die ggf. hinzugezogen werden sollten (s. Kap. 4.6).

Um der Gewaltproblematik zu begegnen, werden weitere Kooperationsformen mit Erfolg angewandt: z.b. *Elterngruppen* gemobbter und aggressiver Schüler/innen (Olweus 1996, 104). Da die Eltern schwieriger Schüler/innen oft Klassenelternversammlungen meiden, können „Tischgruppenelternabende" und „thematische Gesprächsrunden" über Entwicklungsprobleme Jugendlicher, Verhaltensauffälligkeiten und ihre Ursachen, Umgang mit Konflikten usw. weiterführen (Knopf 1996, 204ff).

S-E-L Gruppen (also mit einer kleinen Zahl von Schüler/innen und deren Eltern sowie Klassen- und Fachlehrer/innen) können verhindern, dass es zu „Pakten" (etwa Lehrer/innen und Eltern gegen Schüler/innen usw.) kommt. So können einseitige Sichtweisen verhindert und tragbare Problemlösungen wahrscheinlicher werden (Gratzer 1993, 133ff).

Um tatsächlich präventive Wirkungen zu erzielen, d.h. nicht nur nach Abhilfen im schlimmen Fall zu suchen, schlagen Schulpsychologen und Sozialpädagogen systematisch durchdachte Programme vor, z.B.:

1. Bestandsaufnahme und Planung unter Beteiligung von Vertreter/innen der Lehrer- und Schülerschaft, Eltern, Schulleitung, Beratungslehrer/innen, ggf. Schulpsycholog/innen, Sozialarbeiter/innen,

2. Einstieg mit Expertenvorträgen, Podiumsdiskussionen,

3. Klassenelternabende nach konkreten Gewaltereignissen, möglichst unter Beteiligung auch der Schüler/innen,

4. Elterngesprächskreise mit betroffenen Eltern zur Problemklärung und Vorbereitung von Maßnahmen,

5. Gemischte Arbeitskreise mit Eltern, Schüler- und Lehrer/innen als kontinuierlich tagende Gruppen zur Verbesserung des Schulklimas, Schullebens u.ä.,

6. Zeitlich begrenzte „Workshops" für Sensibilisierung, Wahrnehmungsschulung, Empathietraining, Entwicklung von Problemlösungen, Erprobung in Rollenspielen u.ä. im Sinne unserer GrF 3, 4, 8, 9.

7. Spezielle relevante Projekte, z.B. über Ursachen und Wirkungen von Hyperaktivität (HKS), MCD u.ä. samt Möglichkeiten und Notwendigkeiten familiärer und schulischer Maßnahmen; unter Beteiligung von medizinischen und psychologischen Fachleuten... (Balser u.a. 1997, 145ff; Christian 1993, Herweg/ Hold-Jagoda 1993; auch in „Schüler '95", 38ff).

Bei allen diesen Bemühungen sind *besondere Anstrengungen* notwendig, den Eltern wirklich Kooperation zu ermöglichen. Termine müssen gefunden werden, die auch berufstätigen Vätern die Teilnahme erlauben. Vor allem müssen auch *die* Eltern zur Teilnahme bewegt werden, deren Kinder besonders auffällig sind. Wichtig ist sicher der Hinweis, dass man in „guten Zeiten" mit der Kooperation beginnen und so die Grundlagen für gemeinsame Diskussionen und Lösungsbemühungen in „schlimmen Zeiten" legen sollte. Hilfreiche Hinweise für den Fall, dass „Eltern nicht mitziehen" bei Schirp/ Rixius 1999!

Es soll nicht verschwiegen werden, dass all dies eine Menge Anstrengungen von Seiten der Lehrer/innen erfordert. Und viele von ihnen sind bereits überlastet. Wir müssen aber darauf hinweisen, dass diese Aufgaben auch zu den notwendigen Tätigkeiten aller Lehrer- und Erzieher/innen gehören, in Zukunft noch mehr als bisher. Ohne sie kann Gewaltprävention nicht zufriedenstellend gelingen und demokratische Erziehung auch nicht.

Um konzeptionell überlegte *Wege der Zusammenarbeit* aller Mitglieder der Schulgemeinde zu gehen, wurde Gewaltprävention verschiedentlich zum Anlas der *„Schulentwicklung"* genommen: Aufarbeitung von Gewaltereignissen in „umfassenden schulinternen Arbeitsgruppen", ggf. unter Mitwirkung schulexterner Moderator/innen, Experten aus Hochschulen, Schulpsychologischen Diensten und der Lehrerfortbildung als Form „lebendiger *Schulkultur"* aus akutem Anlass (s Vorschläge von Blasczyk/ Priebe 1995, Priebe 1995, auch Kohlberg; Kap. 3.7, GrF 6; Hilbig 1995, Schubarth 2000, 156f).

2. Zusammenarbeit im Stadtteil/ in der Gemeinde

Ausweitung der Aktivitäten über die Grenzen der Schule hinaus? Organisation von Zusammenarbeit mit anderen Schulformen, Jugendhilfe-Einrichtungen, Sozialbehörden, Polizei – Vernetzung? Man könnte Exzesse deutscher Gründlichkeit befürchten, die totale Pädagogisierung des Lebens. Tatsächlich wird *der Schritt über die Grenzen der eigenen Schule* zumeist durch die raue Wirklichkeit nahegelegt oder sogar erzwungen:

-   Auf dem Schulgelände stehen zwei Schulen: eine Hauptschule und ein Gymnasium. Es kommt zu Rivalitätskämpfen, Hauptschülerinnen werden von Gymnasiasten „angemacht" oder beschimpft. Hauptschüler werden beschuldigt, die Toiletten des Gymnasiums demoliert zu haben. Auf dem Schulhof häufen sich Schlägereien.
-   Jüngere Gymnasiasten werden auf dem Schulweg von fremden Jugendlichen angefallen und verprügelt.
-   Bürger/innen lehnen die Sonderschule in ihrem Stadtteil ab. Lehrer/innen und Schüler/innen werden verbal angegriffen und beleidigt. Die Arbeit in der Schule wird unerfreulich. Schüler/innen beschmieren Bürgerhäuser. Aggressionen in den Schulklassen nehmen zu.
-   Im Stadtteil wohnen viele Ausländer. Fremden- und deutschenfeindliche Parolen, Cliquenkämpfe unter Beteiligung von Schülern werden ruchbar. Die Polizei muss zu Hilfe gerufen werden.
-   Schüler/innen werden von Jugendlichen aus benachbarten Schulen aufgehalten, bedroht und um „Wegezoll" erpresst. Ängstliche Schülerinnen trauen sich nicht in die Schule, werden zunächst für krank gehalten...

Die *Kooperation* erwächst oft unspektakulär aus solchen leider verbreiteten Anlässen. So entstehen:

- notwendige Begegnungen und Besprechungen von Lehrer/innen verschiedener Schulformen; Wünsche, einander näher kennenzulernen; gemeinsame Lehrerausflüge, Freizeitsport; gemeinsame Konferenzen, Arbeitsgruppen, Pläne zur Koordination pädagogischer Bemühungen...;
- SV-Treffen verschiedener Schulen, gemeinsam organisierter Schutz für jüngere Schüler/innen; Fußballspiele, Projekte gegen Ausländerfeindlichkeit...;
- Zusammenarbeit mit Sozialpädagogen und Sozialarbeiterinnen, dem Jugendamt, der Drogenberatung , Schulpsychologischen Diensten...;

Aus derartigen Anlässen und Kontakten sind *gewaltpräventive Aktionen mit Schüler/innen verschiedener Schulen und in Stadtteilen* erwachsen: z.B. gemeinsame Projekte über die Baugeschichte der Stadt (auch: Wo stand die Synagoge...?), Plakataktionen für tolerantes Zusammenleben, genehmigte Übermalung von fremdenfeindlichen Parolen an der Stadtmauer, Einladung der Bürger/innen zum schulischen Projekttag, eine Podiumsdiskussion mit Schulleiter-, Lehrer- und Sozialarbeiter/innen über „Gewalt und Gewaltprävention in unserer Stadt".

Schüler/innen einer Gesamtschule wollen deutsche und ausländische Mitschüler/innen aus Kasachstan und anderen Ländern vertraut machen mit der Stadt bzw. dem Stadtteil. Ein Stadterkundungsspiel wird durchgeführt. Die Teilnehmer besuchen dabei das „Haus der offenen Tür", die Stadtverwaltung, das Sozialamt, das Krankenhaus, Sportstätten und Vereine, Wohnquartiere der Wohlhabenden und Übergangsheime für Aussiedler/innen, das Hauptausländerviertel, das Arbeitsamt, Kirchen und die Moschee. Es muss mit den Menschen dort gesprochen werden. Alle lernen. Im Deutschunterricht, in Religion, Sozialkunde, auch im Kunstunterricht werden Erfahrungen verarbeitet. Man lernt auch, die anderen besser zu verstehen, gemeinsam etwas zu unternehmen, Schwierigkeiten aus dem Wege zu räumen...

Schüleraktivitäten können auch überregionale Bedeutung gewinnen. So organisierte der Landesschülerrat von Brandenburg 1991 aus bekannt gewordenen Anlässen eine große Aktion „Wir Brandenburger SchülerInnen sagen NEIN zu Gewalt und Rassismus". Sie wurde von anderen Ländern und Städten übernommen (Plakat, Aufkleber, Flugblatt, Schülerzeitungen, Aufklärungsschriften, Schreibwettbewerb für Grundschulkinder, Seminarreihe über interkulturelles Lernen, ein Entwicklungshilfeprojekt... (s. Posselt/ Schumacher 1993,167ff).

Hinweis: Über die Wirksamkeit von Kontakten zwischen sozialen Gruppen
Vielen gemeinsamen Präventionsprojekten liegt die einfache Überlegung zugrunde: Wenn es nur zu menschlichen Begegnungen der verschiedenen rivalisierenden Gruppen kommt, dann wird sich das Gewaltproblem von selbst lösen. Dies ist jedoch in der Forschung als „naiv" erkannt worden. Solche Kontakte können ebenso Konflikte mindern wie Konflikte hervorrufen und steigern.

Zahlreiche neuere Untersuchungen sind der Frage gewidmet worden, unter welchen Bedingungen solche Kontakte wirklich sozial förderlich sind. Demnach kommt es vor allem darauf an, dass die unvoreingenommene Begegnung nicht durch hierarchische Strukturen in den Gruppen beeinträchtigt wird, dass die Kontaktsituation wirklich kooperativ ausgerichtet ist und einem gemeinsamen übergeordneten Ziel dient; dass individuelles Kennenlernen möglich wird und nicht stereotype Sichtweisen befestigt werden. Auch ist es für den Abbau von Fremdenangst und Fremdenfeindlichkeit wichtig, dass nicht nur Einzelpersonen zueinander Sympathie entwickeln können, sondern dass Maßnahmen durchgeführt werden, die die positive Einstellung zum einzelnen auf die ganze Gruppe „Fremder" übertragen helfen („Generalisierung").

Dafür sind auf der Basis der symbolisch-interaktionistischen Identitätstheorie (s. Kap. 2.7) verschiedene Interaktionsstrategien entwickelt und überprüft worden: (1.) solche, die die Übertragung positiver Erfahrungen mit einem Mitglied auf seine ganze Gruppe fördern, (2.) solche, die die Gruppe differenzierter wahrnehmen lehren, so dass Negativ-Erfahrungen mit einzelnen nicht der ganzen Gruppe angelastet werden, und (3.) solche, die die Bedeutung der Gruppenzugehörigkeit insgesamt minimieren und die Einzigartigkeit des Individuums unabhängig von ihrer Gruppenzugehörigkeit erleben lassen. Besonders das letztere Modell der „personalisierten Interaktion" wird von Brewer und Miller (1988) aufgrund empirischer Untersuchungen favorisiert.

Dauerhafte Generalisierung auf die Gruppen erfordert nach einigen Untersuchungen die Wahrnehmung sowohl der Einzigartigkeit der einzelnen fremden Interaktionspartner/innen als auch der ihrer differenzierten Gruppen und zusätzlich ein gemeinsames Wir-Gefühl (Hewstone u.a.; Gaertner u.a.).

Lehrer/innen mit Schulklassen aus verschiedenen Subgruppen kennen zumeist die Problematik und etliche Vorgehensweisen, durch welche die Interaktion und Identitätsbildung aller bei Achtung und Wahrung ihrer Gruppenzugehörigkeit gefördert werden kann. Die Forschungsergebnisse ermöglichen weitere Einblicke und die Erweiterung des Arsenals eingesetzter Methoden des Unterrichts wie der Konfliktbewältigung (zusammenfassend: Klink u.a. 1998; s.d.!). S. auch GrF 4 „Interagieren..." und 8 „Gemeinschaft fördern"!

Bürger nehmen Anteil an den Problemen der Schulen und helfen
- *Beispiele* aus dem Projekt „Schule ohne Gewalt": Eltern und andere Bürger erreichen, dass ein gemeindeeigener Spielplatz und der Schulhof integriert und als Erlebnispausenraum gestaltet werden kann (s. GrF 1). An einem anderen Ort geht aus der dringenden Anfrage einer Mutter mit einem hyperaktiven, aufmerksamkeitsgestörten Kind ein gemeinsames Projekt von Eltern, Lehrer/innen, Ärzten, Psychologen, Mitbürger/innen hervor: Vorträge, Seminare, Erarbeitung von Verhaltensregeln im Umgang mit hyperaktiven Kindern, Pläne für deren schulische und nachmittägliche Beschäftigung und Förderung; auch motopädagogische Maßnahmen werden angeboten (s. GrF 2); Entspannungsübungen, ggf. Familientherapie usw. (Balser u.a.1997, s. Bohn u.a. 1997, 64ff, 73ff).
- Ein Sonderschullehrer koordiniert in einem Wohngebiet mit 20 Prozent Arbeitslosen einen Runden Tisch, eine Stadtteilkonferenz, mit Vertretern und Gruppen aus allen möglichen Schulformen, Jugendorganisationen, Eltern, Beratungsdiensten, Polizei, Parteien, Sportvereinen usw.: Pläne werden gemacht, um der Unsicherheit im Stadtteil, Schlägereien, Brandstiftungen etwas entgegenzusetzen. Aus Gesprächen erwachsen

Initiativen: Verbesserung des Schullebens durch Pausenangebote, mehr Arbeitsgemein-schaften, Mittagsbetreuung, außerschulische Hilfen für den Unterricht; mehr Spiel- und Bewegungsmöglichkeiten in der Turnhalle, mehr Gedankenaustausch (s. GrF 1, 2, 8, 9).... Ergänzungen zum Schulischen: ein Mädchentreff, eine Fahrradwerkstatt, Foto- und Film-AG, Organisation eines Kinderzirkus, auch zur Stärkung der Selbstsicherheit und des Fremdvertrauens, Karatekurs durch die Polizei, Schulgarten, Tanz; Stadtteilzei-tung als „kommunikative Drehscheibe" (GrF 7).

Die Schule öffnet sich auch inhaltlich. Der Lebensbezug der Inhalte wird den Schü-ler/innen deutlicher; gemeinsames Mittagessen schafft mehr Gesprächsmöglichkeiten und gegenseitiges Verständnis; personale Öffnung heißt: mehr Aus-sich-heraus-Gehen, Auf-dich-zu-Gehen" (s. GrF 3)!

Das scheint Erfolg zu haben. Das Schulklima hat sich verbessert: weniger Anzeichen von körperlicher Gewalt, rückläufig der Alkoholkonsum und die Sachbeschädigungen; mehr Aufmerksamkeit für die Belange des Stadtteils, mehr Kooperationsbereitschaft bei Lehrer- und Schüler/innen; mehr Eltern als bisher wagen den Schritt hin zu den Lehrer/innen. Dass so nicht alle Gewaltprobleme kurzfristig gelöst worden sind, wider-legt nicht den Erfolg (Herz in „Gewaltlösungen", Schule 1995, 54ff).

Ein Problemfeld ist weithin die *Zusammenarbeit mit der Polizei.* Zu Recht sehen Schulleiter- und Lehrer/innen Verhaltensstörungen Jugendlicher an ihrer jeweiligen Schule zunächst unter pädagogischen Aspekten. Fürsorgepflicht auch für die Täter, Hoffnung auf Besserung, aber auch Angst um den guten Ruf der Schule bestimmen das Handeln. Die Behauptung „Bei uns ist noch weithin alles in Ordnung!" ist allenthalben zu hören – trotz Drogenmiss-brauchs und Gewalt.

Leider können sich unter dem Schutz derartigen „Schweigens" Zustände entwickeln, die untragbar werden, besonders wenn Strukturen der Angst und Bedrohung entstehen, die Gewalt als alltägliche, unabänderliche Tatsache erleben lassen, wenn sich gefährliche Cliquen, ja rechtsextreme Banden bilden, wenn Erpressung und Drogenkonsum zusammenspielen und andere schwere Verbrechen begangen werden.... Die fehlende Zusammenarbeit von Schule und Polizei wird oft auch dadurch gefördert, dass die Polizei personell nicht genügend für schulisch-präventive Maßnahmen ausgestattet erscheint (hierzu Melzer sowie Wetterhahn/Grüner in „Schüler '95", 51ff). Dennoch werden zahlreiche polizeiliche Aufklärungs- und Beratungsaktionen durchgeführt, auch in Schulen. Und das Arbeitsfeld der Polizei ist weit. Man denke nur an ihre Zusammenarbeit mit Sportvereinen, Fanclubs usw.

Im Rahmen von Kooperationsprojekten sind von Polizeibeamten und Päda-gogen brauchbare Grundsätze erarbeitet worden, wie sowohl die pädagogische Atmosphäre der Schule bewahrt als auch polizeiliche Prävention und Interven-tion zum Schutz von Opfern und zur Verhütung von Schlimmerem gewährleis-tet werden können. Vorgeschlagen werden Grundregeln:

- Hinsehen und handeln, nicht wegsehen und verschweigen;
- Lehrer/innen sollten unbedingt Einschüchterungsversuchen widerstehen;

- Schüler/innen sollten im Klassenrat offen über Gewaltprobleme reden und sich auch der Unterstützung der Erwachsenen sicher sein;
- An jeder Schule sollte ein Kriterienkatalog erarbeitet und bekannt gemacht werden, in welchen Fällen die Polizei eingeschaltet wird;
- Die Schule bleibt verantwortlich für die Entscheidung hinsichtlich der Einschaltung der Polizei;
- Lehrer/innen und Polizei sollten sich bei gemeinsamer präventiver Arbeit kennen und besser verstehen lernen;
- Auch bei ggf. notwendiger Strafverfolgung sollte Kooperation gewährleistet sein;
- Das Handeln von Schule und Polizei sollte so erfolgen, dass es im Stadtteil als vorbildlich wahrgenommen werden kann (a.a.O., Bohn u.a. 1997).

3. Vernetzung der Institutionen und Bemühungen

Gemäß ministeriellen Erlassen – z.B. NRW „Netzwerke gegen Gewalt an Schulen und im schulischen Umfeld" (1994) – sind auch von Kommunen und Landkreisen Arbeitsgemeinschaften zur Fortbildung und Zusammenarbeit von Lehrer- und Polizist/innen eingerichtet worden. Besonders nach dem Amoklauf R. Steinhäusers (2002) sind von zahlreichen Großstädten Seiten über „Netzwerke gegen Gewalt" ins Internet gesetzt worden. Balser u.a. (1997, 131ff) stellen eine solche Einrichtung (samt Schwierigkeiten und Erfolgen) dar: Durchführung von gemeinsamen Seminaren, Erhebung der Situation, Missstände, Gewaltarten und -häufigkeiten; Bildung einer „Arbeitsgruppe Gewalttäter an Schulen (AGGAS)"; Zielbestimmung, regelmäßiger Informationsaustausch, Abbau von Ängsten durch dauernden Dialog mit Schüler/innen, Eltern, Lehrer/innen; Öffentlichkeitsarbeit über Plakate, Rundfunk, Zeitungen, Fernsehen; Veranstaltungen der SV und der Elternpflegschaften, Schulkonferenzen usw.; schulische Anti-Gewalt-Projekte und Projektwochen; Einrichtung eines Nottelefons „Trouble Line"; Präsenz der Polizei zu ausführlichen Gesprächen, Zusammenarbeit mit Justiz, Jugendrichter/innen usw., Jugendamt, Sozialpädagog/innen.

Hinweis: „Vernetzung" wird hier nicht als bedeutungsleeres Modewort gebraucht. Der Begriff bezeichnet zunächst die veränderten sozialen Bezugssysteme, in denen insbesondere unsere Heranwachsenden leben: Neben und zwischen die traditionellen Bezugsgruppen Familie, Schulklasse, Nachbarschaft usw. sind moderne einflussreiche Partner getreten: in Clubs, Cliquen, per Telefon und Internet, Modelle aus Fernsehen, Computerspielen usw. Die persönlichen Kontexte haben sich zu „Netzwerken" ausgeweitet, die z.T. nur lose Beziehungen ermöglichen, diffuse Ideen und Erwartungen an einzelne richten, selektives Vorgehen verlangen und den Massenmedien erhöhten Einfluss verschaffen. Damit hängen fortschreitende Individualisierung und auch Verunsicherung zusammen.

Dem haben sich auch die sozialen und pädagogischen Maßnahmen anpassen müssen. So wurde das Konzept des sozialen Netzwerks begründet, das vielfältige Formen sozialer Unterstützung ortsnah oder ortsfern miteinander verbindet: materielle Hilfe, Unterstützung durch Institutionen und Helfer, Informations- und Beratungssysteme, Einsatz auch der modernen Medien (von der Telefonseelsorge bis zu Beratungssendungen im Rundfunk oder Fernsehen) usw. „Netzwerke" sind somit durchaus konsequente Antworten auf das Gewaltphänomen (s. u.a. Balser u.a. 1997, 83ff, 131ff). Sie sollten nach polizeilichen Erkenntnissen und den Vorschlägen der Anti-Gewaltkommission nicht nur regional, sondern teilweise auch länder- und staatenübergreifend zusammenwirken (Schwind 1998, 278f).

Umfassendere *Vernetzung* der verschiedenen Institutionen, Experten und Aktivitäten kann sich demnach als fruchtbar erweisen, z.B. durch *Stadt-* oder *Stadtteil-Arbeitskreise und -Konferenzen.* Im Rahmen eines Bundesmodellprojektes „Gewaltprävention und Gewaltbekämpfung im kommunalen Sozialraum" wurden 1995-1996 in neun strukturell unterschiedlichen Städten und Landkreisen Ost- und Westdeutschlands solche *Netzwerke* erprobt. (Seit R. Steinhäusers Amoklauf (2002) haben Internetseiten darüber Konjunktur.) Beteiligt wurden politische Amtsträger, Leiter/innen und Fachleute der Behörden, Schulen, Jugendhilfe, Polizei und Justiz, Kirchen, Jugendorganisationen, Beratungseinrichtungen.... (s. auch Schubarth 2000, 159ff).

Eine Fülle von Formen der Zusammenarbeit, Situationsanalysen, Fortbildungsmaßnahmen und kooperativ durchgeführten Präventionsaktionen wurden erprobt (s.o.). Die Ergebnisse wurden u.a. in zehn Thesen zusammengefasst; sie sind bedenkenswert, z.T. richtungsweisend:

1) *Gewaltprävention* sollte *„lebensweltorientiert",* nicht auf akute Fälle einzelner potentieller Gewalttäter bezogen sein; sie sollte die *Bedingungen* friedlichen Verhaltens in Familien, Schulen, Jugendwelt verbessern (s. bes. GrF 1, 2, 3, 4, 5, 8, 9).

2) Durch Kooperation und Vernetzung können die vorhandenen *Ressourcen* besser genutzt werden.

3) *Die Jugendlichen* sollten *beteiligt* werden nach den Prinzipien des „Empowerment": sich nicht auf ihre Defizite fixieren, sondern ihre Stärken zur Geltung kommen lassen (s. bes. GrF 4, 7).

4) Es gilt, *Selbstverantwortlichkeit* zu fördern, *soziale Kompetenzen* zu erweitern (s. bes. GrF 4, 6, 7, 8, 9).

5) Man muss auch *geschlechtsspezifisch* arbeiten, um die besonderen *Belange der Mädchen* zu berücksichtigen, die von Gewalt ja besonders betroffen sind und wenig „öffentlichen Raum" für selbstbestimmte Entwicklung zur Verfügung haben (s. bes. GrF 1, 3, 4, 10).

6) Gewaltprävention muss bereits im *Kindesalter* beginnen (s.bes. GrF 1, 2, 5).

7) *Effektive Multiplikatoren* in Vereinen und Verbänden (nach unserer Auffassung auch die Lehrer/innen!) sollten gewonnen werden, besonders auch die Jugendlichen selbst (s. bes. GrF 2, 4, 7, 9).

8) Ein wichtiges Ziel: *Wahrnehmung* erweitern, *Verständnis* fördern (s. GrF 3 u. 4).

9) *In Notlagen* muss Schutz und Unterstützung gewährt werden (Zivilcourage, Solidarität fördern, Handlungssicherheit vermitteln; s. bes. GrF 9 u.10)

10) Im Netzwerk sollten auch die *Medien* beteiligt, sollte die *Öffentlichkeitsarbeit* forciert werden (GrF 5). Siehe im einzelnen Bohn u.a. 1997, Tillmann u.a. 1999!

Beurteilung: Die Querverweise auf unsere „12 Grundformen der Gewaltprävention" lassen deutlich Übereinstimmungen erkennen. Allerdings fällt uns ein gewisses Defizit des Bundesmodellprojektes hinsichtlich der Beteiligung von Schulen, Lehrer/innen, Schüler/innen und deren Vertretungen auf, besonders in den beschriebenen Projekten. Das ist angesichts der sozialpädagogischen Orientierung des Unternehmens (BM f. Fr. u. Jug.; Koordination durch das Institut für Sozialarbeit und Sozialpädagogik e.v. Frankfurt/ M) verständlich; schließlich kann solche Vernetzung unter der Federführung der Jugendsozialarbeit Berufs-Chancen für Sozialarbeiter- und Sozialpädagog/innen bewirken.

Die u.E. zutage tretenden *Entwicklungsrückstände* in der Vernetzung zwischen Schule und außerschulischer Jugendarbeit müssen jedoch die Erfolge der Prävention beeinträchtigen. Die Schule muss auch als „Lebenswelt" Jugendlicher (und nicht nur als Lernraum und allenfalls als Lieferant von Schulhöfen) erkannt werden. Die Ressourcen der Schulen (vor allem die Pädagog/innen, die täglich sämtlichen Jugendlichen im schulpflichtigen Alter, den Tätern wie den Opfern, begegnen) dürfen nicht ungenutzt bleiben (s. Thesen 2 und 7!). Die Konkurrenz sollte nicht unsere Lehrer/innen in der Zurückhaltung gegenüber erzieherischen Aufgaben bestärken. Sie werden in der Gewaltprävention dringend benötigt. Im übrigen ist die Gefahr nicht völlig von der Hand zu weisen, dass „Vernetzung" in zeitaufwendige Sozialverwaltung einmündet. Sie sollte aber pädagogisches, friedenserzieherisches Handeln aller Beteiligten aktivieren und multiplizieren.

Mit *Internet-Seiten*, wie sie z.Z. (2002) von vielen Kultusministerien und Großkommunen im Internet gezeigt werden, lässt sich leicht suggerieren, „die Verantwortlichen (und ihre Parteien) tun etwas" - was besonders in Wahlkampfzeiten günstig erscheint. Um „Netzwerke gegen Gewalt" aber wirksam werden zu lassen, braucht man nicht nur „runde Tische" „oben", sondern vor allem professionell ausgebildete Lehrer- und Beratungslehrer/innen, auch mehr Schulsozialarbeiter- und Schulpsycholog/innen, die in Kooperation geübt sind. Das ist noch *eine immense, kaum gelöste Aufgabe*! S. Kap. 4.6!.

3.13 Die Zwölfte Grundform der Gewaltprävention

In der Erziehungswissenschaft und den mit ihr kooperierenden Disziplinen suchen Forscher/innen mit aufwendigen Methoden die Bedingungen und Prozesse der Sozialisation, Bildung und Erziehung der Menschen zu ergründen, auch um Vorschläge und Kriterien für wirksames Erziehungshandeln zu finden. Diese füllen viele inhaltlich höchst differenzierte Bücher. Die ersten elf Grundformen der Gewaltprävention und die folgenden Kapitel über tertiäre Prävention bzw. Intervention sind auch so konzipiert.

Die „Zwölfte Grundform" lautet: *„Menschen und Schöpfung achten – in Würde leben".* Sie basiert unmittelbar auf Artikel 1 des Grundgesetzes der Bundesrepublik Deutschland. Und sie steht in engem Zusammenhang mit Grundsätzen, die sich zwar wissenschaftlicher Beweisführung entziehen, aber in religiösen Schöpfungsberichten und in dem Gebot der Nächstenliebe ihren bestimmenden Ausdruck finden. Auch unser Rechtssystem ist auf Art. 1 GG gegründet. Parteien ringen miteinander um die Verwirklichung ihrer Programme, die menschenwürdiges Leben in Gegenwart und Zukunft sichern sollen. Dichter ersinnen und gestalten feinsinnig Charaktere, Verwicklungen, komische und tragische Situationen, die uns erleben lassen, was es heißt, Würde zu bewahren.

Zur Zeit (Sept. 2002) führt „www.menschenwürde.de" zu 369 Einträgen im Internet. Sie betreffen u.a. historische, ethische, religiöse, juristische, medizinische, bioethische, pädagogische Aspekte des Themas; dazu Nachrichten, Berichte über Aktionen, Aufrufe, Literaturhinweise. Darunter sind auch erfreuliche Aktionen von Schulen, Jugendgruppen usw., die sich gegen die Missachtung der Würde bedrohter Menschen und der Schöpfung richten und zum Einsatz für ein Leben gemäß Art. 1 GG aufrufen. Auch von uns begründete Projekte und Präventionsformen sind darunter. Wir empfehlen ausdrücklich die Beachtung solcher Seiten und Bücher und begrüßen das Engagement. Allerdings muss darauf hingewiesen werden, dass hinter der Berufung auf das hehre Ideal „Menschenwürde" oft höchst fragwürdige Ziele und egoistische Interessen versteckt werden. Das gilt es zu beachten.

Die Zwölfte Grundform der Gewaltprävention „Menschen und Schöpfung achten – in Würde leben" soll ohne weitere wortreiche Begründungen hier genannt werden. An ihr müssen sich sämtliche beschriebenen oder auch noch zu findenden Methoden der Gewaltprävention und Aggressionstherapie ausrichten. Das Verhalten der Eltern, Lehrer- und Erzieherinnen muss möglichst weitgehend von ihr bestimmt sein. Ohne diese glaubhafte Orientierung kann Erziehung zu Toleranz und Friedfertigkeit nicht gelingen. Man beachte die Abschnitte über „Die personale Dimension der Erziehung", S. 91ff!

Literaturhinweis: Herms, E. (Hg.): Menschenbild und Menschenwürde. München 2001; Huber, W.: Die tägliche Gewalt – Gegen den Ausverkauf der Menschenwürde, Freiburg 1993; Küng, H.: Projekt Weltethos, München 2000; Rager, G. (Hg.): Beginn und Personalität der Würde des Menschen. Freiburg 1998.

4 Tertiäre Prävention:
Beratung – Aggressionstherapie

Man beachte die grundsätzlichen Ausführungen über den Zusammenhang von Prävention, Beratung und Therapie (Kap. 3.1). Aktiven und zukünftigen Pädagog/innen seien die folgenden Kapitel zur genauen Lektüre empfohlen. Sie enthalten weitere wichtige Informationen über Ursachen und Verlaufsformen aggressiven Verhaltens, auch über Therapieverfahren; und sie geben zahlreiche Anregungen zu Maßnahmen auf der pädagogischen und sozialpädagogischen Ebene.

Die Auswahl der präsentierten Interventionsformen orientiert sich wie das System der Grundformen der Gewaltprävention an unserer ganzheitlichen, pädagogisch-anthropologischen Sichtweise. Sie berücksichtigt tiefenpsychologische, sozialpsychologische, sozial-lerntheoretische und multimodale Verfahren. Diese basieren auf den Aggressions- Theorien (Kap.2) und sollten weniger als konkurrierende, denn als einander ergänzende Methoden in einem umfassenden Interventionskonzept verstanden werden.

Insbesondere sollen diese Kapitel vorbereiten auf eine gute Zusammenarbeit mit Fachleuten der Schulpsychologie, Erziehungsberatung und Therapie in einem System fachkundiger Schulberatung und Jugendhilfe. Dilettantische Versuche mit komplizierten Therapiemethoden sollten jedoch unterlassen werden. Ausbildung und Supervision sind notwendige Voraussetzungen für therapeutische Interventionen. Viele Beratungslehrer/innen verfügen darüber. Davon handelt das letzte, zusammenfassende Kapitel.

4.1 Psychoanalytische Sonderpädagogik und Therapie aggressiver Kinder

Einführung: Viele Kinder und Jugendliche mit aggressiven Verhaltenstendenzen befinden sich nicht in einer Lebenssituation, aus der heraus sie den Weg zu einer Erziehungsberatungsstätte bzw. einem Verhaltenstraining für aggressive Kinder gemäß Petermann/ Petermann (s.u.) finden könnten. Und Familienmanagement gemäß Patterson ist für sie unmöglich, weil sie keine wenigstens ausreichend intakten Familien haben. Diese Umstände verweisen darauf, dass auch die Verursachung ihrer Gewalttätigkeiten anders gelagert ist, als das in bestimmten Therapiekonzepten vorausgesetzt wird.

Eine erhebliche Anzahl gewalttätiger Kinder und Jugendlicher besucht besonders unsere Hauptschulen und unsere Sonderschulen, nicht nur diejenigen für Erziehungshilfe (Fuchs u.a. 1996; vgl. Martin 1996, 253ff, 266ff). Zu den wesentlichen Formen von „Verhaltensauffälligkeit", bzw. „Schwererziehbarkeit" – der früher gebrauchte Terminus – gehören konflikthaftes, dissoziales Verhalten, Führungsresistenz, Delinquenz, Verwahrlosung, die sich vornehmlich auch in verbaler und körperlicher Aggressivität ausdrücken (Kluge in Handb. d. Beh. Päd. 1979, I, 288ff).

Psychoanalytisch ausgebildete Pädagogen und Autoren haben für diese oft außerordentlich schwierigen Fälle therapeutische Methoden entwickelt, die sehr hilfreich sein können. Bereits der Schweizer Lehrer und Psychoanalytiker *Hans Zulliger* hatte um die Mitte des vorigen Jahrhunderts für die Erziehungsberatung und Erziehungshilfe neben klassischen Verfahren der Psychoanalyse auch pädagogische Formen, z.b. solche der Spieltherapie, verwendet und erprobt (Zulliger 1977). Noch mehr als er gilt *August Aichhorn* als Pionier der Psychoanalytischen Pädagogik (1925/ 1971). Da er die damals angewandten Methoden des Zwangs zur Anpassung Verwahrloster durch Lohn und Strafe in sog. Besserungsanstalten als nutzlos erkannte, entwickelte er Methoden des Umgangs mit „Aggressiven", den schlimmsten Fällen der Verwahrlosung. Sie erlaubten den Jugendlichen, ihre aggressiven Spannungen im geschützten Raum zu entladen; und er versuchte das „Defizit an Liebe" auszugleichen, das er als wesentliches Verursachungsmoment ansah. Auf der Basis einer positiven Beziehung zwischen Erziehern und Zöglingen (mit Übertragungs- und Identifikationsfunktionen) sollten die allmähliche Konfrontation mit dem Realitätsprinzip und angemessene Versagungen möglich werden. So konnte aggressives Verhalten gehemmt und abgebaut, das Ich als Lenkungsinstanz der Person und damit Kontrolleur aggressiver Triebe gestärkt werden.

Die Erkenntnisse und Methoden Aichhorns hat Fritz Redl weiterentwickelt. Wir stellen im folgenden wichtige Ausschnitte seiner Theorie und therapeutischen Praxis vor, um etwas genauer in die Grundlagen und Therapiemethoden dieses Ansatzes einzuführen. Danach folgen Hinweise auf neuere Entwicklungen im pädagogisch-psychoanalytischen Arbeitsfeld, das besonders auch für die Schulen für Erziehungshilfe und für die Arbeit in Heimen für Schwererziehbare wichtig ist. Darüber hinaus verdienen Redls Arbeiten und Vorschläge die Beachtung aller Pädagog/innen, die sich mit der Erziehung und Therapie gewalttätiger Kinder und Jugendlicher befassen. Siehe Kap. 2.4!

Fritz Redl: Ich-Stärkung, „Controls from within"

Nach seiner Emigration in die Vereinigten Staaten wurde der österreichische *Gymnasiallehrer und Psychoanalytiker Fritz Redl* 1941 in Detroit Professor für Sozialarbeit. Er entwickelte die psychoanalytischen Methoden von A. Aichhorn und Anna Freud fort und führte berühmt gewordene Projekte der Jugendsozialarbeit durch, zunächst das *„Detroit Group Project"*, dann das im *„Pioneer House"* inmitten eines Elendsviertels von Detroit. Seine dort gewonnenen Erfahrungen und Erkenntnisse veröffentlichte er zusammen mit David Wineman in den Büchern *„Children who hate"* (1951, dt. „Kinder, die hassen" 1970) und *„Controls from within – treatment of the aggressive child"* (1952).

In Bethesda bei Washington leitete er dann im Auftrag des National Institute for Mental Health der USA eine Forschungs- und Kindertherapiestation. Wiederum hatte er es vor allem mit hochaggressiven Kindern zu tun. Besonders in Bethesda und danach, wieder als Distinguished Professor in Detroit, vollendete Redl seine „psychoanalytische Erziehungsmethode" für aggressive Kinder und Jugendliche *(„The aggressive child"*, 1957, zus. mit D. Wineman; *„When we deal with children"*, 1966; s. bes. die deutsche Sammlung von Redls Arbeiten, hrsg. von R. Fatke 1974). Auch in der Sonderpädagogik für erziehungsschwierige bzw. verhaltensgestörte Kinder haben die Arbeiten und Methoden Fritz Redls große Beachtung gefunden.

Die Erklärung aggressiven Verhaltens: Seine mannigfaltigen und gründlichen Erfahrungen und seine psychoanalytische Theorie führten Fr. Redl zu einem differenzierten Verständnis der Entstehung von Aggressivität im Kindes- und Jugendalter. Dabei richtete er seine diagnostischen Bemühungen vor allem auf die höchst unterschiedlichen Formen von Störungen der Ich-Funktionen.

Die Kinder des *„Pioneer House"* bestätigten die schon damals vorliegenden Untersuchungen, nach denen, „die Versagung menschlicher Grundbedürfnisse", „Armut, soziale Ungleichheit, soziale Zerrüttung, Übervölkerung und nachbarschaftliche Spannungen Hass erzeugen können" (Redl/ Wineman 1979,24/ 1984). So werden *„Kinder, die hassen"* erzeugt; sie sind zugleich „Kinder, die keiner will". Die 8-10jährigen, die ins „Pioneer House" kamen, hatten vorher nie eine „faire Chance" in ihrem Leben gehabt: die Eltern geschieden oder die Ehen durch böswilliges Verlassen zerrüttet; „Kettenreaktionen" in Heimen und Pflegestellen; Erleben von Ablehnung, Brutalität und Grausamkeit. Sie waren unter offen feindseligen Geschwistern die Sündenböcke, misshandelt und abgeschoben; in der Schule: Misserfolg, Angsterlebnisse, z.T. ausgeschlossen; dazu noch traumatisiert durch Prügel, Sadismus, sexuelle Gewalt. Dies und also fehlende Zuwendung, fehlende Identifikationsmöglichkeiten, nicht vorhandene gute Beziehungen zu Gleichaltrigen und zur Gemeinde, wirtschaftliche Not und Unsicherheit waren die Bedingungen für schwere *Ich-Störungen.*

Symptome derselben sind: Angst und Unsicherheit, eine „ungewöhnlich niedrige Frustrationsschwelle", Anfälligkeit für jede Art von Versuchung (Verlockung durch Situationen und Dinge, „Ansteckbarkeit", „gruppenpsychologischer Rausch"); „Sublimierungstaubheit", d.h. Unzugänglichkeit z.B. für förderliche Angebote wie Spiele und Arbeit; Panik vor dem Neuen, das daher zu aggressiven Handlungen verleitet; Zusammenbruch angesichts von Schuldgefühlen, daher hartnäckige und unrealistische Schuldabwehr; hinsichtlich der Wertorientierung „Identifikation mit dem Kodex einer delinquenten Umwelt". Trotzdem erkannte Redl „Inseln von Kindheitswerten", eine verschwommene Sensibilität und ein gewisser Respekt für Gemeinschaftswerte....

In weiteren Arbeiten Redls werden vielfältige Formen von Ich-Störungen beschrieben und begründet: Schwäche bei der Kontrolle von Triebimpulsen, Verschiebung von Ärger über eine Person auf eine andere, Überfunktion bestimmter Wahrnehmungs- und Reaktionsweisen, überhaupt unterschiedliche Wahrnehmungs- und Kognitionsprozesse, die die Stärke und Art von aggressiven Reaktionen beeinflussen. Insbesondere auch das Niveau und die Qualität von Ängsten und Schuldgefühlen und ihre Bewältigungsformen erwiesen sich als ausschlaggebend.

Durch ihre intensive Fallarbeit konnten Redl, Wineman und ihre Mitarbeiter/innen unser Verständnis für die allgemeinen und individuellen Aspekte von Gewalttaten und Täterkarrieren vertiefen und wesentliche Bedingungsvariablen erkennen, die auch in unseren Grundformen der Gewaltprävention berücksichtigt werden.

Therapeutische Maßnahmen: Die Störungen und Fehlentwicklungen ihres Kontrollsystems – psychoanalytisch: ihres Ichs und ihres Über-Ichs – ließen *im „Pioneer House"* keine klassischen Therapiemaßnahmen zu (Gespräche und therapeutische Spiele im Sprech- oder Spielzimmer, die therapeutische Beziehung zu einem Erwachsenen usw.). Zu sprachlicher Bearbeitung waren sie nicht in der Lage; außerdem verhinderten Feindseligkeit gegenüber den Erwachsenen und Loyalität in der Gruppe klassische Therapiegespräche. Daher entwickelte Redl dort wie auch in den späteren Heimen und Stationen ein Instrumentarium zur Unterstützung und Stärkung ihrer geschädigten Ich-Funktionen und zur Auflösung ihrer Abwehrmechanismen.

Das *Behandlungskonzept im „Heim für Gruppentherapie"* bestand vor allem (1.) aus dem wirkungsvoll vorbereiteten *psychohygienischen Klima:* absolutem Schutz vor traumatisierenden Behandlungen durch das Heimpersonal, Gewährung von Befriedigungen durch Zeichen der Zuneigung und Spaß machende Freizeitangebote, eine gewisse Symptomtoleranz und Spielraum für Regressionen, Techniken des „beschützenden Eingreifens", keinen zu starken Gegensatz gegenüber den gewohnten sozialen und räumlichen Geschmacksmustern („Vermeiden eines groben soziokulturellen Stilbruchs"). Das Programm der *„Ich-Unterstützung"* (2.) bestand u.a. aus *„befriedigendem Spielen":* „einer der lebensnotwendigsten und Ich-stärkendsten Erfahrungsbereiche". Schließlich wurden (3.) Ereignisse des täglichen Lebens therapeutisch nutzbar gemacht (*Gespräche* am Ort des Anlasses, bevor verwickelte Verleugnungsmechanismen entstehen; unmittelbare Konfrontation mit den Folgen z.B. destruktiver Handlungen, vielfältige Ausnutzung des therapeutischen Milieus, z.B. zur Abschwächung bzw. zur Hervorlockung von nutzbaren Ereignissen des täglichen Lebens (37ff).

Ein besonderes Kapitel ist dem *„Behandlungsschock"* zu Beginn der Therapie gewidmet, der sich in massivem Widerstand der Kinder (im psychoanalytischen Sinne), in feindseligem und zerstörerischem Tun äußerte. Es zeigte sich eine „Angst vor Liebe", weil sie das gewohnte aggressive Verhaltenssystem ins Wanken bringt. Nach traumatischen Vernachlässigungserlebnissen entstand zunächst im Heim als einem „Land, wo Milch und Honig fließt", unersättliche Begierde nach Bedürfnisbefriedigung und aggressiver Reaktion auf Frustrationen. Diese Reaktionen wurden als Vorstufe zur Überwindung der pathologischen Aggressivität und Delinquenz gedeutet.

Die *Programmgestaltung* berücksichtigte die anfangs besonders starken triebhaften Frustrations-Aggressions-Tendenzen, indem zunächst Sport und wenig strukturierte Spiele sowie weitere Aktivitäten mit hohem „Ableitungswert für spannungsbestimmte Triebstrukturen" angewandt wurden. Später nahmen Spiele, Basteln und Werken, Ausflüge usw. zu, in denen mehr Ruhe, Rücksichtnahme und Regeleinhaltung verlangt wurden. Zur Ich-Unterstützung diente zusätzlich „beschützendes Eingreifen": Grenz-Ziehungen, Bestehen auf Regeln zum Schutz vor Zerstörungen, Verletzungen und Demoralisierung. Hinzu kamen Routinevorschriften zur Sicherung der sozialen Grundordnung, z.B. bei Essens- und Schlafenszeiten u.ä., die möglichst große Eindeutigkeit und Beständigkeit der Rollen der Erwachsenen, Leiter, Helfer usw. (21ff; weiteres in *„Controls from within"*, bzw. „Die Steuerung des aggressiven Verhaltens beim Kind" (1986).

In Bethesda und seinen weiteren Arbeiten *vervollkommnte Fr. Redl sein Behandlungsprogramm für aggressive Kinder.* Es wird am besten charakterisiert als „Kombination beider Möglichkeiten", nämlich der klassischen psychoanalytischen Therapie und der „umfassenden Milieutherapie" (1974, 48ff).
Die psychoanalytische Therapie ist nach Redl auf folgende Ziele ausgerichtet:

„(1) Der Patient soll weit genug vom täglichen Zwang zur Anpassung isoliert werden, so dass dadurch absichtlich eine Atmosphäre geschaffen wird, die eher den Bedingungen entspricht, unter denen sich die Ursprünge seiner Neurose entwickelten.

(2) Der Patient soll dazu gebracht werden, auf den Therapeuten die emotionalen Beziehungen zu übertragen, die er damals zu den wichtigen Personen in seinem Leben entwickelt hatte.

(3) Durch geschickte Handhabung dieser emotionalen Beziehungen (besonders der ‚Übertragung') und durch geschickte Reaktion auf die Phantasieprodukte und das Verhalten des Patienten soll ungefähr folgendes zustandegebracht werden:
a) Der Patient soll in der Lage sein, Unbewusstes offenzulegen – und dies bezieht sich nicht nur auf das Es, sondern auch auf unbewusste Ich- und Über-Ich-Elemente.
b) Dem Ich soll dabei geholfen werden, sowohl vergangene Erfahrungen zu erkennen und zu bewältigen, als auch seine eigenen Techniken zu ändern, so dass die Ausbildung pathologischer Symptome oder eine Charakterstörung nicht mehr notwendig ist.

c) Dem Ich soll dabei geholfen werden, die so entstandene gesündere Persönlichkeit an den tatsächlichen Aufgaben der Lebensbewältigung neu zu orientieren, so dass die Abhängigkeit von der Therapie gefahrlos aufhören kann" (ebd.)

Bereits *Anna Freud*, auf die Redl sich beruft, hatte die Notwendigkeit von „vorbereitenden Aktivitäten" für die Kindertherapie erkannt und solche beschrieben (A. Freud 1954). Redl entwickelte diese Maßnahmen fort zu einer *„umfassenden Milieutherapie"* als „Gegenstück zum klassischen Konzept einer Analyse im ‚abgedichtete Raum'" und suchte nach dem „fehlenden Verbindungsglied", das er im „Life Space Interview" fand.

Die Gestaltung des „Therapeutischen Milieus" suchte Redl weniger auf subjektive Einschätzungen und Überzeugungen dessen zu gründen, „was in einem gegebenen Moment der Behandlung eines bestimmten Patienten nützlich oder nicht nützlich ist" (1974, 76). Deshalb begnügte er sich nicht mit pauschalen Anweisungen bezüglich der Fernhaltung schädlicher Einflüsse, der Erfüllung menschlicher Grundbedürfnisse, der Beachtung der Entwicklungsphasen der Kinder und der Anwendung flexibler Regeln des Zusammenlebens und der Therapie. Vielmehr zielten die Bemühungen auf die methodisch reflektierte, therapeutisch wirksame Gestaltung des gesamten Lebenszusammenhangs:

„*Beispiel*: Unter den verschiedenen Arten therapeutischer Hilfe, die die Kinder auf unserer Station dringend benötigen, findet sich auch die Aufgabe, das Über-Ich jedenfalls partiell wiederherzustellen. Abgesehen von ihrer sonstigen Pathologie ist bei einigen Kindern der Aufbau und die Ausdifferenzierung jener Art des Wertbewusstseins und Gewissens fehlgelaufen, das andere Kinder normalerweise im Laufe der Jahre entwickeln. Wir glauben, dass die ernsteren Fälle von Defekten des Über-Ichs nie in der Individualtherapie allein behandelt werden können; diese muss von einem umfassenden Ansatz begleitet werden, der den *gesamten Lebenszusammenhang* mit einbezieht, der seinerseits wiederum für diese Aufgabe sorgfältig strukturiert und von großer ‚klinischer Elastizität' sein muss, um eine langfristige Ausrichtung auf unser Vorhaben zu gewährleisten.

Einem solchen Kind müssen wir neben der Hilfe des Therapeuten einen Lebensraum bereitstellen, in dem es sich leisten kann, krankhafte Abwehrhaltungen aufzugeben und die notwendigen emotionalen Bindungen zu entwickeln, die jeder primären Wertidentifikation vorausgehen müssen. Ebenso scheint uns klar zu sein, dass alle Alltagserlebnisse so ausgewählt sein müssen, dass die Entstehung von massiven Schuld- und Angstgefühlen sowie eine in höherem Maße paranoide Interpretation solcher Erlebnisse, als sie mit einer schon gesteigerten Geschwisterrivalität vereinbar ist, verhindert wird. Ebenso notwendig erscheint uns, dass die Rollenverteilung unter den Erwachsenen, mit deren Hilfe das Wertbewusstsein sich ausbilden bzw. kräftigen soll, ganz eindeutig ist. Zusätzlich brauchen manche Kinder die Bindung an eine Art ‚entpersonalisierten Gruppenkodex', der allein den Weg zur Verinnerlichung von Werten eröffnen kann, wenn auf lange Zeit hinaus keine Möglichkeit besteht, über persönliche Beziehungen dahin zu gelangen. In solchen Fällen wird das Milieu und seine wachsende Bedeutung für den einzelnen Patienten zu einer ebenso starken Kraft in der Therapie, wie man das von der Beziehung zwischen Patient und Therapeut im allgemeinen annimmt" (1974, 82f). S. GrF 8 „Gemeinschaft bilden..."

Besonderen Wert legte Redl dabei darauf, dass das therapeutische Milieu nicht nur auf die Heilung der Pathologie angelegt ist, sondern dass es auch genügend *Elemente des „wirklichen Lebens"* außerhalb des Heims enthält, die dem gestörten Kind helfen, sich auf das Lernen „draußen" vorzubereiten.

„Wie kann man von ein und demselben Milieu verlangen, dass es dem Patienten größten Spielraum für Regressionen und zugleich alle Herausforderungen des Lebens in der offenen Gemeinschaft, mit seinen reichen Belohnungen, aber um so härteren Strafen, bieten soll? Wie können wir Johnny die Erfahrung einer Schulklasse vermitteln, wenn nur zwei Kinder anwesend sind neben einem hochqualifizierten Lehrer, der über genügend Zeit und die Fähigkeit verfügt, mit fünf Wutanfällen pro Stunde fertig zu werden, ohne zu strafen oder enttäuscht zu sein? Und wie können wir dem Kind die faszinierende Möglichkeit bieten, besser angepasste Kinder fröhlich bei der Arbeit zu sehen, ihren Erfolg zu registrieren und die freundlich-vernünftige Art, in der sie sich ihre Fehler korrigieren lassen, und gleichzeitig seine Aggressionen und Zerstörungswut einfach hinnehmen?..."

Redl stellt fest: "dass wir für jede Patientengruppe oder spezielle therapeutische Aufgabe sehr wohl angeben können, welche Aspekte eines Milieus für die unmittelbare klinische Aufgabe betont werden sollten und auf welche anderen Aspekte wir achten müssen, damit die Therapie auch Inhalte des späteren Lebens umfasst" (1974, 83f).

Die *ersten Stufen des Behandlungsprozesses vom geschlossenen Heim hin zur Selbständigkeit,* der auch heute noch in der Heimerziehung angestrebt wird (Günder 1995, Kupfer/ Martin 1994, Podgornik 1988, Post 1997), beschreibt folgender Kurzbericht aus *Bethesda* (S. 85):

„Zu Beginn mussten die Kinder ... therapeutisch ... geschützt werden. An einem bestimmten Punkt der therapeutischen Fortschritte wurde es jedoch wichtig, ihnen mehr Gelegenheit zu geben, sich aus der intensiven Beaufsichtigung und Abhängigkeit zu lösen, in die wir sie anfangs hineinführen mussten. Wir mussten ihnen dann die Möglichkeit bieten, auf eine Art zusammenzuleben, die dem ‚wirklichen Leben' ähnlicher war. Auf dem Hintergrund dieser Überlegungen begannen wir mit der Einrichtung eines *„offenen Hauses"*, das für die nächste Stufe der Therapie vorgesehen war. Es war für solche Kinder wichtig, sich in ein Milieu zu begeben, das in höherem Maße selbständige Entscheidungen in Konfliktsituationen von ihnen verlangte – wobei jedoch solche Erfahrungen in Gesprächen mit dem qualifizierten Personal durchgearbeitet und auch sonst noch viele Behandlungsarten fortgesetzt werden mussten."

Zu den reflektiert zu gestaltenden *Elemente des „therapeutischen Milieus"* gehört die Sozialstruktur des Heims mit ihrer Rollenverteilung, ihrer Autoritäts- und Kommunikationsstruktur. Den Übergang von der empirischen Forschung zur pädagogisch-therapeutischen Handlung beschreibt folgendes Zitat:

„Vom klinischen Gesichtspunkt aus fängt es erst an interessant zu werden, *nachdem* der Soziologe eine bestimmte Struktur beschrieben hat; dann nämlich möchte ich wissen, welche Bedeutung sie für meine therapeutischen Ziele hat, wie sie sich auf die Wahl meiner Behandlungstechniken auswirkt, in welcher Phase der Behandlung meiner Kinder sie nutzbringend eingesetzt und in welcher anderen Phase sie zu einem Hindernis werden kann."

Dasselbe gilt sinngemäß für die *Erkenntnisse der Lernforschung*, die als Bekräftigung, Modellernen usw. selbstverständlich genutzt werden (s.o.), aber nicht zum Fetisch erklärt werden dürfen. So geht es auch nicht nur um die Beschreibung des erforderlichen *Wert- und Regelsystems*, sondern darum, welche Werte und Regeln wirklich im Heim *gelebt* werden (vgl. GrF 6 „Werte bilden..."). Die informellen und formellen *Gruppenstrukturen* müssen günstig gestaltet werden, und das heißt auch, dass sie korrigiert werden müssen, wenn die Therapieziele es erfordern. Demgemäß sind auch die therapeutisch wichtigen Einstellungen und Gefühle des Personals sowie die Formen der Grenzsetzung, der Anerkennung, Liebe und Bekräftigung mit den Augen der Kinder zu sehen und auf die therapeutischen Notwendigkeiten abzustimmen. Vielfältige *Betätigungen*: gemeinsame Spiele, Sport, Arbeit, Ausflüge, kreatives Tun, und die Weisen der Anregung, Motivierung, Lenkung, Freigabe und Kontrolle, die die Pädagogen/ Therapeuten dabei anwenden, sowie die *Atmosphäre*, in der das alles geschieht, haben günstigere oder ungünstigere Effekte auf die *„Ich-Unterstützung" und „-Stärkung"*. Das gilt insbesondere auch im Hinblick auf die bei den einzelnen Kindern unterschiedlichen Phasen der Befreiung von aggressiven Einstellungen, Triebimpulsen und Handlungstendenzen.

Es kommt also sehr auf die Flexibilität oder *„Elastizität"*, die Person- und Situationsangemessenheit der Maßnahmen der „ersten Hilfe", der „Schiedsrichterdienste", der „Verkehrsregelung" usw. an. Sie entscheiden maßgeblich über den Therapieerfolg (a.a.O., 95).

Zu den Bedingungen des Therapieerfolges, die Redl untersuchte, gehören auch die *Gruppenprozesse* – Vorgänge der Identifikation mit sehr verschiedenen Anführertypen (insgesamt zehn: „patriarchalischer Herrscher", „Tyrann", „Organisator", „Verführer" usw.), das Phänomen der „Ansteckung" u.a.m. Sie halfen ihm und helfen uns, (1.) eine bessere Diagnose zu stellen für Probleme, die Kopfzerbrechen bereiten. Man denke nur an die Anstiftung von Mitläufern in Cliquenkämpfen, bei Hooligan-Ausschreitungen u.ä. Aus diesen Erkenntnissen ergeben sich (2.) auch Konsequenzen für die flexible bzw. „elastische" (s.o.!) Handhabung der Steuerungs- und Fördermethoden.

Evelyn Heinemann (Heinemann u.a. 1992, 39) bestätigt aus eigener Praxis in der Sonderschule für Erziehungshilfe die nachhaltige Wirkung der Milieugestaltung und Gruppenarbeit im Vergleich zu ihrer eigenen individualtherapeutischen Arbeit (s.u.). Wer etwas lernen will über die Komplexität der „Familienmanagement-Variablen ‚Regeln setzen'" (s. Kap. 4.3), der sollte Redls Kapitel über „Grenzziehung und Strafen" lesen (1974, 203ff).

Das *Life-Space-Interview* als Methode der unmittelbaren Einwirkung der Therapeut/innen auf die aggressiven Kinder bzw. Jugendlichen entspringt der „normalen" Interaktion Erwachsener mit Kindern. Erwachsene nehmen ein Erlebnis des Kindes auf und sprechen mit ihm in der Absicht, „den Einfluss des Erlebnisses auf das Kind zu regulieren" (1974, 52). Bei ernsthaft gestörten Kindern sind nach Redl „der methodisch gute Gebrauch und die technisch korrekte Handhabung des ‚Interviews' mit den Kindern von vorrangiger klinischer Bedeutung" (ebd.). Nur so können die milieutherapeutischen Bemühungen der Pädagog/innen und Therapeut/innen zur vollen Wirkung kommen.

Als Hauptziele des „Life-Space-Interviews" nennt Redl: 1) die therapeutische Auswertung von Ereignissen aus dem Alltag; 2) sofortige emotionale ‚Erste Hilfe'. Insofern ist es situations-, personen- und zweckbestimmt. Die Beispiele Redls beziehen sich durchweg auf gewalttätige Ereignisse (S.53ff).

Je nach Anlass, Zeit, Personen und Situation können außer der *„Soforthilfe"* auch weitergehende Veränderungen angezielt werden, z.B. bei wiederkehrenden Problemsituationen. So wird also aus Alltagserlebnissen u.U. langfristiger therapeutischer Gewinn gezogen, z.B. wenn die Situation auf der Stelle das *„Einmassieren des Realitätsprinzips"* ermöglicht, indem faule Ausreden, unrealistische Entschuldigungstaktiken, „wahnhafte Fehleinschätzungen" der Situation und des Lebens korrigiert werden. Es kann in günstigen Fällen die Einsicht vermittelt werden, dass sich pathologisches Verhalten „wirklich nicht bezahlt macht" („symptom estrangement"). Empfänglichkeiten für *Werte*, bei Jugendlichen besonders solche wie Kameradschaft, Fairness u.ä., können wiederbelebt werden. Andere nichtgewalttätige Methoden der Problemlösung können personzentriert ins Gespräch gebracht bzw. verstärkt werden. Die Grenzen des Selbst können, z.B. durch Ermutigung, erweitert werden, so dass aggressives Verhalten als unnötig empfunden wird... (s. GrF. 3, 4).

Der *„emotionalen Ersten Hilfe"* dienen z.B. das „Ablassen von Frustrationssäure" durch mitfühlendes Verstehen (besonders bei niedriger Frustrationstoleranz und Aggressivität aus Angst vor vermeintlichen Feindseligkeiten), Unterstützung bei der Bewältigung von aggressionsauslösenden Emotionen wie panische Angst, Wut, Schuldgefühle. Allein die Aufrechterhaltung der Kommunikation nach aggressiven Erlebnissen ist eine wichtige Aufgabe, weil allein durch sie weitere therapeutische Maßnahmen möglich werden (s. GrF 10).

Die Erinnerung an abgemachte Regeln (ohne langwieriges Moralisieren) kann ebenfalls situationsentlastend und aggressionsabbauend wirken. Schließlich geben aggressive Konflikte oft Gelegenheit zu schiedsrichterlichem Gespräch, Schlichtung, Anbahnung von Abmachungen – sämtlich Beispiele nicht nur für kurzfristige Problemlösungen, sondern (sofern methodisch geschickt genutzt) auch zur Steuerung der Einstellungen und *zur Gewöhnung an nicht-aggressive, friedfertige Verhaltensweisen* (s. GrF 9).

Als wichtige methodische *Regeln* für die Durchführung von Life-Space-Interviews nennt Redl die notwendige Beschränkung auf ein zentrales Thema, die „Ich-Nähe" und Klarheit des Themas, die Vereinbarkeit von Gesprächsabsichten und der jeweiligen Rolle des Lehrers, der Schulleiterin, des Therapeuten usw. Nicht jeder kann glaubhaft in jeder Situation jedes Ziel vertreten (s. „Echtheit", GrF 3). Selbstverständlich erscheinen auch die Passung des Gesprächs und der jeweiligen Stimmungslage des Kindes und der Erzieherin sowie die geschickte die Wahl des rechten Zeitpunktes. Dies sind natürlich Regeln, die auch in anderen pädagogischen Gesprächssituationen zu beachten sind, deren Bedeutung aber bei der Behandlung aggressiver Kinder überragend ist. Auch hier erweist sich die Therapie als Lernfeld für pädagogisch sensibles, wirkungsvolles Handeln.

Neuere Konzepte und Aufgaben: Die Arbeiten und Veröffentlichungen Fritz Redls und seiner Mitarbeiter haben zu Recht weltweit Anerkennung gewonnen. Trotzdem waren weitere Erfahrungen und Erkenntnisse im Felde der psychoanalytischen Arbeit mit aggressiven Kindern und Jugendlichen notwendig, um die schwierige Arbeit in Sonderschulen und Heimen, in der Einzelfallhilfe der Erziehungsberatung bzw. der Schulberatung heutigen Maßstäben entsprechend leisten zu können.

Eine neuere *Ausdifferenzierung des psychoanalytischen Strukturmodells* betrifft die Unterscheidung von „Ich" (als dem „System geordneter Funktionen") und „Selbst" (dem die Inhalte, Gefühle, Vorstellungen, „Repräsentanzen" zugeordnet werden; H. Hartmann; H. Kohut). Durch Beeinträchtigung bzw. Unterbindung der Kontrolle des Selbst wird das Phänomen „narzisstischer Wut" erklärt, die im Gegensatz zur „nicht-destruktiven Aggression"– die der Selbstbehauptung des Säuglings und Kleinkindes dient – die erbarmungslosen, feindlichen Formen des Gewaltverhaltens begründet (Kohut 1975, 1981). Demnach kommt es bei der Prävention und Intervention vor allem auf die Festigung des Selbst, der Selbst-Kohärenz und des Selbstwertgefühls an. Von hier aus sind Brücken zur Selbsttheorie und klientzentrierten Gesprächstherapie von Rogers/ Tausch zu schlagen, aber auch zu Adlers Individualpsychologie (vgl. Heinemann u.a. 1992, 25ff).

Eine weitere Ergänzung bietet die sog. *„Objektbeziehungstheorie"*, die auf Melanie Klein (1972) zurückgeht. Hier geht es um die Frage, wie Kinder ihre Erfahrungen und Eindrücke in „innere Objekte" umformen und wie sie mit grausamen inneren Objekten als Bildern ggf. der Eltern, Mitmenschen und der Welt, u.U. auch aus den Medien, fertig werden. Aggressive innere Objekte führen demnach, besonders unter der Herrschaft eines übermächtigen, rigiden Über-Ichs, zu einem Kreislauf von Angst und Aggression sowie zu Spaltungs-

Mechanismen, die Gewaltneigungen nicht bewältigen und abbauen lassen, sondern steigern. Demnach muss die „therapeutische und pädagogische Arbeit die Strukturierung des Selbst und der inneren Objekte in den Vordergrund stellen, d.h., die Entwicklung von Selbst- und Objektkonstanz ermöglichen, realistische Vorstellungen vom Selbst und den äußeren Objekten aufbauen helfen". Daneben geht es um die „Arbeit an frühen Abwehrvorgängen wie Spaltung, Verleugnung und Omnipotenz, welche die realistische Wahrnehmung des Selbst und der äußeren Welt verhindern" (Heinemann u.a. 1992, 37f). Narzisstische Störungsanteile sind somit u.a. auf „völlig unrealistische Größenvorstellungen" zurückzuführen, die in zentrale Unsicherheitsgefühle umschlagen. Das wiederum erklärt die Neigung aggressiver Menschen, sich durch Manipulation anderer das Gefühl eigener Macht zu verschaffen (a.a.O., S. 9f), so wie es in Jugendbanden oft vorkommt.

Das Ich steht also „nach wie vor im Mittelpunkt der psychoanalytischen Arbeit", es wird aber durch Unterscheidung von Ich und Selbst und durch die Analyse der im Selbst gespeicherten und wirksamen Objekte und Objektbeziehungen differenzierter betrachtet und behandelt als früher (S.25ff). Zur Demonstration der therapeutischen Möglichkeiten berichtet die Sonderschullehrerin, Psychoanalytikern und Fachhochschulprofessorin *E. Heinemann* aus ihrer Arbeit in einer Sonderschulklasse. An Fallbeispielen werden das „szenische Verstehen" der von Kindern produzierten (erlebten oder sehnsüchtig erdichteten) Geschichten und der „fördernde Dialog" detailliert beschrieben. Als hilfreiche Prozesse werden, besonders für Kinder, die durch Aggressivität aufgefallen sind, empfohlen: das „Halten", nämlich Vertrauen, Wertschätzen, Unterstützen, und das „Zumuten", nämlich Deuten der Szenen, Konfrontieren mit der Realität, die symbolische Konfliktverarbeitung und die Anregung von Wiedergutmachung (S. 39ff). Weitere neuere Therapiekonzepte finden sich bei Hopf 1998.

Nach *Winnicott* (1988) können aggressive Kinder mit grausamen inneren Bildern (auf Grund von Ablehnung, Trennung, Gewalterfahrungen usw.) therapiert werden, indem zunächst auf ihre Illusionen (etwa ihrer Kraft und Omnipotenz), ihre selbst geschaffene magische Realität eingegangen wird; Übergangsobjekte und -phänomene (einfache Beispiele: der Bettzipfel, ein Teddybär) dienen der Spannungsabfuhr und Abwehr von Ängsten usw. Die Desillusionierung erfolgt durch abgestufte Versagungen, Hinwendung zu und befriedigende Kontakte mit der Welt realer Objekte in einer Beziehung der Annahme mit Gesprächs-, Übertragungs- und Identifikationsangeboten.

Am Beispiel eines durch Verlust und Trennungsangst aggressiven Jungen demonstriert Heinemann (1992, 59ff) „szenisches Verstehen" und die heilsamen Wirkungen eines wochenlangen Fantasiespiels („Dalmatinerhunde Pongo und Perdi") in einer Sonderschulklasse. Dem Jungen wird die Möglichkeit geboten, seine grausamen inneren Bilder in einer Fantasiewelt zu überwinden, Gegenbilder zu erleben, Beziehungen zur Realwelt aufzunehmen, die eigenen Erfahrungen symbolisch zu verarbeiten, Identifikationsangebote nutzen zu lernen – und auch Gemeinschaftsgefühl im Sinne Adlers zu entwickeln (vgl. 4.2). So wird Aggressivität sinn- und gegenstandslos.

Ein anderes Feld psychoanalytischer Arbeit zur Intervention gegen Gewaltneigungen ist das *der Zusammenarbeit von Therapeuten und Pädagogen in Heimen für erziehungsschwierige Kinder und Jugendliche.* In dieser außerordentlich schwierigen und auch personalaufwendigen Arbeit werden u.a. durchgeführt: wöchentliche Gruppenversammlungen von Pädagog/innen und Therapeut/innen mit den Jugendlichen, Besprechungen der Therapeut/innen mit den Pädagog/innen ihrer Wohngruppe, vierzehntägig eine externe Supervision für das gesamte Wohngruppenteam und eine Supervision im Plenum, eine sog. „Wochenendbesprechung" am Montagmorgen, Einzelfallbesprechungen aller betroffenen Personen zusammen mit dem jeweiligen Jugendlichen, gemeinsame Familien- bzw. Elterngespräche alle vier bis sechs Wochen. Verschiedene Formen regelmäßiger Kooperation führen in gegenseitiger Hilfe und Korrektur zu einem effektiven Interventionsprogramm gegen Aggressivität.

Fallberichte aus der Literatur zu typischen Problemsituationen der pädagogischen und therapeutischen Aggressionsbewältigung im Heim demonstrieren die Notwendigkeiten und hilfreiche Vorgehensweisen, z.B. in der Situation der Aufnahme von Jugendlichen im Heim, bei Beziehungsproblemen und Konflikten, die den Therapieerfolg in Frage stellen, bei Überforderungssituationen u.a.m. Besonders wichtig erscheint die *Supervision*, in der die Pädagogen und Therapeuten ihr Verständnis für die eigenen unbewussten Anteile an den problematischen Entwicklungen der Jugendlichen im Heim vertiefen und in ihrer Realitätswahrnehmung und pädagogischen Handlungskompetenz gestärkt werden (vgl. Grüttner in Heinemann u.a. 1992, 90ff; s. auch Hopf 1998).

Beurteilung: Die psychoanalytischen Therapieangebote werden von manchen empirisch-analytisch arbeitenden Aggressionsforschern und Verhaltenstherapeuten noch immer kritisiert, weil sie sich gemäß ihrem Persönlichkeits-, Störungs- und Behandlungskonzept nicht den experimentell-statistischen Verfahren unterwerfen lassen. Gleichwohl treffen u.E. ihre Erklärungs- und Interventionsmodelle auf viele gewalttätige Kinder und Jugendliche zu, die andererseits von den gängigen Verhaltenstherapie- und Familienmanagement-Verfahren nicht erreicht werden können. Die Not in den Schulen und Heimen für Erziehungshilfe, in vielen Hauptschulen – und nicht nur dort – ist groß. Lehrer- und Schulleiter/innen fühlen sich ohnehin von den Beratungswissenschaftlern eher allein gelassen (Martin 1996, 266ff). Der Beitrag psychoanalytisch arbeitender Ärzt/innen, Psycholog/innen und Pädagog/innen ist dringend notwendig. (Zur Effektivität verschiedener Therapieformen – einschließlich der psychoanalytischen – s. Borgen, Deffenbacher, Mahoney/ McCray Patterson u.a. in Brown/ Lent 1992; Martin 1993a).

4.2 Aggressionsabbau in der Gemeinschaft (Individualpsychologie)

Obwohl wir in diesem Buch gründliche Kenntnisse über Gewalterklärungen, Präventions- und Interventionsverfahren gegen Gewalt zu vermitteln suchen, können nicht alle Ansätze gleich ausführlich behandelt werden. In Kap. 2.4 findet sich eine kurze Einführung in das individualpsychologische Konzept von A. Adler. Im folgenden wird ein bekanntes *Beispiel* einer solchen Intervention in der Schulklasse vorgestellt:

Max - ein klassischer Fall individualpsychologischer Intervention gegen Aggressivität: Der Fall wurde berichtet von dem Lehrer und späteren Individualpsychologen Alfons Simon (1897-1975). Er demonstriert zugleich die Zusammenarbeit eines Lehrers mit einem (individualpsychologischen) Arzt und Erziehungsberater, also „Schulberatung" (s. Kap. 4.6). Der Fallbericht ist wieder abgedruckt bei Rüedi, 1995, 101ff-135. Hier eine Kurzdarstellung:

Lehrer S. übernahm von einem ausscheidenden Kollegen eine 6. Klasse. Einer der Schüler war Max, den der Kollege so beschrieb: „Der frechste Kerl, den ich in meinen 30 Lehrerjahren gehabt habe". Er stellte sich als ein kleiner, eher schwächlich wirkender Junge heraus, der tatsächlich ständig seine Nachbarn störte, in Wutanfällen biss, schlug und deren Bleistifte und Federn zerbrach. Gegen Erwachsene war er frech. Kleine Kinder schlug er ins Gesicht. Ein Kind hatte er mit dem Gesicht gegen die Wand gestoßen und erheblich verletzt. Da weder strenge noch gütige Maßnahmen halfen, suchte Lehrer S. die Beratungsstelle des Arztes und Individualpsychologen Dr. S. auf, der die Behandlung von Max längere Zeit begleitete.

Max war das zweite uneheliche Kind einer Fabrikarbeiterin, krank, schwächlich, zusammen mit dem Bruder in die Obhut einer „Kostfrau" gegeben, dort von dem älteren Bruder unterdrückt, betrogen, geschlagen und verletzt. Die Mutter heiratete, so dass Max zu ihr in die Wohnung zurückkehren konnte. Aber die Ehe verlief enttäuschend. Der Mann war Trinker, schlug seine Frau, bedrohte sie mit dem Messer. Nach der Scheidung vereinsamte die Mutter. Max war ihr einziger Vertrauter. Beide gaben sich gegenseitig Rückhalt – sie ihm auch dann, wenn er von seinem gewalttätigen Verhalten in der Schule berichtete.

Vor aller *Intervention* versuchte Lehrer S., Max zu *verstehen:* Wie hat Max die Welt seit seiner Geburt erlebt? Wie sieht er sie heute? Solche Fragen führten zu der Einsicht, dass sein Körper, seine Konstitution, die Familiensituation, Erlebnisse der Vernachlässigung, Unterdrückung und Peinigung das Misstrauen und die Feindseligkeit im Charakter von Max verankert hatten. Diese wurden von der Mutter wegen ihrer Erfahrungen hundertfach verstärkt. Die erste Grundschullehrerin trug leider durch Strafen und ein unverständliches Zeugnis mit 10 „Ungenügend" zur weiteren Bloßstellung und Demütigung des Jungen bei. Er wird von den Mitschülern verachtet.

Lehrer und Berater *erklären* Maxens Aggressivität vor allem als Folge dieses Ausschlusses aus der Gemeinschaft. Sie führt zu dem selbstbewussten Entschluss: „Ich will gar nicht dazugehören". Daraus folgen auf dem Weg des geringsten Widerstandes die

Gewalttätigkeiten gegen die Kleineren, Schwächeren. Die Mutter deckt und bekräftigt Max dabei bedingungslos. Zorn und Strafen des Lehrers und die schweigende Zustimmung der gegen den Lehrer eingestellten Mitschüler bestätigen das Machtgefühl und treiben weiter an: Max kann auch etwas, wenn auch auf andere Weise, als eigentlich von der bösen Umgebung gewünscht.

Ergebnis der *Beratungen über die Intervention*: „Durch gutes Zureden wird dies alles nicht aus der Welt geschafft.... Erfahrungen werden durch andere Erfahrungen korrigiert." Die Gemeinschaft der Gleichaltrigen, Lehrer usw., die ihn ausgestoßen hat, muss ihn „geduldig und beharrlich" wieder hereinnehmen. Lehrer und Individualpsychologe S. berichtet detailliert und feinsinnig über die nun folgenden Maßnahmen:

1) Aussetzen der gewohnten, aber unwirksamen Strafen; Gewährung einer „Schonzeit": sie soll wenigstens für den Augenblick nachdenklich machen. Und sie schadet tatsächlich nicht.

2) Ernstnehmen, sensibel vorgehen, Max etwas zutrauen, ihm Verantwortung übertragen: kleine Klassenämter; Gelegenheit zu Verhaltensänderungen und Anlässe für Lob; die Beziehungen in der Klasse und mit dem Lehrer verbessern, festigen.

3) „Erfolgsgefühlchen"! Lernen durch klug ausgewählte Aufgaben und angepasste Arbeitspensen! Die „guten Seiten" des Menschen entdecken und fördern!

4) Schwere Leistungsdefizite (durch eine jetzt erst erkannte Kurzsichtigkeit mitbedingt) werden durch Zusatzunterricht in einer Gruppe ausgeglichen: Begründung von Sicherheit und Zutrauen in die eigenen Kräfte, Gelegenheit zu weiterer Ermutigung. Gemeinsame Arbeit in der Gruppe verbindet.

5) „Eines kann Max wirklich gut. Er schreibt bessere Geschichten als der Durchschnitt seiner Klassenkameraden". Das muss genutzt werden, ohne unechte Aufbauschung.

6) Eine Gelegenheit zur unspektakulären Veränderung der Sitzordnung führt dazu, dass Max einen hilfreichen Klassenkameraden für die Zweierarbeit bekommt, der durch das Helfen selbst auch profitiert.

7) Maxens Fehlen wegen einer Krankheit erlaubt Gespräche mit der Klasse über die schwierige Lebensgeschichte des Klassenkameraden. Mit Behutsamkeit und Takt geführt, bewirken sie Vertrauensbildung, bauen ablehnende Haltungen ab. (Leider gelingt es allerdings nicht, die Mutter in die – Selbständigkeit und Gemeinschaft fördernden – Maßnahmen voll einzubeziehen, weil sie Angst hat, Max auf diese Weise zu verlieren.)

8) Eine ernste Erkrankung mit langem Krankenhausaufenthalt des Jungen bedroht alle Fortschritte. Lehrer S. bespricht mit der Klasse die Lage samt den Gefahren für das „Klassengemeinschaftsprojekt Max". Die Schüler selbst kommen auf die weiterführende Idee, einen täglichen Besuchsdienst einzurichten. Unterrichtsbefreiung fördert dieses Unternehmen. Es entwickelt sich ein Lehr-Lernprojekt der Schüler. Echte Verbundenheit entsteht. Max bedankt sich nach siebenwöchiger Krankheit mit einem 24-seitigen Bericht. Trotz des langen Fehlens hat er Fortschritte gemacht. Er kann in der Klasse bleiben.

9) Zum Abschluss die notwendige Ergänzung: Nachdem Lehrer und Klasse lange auf seine Probleme und seinen Standpunkt verstehend eingegangen sind, muss er jetzt lernen, seine Situation, sein Verhalten und seine Entwicklung objektiver zu beur-

teilen, auch seine eigenen Anteile an den Schwierigkeiten! Dem dienen Gespräche mit dem Lehrer und den Mitschülern in der Klasse. Erfahrungen werden aufgearbeitet; ein objektiver Standpunkt wird bezogen; die Person und die Gemeinschaft werden realistischer eingeschätzt. So wachsen Kräfte zur angemessenen Wahrnehmung und Bewältigung von Schwierigkeiten. Max lernt, selbst- und sozialverantwortlich zu handeln.

Max wurde in den folgenden Schuljahren „nett, fleißig und anständig". Die Mutter fand doch noch einen Mann und brauchte ihren Sohn nicht mehr an sich zu fesseln.

Lehrer S. führt die Erfolge vor allem auf das Verständnis des Lebensstils und die Wirkungen der Ermutigung und Förderung in der Erziehungsgemeinschaft zurück. Er interpretiert diesen Vorgang als Überwindung von Minderwertigkeitsgefühlen, Weckung des Gemeinschaftsgefühls durch Zutrauen, Ermutigung, gemeinsames Tun... und Erfahrung von Selbstwert, Veränderung des Lebensstils im Sinne Alfred Adlers.

Empiriker haben bekanntlich Einwände gegen derartige Beweisführung durch Einzelfälle. Bei genauerem Hinsehen lässt sich der Fall jedoch interpretieren als geschicktes Arrangement des Lehrers und Beraters, durch welches die seither erst so weitgehend erforschten Gesetze des Lernens und der Motivation, der Entwicklung moralischen Urteilens und Handelns, der Aggressionsbewältigung in Gruppen usw. in feinsinniger Weise zur Wirkung gebracht werden. Als Stichworte seien genannt: Lernen alternativer Verhaltensweisen durch Stimulierung, Bekräftigung, Modellierung, Selbstwirksamkeit, kognitive Umstrukturierung; Motivierung durch Passung, Selbstverursachung, Erfolgserlebnisse und Erfolgserwartungen, Selbstbewertung usw.; Empathie, Echtheit, Ermutigung; Lernfortschritte durch Abbau von Lücken, „Tutoring" usw. (s. bes. Kap. 2.6, GrF 3, 6, 7, 8, 10!).

4.3   Familien-Management (G.R. Patterson)

Störungen des Verhaltens und Erlebens sind oft deshalb so schwer zu therapieren, weil sie nicht nur durch Eigenschaften und innerpsychische Prozesse der Klienten hervorgerufen und aufrechterhalten werden, sondern durch ungünstige Bedingungen im Interaktionsgefüge ihrer Lebenswelten. Das erfahren z.B. Erziehungsberater/innen, die deutliche Verbesserungen der Symptome ihrer Klienten durch therapeutische Maßnahmen in der Beratungsstelle feststellen, aber bald darauf den Rückfall ihrer Klienten in die alten Störungssyndrome erleben müssen. Die Arbeit scheint dann vergeblich gewesen zu sein. Das trifft besonders auch auf aggressive Kinder und Jugendliche zu.

G.R. Patterson hat deshalb mit seiner Arbeitsgruppe am Oregon Social Learning Center (OSLC) viele Jahre lang Forschungen und Therapiekonzepte auf die ganze Familie der aggressiven Kinder gerichtet. *Familiale Risiko-Faktoren* spielen nach diesen Forschungen eine wesentliche Rolle bei der Entwicklung gewalttätiger Neigungen und allgemeiner Devianz der Kinder. Dazu gehören Arbeitslosigkeit und/ oder Armut der Eltern; Zerrüttung der Beziehungen, Konflikte und häufige Gewalt zwischen den Eltern; Scheidung, Unvollständigkeit der Familie; Alkoholismus, Drogenkonsum, schwere Krankheiten in der Familie. Aber es kommt vor allem darauf an, wie die Eltern ihre Familie unter solchen schwierigen Bedingungen „managen". Verhaltensstörungen scheinen so auch über Interaktionsgewohnheiten von Generation zu Generation in Familien tradiert zu werden (s. auch Oerter/ Montada 1998, 1018).

Der Entwicklung des familientherapeutischen OSLC-Programms gingen intensive *Forschungsarbeiten* voraus. Mithilfe zweckdienlich konstruierter Kodierungspläne wurden die aversiven Verhaltensmuster von Kindern und die ihnen jeweils vorausgehenden und folgenden Verhaltensweisen ihrer familiären Interaktionspartner durch geschulte Beobachter registriert. So konnten Erkenntnisse darüber gewonnen werden, wie koerzives (nötigendes) und aggressives Verhalten der Kinder angeregt, gefördert und aufrechterhalten wird. Defizite im Bereich der folgenden *„Familien-Management-Variablen"* wurden systematisch erforscht und als Mitverursacher aversiven Kindverhaltens erkannt (Patterson u.a. 1975, Patterson 1982, Patterson u.a. 1990):

1. Elterliches Interesse und Kontrolle
2. Regelsetzung
3. Elterliche kontingente Reaktionen und Sanktionen
4. Krisenbewältigung.

Sie alle stehen in engem Bezug auch zu anderen Erklärungs- und Interventionsansätzen. Daher tauchen sie auch in verschiedenen unserer „Zwölf Grundformen der Gewaltprävention" sowie in der Schulberatung und anderen therapeutischen Konzepten in unterschiedlichen Formen auf. Allerdings ist zu beachten, dass die Pattersonschen Familien-Management-Variablen verhaltenspsychologisch definiert sind. Die Vertreter anderer Theorieansätze beziehen z.T. emotionale und kognitive Binnenvorgänge und Qualitäten von Einstellungen und Beziehungen mit ein. Dadurch treten natürlich auch Verfahrensunterschiede auf.

Vor der *therapeutischen Intervention* werden die Interaktionen der Klientenfamilien ebenfalls durch geschulte Mitarbeiter mithilfe des Beobachtungs- und Kodierungssystems systematisch untersucht. Pro Familienmitglied werden dafür 60-100 Minuten aufgewendet, so dass jeweils mehr als 600 Daten über das Interaktionsverhalten jedes einzelnen vorliegen. Daraus wird die Grundrate des Verhaltens errechnet. Bei (nach festgelegten Erfahrungswerten) als aggressiv eingeschätzten Problemkindern werden die Eltern und ggf. die Geschwister in den vier genannten „Familien-Management-Variablen" trainiert:

Regelsetzung: Ein freundliches Familienleben kann nur funktionieren, wenn alle Familienmitglieder gewisse gemeinsame Regeln des Zusammenlebens anerkennen und einhalten, bei Nichteinhaltung Gründe angeben, sich entschuldigen usw. Dazu gehören Arbeits-, Essens-, Ruhe-, Schlafzeiten, die Übernahme von bestimmten Pflichten für die Familie, die Befolgung bestimmter Gebote, aber auch akzeptable bzw. nichtakzeptable Umgangsformen. Die in der Familie heranwachsenden Kinder müssen solche Regeln erlernen.

Verschiedene Therapeuten widmen diesem Verhaltensbereich viel Aufmerksamkeit. So ist es offensichtlich, dass „Gemeinschaftsgefühl" im Sinne A. Adlers (s. Kap.2.4 u. 4.2) eine innere Einstellung und emotionale Beziehung z.B. zu den übrigen Familienmitgliedern meint, die das akzeptable Verhalten zu den Eltern und Geschwistern und die Erfüllung von Pflichten, die Einhaltung von Absprachen usw. zur Folge haben. Ebenso deutlich ist es wohl, dass das oben beschriebene und Kindern abverlangte Regelverhalten zentrale zwischenmenschliche Verhaltensnormen meint, deren Aufnahme in das Selbststeuerungssystem und deren Erfüllung unter komplizierten Bedingungen der Realität, des Schulderlebens, der Angst usw. Freud und seinen Nachfolgern soviel Kopfzerbrechen bereiteten.

Patterson hält sich nicht mit solchen tiefenpsychologischen Erklärungen der Selbststeuerung auf, die seinem Wissenschaftsverständnis nicht entsprechen. Er begnügt sich damit, das Setzen und Durchsetzen von Regeln im Familienleben operational zu definieren und vor allem die Eltern darin zu trainieren, wichtige solcher Regeln in der Familie zu klären, sie zum gemeinsamen Verhaltensstandard zu erheben, des weiteren festzulegen, welche Konsequenzen die Nichtbefolgung der Regeln nach sich ziehen soll, und diese Konsequenzen tatsächlich auch folgen zu lassen. Im Prinzip werden auch tiefenpsychologisch orientierte Therapeuten dem im großen und ganzen zustimmen, wenngleich sie sich darüber hinaus um Erklärungen und Regelungen der komplizierten Teilprozesse im „psychischen Apparat" und in der Dynamik des Familiensystems bemühen – auch zur Erklärung und Intervention in Fällen, in denen die erwünschte Wirkung einfacherer Maßnahmen ausbleibt.

Elterliches Interesse und elterliche Kontrolle: Mees interpretiert dieses „monitoring" als „echten Ausdruck eines Interesses" der Eltern an den Aktivitäten und dem Wohlergehen des Kindes sowie aller Familienmitglieder (Selg u.a. 1988, 191; 1997, 187ff). Dazu gehören auch aufmerksames Hinhören, nicht ständiges Belehren und Kritisieren, aber doch möglichst adäquate Kenntnis dessen, was die Kinder tun, mit wem sie sich treffen, inwieweit sie die Familienregeln einhalten usw. Auch dass die Eltern Zeit für regelmäßiges Beisammensein, Aussprachen usw. in der Familie haben, ist Teil dieser Variablen.

Auch diese Managementvariable, hier verhaltensmäßig definiert, überschneidet sich mit Erzieherqualitäten, -einstellungen und Verhaltensweisen, die in anderen erziehungspsychologischen Modellen umfassender, auch emotionaler, definiert und gedeutet werden. So sind durchaus Elemente der Achtung, der Fürsorge und emotionalen Wärme sowie des „aktiven Zuhörens" in dieser Variablen enthalten, wie sie in der klientzentrierten Therapie beschrieben werden (Rogers, Tausch, Gordon u.a.). Ob solches „Interesse" ohne diese emotionalen Beziehungsqualitäten auf Dauer realisiert werden kann, ist zumindestens diskussionswürdig. Am ehesten dürfte die von den Eltern zu praktizierende Verhaltensweise und Einstellung zu ihrem Kind dem „sozialintegrativen Erziehungsstil" entsprechen, der einen mittleren Grad des Lenkungsverhaltens mit positiver Wertschätzung verbindet. Dieser erwies sich schon in älteren Untersuchungen als hilfreich in Konfliktsituationen mit Kindern (Tausch/ Tausch 1971, 170ff; 297ff).

Die Bedeutung der Variablen im Pattersonschen System ist aber relativ eindeutig. Es geht um Aufmerksamkeit und Beachtung, aus der die Kenntnis der Wege und Verhaltensweisen des Kindes erwächst und ohne welche die Einhaltung der Regeln des Zusammenlebens nicht kontrolliert werden kann. Sie ist somit Voraussetzung für die folgenden förderlichen Elternverhaltensweisen.

Kontingente Reaktionen, Sanktionen der Eltern: Dieser besondere Schwerpunkt der OSLC-Trainingsprogramme lässt die lerntheoretische Basis der Therapie deutlich zutage treten. Die Wahrscheinlichkeit aversiver Verhaltensweisen von Kindern wird einerseits erklärt als Folge bestimmter vorangegangener Interaktionsweisen, zum anderen als Folge bestimmter kontingent folgender Verstärkungen im Sinne der Lerntheorie Skinners und seiner Nachfolger.

Empirische Untersuchungen des OSLC ergaben, dass aggressiv handelnde Kinder überraschend häufig für ihr aversives Verhalten bekräftigt werden (z.B. indem Familienmitglieder lachen oder Altersgenossen ihre Bewunderung ausdrücken). Eltern hochaggressiver Kinder fördern das prosoziale Verhalten ihrer Kinder nicht oder zu wenig oder nicht kontingent durch Lob, Belohnung usw. Sie halten friedliches Verhalten oft für selbstverständlich und daher nicht für lobenswert. Darüber hinaus wird unerwünschtes Verhalten oft auch negativ verstärkt, indem z.B. Mütter schließlich nachgeben, aufhören zu schimpfen, lieber in Ruhe gelassen werden wollen („Verstärkungsfalle"). Hinzu kommt, dass solche Kinder, wenn sie bestraft werden, manche Sanktionen eher als Bekräftigung, z.B. als lange vermisste Zuwendung, erleben. Schließlich werden sie häufiger als andere Kinder körperlich bestraft, was oft aggressionsfördernde Gefühle (Hass, Wut, Frustration) und auch Modelllernen bewirkt. Häufig werden auch Strafen angedroht, die dann inkonsequenterweise nicht ausgeführt werden, wodurch das aggressive Verhalten ebenfalls verstärkt wird.

Alle diese Gründe sprechen für das Training der Eltern in der konsequenten und effektiven Anwendung von Reaktionsmustern, die prosoziales Verhalten verstärken, selbst wenn keine schnellen Erfolge erwartet werden können. Außerdem sollen *wirksame Sanktionen* eingeführt werden, vor allem Entzug positiver Reize nach aversivem Verhalten des Kindes (Verstärker-Entzug). Auch die effektive Anwendung des kurzzeitigen sozialen Ausschlusses (etwa 5 Minuten) bewirkt solchen Verstärker-Entzug. Als günstige Bedingungen gelten ein neutraler Aufenthaltsraum (nicht der Angst machende Keller, z.B.), emotionsfreie Anordnungen ohne Diskussion u.ä. Auch das wird trainiert. Das bloße Ignorieren aggressiven Verhaltens hat sich in Pattersons Untersuchungen nicht als wirksames Extinktionsverfahren erwiesen (vgl. GrF 10).

Methodisch werden die Elterntrainings als Empfehlungen mit Begründung und Diskussion, sodann als *Rollenspiele* zum Erlernen der praktischen Durchführung und Vermeidung von Fehlern gestaltet. Auch schwierige Situationen werden durchgespielt, z.B. wenn Kinder nach der Verhängung einer Auszeit diskutieren wollen; wie die Demonstration negativer Emotionen vermieden werden kann u.ä. Auch die Kinder nehmen an solchen Rollenspielen teil. Sie lernen dabei z.B., dass eine sachlich begründete Auszeit schlimmere Strafen verhindert und eine Besinnung auf die im Vertrag abgemachten Regeln des familiären Zusammenlebens begünstigen soll. Der Entzug von Verstärkern soll ebenfalls mit Benennung des Anlasses und ohne Schelten erfolgen und wird im Rollenspiel eingeübt, in dem auch Hindernisse (Nörgeln der Kinder, Widerspenstigkeit u.ä.) bewältigt werden müssen. Videokassetten mit verschiedenen Problemen der Durchführung und Lösungsvarianten stehen zur Verfügung.

Weil sehr aggressive Kinder oftmals für Lob und andere Bekräftigungen von ihren Eltern gar nicht mehr empfänglich sind, lernen die Eltern, „ *Token-Programme* " zu entwickeln und einzusetzen. Für bestimmte erwünschte Verhaltensweisen bekommen die Kinder sog. „Tokens", d.h. Marken, Münzen, Punkte, kontingent ausgeteilt. Sie können diese dann sofort oder gesammelt gegen von ihnen erwünschte Dinge (Süßigkeiten, Spielzeug u.ä.) oder Aktivitäten (Spielzeit, Schwimmen, Ausflüge usw.) eintauschen. Die Eltern lernen solche Programme kind- und situationsgerecht zu planen, mit den Kindern zu diskutieren und dann einen gemeinsamen Vertrag mit allen Modalitäten aufzusetzen, der dann von ihnen und dem Kind quasi offiziell unterzeichnet wird.

Solche „Token"-Verträge sind bekanntlich charakteristisch für die ältere lerntheoretisch begründete Verhaltensmodifikation. Sie stellen aber zugleich eine kontrollierte Form des Erlernens und Internalisierens von Regeln und der Vorausschau und Bewertung von Konsequenzen dar, die in der späteren sozial-kognitiven Lerntheorie immer wichtiger wurden.

Krisenbewältigung: Zu den problematischen Bedingungen in „chaotischen" Familien mit hochaggressiven Kindern gehört häufig die Unfähigkeit, Konflikte und Krisen zwischen Ehepartnern und überhaupt allen Familienmitgliedern zu bewältigen (s. GrF 9). Patterson und sein Team haben in ihren systematischen Beobachtungen und Analysen aggressive Interaktionen ausgemacht, die durch lange aufgestaute Wut, Ressentiments, Rechthaberei, „Wie du mir, so ich dir"-Verhalten bestimmt sind. Dies entspricht ebenfalls Elementen anderer Erklärungsansätze, z.B. der Gestalttheorie, wonach „unfinished business", also unbewältigte Probleme, zu den wichtigsten Auslösern von Störungen des Verhaltens und Erlebens gehören (s. auch Kap. 2.5).

Als vierte Familien-Management-Variable trainieren deshalb die Eltern mit Hilfe spezieller Kurzzeitprogramme die partnerschaftliche Krisenbewältigung. Auch dieses Element hat die Form eines gemeinsam aufgesetzten Vertrages zur Verhaltensmodifikation. Charakteristisch sind gegenseitiger Respekt, Sachlichkeit der Diskussion und des Vertragswortlauts, Klarheit und operationale Definition der gewünschten Verhaltensänderungen und Problemlösungsschritte, Abmachungen über positive bzw. negative Konsequenzen je nach Einhaltung oder Nichteinhaltung des Vertrages.

Beurteilung: Einer der Vorzüge des Familientherapie-Programms von Pattersons OSLC besteht darin, dass die streng empirische Orientierung des Erklärungsansatzes, der Diagnose und der Intervention auch die Ergebniskontrolle erleichtert. In verschiedenen Untersuchungen konnte die Effektivität nachgewiesen werden (Chamberlain et al.1984, Patterson 1985). Außerdem lässt sich auf die gewonnenen Erkenntnisse weiter aufbauen, was inzwischen geschehen ist (Patterson/ Narrett 1990, Patterson/ Yoerger 1993). Allerdings können wir im Rahmen dieses kurzen Überblicks nicht weitere Einzelheiten dazu mitteilen. Ein Beobachtungs- und Trainingsprogramm für den Umgang mit aggressiven Kindern im Kindergarten haben Mees u.a. auf der Basis des Pattersonschen Konzeptes entwickelt und erprobt (Selg u.a. 1988, 204ff).

Insgesamt gesehen, war es wichtig, dass Patterson und sein OSLC die familiären Interaktionsbedingungen aggressiven Verhaltens der Kinder nachdrücklich und detailliert aufgeklärt haben und dass sich ihre Diagnose- und Interventionsformen auch auf andere soziale Situationen (Kindergarten, Schulklassen) übertragen lassen. Das Programm enthält zudem viele Einzelstrategien, die auch in der Prävention Beachtung verdienen (s.u.a. GrF 4 u. 9).

Freilich ist die Effektivität des Familien-Management-Trainings nicht allein durch Erfolge bei ausgewählten Kindern zu beweisen. Immerhin ist der Kreis der Klienten durch Aufnahmebedingungen, besonders die Bereitschaft und Fähigkeit der Eltern zur effektiven Mitarbeit bei allen Schritten des Beobachtungs- und Trainingsprogramms, erheblich eingeschränkt. „Chaotische" Familienverhältnisse, in denen – auch nach Patterson – Aggressivität der Kinder besonders häufig gedeiht, sind eben zumeist dadurch charakterisiert, dass die Eltern, soweit überhaupt vorhanden, sich nicht leicht in Kurzprogrammen zur Einhaltung von Regeln, zu Verträgen der Verhaltensmodifikation sowie Krisenbewältigungsprogrammen motivieren und therapieren lassen. Die zweite

Grenze des FM-Verfahrens liegt in der praktizierten Einengung der Therapie auf die Familie und kleine Gruppen. Offenbar sind sowohl Merkmale des Kindes als auch solche der übrigen sozialen Umgebung, besonders die Schulklasse, die Lehrer/innen, die Altersgruppe, Clique usw., zumeist wichtige Mitverursacher. Hier setzen multimodale Programme an (Kap.4.5).

4.4 Training/ soziales Lernen (Petermann/ Petermann)

Franz und Ulrike Petermann arbeiten seit langem auf den Gebieten der Diagnose, Erklärung und Therapie von Verhaltensstörungen. Ihr besonderer Schwerpunkt sind die Probleme sozial unsicherer, ängstlicher und ganz besonders die aggressiver Kinder (s. ihre gemeinsamen Veröffentlichungen 1990, 1992, 1993, 1996a, b). Ihr „Training mit aggressiven Kindern. Einzeltraining – Kindergruppen – Elternberatung" (1978, 8. Auflage 1997) ist gedacht für 7-13jährige Kinder; und die Autoren bezeichnen es als „zielorientiertes Kompakttraining", „das mit einem geringen Zeitaufwand erhebliche Veränderungen bei aggressiven Kindern und deren Familien hervorrufen kann" (1997, 3).

Der *theoretische Standort* ist die Lerntheorie. Besonders die Erkenntnisse A. Banduras (s.o. Kap.2.6) wurden jeweils in den überarbeiteten Neuausgaben berücksichtigt. Demgemäß wird Aggression als gelerntes Verhalten angesehen, das sowohl durch Prozesse des Verstärkungslernens (durch positive und negative Verstärkung sowie Duldung) hervorgerufen und aufrecht erhalten wird, als auch durch Modellernen (vorgelebtes und ggf. verstärktes Verhalten). Die von Bandura im Konzept des sozial-kognitiven Lernens erforschten kognitiven Vorgänge, Aufmerksamkeit, Wahrnehmung, Bewertung, Erfolgserwartung und Selbstkontrolle, spielen eine entscheidende Rolle. Als *Aggressivität begünstigende Bedingungen* werden angesehen: Frustrationen, Anonymität in der Gruppe; Anwesenheit von Personen, bei denen man Aggressionen für berechtigt hält; Befehle und Autorität von Gruppenführern, aggressionsauslösende Hinweisreize und aggressive Vorbilder in Massenmedien.

Zu den familiären Bedingungen gehören besonders: ungünstige Verstärkungen, Gewaltausübung in der Familie, unrealistische Erwartungen und ablehnende Haltung, emotional labiles, erregtes, willkürliches, vernachlässigendes und inkonsequentes Verhalten gegenüber dem Kind (u.a. Bezugnahme auf Patterson 1988). Auch angstmotivierte Aggression wird anerkannt.

Bei der Entwicklung des *Trainingsprogramms* wurde außerdem die Stufenfolge des Prozesses aggressiver Handlungen nach Kaufmann (1965) berücksichtigt. In einem oft „blitzschnellen" Entscheidungsprozeß werden danach – weithin unbewusst – vier Stufen durchlaufen:

1) die Wahrnehmung der Situation und ihre Bewertung als bedrohlich oder nicht bedrohlich,

2) die Handlungsauswahl gemäß Repertoire und Gewohnheiten: aggressiv oder nicht aggressiv,

3) die Aktivierung von Hemmungspotentialen, besonders gemäß früher erlebten negativen (> u.U. Angst) oder positiven Konsequenzen (Erfolg; Verstärkung),

4) die Bewertung der möglichen Konsequenzen (Reaktionen der sozialen Umwelt; je nach kognitiver Entwicklung werden u.U. nur kurzfristige Erfolge beachtet, die langfristigen Misserfolge nicht gesehen).

Das Modell ermöglicht also die Auffindung der Ansatzpunkte für das Training. Die Intervention kann 1) die Wahrnehmungsgewohnheiten verändern, 2) die Gewohnheitsstärke aggressiven Verhaltens verringern, 3) die Hemmungspotentiale stärken und/ oder 4) die realistische Bewertung der möglichen Folgen verbessern. Als Zielverhalten gelten: motorische Ruhe und Entspannung als Vorbedingung für die Wirksamkeit des Programms, differenzierte Wahrnehmung zur Verminderung der Stimuli, angemessene Selbstbehauptung nach sinnvollen und fairen Regeln, prosoziales Verhalten als Alternative: Kooperation, Hilfeleistung (auch als Wiedergutmachung), Selbstkontrolle und Einfühlungsvermögen (s.o. GrF 3, 9, 10). Es geht also, da aggressives Verhalten vorwiegend als Defizit angesehen wird, vor allem um den Aufbau neuer Verhaltensweisen. Dabei werden die Prinzipien und Prozesse des sozialkognitiven Lernens nach Bandura in den Bereichen der Aufmerksamkeit, des Gedächtnisses, der motorischen Reproduktion und der Motivation systematisch genutzt.

Das *Basisverhalten der Therapeut/innen* wird zwar nicht mit Hilfe der Therapeutenvariablen von Rogers/ Tausch (s.o. Kap.2.4; GrF 3, 4) beschrieben; gleichwohl werden „Zueinander-gewandt-Sein", Vertrauensaufbau; Ermutigung und Zeichen der „Echtheit" vorausgesetzt. Der *Aufbau des therapeutischen Vorgehens* ist hinsichtlich der Abfolge der Schritte streng gegliedert, aber hinsichtlich der Ausgestaltung in Einzelheiten flexibel. Einbezogen werden sowohl das Kind als auch die Eltern und der/ die Lehrer/in. Und zwar sind für das insgesamt etwa sieben- bis zehnmonatige Programm vorgesehen:

1. mit den Eltern: zwei Erstkontakte (à 2 Std.)
2. mit dem Kind: a) 2-3 Erstkontakte à 60 Minuten
   b) 6-8 Std. Einzeltraining (à 60 Min.)
   c) 2-4 Std. Kennenlernen in der Kindergruppe (à 60 Min.)
   d) 6-10 Std. Gruppentraining (à 60 Min.)
3. mit den Eltern: außer den Erstkontakten mindestens 4 Kontakte trainingsbegleitende Beratung (à 2 Std.)
4. mit der/m Lehrer/in: 2 Kontakte à 45 Min (im 1.-2. und 6.-7. Monat)
5. eine Nachkontrolle: 8 Wochen nach Ende (60 Min.)

Im Unterschied zu Pattersons Programm liegt also das Schwergewicht der Therapie auf den Kindern. Wegen den unterschiedlichen Ausprägungen, persönlichen und sozialen Bedingungen ist eine genaue *Diagnosestellung* notwendig. Sie wird geleistet durch:

1. Befragung des Kindes bezüglich relevanter Reaktionsformen, Einstellungen, Absichten, Erlebnisweisen, Aggressionsauslöser, bevorzugten Verstärker usw.;
2. systematische Verhaltensbeobachtung zur Erfassung der Anlässe, Kontexte und Folgen typischer Verhaltensweisen (ggf. durch die dafür zu schulenden Eltern, vgl. Patterson, Kap. 4.3);
3. Erfassung der Umweltbedingungen durch Eltern- und Lehrerkontakte (Gespräche und Beobachtungen).

Für diese Indikationsstellung liegen standardisierte Instrumente vor: ein Erfassungsbogen für aggressives Verhalten in konkreten Situationen (EAS; für die Befragung der Kinder), eine Liste zur Erfassung von Verstärkern für Kinder (LEV-K), ein Beobachtungsbogen für aggressives Verhalten (BAV, für Kinder), ein Beobachtungsbogen zur Therapiemitarbeit des Kindes (TMK), ein umfangreicher Elternexplorationsbogen, ein Beobachtungsbogen für das Eltern-Interaktionsverhalten beim Hausbesuch.

Therapiemaßnahmen im Zeitablauf: Die Maßnahmen beginnen in der Regel mit dem *Erstkontakt mit den Eltern* (2 Treffen, zumeist bei Hausbesuchen) zum gegenseitigen Kennenlernen, zur Abklärung der Erwartungen der Eltern, ihrer Bereitschaft zur Mitarbeit usw. Davon hängt die Entscheidung ab, ob eine Therapie durchgeführt wird. Weiterhin sollen die Bedingungen für das aggressive Verhalten des Kindes erfasst und realistische Ziele für die Therapie festgelegt werden. Große Bedeutung für die Verhaltensanalyse haben die systematische Elternexploration und die Verhaltensbeobachtungen im familiären Interaktionsfeld. Zwischen den beiden Hausbesuchen liegt in der Regel eine diagnostische Sitzung mit dem betroffenen Kind (1997, 147ff).

Das *Einzeltraining* mit den aggressiven Kindern soll Ängste und hinderliche Wahrnehmungsverzerrungen abbauen, sie für die folgenden Übungen in der Kindergruppe sensibilisieren und neue Konfliktlösungen und Teilfertigkeiten aufzeigen bzw. einüben. Der Erstkontakt dient u.a. dem gegenseitigen Kennenlernen und dem Bekanntmachen mit der Beratungsstelle (Arbeitszimmer und Spielzimmer), der Indikationsstellung und dem Abschluss eines Therapievertrages mit dem Kind, das vorher alle wichtigen Einzelteile und Regeln des Trainings beschrieben bzw. gezeigt bekommt.

In den folgenden Einzelstunden soll das Kind sich selbst im Hinblick auf wichtige Verhaltensregeln ehrlich und bewusst beobachten lernen (z.B. „Ich akzeptiere auch die Meinung von jemand anderem – ohne dass ich wütend werde oder beleidigt bin"). Es darf sich dafür nach einer Punkteskala selbst mit Spielminuten belohnen oder auch nicht. Das *Trainingsprogramm der ersten Stunde* mag die Vorgehensweise verdeutlichen:
• Motorische Ruhe und Entspannung erzielen durch kindgemäßes autogenes Training mithilfe einer „Kapitän-Nemo-Geschichte" (Vorstellung einer Reise in einem Unterwasserboot mit schönen Unterwasserausflügen, dabei die typischen „Schwere- und Wärmeinstruktionen" samt Wiederholungen);

- Konfrontation mit einer Konfliktsituation auf Video zum Zwecke der Auseinandersetzung mit aggressivem Verhalten;
- Differenzierte Wahrnehmung eines Handlungsablaufs; Hineinversetzen in andere und ihre Situationen und Probleme durch genaues Beschreiben der Videofilmgeschichte (verschieden je nach Alter, z.B. für 9-10jährige: „Das Werk eines anderen zerstören" – hier: Scherenschnitt beim Basteln);
- Diskriminieren erwünschter und unerwünschter Konfliktlösungen; dazu Ansehen und Besprechen zweier unterschiedlicher Lösungen der Geschichte (im gewählten Beispiel: A. Gerangel und Beschimpfungen; B. Trauer, Verständnis, gemeinsame Lösung);
- Herstellung der Verbindung zur Erlebniswelt des Kindes, das dazu eine selbsterlebte Geschichte erzählt; es folgt ein Rollenspiel mit einer angemessener Konfliktlösung;
- Erkennen des Zusammenhangs von Verhalten und Konsequenzen; Motivierung des Kindes; dazu Eintausch von Punkten aus der Selbstbeobachtung und -beurteilung (Tokenprogramm) gegen Spielminuten.
- Es folgt außerhalb der Trainingssitzung die Übertragung von erwünschtem Verhalten auf den Alltag mit Selbstbeobachtung und Selbstkontrolle nach dem „Detektivbogen" (Was habe ich diese Woche alles geschafft?).

In den folgenden Einzelsitzungen werden Fortschritte erzielt durch den Einsatz von Fotogeschichten, Bildtafeln, vorgelesenen Geschichten, mit anschließenden Gesprächen, Rollenspielen, Malübungen, die zunehmend mehr Fantasie, Einfühlung, Kreativität sowie Bewertungs-, Selbstbewertungs- und Verhaltenssicherheit verlangen.

In der Praxis kann es zu *kritischen Therapiesituationen* kommen, dadurch, dass ein Kind

- sich deutlich über abgemachte Regeln hinwegsetzt, Wutreaktionen nicht beherrschen kann u.ä.;
- den/ die Therapeuten/in provoziert;
- sich zu sehr mit eigenen Bedürfnissen beschäftigt, dadurch leicht frustrierbar ist;
- den vom Therapeuten gestellten Anforderungen nicht genügen kann oder will;
- das Material nicht seinem Zweck entsprechend verwendet;
- sich gegen ungeschickte therapeutische Lenkung wehrt, die Mitarbeit verweigert.

Für diese Situationen werden therapeutische Lösungsvorschläge angeboten.

Im *Gruppentraining* sollen jeweils drei bis vier Kinder in thematisch vorgegebenen Rollenspielen Kenntnisse und prosoziale Verhaltensweisen üben und dabei von den Therapeut/innen bekräftigt werden. Die Gruppen sollen heterogen (bezüglich Alter, Geschlecht und Aggressionsart) zusammengesetzt sein, um soziale Verantwortung üben zu können. Von den Lernvoraussetzungen her sollten sie eher auf einem ähnlichen Stand sein. Freie Spielphasen dienen der Belohnung und Motivierung; besonders wichtig sind freilich die strukturierten Rollenspiele. Die Kinder sollen auch selbst erlebte Geschichten einbringen und bekommen Aufgaben für Eigenaktivität zu Hause und/ oder in der Schule.

Einzelne befähigte Kinder werden bei schwierigen Aufgaben und Rollenspielen als „Modellkinder" oder „Therapiehelfer" eingesetzt.

Beispiel: Die dritte Stunde des Gruppentrainings:

- Autogenes Training mit Kapitän-Nemo-Geschichte zur Entspannung;
- Differenzierte Wahrnehmung verschiedener Äußerungsformen von Wut und Aggression mit Hilfe der Geschichte „Dirk wird gehänselt" (verschiedene Schüler/innen-Rollen, Hänseln eines Schülers wegen Kleidung und Aussehen, Rauferei und Beschimpfungen...), Gespräch über die Szene;
- Erkennen der Ursachen von Wut und Aggression anhand derselben Geschichte (z.b.: Enttäuschung, Überforderung, Ärger, ungerechtfertigte und gerechtfertigte Kritik...); verschiedene Rollenspiele dazu mit Auswertungsgesprächen;
- Verhaltensübung: wiederholtes Spielen der Geschichte mit alternativen Konfliktlösungen; Vorschläge sammeln, wie man mit Wut angemessen fertig werden und sich doch behaupten kann (mit Kassettenrecorder und Instruktionskarten);
- Erkennen des Zusammenhangs von Verhalten und Konsequenzen sowie Motivierung der Kinder durch Tokenprogramm (Punkte nach Regelliste gegen Spielminuten eintauschen);
- Außerhalb der Trainingsstunde: Entspannungsübungen im Alltag mit Kapitän-Nemo-Arbeitsblatt; Übertragung des gelernten Verhaltens auf den Alltag und Aufbau von Selbstkontrolle durch Selbstbeobachtung und -beurteilung nach dem „Detektivbogen" (1997, 122ff).

In den vorangehenden Gruppensitzungen waren u.a. schon die Regeln für das Rollenspielen und für das Diskutieren erarbeitet und Übungen zur Empathie und Geduld durchgeführt worden. *In den folgenden Treffen* geht es (außer den wiederkehrenden Entspannungs-, Übertragungs- und Selbstkontrollübungen) u.a. um:

- die differenzierte Wahrnehmung der Auswirkungen von Lob, Nichtbeachtung und Tadel, soziale Handlungskompetenz durch positive Rückmeldungen, Frustrationstoleranz bei negativer Kritik (vierte Stunde), ...;
- das Finden von positiven Konfliktlösungen und passenden Selbstinstruktionen (mit Videoaufzeichnungen, Rückmeldungen, Bewertung und Selbstbewertung) (fünfte Stunde);
- die Stabilisierung von positivem Konfliktverhalten mithilfe des Rollenspiels selbst erlebter Geschichten; Selbstinstruktionen, Selbstkontrolle; Immunisierung positiven Sozialverhaltens durch Gespräche und Rollenspiele, Verfeinerung der Regeln (sechste Stunde).

Wiederum ist an kritische Therapiesituationen wie Blödeleien, Provokationen, den Streit der Kinder um Material, beleidigende Rollenspielsituationen gedacht; es werden kognitiv-verhaltenstherapeutische Vorschläge zum Umgang mit solchen Störungen gemacht (u.a.: Gelassenheit, Grenzsetzung, Ignorieren, Handlungsverzögerungen, alternative Reaktionen, Wechsel der Aktivität in der Gruppe, Rollenspiele, kurzzeitiger sozialer Ausschluss...).

Der Schwerpunkt der familienbezogenen Arbeit nach den Erstkontakten (s.o.) liegt auf der therapiebegleitenden *Elternberatung*. Den Eltern werden Verhaltenszusammenhänge und Trainingsverläufe erklärt; sie bekommen Rückmeldungen über die Entwicklung ihres Kindes, und sie sollen ungünstige Interaktionsmuster durch förderliche ersetzen lernen. Auch sollen sie motiviert und entlastet werden. Wichtig ist es u.a., dass sie das Verhalten ihres Kindes genauer beobachten und mit Verstärkern, Lob, Belohnungen, angemessenen Strafen, Arten der Zuwendung, natürlichen Folgen von Handlungen, Extinktion, sozialem Ausschluss usw. arbeiten lernen. Auch sollen ihnen Erziehungsaufgaben, sinnvolle Rollen- und Aufgabenverteilungen näher gebracht werden. Dabei werden Beobachtungsbögen und Arbeitsblätter („Arten der Zuwendung", „Angemessenes Belohnen und Strafen") verwendet (vgl. Patterson, Kap. 4.3).

Im einzelnen sollen z.B. die Wechselwirkungen der speziell in dieser Familie wirksamen Stimuli und Verursacher von Aggressionen erkannt werden (Bedrohung, Angst, Vorurteile usw.). Und es soll ein eigener Tokenplan erarbeitet und angewandt werden. Familienkonflikte sollen thematisiert, Handlungsregeln entwickelt und Konfliktlösungen erprobt und gelernt werden. Die Entlastung der Eltern erfolgt regelmäßig im Zusammenhang mit ihrem Bericht über die zwischenzeitlichen Ereignisse.

Für die umfassendere Aufgabe der Umstrukturierung des Familienlebens steht ein Arbeitsblatt „Der Familienrat" zur Verfügung. Danach können oder sollen die Familienmitglieder regelmäßige, freiwillige, auf gemeinsame Entscheidungen und Verpflichtung ausgerichtete Gespräche durchführen. Auch sollen die Eltern durch Problemgespräche und strukturierte Handlungsanweisungen gegen Rückschläge immunisiert werden und Krisensituationen bewältigen lernen (Checkliste für Krisensituationen, mit abschließender Einladung, im Notfall den Therapeuten zu Hilfe zu rufen; S. 170).

Auch hinsichtlich der Elternberatung ist an kritische Situationen gedacht, z.B.: der Vater erscheint nicht trotz Abmachung, Eltern arbeiten nicht zuverlässig mit, verweigern Informationen, werden wütend; sie lehnen das Kind ab oder verleugnen die Problematik, oder es treten massive Familienkonflikte auf. Dafür werden jeweils therapeutische Handlungsvorschläge gemacht. Im Extremfall bleibt allerdings nichts anderes übrig, als das Kindertraining zu unterbrechen, den Fall an eine andere Beratungsstelle zu leiten u.ä. (S. 173).

Effektivitätskontrolle: Als empirisch-analytisch verfahrende Psychologen legen Petermann/ Petermann großen Wert auf die Kontrolle der Ergebnisse ihres Trainings. Freilich zeigen sich auch bei ihrem Vorgehen die Schwierigkeiten der Kontrolle von therapeutischen Effekten. *Nachkontrollen über zwei Jahre* hinweg gelangen ihnen in neun Fällen. Dabei wurden positive Effekte durch Elterngespräche bestätigt. Aber die Forscher selbst weisen auf die Validitätsprobleme dieser Erhebungsform hin (Effekte der sozialen Erwünschtheit, veränderte Problemlagen der älter gewordenen Kinder usw.). Systematische Langzeitstudien zu dem Ansatz standen noch aus (1997,178; s. Martin 1993a). Somit sind wir hinsichtlich der *Bewertung der Therapieerfolge* auf die *Einschätzung der Therapeuten* angewiesen. Sie stützen sich auf die während der Trainingsmonate erhobenen Daten und auf die Nachkontrolle acht Wochen nach Ende des Trainings. Die Erhebungen mit dem Beobachtungsbogen für aggressives Verhalten (BAV) ließen demnach eine Abnahme aggressiven Verhaltens in Schule und Elternhaus erkennen. Positiv schlug sich das auch in entspannterem Verhalten und erhöhter Mitarbeit während des Trainings nieder. Alle Kinder übernahmen Verantwortung für andere Kinder. Auch stieg das Ausmaß der Regelbefolgung an. „Durch das Gruppentraining und die Eltern-Arbeit wurde positives Verhalten (Einfühlungsvermögen, Kooperation u.ä.) aufgebaut und die abgeschwächte Aggressionsneigung stabilisiert" (S. 176).

Bei den 240 von der Arbeitsgruppe im Laufe der Jahre ins Training aufgenommenen Kindern trat kein Therapieabbruch während des Einzeltrainings auf. Allerdings wurden, wie oben ausgeführt, Kinder nur unter bestimmten günstigen Voraussetzungen aufgenommen. Kurz vor oder während des Gruppentrainings und der Elternmitarbeit schieden ca. 10 % der Kinder aus, vor allem wegen ungünstiger Bedingungen in der Familie.

Insgesamt halten Petermann/ Petermann ihr Trainingsprogramm für effektiv bei 7 bis knapp 13jährigen Kindern. Mit steigendem Alter der Kinder/ Jugendlichen hängt der Erfolg zunehmend vom sozialen Umfeld, besonders der Altersgruppe ab (vgl. Kap.2.7). „Die Erfolge sind dann stabil, wenn man das Kind frühzeitig veranlasst, Alltagserfahrungen in das Trainingsprogramm einzubringen. Nur durch das Anknüpfen an den Alltag und durch Aufträge für das Kind, die es zuhause oder in der Schule umsetzen soll, können die Trainingsfortschritte auf den Alltag übertragen werden und bleiben so stabil" (S. 177).

In der 45-60minütigen Therapienachkontrolle acht Wochen nach Ende des Trainings, bei der möglichst die ganze Familie anwesend sein soll, sollen die Eltern vor allem darüber berichten, wie die Kinder in den letzten beiden Wochen mit Situationen, die früher zu Aggressionen führten, umgingen. Die Verhaltensbeobachtungen der Eltern können durch Befragung der Lehrer/innen hinsichtlich ihrer Einschätzung des Kindverhaltens auf dem Schulhof und im Unterricht (mit Hilfe des Beobachtungsbogens für aggressives Verhalten, BAV) ergänzt werden. Das Kind soll während der Nachkontrollsitzung im Hause oder in der Beratungsstelle den Erfassungsbogen für aggressives Verhalten (EAS) ausfüllen. Die Autoren nehmen bei ca. 90% der nachkontrollierten Kinder „stabile Effekte" des Trainings an.

Beurteilung: Somit erscheint das „Training mit aggressiven Kindern" von Petermann/ Petermann als ein brauchbares Interventionsverfahren zum Abbau aggressiver Verhaltensweisen bei bestimmten Kindern im Alter von 7 bis unter 13 Jahren. Aussichten auf Erfolg scheinen dann gegeben zu sein, wenn die Familie wenigstens so intakt ist, dass sie sich bereitwillig und wirksam an dem lerntheoretisch begründeten Programm beteiligt und solange nicht Einflüsse der Altersgruppe und/ oder der Schulklasse die Wirkungen verhindern. Patterson (s.o.) hält ein sehr viel intensiveres Elterntraining für notwendig. Gemäß theoretischem Ansatz dürften „Kinder, die hassen", bei denen nach Redl tiefgreifende Ich- und Verhaltensstörungen vorliegen, die durch Abspaltung, Abwehrmaßnahmen usw. verteidigt werden, entweder nicht ins Training aufgenommen werden oder aber frühzeitig ausscheiden. Dieser Eindruck wird bestätigt durch die von den Autoren aufgeführten Fallbeispiele (S.187ff), die leider den Interventionsprozess kaum oder gar nicht erhellen. Dagegen ist auf einige Fall- und Effektbeschreibungen in der Zeitschrift „Kindheit und Entwicklung" (1993 und 1994) zu verweisen.

F. Petermann hat zusammen mit einigen Mitarbeitern – neben weiteren Trainingsprogrammen zur Förderung des Arbeits- und Sozialverhaltens, zur Kinderverhaltenstherapie u.ä. – auch ein präventiv ausgerichtetes *„Sozialtraining in der Schule"* (1997) entwickelt. Von der koordinierten Anwendung individueller, familiärer und schulischer Interventionsmaßnahmen hängt u.E. der Erfolg der Therapie in komplexen Fällen ab. Siehe Kap. 4.5 „Multidimensionale Therapie" und 4.6 „Schulberatung"!

4.5   Multidimensionale Therapie (Glaser/ Horne u.a.)

Die begrenzten Erfolge von Therapien aggressiven Verhaltens, die sich auf einen oder wenige Verursacher konzentrieren, mussten früher oder später umfassendere, multidimensionale Interventionsstrategien hervorrufen. Wir berichten vor allem über das Konzept von Glaser und Horne von der University of Georgia, USA. (Zur Ergänzung wird eine neuere Arbeit aus Kanada herangezogen; Carter/ Stewin 1999). Das Behandlungsmodell von Glaser und Horne ist auf „conduct disorders", also antisoziales Verhalten von Kindern und Jugendlichen im weiteren Sinne, gerichtet, aber Aggressivität/ Gewalttätigkeit haben darin den überwiegenden Anteil (Horne/ Glaser 1994a, 1999).

Die Autoren stellen sich der *Tatsache, dass aggressives Verhalten sehr viel komplexer ist,* als Therapeuten annehmen, die ihre Interventionen von vorne herein nur auf das Kind oder die Familie oder die Schulklasse konzentrieren. Das entspricht unseren Erfahrungen in der Gewaltprävention durch Schulberatung (s. Kap.4.6). Gewalttätige Kinder werden oft in allen ihren Lebensbereichen auffällig, und ihre Aggressivität ist oft, wenn nicht überwiegend, mit anderen Formen abweichenden Verhaltens eng verbunden, z.B. mit Schulversagen, hyperkinetischen Aufmerksamkeitsstörungen, sozialer Inkompetenz, Diebstahl, Drogenkonsum. Sie ist durchweg multikausal, nämlich sowohl durch Bedingungen in der Person als auch durch familiäre, schulische und Altersgruppenbedingungen verursacht, und diese Einflüsse interagieren wiederum untereinander und mit gesellschaftlichen Gegebenheiten. Am treffendsten wird diese *multikausale Verursachung* mit dem Bild des Teufelskreises der Störung beschrieben. Aggressivität ist nicht ein Merkmal, sondern ein sich selbst verstärkender Kreisprozess. Und dieser wird durch je verschiedene Kombinationen von Variablen aufrechterhalten und befördert, so dass letztlich nur multimodale Beratungs- und Therapieverfahren, die sich diagnosegesteuert auf die jeweiligen Verursacher richten, erfolgreich sein können (s. Kap. 4.6; Martin 1981, Betz/ Breuninger 1987). Für monomodale Verfahren muss man passende Klienten suchen. Dazu auch Carter/ Stewin (1999): „Students who are seen to behave in a similar fashion (aggressive, violent and inappropriate) do so for a variety of reasons, and may not all benefit from similar intervention strategies". Horne und Glaser über die *Entwicklung antisozialen Verhaltens:*

„Das Kind hat bestimmte genetische Prädispositionen, ein bestimmtes kognitives Potential und ein Temperament, die direkt oder indirekt durch die Entwicklung von koerziven Eltern-Kind-Interaktionen zu anfänglichen Verhaltensproblemen führen können. Wenn ein solcher koerziver (zwanghafter, nötigender) Interaktionsstil aufrecht erhalten wird, entwickelt das Kind schwache Bindungen an traditionelle soziale und gesellschaftliche Normen, was wiederum die Wahrscheinlichkeit erhöht, dass das Kind normale Altersgenossen zurückweist und selbst auch von ihnen abgelehnt wird.

Dabei führen die Verhaltensauffälligkeiten des Kindes zur Äußerung geringer Sozialkompetenz (einschließlich fixierten feindlichen Vorurteilen gegenüber Gleichaltrigen; fehlender Fähigkeit, andere Perspektiven wahrzunehmen; Unfähigkeit, alternative Lösungen zu sozialen Problemen und zur Auswahl und Ausführung unangemessenen Verhaltens zu erwägen). Diese wiederum steigern die Ablehnung des Kindes durch „normale" Gleichaltrige.

Wenn diese Ablehnung über mehrere Jahre aufrecht erhalten wird, wird sich das Kind im frühen Jugendalter einer Gruppe mit abweichendem Verhalten anschließen. Wenn das Kind in den ersten Schuljahren wegen Nichtbeteiligung (und vielleicht auch mangels vorausgesetzter kognitiver Fähigkeiten) auch keine angemessenen schulischen Leistungen und Fertigkeiten entwickelt, so wird der Jugendliche nicht an die Schule gebunden und wird dort auch keine Erfolgserlebnisse haben. Die Kombination von schulischem Misserfolg und Bindung an eine deviante Altersgruppe erzeugt den letzten Schub in die Richtung auf antisoziales und kriminelles Verhalten" (1994a, 87). – *Kritik:* Wir kennen auch einsame Täter (L.M.).

Auch dies ist eine pauschale Beschreibung, aber sie zeigt die Interaktion der verursachenden Variablen. Carter/ Stewin (1999) nennen insgesamt 21 Haupt-

Faktoren aus den Bereichen Gesellschaft, Wohnort, Schule, Familie, anderen Sozialbeziehungen und Person des Gewalttäters.

Diese komplexe und individuell je verschieden zu denkende Verursachungskonstellation und -geschichte lässt einseitige *Diagnoseverfahren* scheitern (s. auch Kazdin 1987, 51). Es müssen Daten verschiedenster Art beim Kind, bei den Eltern, in der Schulklasse, der Altersgruppe usw. erhoben werden, einschließlich medizinischen, ggf. polizeilichen, sozialamtlichen usw. Dafür stehen den Experten verschiedene Instrumente zur Verfügung: Tests, Fragebögen, Schätzskalen, Checklisten, Beobachtungsbögen und Kodierungssysteme für Interaktionsanalysen, Videoaufnahmen und -analysen, standardisierte Berichtsformen, auch klinische Instrumente (Genogramm, Anamnese- und Interviewbögen, Gesprächsverfahren mit objektivierten Feedbackmöglichkeiten usw.). Horne und Glaser bieten eine übersichtliche Darstellung der nützlichen englischsprachigen Diagnose-Instrumente (1994a, 91).

Fachleute der Beratung und Therapie werden diese Methoden fall- und situationsgerecht einsetzen, sich also nicht allein auf einseitige Verfahren verlassen, sondern standardisierte, psychometrische Verfahren durch klinische Erhebungen und Beurteilungen ergänzen (S.89ff). Daraus ergibt sich dann die Auswahl der optimalen *„multidimensionalen"* Behandlungsstrategie. Deren Rahmenprogramm enthält folgende Maßnahmen:

1) Diagnose
2) Herstellung einer Umgebung für Veränderung
3) Vermittlung von Selbstkontrollfähigkeiten
4) Vermittlung von Kommunikationsfähigkeiten
5) Entwicklung positiver Interaktionen in der Familie
6) „Disziplin" – systematische Verhaltensmodifikation
7) Zusätzliche Interventionen in der Schule
8) Wahlprogramme: Stehlen, Weglaufen, Schwänzen
9) Beendigung der Therapie: Ausblenden und Generalisieren

Der von Horne/ Glaser (1994a) detailliert ausgeführte Maßnahmenkatalog ist überwiegend bestimmt durch sozial-kognitive Verhaltensmodifikation: Modellierungs- und Bekräftigungsverfahren, einschließlich Token-Systemen, Belohnungen, sozialem Ausschluss, Verträgen usw.; Einsatz von Audio- und Video-Bändern zum Modellernen und zur Selbstkorrektur, Rollenspiele; Aufbau prosozialer Verhaltensweisen und Gewohnheiten, Vorgehen „step by step"; Selbstinstruktions- und Selbstkontrollverfahren; Generalisierung gelernter Verhaltensweisen, Ausblenden therapeutischer Hilfen... (vgl. Kap. 4.4).

Jedoch werden zusätzlich auch emotionale Bedingungen und Veränderungsaufgaben, förderliche Beziehungsgestaltung u.ä. beachtet. Darin kommen auch Methoden zur Anwendung, die auf *anderen Therapiemodellen* basieren: empathische Gesprächsführung, Aktives Zuhören, Betonung von Achtung, Rücksichtnahme, Fürsorge, emotionaler Zuwendung, „growth"-Orientierung (s.

Klientzentrierte Gesprächstherapie; Rogers, Tausch, Gordon; Kap. 2.4); die Beachtung und Änderung von „false beliefs" als Quelle von Verhaltensstörungen („irrational beliefs" in A. Ellis' Rational-Emotive Therapy; RET) sowie Kommunikations- und Interaktions-Training mit Elementen der Themenzentrierten Interaktion (Ruth Cohn 1997); Entspannungstechniken.

Besonders die *Reality-Therapy* von William Glasser (Burks/ Stefflre 1979, 295ff), die wiederum auf anderen Therapieformen, u.a. Adlers Individualpsychologie, aufbaut, wird in dem „multidimensionalen" Interventionsprogramm von Horne und Glaser genutzt. Klienten und Familienmitglieder sollen danach systematisch und selbstverantwortlich in einzelnen Schritten lernen, sich über ihre Ziele Klarheit zu verschaffen, ihre gegenwärtigen Verhaltensweisen im Hinblick auf ihre Ziele zu überprüfen, alternative Handlungsmöglichkeiten zu bedenken und systematisch zu erlernen, auszuprobieren und zu perfektionieren, so dass sie zu befriedigenden Beziehungen und Problemlösungen gelangen (1994a, 95; 1994b, 253ff). Wie schon die übrigen Therapiekonzepte hier nur zur Information skizziert werden konnten, so wird dieses komplexe und variable „multidimensionale Verfahren" hier nur knapp wiedergegeben. (Carter/ Stewin, die häufig auch Mehrfachstörungen gewalttätiger Jugendlicher feststellten, halten in vielen Fällen auch die Behandlung mitwirkender Depression, Ängstlichkeit und anderer Psychopathologien für notwendig.)

Horne/ Glaser demonstrieren die Komplexität der Verursachung, Diagnose und Therapie an folgendem hier knapp berichteten *Beispiel:*

Der Fall Bobby: Bobby ist ein dreizehnjähriger Junge, der vom Jugendamt in die universitäre Erziehungsberatungsstelle überwiesen wurde. Er geht ins 6. Schuljahr, und zwar in eine Klasse extrem emotional gestörter Kinder. Er verweigert das Lernen, ist aggressiv gegenüber Mitschüler/innen, belästigt Mädchen sexuell, zerstört schulische Einrichtungen, wird verdächtigt, Autoreifen zu zerstechen....

Bobbys Mutter Kelly – Mutter von vier Kindern, unterdurchschnittlich intelligent, arbeitslose Sozialhilfeempfängerin, alkoholabhängig, mehrfach wegen Prostitution in Haft – lebt mit dem arbeitslosen Jake zusammen. Dieser steht zur Zeit von Bobbys Anmeldung unter Anklage wegen Diebstahls und wird nach dem Aufenthalt im Untersuchungsgefängnis wegen eines Selbstmordversuchs stationär beobachtet und behandelt. Die zwei Brüder Bobbys haben ähnliche schulische Verhaltensschwierigkeiten wie dieser. Eine in der Nähe wohnende Großmutter unterstützt die Familie gelegentlich, gerät aber oft in Streitigkeiten mit Kelly....

Die *Differentialdiagnose* ergibt, dass Boby die meisten Kriterien des DSM-III-R für soziale Verhaltensstörungen (conduct disorder) erfüllt. Das klinische Interview („Youth Self-Report Form", „Children's Depression Inventory", Self-Concept Inventory) ergab geringe Selbstachtung, ein schwaches Selbstkonzept, erlebte Depression, gewalttätiges Verhalten, Zorn, die Überzeugung, Rache gegen seine Gegner üben zu dürfen.... Aus der Familie standen die Angaben der Mutter (Kelly) zur Verfügung. Die „Child Behavior Checklist" wies Bobby als delinquent, aggressiv, hyperaktiv und depressiv aus. Die „Family Environment Scale" bestätigte den geringen Zusammenhalt der Familie und ihre starke Konflikthaltigkeit. Im „Beck Depression Inventory" beschrieb sich Kelly als „klinisch depressiv".

Schulische Daten belegen Bobbys begrenzte intellektuelle Fähigkeiten (Peabody Individual Achievement Test; Intelligenztestwerte: IQ=72 im WISC-R). Allerdings war er bei der Testdurchführung wenig kooperativ, so dass der Psychologe ihn für klüger hielt. Im „Teacher Report Form" und in der „Child Behavior Checklist" bestätigen sich die Aussagen der Mutter. Die „Daily Behavior Checklist" der Lehrerin weist Bobby ebenfalls als hochgradig aggressiv im Klassenzimmer aus.

Der aus den Ergebnissen der Diagnose entwickelte *Behandlungsplan* sieht vor:

1   Therapeutische Maßnahmen mit Bobby:
1.1   Ärgerkontrolle nach Feindler und Ecton (1986), individuelle Behandlung, ergänzt durch Entspannungstraining, kognitive Bearbeitung irrationalen Denkens, assertives Training;
1.2   Training sozialer Fertigkeiten mit individuell gestaltetem Programm nach Matson/ Ollendick (1988) sowie Goldstein u.a. (1980);
1.3   Hilfen zur Förderung der Schulleistungen und Ausbildungsperspektiven.

2   Familientherapie:
2.1   Elterntraining (Selbstkontrolle, Erfolgsorientierung, Kommunikationstraining zur besseren Eltern-Kind-Kommunikation);
2.2   Wöchentliche Familiensitzungen zum Austausch über Probleme und Dynamik der Familie, Entwicklung und Übung effektiverer Fertigkeiten in der familiären Kommunikation;
2.3   Familienförderung: speziell für Kelly zur besseren Strukturierung ihres Lebensstils, zur Zusammenarbeit mit Helfer/innen vom Sozialamt; Vermittlung von fehlenden Fähigkeiten in der Haushaltsführung; Teilnahme an einem lokalen Berufsförderungsprogramm.

3   Im Schulbereich:
3.1   Wöchentliche Treffen des Therapeuten mit der Lehrerin zur zweckgerichteten Veränderung des Klassenmanagements und zur gezielten Verhaltensmodifikation Bobbys; Anpassung der Lernanforderungen und -geschwindigkeit für Bobby, um ihm Erfolgserlebnisse zu ermöglichen;
3.2   Schulische Gruppenberatung; Peer counselling durch Schüler zur Ermutigung und schulischen Förderung.

Der *Behandlungsverlauf* enthält gut und weniger gut gelungene Elemente. Das Training zur Ärgerkontrolle und Entwicklung sozialer Fertigkeiten verlief erfolgreich, auch weil Bobby die Zuwendung der Therapeuten mochte. Problematischer war die Behebung irrationaler, ungünstiger Kognitionen und Einstellungen, besonders im Hinblick auf assertives statt aggressives Verhalten.

Daher wurden in Rollenspielen Jugendliche aus dem gleichen Milieu und mit demselben Sprachcode eingesetzt, mit Erfolg.

Das Familienprogramm schlug zunächst fehl, weil Kelly die Mitarbeit verweigerte. Nach zwei Wochen wurden die Kinder in zwei Pflegefamilien gegeben, in eine die drei Jungen, in die andere das Mädchen – auch weil Kelly, u.a. wegen Prostitution, arrestiert wurde. Die Pflegeeltern arbeiteten gut im Familienprogramm mit. Als Kelly entlassen wurde, machte ihr das Gericht Auflagen zur Teilnahme an einer Behandlung wegen ihrer Alkoholsucht und zur Teilnahme an dem familientherapeutischen Programm, zusammen mit Kindern und Pflegeeltern. Zwei Monate später kehrten sie in ihre Wohnung zurück und nahmen erfolgreich am Familienprogramm teil.

Die Lehrerin arbeitete engagiert und kompetent mit; wenig erfolgreich war jedoch die Gleichaltrigen-Beratungsgruppe, weil soziale Unterschiede zu groß waren. Statt dessen wurde es Bobby ermöglicht, mehrfach wöchentlich in einen Jugendclub zu gehen und an sportlichen Aktivitäten teilzunehmen.

Nach neun Monaten waren insoweit *Erfolge* festzustellen, als Bobby in eine Normalklasse überwiesen werden konnte. Seine Streitereien mit anderen Schülern waren argumentativ, nicht mehr aggressiv. Die Familie wurde zu monatlichen Nachkontrollen in die universitäre Beratungsstelle gebracht. Kelly erhielt weiter finanzielle Unterstützung zum Besuch des Ausbildungsförderungsprogramms und einer Gruppe Anonymer Alkoholiker. Bobby wurde wöchentlich von seinem School Counsellor beraten, schulisch unterstützt und ermutigt. Er ging weiter zum Jugendclub. Auch nach der einjährigen Nachbehandlung war Bobby nicht mehr gewalttätig. Argumente mit seiner Mutter hatte er aber noch immer wöchentlich.

Der Bericht schließt mit einer zusammenfassenden Beurteilung. Darin wird für die Behandlung von Aggressivität in der Kindheit „ein breites Interventionsprogramm" empfohlen, das „die Probleme situations- und umständeübergreifend angeht."– „Individuelles, familiäres und schulisches Engagement ist entscheidend" (1994a, 99; 1999; ausführlich: Newman et.al.1999).

Beurteilung: Die Schlussbeurteilung der Autoren stimmt mit unseren Erfahrungen in der Schulberatung (s. Kap. 4.6) ebenso überein wie mit neueren Erkenntnisse aus Nordamerika (Carter/ Stewin 1999: „To treat students who exhibit violent behavior in a similar manner appears to be an overly simplistic approach to a complex problem").

Selbstverständlich ist es erfreulich, wenn z.B. über eine personzentrierte Gesprächstherapie (nach Rogers, Tausch) oder die Veränderung des Lehrer- und Mitschülerverhaltens im Sinne der Individualpsychologie (s. Fall Max) oder auch mit dem Training von Petermann/ Petermann (s.o.) das aggressive Verhalten von Kindern und Jugendlichen abgebaut und prosoziales Verhalten nachhaltig aufgebaut werden kann. Und auch Pattersons Methode des „Familien-Management-Trainings" ist eine wichtige Bereicherung des therapeutischen Instrumentariums. Aber schon die genaue Analyse dieser Ansätze und Fallbeispiele lässt die angedeutete Komplexität der Gewaltverursachung ahnen. Mehr noch ist dies der Fall bei den „Kindern, die hassen". Umso mehr muss eine monotheoretische Sichtweise in Frage gestellt werden. Dem entspricht auch die Stellungnahme der National Association of School Psychologists (NASP) zur „School Violence (1997): „Violent behaviors are complex in origin and require a multifaceted approach" (Carter/ Stewin 1999).

Der Fall Bobby demonstriert, wie komplex die Bedingungen aggressiven Verhaltens im Kindheits- und Jugendalter sein können und wahrscheinlich meistens sind. Das verlangt diagnostische Erhebungen auf verschiedenen Ebenen mit vielseitigen Instrumenten. Auch hinsichtlich der Interventionsverfahren ist sicher ein undogmatisches multidimensionales Verfahren am wirkungsvollsten. Dass im Einzelfall somit erhebliche fachliche Anstrengungen unternommen werden müssen, wird ebenso deutlich, wie die Tatsache, dass Aggressivität, deren komplexe Ursachen – wie auch der Fall Bobby zeigt – tief in die gesellschaftlichen Bedingungen hineinreichen, auch gesellschaftliche Kosten verursacht. Der „Fall Max" (s. Kap.4.2) mag zu Vergleichen und zeitgemäßen fachkundigen Schlüssen anregen.

Seit dem Erscheinen der 1. Auflage unseres Buches (1999) hat *A.M. Horne*, neuerdings auch „Managing Editor" *des International Journal for the Advancement of Counselling* (IJAC; Mitherausgeber: L.R. Martin), zusammen mit Kollegen zwei *weitere einschlägige Bücher* über Beratung/ Therapie von Kindern und Jugendlichen veröffentlicht:

- A.M. Horne/ M.S. Kiselica: Counselling boys and adolescent males. A practitioner's guide. Thousand Oaks, London, New Delhi 1999.
- D.A. Newman/ A.M. Horne/ C.L. Bartolomucci: Bully busters. A teacher's manual for helping bullies, victims and bystanders. Library of Congress 2000.

Beide Bücher sind dem multimodalen Beratungs-/Therapie-Konzept verpflichtet. „Counseling Boys..." richtet sich besonders auf sexuell missbrauchte sowie ängstliche, depressive und auch drogenabhängige Jungen, Jungen mit ADHD (Aufmerksamkeits-Defizit/ Hyperaktivitäts-Störungen) und – besonders wichtig für unser Thema –: Bullies und ihre Opfer, Delinquente Jungen sowie jugendliche Sexualtäter.

„Bully busters" ist ein vielseitig verwendbares Programm, das auch von Lehrer/innen in ihren Klassen eingesetzt werden kann. Als multimodales Programm kommt es jedoch erst voll zur Wirkung, wenn es im Team durchgeführt wird, das Lehrer-, Berater-, Sozialarbeiter/innen, Schulleitung und Schulverwaltung, Eltern und ihre Vertretungen usw. umfasst oder – noch besser als

Teil des Curriculums die Unterstützung durch die ganze Schulgemeinde erfährt (S. 3). Weiteres s. S. 159f!

Ergänzender Hinweis: Multimodales Präventions- und Interventionsprogramm eines Jugendhilfe-Zentrums (Godesheim, Bonn): Das Angebot (u.a. für verhaltensgestörte, aggressive Kinder/ Jugendliche) vermittelt einen guten Eindruck von der Vielfalt notwendiger Maßnahmen: *Hilfen zum Schutz und zur Perspektivenentwicklung* (Jugendschutz, Zufluchtstätten, Notplätze für jüngere Kinder, Clearinggruppen; Plätze für Asylsuchende); *Hilfen zur Unterstützung der Familien und des Lebensfeldes* (sozialpädagogische Familienhilfe, Einzelbetreuung, Familienintensivtraining, Video-Heimtraining, Erziehungsbeistand, Schulprojekte); *Hilfen zur Ergänzung und zum Ersatz der Familie/ des Lebensfeldes* (heilpädagogisch-therapeutische Wohngruppen (für Mädchen, koedukativ), Tages- oder 5-Tagegruppen, Außenwohngruppen, sozialpädagogische Lebensgemeinschaft); Hilfen zum Aufbau eines eigenen Lebensfeldes / Verselbständigung/ Nachbetreuung (Jugendwohngemeinschaften, auch multikulturelle), intensiv betreutes Wohnen, Verselbständigungsgruppe, Nachbetreuung); *besondere zusätzliche Hilfen* (Eltern- und Familienarbeit, psycho-diagnostischer Dienst, Fachberatung, Krisenintervention, Kooperation mit Kinder- und JugendpsychiatrInnen; schulische Hilfen, heilpädagogisches Reiten, Psychomotorik; Freizeit und Erlebnispädagogik; Kunstpädagogik); *Hilfen zur beruflichen Qualifizierung und Beschäftigung* („Take-off", Jugend- und Sozialhilfe ...).

Insgesamt ergibt das Studium der vorliegenden Interventionsverfahren, dass Gewaltverhalten von Jugendlichen schwer zu therapieren ist. Glücklicherweise verfügen wir über einige erfolgversprechende Therapieverfahren, die u.E. jedoch keine ausschließliche Geltung beanspruchen können, da Aggressivität verschieden geartet und bedingt sein kann. Multimodale Therapieverfahren sind angesichts der zahlreichen Bedingungsvariablen in komplexen Fällen notwendig. Etliche Therapiemodelle sind auf Kinder bis zum 12./13. Lebensjahr zugeschnitten, weil danach die Teilnahme an Besserungsprogrammen in Frage gestellt ist und weil die Einbindung in deviante Cliquen die Therapie oft vereitelt. Umso wichtiger sind einerseits frühzeitige Maßnahmen in Zusammenarbeit von Beratungsinstitutionen, Familien, Schulen und ggf. Jugendgruppen, zum anderen sämtliche Grundformen der Prävention (s.o.).

Vom 13./ 14. Lebensjahr an bleibt die Hauptlast dieser Arbeit bei den Lehrer/innen, der Sozialarbeit/ Jugendpflege, der Heimerziehung, der Polizei und der Jugendgerichtsbarkeit. Deren wichtige pädagogische und sozialtherapeutische Bemühungen müssen anerkannt werden. Die Sekundarschulen, die die gesamte Schuljugend erreichen, müssen u.E. stärker beteiligt werden. Dass darüber hinaus die gesellschaftlichen Bedingungen für Armut, Arbeitslosigkeit, zerstörte Familien, Gewaltverherrlichung in den Medien, Benachteilung und Verunsicherung von Kindern und Jugendlichen in Wohnbezirken, Schulen und Ausbildungsstätten ständig großer gemeinsamer Anstrengungen bedürfen, erscheint nach allem, was wir wissen und in diesem Buch vorgetragen haben, selbstverständlich. Ohne günstige Rahmenbedingungen kann auch die kostspieligste Therapie im Einzelfall kaum dauerhafte Veränderungen bewirken, und pädagogische Prävention bedarf ihrer ebenfalls.

4.6 Statt einer Zusammenfassung: Der Beitrag der Schulberatung zur Prävention und Intervention

Beratung im Schulbereich soll diesem Buch als *Zusammenfassung* dienen – natürlich nicht, um den Anspruch zu erheben, dass die Schule sämtliche Präventionen und Interventionen durchführen könnte. Wohl aber postulieren wir, dass die Schule als Ort der pflichtmäßigen Erziehung und Bildung aller Kinder und Jugendlichen eine wichtige Aufgabe in der Gewaltprävention und auch in der Intervention gegen Gewaltbereitschaft und gewalttätiges Verhalten hat. Lehrer-, speziell Klassenlehrer- und Beratungslehrer/innen, und Schulpsycholog/innen sind Hauptagenten dieser Beratungsarbeit. Sie müssen mit anderen Beratungsinstitutionen und Diensten zusammenarbeiten.

Geschichtlich betrachtet, standen in Deutschland für fachkundige schulische Beratung lange Zeit nur wenige Schulpsychologen zur Verfügung (Aurin u.a. 1973, 1984). Einige Bundesländer begannen bald nach dem 2. Weltkrieg mit der Ausbildung und dem Einsatz von Beratungslehrer/innen, besonders Hamburg, Baden-Württemberg, Bayern (s. Martin 1974). Die Bildungskommission des Deutschen Bildungsrates wies dann die Öffentlichkeit in ihrem „Strukturplan" (1970) deutlich darauf hin, dass Bildungsberatung als „Strukturelement" des demokratischen Bildungssystems unverzichtbar ist. Der Vergleich mit totalitären und feudalen Gesellschaftssystemen verdeutlicht das: Die charakteristischen Aufgaben demokratischer Schulen in der Erziehung und Bildung aller Heranwachsenden zu Selbstverwirklichung und zu sozialer Verantwortung verlangen in allen Teilbereichen (Individualisierung, Motivierung, Leistungsentwicklung, Abbau von sozial, ethnisch usw. bedingten Benachteiligungen, Förderung des Engagements und der Verantwortungsbereitschaft...) die Optimierung der pädagogischen Arbeit durch Schullaufbahnberatung, Berufsbildungsberatung, Einzelfallhilfe, Beratung von Schule und Lehrer/innen (Systemberatung) (KM Nordrhein-Westfalen 1980, Martin 1974, 1981; DIFF 1985). Die Bund-Länder-Kommission legte daher in ihrem Bildungsgesamtplan (1973) ein erstes Programm für die ganze Bundesrepublik vor. Für je 500 Schüler/innen sollte je ein/e Beratungslehrer/in mit 5 Stunden Unterrichtsentlastung eingesetzt werden, weiterhin für je 5000 Schüler/innen ein/e Schulpsychologe/in. Dieses Minimalziel ist in Deutschland noch immer nur an wenigen Stellen erreicht. Aber verschiedene Länder haben doch erhebliche Anstrengungen unternommen. Wissenschaftliche Grundlagen wurden von den Hochschulen erarbeitet (Aurin, Heller, Martin, Royl, Rüdiger, Schwarzer, Weinert u.a.). Zusammen mit anderen entwickelten diese Fachleute im Deutschen Institut für Fernstudien (DIFF Universität Tübingen) einen umfassenden Fernstudienlehrgang für Beratungslehrer/innen (ab 1975, revidierte Fassung 1985; 10 Studienbriefe, ca. 2000 Seiten). Zahlreiche schulische Beratungsfachleute wurden damit ausgebildet und danach eingesetzt. Die Lage in den Bundesländern ist freilich uneinheitlich, auch von Schule zu Schule (Grewe 1990, Martin 1993b).

Die *Notwendigkeit der wirksamen Beteiligung der Schule an der Verhinderung und Bewältigung der Jugendgewalt* ist in vielen Ländern der Erde erkannt worden. Das hat viele Gründe. Selbstverständlich hat auch die Familie dabei wichtige Aufgaben. In vielen Fällen ist sie jedoch überfordert damit, ja, sie ist oft selbst Haupt- oder Mitverursacher der Gewaltneigungen von Kindern und Jugendlichen. Die öffentliche Jugendarbeit, die Sportvereine und Jugendclubs erreichen leider nur einen Teil der Kinder und Jugendlichen – und gerade die von Gewaltneigungen Bedrohten am wenigsten. Und die öffentlichen Beratungsdienste haben selbstverständlich freiwilligen Zugang und werden daher ebenfalls von Gewalttätigen kaum, allenfalls von besorgten Eltern mit Kindern aufgesucht. Klassen- und Fachlehrer/innen beraten seit langem (Struck 1980, v. Hentig 1993, Martin 1980, 1996); aber auch sie sind – ohne spezielle Ausbildung – in vielem überfordert.

Für *Beratungslehrer/innen* ist die Prävention und pädagogisch-psychologische Intervention gegen Gewalt eine Hauptaufgabe. In Nordrhein-Westfalen z.B. verfügen sie über eine geregelte Ausbildung durch das Landesinstitut für Schule und Weiterbildung (LSW, Soest) mit Beteiligung von Hochschullehrern und Schulpsychologen (2 Jahre berufsbegleitendes Fernstudium DIFF 1985, regionale Blockseminare, regelmäßige Theoriesitzungen, methodische Übungen, Praktika, Fallarbeit mit Supervision, Abschlussprüfung und Zertifikat). Somit verfügen sie über die fachlichen Voraussetzungen für diese Arbeit: Sie kennen die Theorien der Beratung, die Erklärungsansätze für Entscheidungsschwierigkeiten, Störungen, Konflikte, einschließlich Verhaltensstörungen, Aggressivität usw.; sie kennen die einschlägigen Methoden der Diagnose durch Gespräche, Verhaltensbeobachtung, Tests, Fragebögen usw. Sie können daher die „Grundformen der Gewaltprävention" anwenden und auf ihrer Ebene selbständig, in komplizierteren Fällen in Kooperation mit Therapeuten intervenieren. Soweit ihnen neuere Erkenntnisse und Methoden nicht aus Kursen und Fortbildung bekannt sind, können sie diese, wie andere Professionelle, selbständig erwerben (Effektivitätsnachweis: Sassenscheidt 1993).

Ihre Partner sind dabei die hauptamtlichen Fachleute aus Schulpsychologischen Diensten, Regionalen Schulberatungen, Erziehungs-, Drogen-, Berufs-, Jugendberatungsstätten und Therapeuten der verschiedenen Richtungen. Als „Generalisten" sind Beratungslehrer/innen selbstverständlich auf die Zusammenarbeit mit diesen Spezialisten angewiesen. Andererseits sollten auch diese nicht auf die Kooperation mit den schulischen Beratungsfachleuten verzichten, die die gesamte Schuljugend erreichen können.

Im folgenden soll die *Arbeit von Beratungslehrer/innen* im Prozess dargestellt werden. Speziell werden *Aufgaben, Abläufe, Methoden, Wirkungen der*

Prävention und Intervention gegen Gewalt prinzipiell und exemplarisch beschrieben. So sollen auch die Möglichkeiten und Grenzen der Schulberatung in diesem Teilbereich ihrer Aufgaben deutlich werden.

Die schulische Beratungsarbeit hat in diesem wie in anderen Feldern – außer der gründlichen Ausbildung fähiger Beratungslehrer/innen – einige *Voraussetzungen*, die über den Erfolg mitentscheiden. Vor allem ist es wichtig, dass sie als Fachleute von Kolleg/innen, Eltern und Schüler/innen sowie von der Schulleitung akzeptiert werden. Das ist für eine „neue Rolle im System" (s. Grewe 1990) nicht selbstverständlich. In einer guten Beratungslehrer-Ausbildung werden deshalb die Rollenprobleme in Kollegien, die Weckung des Vertrauens und der Kooperationsbereitschaft bedacht; Handlungsstrategien zur Einführung eines fachkundigen Beratungsdienstes an Schulen werden diskutiert und in Plan- und Rollenspielen eingeübt. Zu den äußeren Voraussetzungen gehören auch ein Beratungszimmer und genügend Zeit, in der Regel durch mehrere Stunden Unterrichtsbefreiung pro Woche.

Der *Beratungsprozess* verläuft in jedem Einzelfall nach eigenen Gesetzen. Dennoch sind prinzipiell gewisse Aufgaben zu erfüllen, die auch die Abfolge bestimmen:

1) Eine Vertrauensbeziehung zu den potentiellen und aktuellen Ratsuchenden muss aufgebaut werden. Sie bildet oder vertieft sich in der Regel im Erstgespräch, das auch der Findung erster Erklärungshypothesen dient.

2) Die durch diese Hypothesen geleitete Diagnose muss die Bedingungen des Problemverhaltens in der betroffenen Person und in deren Umgebung möglichst vollständig ermitteln. Ergebnis der Optimierung der Erklärungshypothesen ist ein spezielles Bedingungsmodell für den Einzelfall.

3) Diese Verursachungsbedingungen müssen durch Interventionen so beeinflusst werden, dass positive Veränderungen in den – hier gewaltbereiten bzw. gewalttätigen – Personen und in den Interaktionspartnern und Strukturen der Umgebung angestoßen werden. Ein aktiver Problembewältigungsprozess ist in Gang zu setzen und zu fördern (s. u.a. Martin/ Rüdiger DIFF 1985, Martin 1991).

In dem so ganz allgemein beschriebenen Beratungsprozess werden nun zahlreiche person- und problemspezifische Methoden eingesetzt. Die folgenden *Beispiele* zeigen ausschnittartig die *Vielseitigkeit der individuell notwendigen Beratungsmethoden.*

Beispiel: Frau R. ist Studienrätin (43) an einer großstädtischen Sekundarschule mit den Lehrfächern Deutsch und Pädagogik. Sie ist im Kollegium als Fachlehrerin anerkannt. Darüber hinaus war sie von den Schüler/innen zur Verbindungs- (Vertrauens-) Lehrerin gewählt worden, bevor sie vor einigen Jahren an der nordrhein-westfälischen Beratungslehrer-Ausbildung teilnahm.

Nicht alle Kolleginnen sind überzeugte Anhänger/innen des Schulberatungskonzeptes. Manche empfinden dadurch ihre eigene Kompetenz in Frage gestellt. Der Schulleiter fördert jedoch die Beratungsarbeit aktiv. So hat Frau R. wenigstens drei Entlastungsstunden, und sie kann ein Elternsprechzimmer z.T. als „ihr Reich" ansehen, weil sie dort einen verschließbaren Schrank für Informations- und Testmaterial aufstellen konnte. Auch vertrauliche Beratungsnotizen werden dort sicher aufbewahrt, ohne dass der Schulleiter Einblick beansprucht. Wichtige Grundvoraussetzungen für die Beratungsarbeit sind also gegeben.

Einer der ersten Fälle, die Frau R. nach Erwerb des BL-Zertifikats bearbeitete, betraf den Schüler Manfred S. in einer 8. Klasse. Sie selbst unterrichtete dort Deutsch. Das erleichterte den Zugang zu allen Beteiligten.

Manfred S. kam zusammen mit zwei weiteren Schülern als Sitzenbleiber in diese Klasse. Er wurde von dem Klassenlehrer B., einem 55-jährigen Mathematik- und Sportlehrer, zu Thomas, einem kleinen aber leistungsstarken Jungen, gesetzt, den Manfred um Haupteslänge überragte. Manfred war ein guter Sportler; seine Schwächen lagen in der Mathematik und in den Naturwissenschaften; im übrigen waren seine Leistungen zumeist durchschnittlich.

Manfred, dem ohnehin aus seiner vorigen Klassen der Ruf anhing, gelegentlich aufbrausend zu sein und seine Muskeln zu gebrauchen, entwickelte sich in seiner neuen Klasse nicht gut. Kurz: er störte oft den Unterricht durch Händel mit Mitschülern. Insbesondere gegen seinen ungleichen Banknachbarn war er ausgesprochen aggressiv. Er stieß Thomas mit dem Ellenbogen, beschimpfte und verspottete ihn und schlug auch bei Gelegenheit auf ihn ein. Im Deutschunterricht wurde das nicht so deutlich. Aber eines Tages beklagte sich der Klassenlehrer B. heftig bei Frau R. über Manfreds gewalttätiges und auch undankbares Verhalten. Er habe Manfred, den er aus dem Sportunterricht schätze, bewusst neben den klugen Mitschüler Thomas gesetzt, so dass er von diesem profitieren könne. Nun danke Manfred ihm durch Widerspenstigkeit und Aggressivität. Tatsächlich kam es immer häufiger zwischen beiden zu versteckten oder offenen tätlichen Auseinandersetzungen. Darüber hinaus nahmen Streitigkeiten in der früher ruhigen Klasse unerträglich zu. Sie belasten die Klassengemeinschaft und den Unterricht. Manfred ist jetzt Anführer einer Clique aus den drei Sitzenbleibern und einigen Mitläufern. Sie boykottieren den Unterricht und drangsalieren die übrigen Schüler. Dahert ist die Beratungslehrerin R. gefragt.

Beratungsebene I: Personzentrierte Gespräche: Die Möglichkeiten der Beratungslehrerin, realistische Hypothesen über die Problematik und ihre Entstehungsbedingungen zu bilden und diagnostisch zu erhärten, sind günstig. Sie kennt Manfred aus dem Unterricht und hat – als von der Störung weniger Betroffene und als Deutschlehrerin – Chancen zur Beobachtung sowie zu Gesprächen mit allen Beteiligten.

Wichtig sind zunächst die Gespräche mit dem Klassenleiter sowie mit Manfred und seiner allein erziehenden Mutter. Besonders bei ersterem bewährt sich die personzentrierte Gesprächsweise, die sie während der Ausbildung gelernt und danach in Workshops weiter perfektioniert hat. Der Kollege fühlt sich offenbar angesprochen dadurch, dass sie keine bohrenden Fragen stellt, sein Verhalten nicht verurteilt, den Fall nicht vorschnell interpretiert. Er fühlt sich durch ihr „aktives Zuhören" recht gut verstanden, was ihn zur weiteren Exploration seiner Erlebnisse, Gefühle und Erklärungen anregt.

Manfred zeigt sich zunächst verschlossen. Da Frau R. aber nicht in ihn zu dringen sucht, sondern nur seine Reaktionen verständnisvoll verbalisiert, geht er auf ihre Äußerungen ein. Es bildet sich eine Basis für weitere Gespräche. In deren Verlauf tritt zutage, wie sehr sein Selbstbild und sein Selbstbewusstsein sowie seine Motivation durch die schulischen und die familiären Umstände beeinträchtigt sind. Die Mutter nutzt das Erstgespräch mit Frau R. dazu, ihr Herz auszuschütten. Ihr Mann, ein Kaufmann, hat sie vor wenigen Jahren verlassen. Er kümmert sich weder um sie noch um ihren gemeinsamen Sohn. Sie selbst versucht, so gut es geht, für Manfred und sich durch Büroarbeit den Unterhalt aufzubringen. Es wäre eigentlich von Vorteil, dass ihre Mutter in der Nähe wohnt, manchmal aushilft und Manfred früher oft bei den Hausaufgaben geholfen hat. Aber seit Manfred immer mehr Anschluss an Gleichaltrige sucht, die Computer für Spiele haben, meidet er die Wohnung der Oma.

Gespräche mit der früheren Klassenlehrerin ergeben, dass Manfred erst seit der Pubertät einen auffälligen Schub an Wachstum und Muskelentwicklung erlebt hat. Seither fiel er auch durch Rechthaberei und Dominanzstreben auf – was mit abfallenden Leistungen einherging. In Rangeleien ging er schon im letzten Schuljahr nicht zimperlich mit seinen Gegnern um.

Diese Gespräche und Beobachtungen während des Unterrichts und in den Pausen sowie die Einblicke in den kognitiven, emotionalen und moralischen Entwicklungsstand, die sich aus den schriftlichen und mündlichen Äußerungen Manfreds im Deutschunterricht ergeben, führen zu folgendem, hier knapp wiedergegebenen *hypothetischen Bedingungsmodell* des Falles:

Es gibt bisher keine Hinweise darauf, dass sich das aggressive Verhalten Manfreds auf frühkindliche oder kindliche Entwicklungsstörungen zurückführen ließe. Wichtige Bedingungen sind (1.) der Verlust und die Vernachlässigung durch den Vater, (2.) seine Selbstüberforderung mit der Aufgabe, der „Beschützer" seiner Mutter sein zu wollen, (3.) sein partielles Versagen in der Schullaufbahn, (4.) die Nichtversetzung und der Verlust der alten Klassengemeinschaft, (5.) die fortwährende Konfrontation mit dem körperlich schwächeren, ihm aber intellektuell überlegenen Banknachbarn, (6.) die Bekräftigungen, die er von verschiedenen Klassenkameraden erhält, wenn er sich durch Frechheit, Körperstärke und Gewalt hervortut. Alle diese sich wechselseitig verstärkenden Bedingungen verursachen zugleich Prozesse beeinträchtigter Identitätsentwicklung, Verbildungen seines Selbstwertgefühls und seines Gemeinschaftssinnes. Sein Handeln ist weithin noch bestimmt durch die Devise „Wie du mir, so ich dir!" und durch Konventionen in den ihm nahestehenden Gruppen (s. GrF 6: „Werte bilden ...").

Variante I,A: Weitere Gespräche und Beobachtungen erhärten diese Hypothesen, so dass auf die Anwendung von Testverfahren und Fragebögen zunächst verzichtet werden kann. Die Beratungslehrerin baut zunächst auf die förderliche Wirkung personzentrierter Gespräche. Sie sollen die realistische Wahrnehmung des Problems und der Mitmenschen und auch das Selbstverständnis der Beteiligten so fördern, dass deren Motivation und Anstrengung zur positiven Veränderung der Situation wächst. Tatsächlich lassen sich so beginnende Verhaltensstörungen und Konflikte auffangen und günstige Entwicklungen in Personen und Gruppen anbahnen (s. GrF 3: „Miteinander reden...").

Variante I,B: Solange es sich noch um einen im ganzen isolierten Konflikt zwischen Manfred und Thomas handelte, wäre, falls in der Schule vorhanden, eine *Streitschlichtung durch Schüler* angezeigt gewesen. In diesem Falle hätte die Beratungslehrerin Frau R. als die Initiatorin und Ausbilderin der Schlichter gute Möglichkeiten gehabt, die Schlichtung anzuregen. S. GrF 9: „Konflikte..."

Variante I,C: In ähnlich gelagerten Fällen kommt es oft vor, dass Fachlehrer/innen, in deren Unterricht die Leistungsmängel von Problemschüler/innen gehäuft auftreten, die schulischen Fähigkeiten derselben anzweifeln. Störungen und Belastungen durch aggressives Verhalten würden dann dadurch beseitigt, dass Manfred durch Rat oder Druck zum Verlassen eines Gymnasiums veranlasst würde – eine Entwicklung, die wahrscheinlich Manfreds Mutter (anders als Eltern in günstigerer Lage) nicht aufgehalten hätte.

In diesem Falle wäre eine *Fähigkeitsdiagnose* durch die Beratungslehrerin angezeigt: Intelligenz-, Schulleistungs-, Interessen-, Motivationstests usw. Bei günstigem Ausgang ist dann oft anstrengende Überzeugungsarbeit notwendig, um (in diesem Falle) den Mathematik- und Klassenlehrer dazu zu bringen, seine negative Einschätzung der Lernvoraussetzungen Manfreds zu korrigieren. Das wäre aber dringend notwendig, erstens im Hinblick auf angemessene Leistungsförderung, Abbau von Lücken usw., zweitens auch im Hinblick auf das Sozialverhalten Manfreds. Denn das Gefühl, ungerecht behandelt zu werden, ist eine der Hauptursachen von Resistenz und Aggressivität (s. dagegen die „Gerechte Schule", GrF 6).

Beratungsebene II: Pädagogisch-psychologische Präventionsmaßnahmen.
Falls das erste hypothetische Bedingungsmodell korrigiert werden muss, weil bei Manfred doch erheblichere und nachhaltigere Sozialisationsdefizite aus dem familiären, schulischen und Freizeitbereich vorliegen und die Problematik nicht isoliert ist, sondern Teile der Schulklasse erfasst hat, könnten sich personzentrierte Gespräche, auch mit zusätzlicher Streitschlichtung und Fähigkeitsdiagnose und Beratung gemäß den Varianten I, B und C, als nicht ausreichend erweisen. In diesem Falle können zunächst zusätzliche Präventionsmaßnahmen aus unseren „Grundformen 1-12" verstärkt eingesetzt werden. Dabei ergibt sich das pädagogisch-psychologische Interventionsprogramm (nach den

Möglichkeiten der Schule) aus dem jeweiligen speziellen Bedingungsmodell der Problemlage. Es könnte ein Programm aus dem folgenden Maßnahmenkatalog ausgewählt und durchgeführt werden (Varianten II, A-X):

a) Als Ergebnis eines Soziogramms wird die Sitzordnung in der Klasse geändert. Das hebt zunächst die gut gemeinte, aber Aversionen erzeugende Platzierung von Manfred neben den klugen Thomas auf und ermöglicht eine befriedigendere Lösung mit einem anderen Banknachbarn. Als weiteres Ergebnis des Soziogramms wird (zum Abbau von Gruppenrivalitäten in verschiedenen Fächern und Unterrichtssituationen) Gruppenarbeit mit Betonung sozialer Lernprozesse eingeführt (s. „GrF 4: „Interagieren..."; 8: „Gemeinschaft fördern...").

b) Maßnahmen der Förderung der Klassengemeinschaft (s. GrF 8) umfassen u.a.: die Integration der älteren, sitzengebliebenen Schüler durch fachliche Förderung und gegenseitige Hilfe in Gruppenarbeit, bei den Hausaufgaben, sozialintegratives Lehrerverhalten (gemäß „GrF 9 „Konflikte bewältigen..."), gemeinschaftsfördernde Unternehmungen der Klasse. Bei grassierendem Bullying (Mobbing) muss u.U. ein die ganze Schulgemeinde umfassendes „Anti-Bullying-Programm" initiiert werden (GrF 8, S. 159f; s. auch Kap. 4.5 „Multidimensionale Therapie").

c) Gemeinsame Überlegungen der Beratungslehrerin mit dem Klassenlehrer führen dazu, dass dieser seinen Sportunterricht weniger konkurrenzorientiert durchführt. Die Lernziele körperliche Erziehung, Gemeinschaftserziehung, gegenseitige Hilfe, mannschaftliches Zusammenspiel, Regeln einhalten, Fairness usw. werden stärker betont (GrF 2). Das gibt Manfred eine größere Chance, seine sportlichen Fähigkeiten kameradschaftlich und nicht aggressiv einzusetzen. Er bekommt Gelegenheit, Verantwortung für Schwächere einzuüben, dafür Anerkennung zu gewinnen und Schwächen in anderen Leistungsbereichen prosozial zu kompensieren.

d) Frau R. nutzt als Deutschlehrerin ihre Möglichkeiten durch eine Unterrichtsreihe mit Kurzgeschichten zum Thema „Jugendliche Identitätskrisen". Darin bespricht sie mit der Klasse die komplexen Entwicklungsaufgaben Jugendlicher, die oft durch ungünstige soziale Verhältnisse erschwert werden (s. Kap. 2.4; GrF 4). Moralische Dilemmata in Konfliktsituationen werden besprochen, Lösungen überlegt (GrF 6). Rollenspiele ermöglichen den Jugendlichen Perspektivenwechsel; hilfreich sind ausgewählte Interaktionsübungen, Rollenspiele usw. Dadurch wachsen Verständnis für die Opfer, soziale Handlungskompetenzen, moralisches Urteilen und Handeln sowie der soziale Zusammenhalt der Klasse (Gudjons 1992; s. GrF 4: „Interagieren – Identität fördern", auch GrF 3, 6, 8, 10).

e) Die Erkenntnis, dass Manfred und viele andere Schüler/innen der Klasse erheblich unter dem Einfluss aggressiver Modelle aus Videos und Computerspielen stehen, veranlasst die Beratungslehrerin, auf Intensivierung der Medienerziehung in dafür geeigneten Fächern und durch kompetente Kolleg/innen hinzuwirken (GrF 5).

f) In einer Projektwoche arbeiten Klassenlehrer und Beratungslehrerin zusammen, regen die Schüler an, sich in Projekten für die Integration von Ausländern und Aussiedlern einzusetzen. Auch Manfred und andere Problemschüler entfalten Einfallsreichtum und übernehmen Aufgaben, die ihnen besonders liegen: Sport und

Spiel zum besseren Kennenlernen, eine gemeinsam gestaltete Ausgabe der Schul-
zeitschrift „Jugend in Kasachstan, in der Türkei und in Deutschland"... (s. GrF 7).

g) Die Beratungslehrerin R. begleitet die Arbeit weiterhin durch Gespräche mit den
Eltern, Lehrer- und Schüler/innen, um Stillstand oder Krisen zu verhindern und die
prosoziale Erziehung in der Klasse und der ganzen Schule weiter zu fördern.

Praktiker werden einwenden, dass diese Maßnahmen nicht durchweg gut gelingen werden, dass unvorhergesehene Schwierigkeiten auftauchen können
und dass Personen (Lehrer-, Schulleiter-, Schüler/innen, Eltern) Widerstand
leisten könnten. Das stimmt. Aber es kommt auch nicht auf den perfekten
Erfolg jeder einzelnen Maßnahme an, sondern darauf, dass insgesamt Bewegung in die festgefahrene Situation in der Klasse und darüber hinaus kommt
und dass diese in die Richtung der Friedfertigkeit und der sozialen Verantwortung weist.

Insgesamt gesehen, ist der hier nur knapp wiedergegebene Fall geeignet, die
Möglichkeiten der Gewaltprävention in Schulklassen und ganzen Schulen zu
demonstrieren. Es muss auf verschiedenen Ebenen mit den zur Verfügung
stehenden Methoden möglichst gleichzeitig und gleichsinnig angesetzt werden.
Der Komplex von verursachenden Variablen kann durch Anwendung der
„Zwölf Grundformen der Gewaltprävention" pädagogisch-psychologisch so
beeinflusst werden, dass Aggressivität bei einzelnen und Gruppen vermindert
wird – Kompetenz und willige Kooperation vorausgesetzt!

*Beratungsebene III: Psychologische Intervention – Kooperation mit Fach-
leuten.* Es gibt keine einheitliche und umfassende Beratungskompetenz. Erstens sind die Beratungsanlässe viel zu mannigfaltig und verschieden bedingt.
Zweitens überstiege der Versuch die Fähigkeiten eines einzelnen. Beides begründet die *Vielfalt der Therapieformen* und auch die Konflikte, die gelegentlich zwischen konkurrierenden Vertretern bestimmter „Schulen" ausbrechen.
Auch auf der Ebene der pädagogisch-psychologischen Schulberatung durch
Beratungslehrer- und Schulpsycholog/innen muss und darf mit unterschiedlichen Standpunkten und Kompetenzen gerechnet werden, sobald mehr verlangt
wird als Basisfähigkeiten. Auf Ebene III sollen die vorhandenen unterschiedlichen Kompetenzen und Interventionsformen der Problemlösung zugute kommen. Voraussetzung für deren Anwendung und die förderliche Kooperation
sind persönliche Eignung, gründliche Ausbildung, regelmäßige Zusammen-
künfte (s. GrF 11: „Kooperieren – Vernetzen") und regelmäßige Supervision.
Die adäquaten Interventionsformen werden durch die Diagnose und Erstellung
eines möglichst gültigen Bedingungsmodells ermittelt. Dabei ist zu vermeiden,
was leider in der Praxis nicht selten vorkommt, dass die Zugehörigkeit eines
Therapeuten zu einer „Therapie-Schule" eher den Ausschlag gibt für die ge-
wählte Interventionsform als die Notwendigkeiten des Falles. Die Beratung der

Klienten (Eltern und Jugendliche) durch Beratungslehrer- und Schulpsycholog/innen kann in dieser Hinsicht sehr hilfreich sein.

Auch Beratungslehrer/innen verfügen zum Teil über fortgeschrittene *Kompetenzen* in der Anwendung von Interventionsverfahren gegen Aggressivität. An unseren Beratungslehrer-Ausbildungsgängen nahmen zahlreiche Lehrer/innen teil, die auch ein psychologisches Diplom besaßen und/ oder eine Ausbildung in Personzentrierter Gesprächsführung, in der Individualpsychologie, Gestalttherapie, Transaktionsanalyse, TZI, im Psychodrama, als Sonderschullehrer für Verhaltensgestörte o.ä. erfolgreich absolviert hatten. Ihre Examensarbeiten (Fallberichte) und die gemeinsamen Supervisionssitzungen zeigten, dass auch Beratungslehrer/innen über fundierte Interventionsmethoden verfügen können. Oft werden sie auch mit Schulpsychologen, Erziehungsberaterinnen usw. zusammenarbeiten und gemeinsam eine möglichst adäquate Intervention durchführen. Für alle, Beratungslehrer- wie Therapeut/innen, gilt das Gebot der Beachtung der eigenen Kompetenzgrenzen.

Im folgenden werden einige weitere fiktive, aber realitätsnahe Varianten unseres Musterfalles vorgestellt, welche die Anwendung spezieller therapeutischer Interventionsverfahren gegen Aggressivität und die *Zusammenarbeit von Lehrer-, Beratungslehrer- und Therapeut/innen* verdeutlichen sollen.

Variante III A: In der Zeit, da Beratungslehrerin R. durch Gespräche mit den Beteiligten ein Bild von den Schwierigkeiten in der Klasse, von Manfreds aggressivem Verhalten und dessen Ursachen zu gewinnen versuchte, kam es zu einer vom Klassensprecher initiierten Aussprache im Deutschunterricht. Er beklagte sich über *das Verhalten des Klassenlehrers.* Er sei nämlich hauptsächlich schuld daran, dass es zu Unlust, Aversionen und aggressiven Handlungen in der Klasse gekommen sei. Besonders die Art und Weise, wie er die Wiederholer behandele und eben auch mit Manfred umgehe, sei „unmöglich". Diese Mitschüler würden immer wieder beschämt, indem sie den anderen als schlechtes Beispiel vorgeführt würden. Manfred genieße zwar bei Herrn B. eine gewisse Vorzugsstellung unter den Sitzenbleibern, weil er eben ein so guter Sportler sei, und deshalb habe er ihn ja auch neben den Klassenbesten in Mathematik gesetzt. Aber Herr B. sei viel zu ungeduldig mit ihm. Wenn Manfred einen Fehler mache, würde er umso mehr vor der Klasse blamiert und Thomas würde herausgestrichen. Kein Wunder, dass alle, denen Mathematik etwas schwerer fällt, manchmal wütend auf den Kleinen seien....

Derartige Aussprachen in der Klasse können Konflikte zwischen Kolleg/innen erzeugen und die Lehrer-Schüler-Beziehungen empfindlich stören. Manche Lehrer/innen entziehen sich daher allen Versuchen der Schüler/innen, Probleme mit Lehrern zur Sprache zu bringen. Sie behalten ihre Kenntnisse für sich und denken: „Damit muss der Kollege selbst fertig werden." In der Tat ist es oft schwer, mit derartigen Situationen produktiv umzugehen.

242

Frau R. hatte ein recht gutes Verhältnis zu ihrem Kollegen B. Sie fand bei passender Gelegenheit die richtigen Worte, um ihm einige Ansichten der Schüler mitzuteilen. Er war betroffen, aber nicht beleidigt. Manches gab ihm selbst zu denken; er suchte nach Lösungen. Und da er wusste, was viele Lehrer/innen nicht meinen zugeben zu können, dass Unterricht und Klassenführung komplizierte Aufgaben sind, bei denen nicht immer alles so gelingt, wie man es beabsichtigt, deshalb war er auch bereit, sich mit Frau R. zu beraten.

Frau R. hatte schon in anderen Klassen Erfolg mit der Methode der *„Kooperativen Verhaltensmodifikation"*. Sie war überzeugt, dass die Bedingungen für diese Art Konfliktbewältigung vorlagen. Die Streitigkeiten und die aus ihnen erwachsenden Aggressionen wurden hervorgerufen und verstärkt durch erkennbare Stimuli, Kognitionen, Reaktionen, Bekräftigungen in der alltäglichen Interaktion der beteiligten Personen und Gruppen: Klassenlehrer B., Manfred, Thomas, die Wiederholer, die verschiedenen Gruppen in der Klasse. Diese reagierten recht unterschiedlich auf die Vorgänge, verstärkten aber eben auch das Konfliktverhalten, sei es durch Worte, durch Lachen oder durch Nichtstun. Eine Veränderung der Situation, speziell auch der Abbau von Aversionen und Aggressionen verlangte Änderungen im Verhalten aller Beteiligten. Darüber musste gesprochen und ein Konsens gefunden werden.... Ihre kollegiale und personzentrierte Gesprächsweise hatte den Erfolg, dass Herr B. sich bereit erklärte, einen Versuch mit der Kooperativen Verhaltensmodifikation in seiner Klasse zu machen. Er begann damit, offen mit den Schüler/innen über die Probleme zu reden, sich ihre Erklärungen anzuhören und ihnen seine Ansicht sachlich gegenüberzustellen (s. GrF 9: „Konflikte...").

In den folgenden 10 Wochen fungierte Frau R. als Beraterin/ Mediatorin. Sie entwickelte mit Herrn B. den Durchführungsplan, sie unterstützte ihn beim Entwurf der Fragebögen, bei der Gegenüberstellung der Problemsichten und der Aufstellung des Bedingungsmodells. Auch bei der gemeinsamen Zielbestimmung durch Lehrer und Schüler, der Findung und Operationalisierung der Teilziele konnte sie Herrn B. helfen. Aber im ganzen hielt sie sich möglichst zurück, damit der positive Verlauf des VM-Projektes auch wirklich der weiteren Zusammenarbeit des Klassenlehrers mit der Klasse, speziell mit Manfred und Thomas sowie den rivalisierenden Gruppen, zugute kommen konnte....

Tatsächlich können durch dieses Vorgehen Bedingungen in der Klassengemeinschaft und der Lehrer-Schüler-Interaktion geschaffen werden, welche die bezeichneten Aggressionsprobleme weithin bewältigen.

Variante III,B: Es kommt vor, dass ein/e Lehrer/in gehäuft Aggressionen durch ihre Behandlung der Schüler/innen hervorruft. Es wäre gut, wenn solch alltägliches Geschehen nicht vertuscht und verdrängt, sondern durch kollegiale Beratung und Supervision aufgearbeitet und verändert würde. Für den Fall, dass Erwachsene zu starr auf ihren *Standpunkt fixiert* sind, statt realitätsnah mit derartigen Situationen umzugehen, bieten sich Hilfen z.B. in *psychodramati-schen, transaktionsanalytischen oder gestalttherapeutischen Gruppen*. Solche Fortbildung nützt Lehrer- und Schüler/innen.

Variante III, C: Die Beratungslehrerin R. kommt im Verlauf ihrer diagnosti-schen Bemühungen zu dem Schluss, dass Manfred tatsächlich *tief sitzende aggressive Neigungen* hat. Zwar führt die Mutter sie auf die familiäre Situation zurück und versucht ihren Jungen immer wieder zu entschuldigen. Aber es ist offensichtlich, dass Manfred in seinem Lebenslauf aggressives Verhalten gelernt hat und dass er auch durch sein Denken, seine Motive und Wertvorstel-lungen zu Gewalttätigkeit neigt. Mögliche Ursachen seines antisozialen Ver-haltens hat die Beratungslehrerin in den Umrissen bereits erkannt. Vor allem war die jahrelange Vorgeschichte der Trennung der Eltern gespickt mit Ge-walterfahrungen: Beleidigungen, Beschimpfungen, Schläge, seelische Verlet-zungen. Manfred hat das alles nicht nur beobachtet, sondern ist auch selbst vom Vater geschlagen, seelisch und physisch misshandelt worden....

Die Beratungs- und Interventionsmöglichkeiten einer Beratungslehrerin sind in diesem Falle begrenzt. Der Junge könnte u.U. durch ein systematisches Training zum Aufbau prosozialer Denk- und Verhaltensgewohnheiten geför-dert werden. Manfred ist noch nicht zu alt zu einer solchen *Behandlung in einer Trainingsgruppe* gemäß Petermann/ Petermann, Kap. 4.4.

In diesem Falle kann die Beratungslehrerin vieles tun, was zu einer erfolgrei-chen Behandlung Manfreds beiträgt:

1) Sie kennt eine Erziehungsberatungsstätte und den Psychologen, der das sozialkog-nitive Training durchführt. Sie hat bereits mit ihm zusammengearbeitet.

2) Sie kann es beurteilen: Manfred ist ein Fall für ein solche Intervention.

3) Sie nimmt Kontakt mit dem Psychologen auf und empfiehlt, Manfred in eine beginnende Trainingsgruppe aufzunehmen.

4) Sie kann die unentschlossene Mutter davon überzeugen, dass sie die Erziehungs-beratungsstätte aufsuchen und sich mit ihrem Jungen beraten lassen sollte.

5) Bei der Erstellung der Diagnose übernimmt sie wesentliche Aufgaben, vor allem: Erfassung der Bedingungen des aggressiven Verhaltens in der Schule, in der Schulklasse, besonders bei Klassenlehrer B., auf dem Schulhof.

6) Sie führt die „systematische Verhaltensbeobachtung zur Erfassung der Anlässe, Kontexte und Folgen typischer (aggressiver) Verhaltensweisen" in der Klasse durch.

7) Sie begleitet den Therapieprozess durch förderlichen Einfluss auf Manfred und seine Mutter, so dass „kritische Therapiesituationen" bei dem Jungen (Unlust, Fru-stration, Provokationen des Therapeuten, Widerstand usw.) minimiert werden.

8) Und sie motiviert die Mutter zu angemessenem Umgang mit Manfred („Umstruk-turierung des Familienlebens", „Problemgespräche", „Immunisierung" gegen Kri-sensituationen, „Bewältigung" derselben...).

9) Sie fördert bei Bedarf die Anfertigung der „Aufgaben für Eigenaktivität zu Hause und/ oder in der Schule", die der Psychologe Manfred stellt.

10) Sie bewirkt Umstrukturierungen im Schulleben, in der Lehrer-Schüler-Interaktion, speziell hinsichtlich der Situationen, in denen Manfred aggressiv reagiert.

11) Sie bewirkt ein prosozialeres Zusammenleben und -arbeiten an ihrer Schule und in Manfreds Klasse durch Realisierung der „Grundformen der Gewaltprävention". Dadurch sichert sie den Erfolg der Therapie auch nach dem Training.

12) Sie führt Nachkontrollen zur sicheren wissenschaftlichen Einschätzung der Therapie-Effekte durch, trägt somit zur Weiterentwicklung des Trainingskonzeptes bei und fördert die weitere Zusammenarbeit schulischer und außerschulischer Beratungsfachleute (s. im einzelnen Kap. 4.4; Petermann /Petermann 1997).

Variante III, D: Es ist leicht ersichtlich, dass, indem die Beratungslehrerin R. so ihre eigenen Kompetenzen in die Diagnose und Therapie des Falles einbringt, sich in Kooperation mit dem Erziehungsberater eine *„Multidimensionale Therapie"* entwickeln kann, wie in Kap. 4.5 beschrieben. Eine solche „multifaceted" Behandlung wird umso notwendiger, je komplizierter der Fall ist (vgl. Fall Bobby). In einer solchen Therapie ergeben sich für die Beratungslehrerin weitere Aufgaben: erstens die Beteiligung an den erforderlichen, genaueren Diagnosemaßnahmen, besonders durch systematische Verhaltensbeobachtungen im schulischen Raum, zweitens die Übernahme spezifischer Teilaufgaben in der Therapie. Denn die „Herstellung einer Umgebung für Veränderung", die „Vermittlung von Selbstkontrollfähigkeiten" usw., die „systematische Verhaltensmodifikation", der „Aufbau prosozialer Verhaltensweisen und Gewohnheiten" und die dazu notwendigen Veränderungen der sozialen, emotionalen und interaktiven Bedingungen müssen selbstverständlich auch die Schule umfassen, in der Manfred einen Großteil seiner Zeit verbringt. „Interventionen in der Schule" sind unabdingbar (s.o.). Möglicherweise sind eben jene Maßnahmen in der Schule angezeigt, die in den Varianten III, A u. C beschrieben wurden, vielleicht werden aber durch die Diagnose ganz andere Interventionsschwerpunkte erforderlich. Im Fall Bobby werden die „wöchentlichen Beratungen" durch seinen „School counsellor" sowie die schulische Unterstützung und Ermutigung nur pauschal erwähnt. Aber es wird darauf hingewiesen, was in einer Gesellschaft, in der schulische Beratungsabteilungen selbstverständlich sind, nicht weiter ausgeführt werden muss, dass nämlich in dem „breiten Interventionsprogramm" auch „schulisches Engagement entscheidend" ist (s. Kap. 4.5; ausführlich: Newman/ Horne/ Webster 1999). Zur Zusammenarbeit mit der Jugendhilfe s. Hinweis S. 232!

Variante III, E: Der Fall Manfred entwickelt sich in sehr ungünstiger Weise. Es wird immer deutlicher, dass es sich nicht um einen Einzelfall handelt, sondern dass sich in der Schule ein Klima der Gewalt herausgebildet hat: Schlägereien, Erpressungen, Waffenbesitz, Vandalismus, blutige Auseinandersetzungen zwischen deutschen und ausländischen Schülern, Skinheads und anderen

Gruppen.... Überlegen Sie selbst: Welche Aufgaben könnte oder müsste die Beratungslehrerin R. in einem solchen Falle übernehmen bzw. von der Schulleitung übertragen bekommen? Siehe bes. GrF.8 bezüglich Verbesserung der Schulgemeinschaft, GrF 10 „Mit Tätern umgehen – Gewalt entmachten"; GrF 11 „Kooperieren - Vernetzen" mit Polizei, Jugendpflege, Sozialamt, Beratungsinstitutionen ....

Insgesamt zeigt es sich, dass fähige, gut ausgebildete Beratungslehrer/innen eine Schlüsselrolle in der Prävention und Intervention gegen Gewalt spielen können. Sie können sämtliche „Grundformen" einbringen und auch therapeutische Interventionen wirkungsvoll fördern. Selbstverständlich wird dabei die gute Zusammenarbeit mit Beratungsfachleuten am Ort vorausgesetzt.

Abschließend sei noch einmal festgestellt: *Die hier beschriebenen Interventionsverfahren* sollten weniger als konkurrierende Angebote gesehen werden, wie das durch die verständliche Konkurrenz zwischen den verschiedenen „Schulen" leider immer wieder nahe gelegt wird. Vielmehr sollte erkannt werden, dass es sich um *einander ergänzende Methoden handelt, die in einem umfassenden System tertiärer Gewaltprävention* bereitstehen müssen, weil die Einzelfälle und ihre Verursachungskonstellationen und -geschichten sehr verschieden sein können. Psychoanalytische, individualpsychologische, lerntheoretisch begründete, individuelle, familientherapeutische oder schulberaterische Vorgehensweisen werden dann erforderlich und müssen durch die Zwölf Grundformen der Gewaltprävention ergänzt werden – ganz abgesehen von Maßnahmen auf der institutionellen und/ oder gesellschaftlichen Ebene. Viele komplexe Einzelfälle verlangen ohnehin eine „multidimensionale" oder „multimodale" Therapie. Dass für die Bewältigung der Gewalt in der Schule und der Erziehung in Deutschland (wie in anderen modernen Gesellschaften) wissenschaftlich aus- und fortgebildete Lehrer- und Beratungslehrer/innen sowie effektive Stätten der Erziehungs-, Bildungs- und Jugendberatung erforderlich sind, sollte jeder Verantwortliche wissen.

5 Literaturverzeichnis

Adler, A.: Studie über die Minderwertigkeit von Organen. München 1907.

Adler, A.: Über den nervösen Charakter. Grundzüge einer vergleichenden Individual-psychologie und Psychotherapie. München 1912.

Adler, A.: Praxis und Theorie der Individualpsychologie. München 1920.

Adler, A.: Individualpsychologie in der Schule. Leipzig 1929.

Adorno, Th. W.: Erziehung zur Mündigkeit, Frankfurt 1973.

Adorno, Th.W.: Erziehung nach Auschwitz. In: Ges. Schriften, 10,2, Frankft/ M 1977.

Aebli, H.: Zwölf Grundformen des Lehrens. Stuttgart (8)1994.

Akgün, L.: Gewalttätige ausländische Jugendliche. In: Hurrelmann u.a. 1995, 166-180.

Aichhorn, A.: Verwahrloste Jugend. Die Psychoanalyse in d. Fürsorgeerziehung (1925). Bern 1971.

Ansbacher, H.L. u. R.R. (Hg.): Alfred Adlers Individualpsychologie. München 1982.

Ariès, Ph.: Geschichte der Kindheit. München (11) 1994.

Auwärter, M. u.a. (Hg.): Kommunikation, Interaktion, Identität. Frankfurt/ M. 1976.

Auernheimer, G.: Einführung in die interkulturelle Erziehung, Darmstadt 1990.

Aurin, K. (Hg.): Beratung als pädagogische Aufgabe. Bad Heilbrunn 1984.

Aurin, K./ Gaude, P./ Zimmermann, K.: Bildungsberatung. Frankfurt/ M. 1973.

Baacke, D.: Strukturelle und inhaltliche Veränderungen der Jugendphase und Folgerun-gen für das Gewaltphänomen. In: Bundszentrale f. pol. Bildung 1998. 121-128.

Balser, H. / Schrewe, H. / Wegricht, R. (Hg.): Regionale Gewaltprävention. Neuwied 1997

Bandura, A.: Influence of model's reinforcement contingencies on the acquisition of initiative responses. In: Journ. of Personality and Social Psych., 1965, 1, 589-595.

Bandura, A.: Aggression – Eine sozial-lerntheoretische Analyse (1973). Stuttgart 1979.

Bandura, A.: Sozial-kognitive Lerntheorie (1977). Stuttgart 1979.

Bandura, A.: Social foundations of thought and action. Englewood Cliffs 1986.

Bandura, A.: Human agency in social cognitive theory. In: American Psychologist 1989, 1175-1184.

Bange, D. Die dunkle Seite der Kindheit. Sexueller Mißbrauch .... Köln 1992.

Beck, U.: Risikogesellschaft. Frankfurt 1986

Becker, G.E.: Lehrer lösen Konflikte. Weinheim/ Basel 1989.

Becker, G.E. / Coburn-Staege, U. (Hg.): Pädagogik gegen Fremdenfeindlichkeit, Ras-sismus und Gewalt. Weinheim/ Basel 1994.

Berkowitz, L.: Aggression. New York 1962.

Benner, D.: Hauptströmungen der Erziehungswissenschaft. München 1973.

Benner, D.: Pädagogik als Wissenschaft, 3 Bde. München 1994.

Berne, E.: Spiele der Erwachsenen. Psych. d. menschl. Beziehungen. Reinbek 1988.

Bierhoff, H.W./ Wagner, U.(Hg.): Aggression und Gewalt – Phänomene, Ursachen, In-terventionen. Stuttgart 1998.

Bilsky, W.: Angewandte Altruismusforschung. Bern 1989.

Bohn, I. / Kreft, D. / Segel (Hg.) Kommunale Gewaltprävention. AgAG Bd 5. Münster 1997.

Bredenkamp, K. u. J.: Was ist Lernen? In: Weinert, F.E. u.a.: Funkkolleg Pädagogische Psychologie, Bd.2. Frankfurt 1974, S 606-630.

Brenner, Ch.: Grundzüge der Psychoanalyse. Frankfurt, (6) 1972.

Brewer, M.B. / Miller, N.: Contact and cooperation: When do they work? In: Katz, P./ Taylor, D. (Eds.): Eliminating racism: Means and controversies. New York 1988, 281-302.

Brezinka; D.: Metatheorie der Erziehung. München (4) 1978.

Brown, S.D.: Male career development in formative years. In: Horne/ Kiselica: 1999, 35-53.

Brown, S.D./ Lent, R.W. (Hg.): Handbook of counseling psychology. New York (2) 1992.

Bründel, H.: Produziert die Schule Gewalt? In: Hurrelmann u.a. 1995, 41- 61.

Brusten, M./ Hurrelmann, K.: Abweichendes Verhalten in der Schule. München 1976.

Buck, R./ Ginsberg, B.: Communicative genes and the evolutuion of empathy. In: Inckes, W. (Hg.) Empathic accuracy. New York 1997, 17-43.

Bundsmin. f. Frauen und Jugend: Projekte aus d. Aktionsprogr. AgAG. Bonn 1994.

Bundeszentr. f. pol. Bildung: Search & Play Plus. Interaktive Datenbank für Computerspiele. CD-ROM, Bonn 1997/ Update 1999.

Bundeszentrale f. pol. Bildung: CD-Rom Medienpädagogik. Bonn, Update 2002.

Burks, H.M./ Stefflre, B.: Theories of counseling. New York (3)1979.

Busch, L./ Todt, E.: Aggressionen in Schulen. Möglichkeiten ihrer Bewältigung. In: Holtappels u.a. 1997, 331-350.

Büttner, Chr.: Mit aggressiven Kindern leben. Weinheim/ Basel 1994.

Chamberlain, P., Patterson, G.R. et al.: Observation of client resistance. Behavior Therapy 15 (1984), 144-155 .

Carkhuff, R.R./ Anthony, W.A.: The skills of helping. Amherst, Ma. 1979.

Carter, S.P./ Stewin, L.L.: School violence in the Canadian context. In: Martin/ Deen (Eds.): Violence in Schools – An International Perspective". IJAC(s.d.) 21 (1999), 4.

Christian, H.: Kooperationsstrukturen i. d. Schule – Ansatz zur Gewaltprävention; Landesinstitut für Schule und Weiterbildung, Soest. Inf. f. Schulpsych. H.37.

Cohen, A.K.: Kriminelle Jugend. Hamburg 1951 (1961).

Cohen, A.K.: Abweichung und Kontrolle. München 1966 (1968)

Cohn, R.C.: V. d. Psychoanalyse z. Themenzentrierten Interaktion. Stuttgart (13) 1997.

Creighton, P./ Kivel, P.: Die Gewalt stoppen. Mülheim a.d.R. 1993.

Dahmer, I./ Klafki, W. (Hg): Geisteswissenschaft am Ausgang ihrer Epoche – Erich Weniger. Weinheim 1968.

De Mause, L.: Hört ihr die Kinder weinen. Eine psychogenetische Geschichte der Kindheit. Frankfurt/Main 1978.

Dettenborn, H./ Lautsch, E.: Aggression in der Schule aus der Kinderperspektive. Z. f. Päd. 1993, 745-774.

Deutsch, M.: Konfliktregelung. München 1976.

Deutsches Institut.f. Fernstudien: Ausbildung zum Beratungslehrer. 10 St.Br. Tübingen (2)1985.

Dewey, J.: Demokratie und Erziehung . Braunschweig (3)1964.

Dinkmeyer, D./ Dreikurs, R.: Ermutigung als Lernhilfe. Stuttgart (3) 1973.

Dollard, J. et al.: Frustration and aggression. New Haven 1939.

Dost, B.: Rettet unsere Kinder. Bildschirmgewalt und ihre Folgen; Dokumentation. Fernsehfilm d Bayer. Rundfunks; Kassette u. Broschüre TRV 80059 München 1996.

Doucet, F.W.: Psychoanalytische Grundbegriffe. München 1973.

Dreikurs, R. Psychologie im Klassenzimmer.Stuttgart (3)1975.

Dreikurs, R.: Grundbegriffe der Individualpsychologie. Stuttgart (8) 1997.

Durkheim,, E.: Die Regeln der soziologischen Methode. Neuwied 1961.

Eibl-Eibesfeld, I.: Grundriss der Vergldn. Verhaltensforschung. München (1967) 1985.

Eibl-Eibesfeld, I.: Liebe und Haß – Zur Naturgeschichte elementarer Verhaltensweisen. München (1975) 1997.

Eibl-Eibesfeld, I. : Der vorprogrammierte Mensch. Wien/ München/ Zürich 1973.

Eibl-Eibesfeld, I.: Krieg und Frieden – aus der Sicht der Verhaltensforschung. München 1975.

Engfer, A.: Entwicklung von Gewalt in sog. Normalfamilien. In: Martinus/ Frank (Hg.): Vernachlässigung, Mißbrauch, Mißhandlungen von Kindern. Bern/ Stuttgart. 1990.

Erikson, E.H.: Identität und Lebenszyklus. Frankfurt (1959) 1973.

Faller, K./ Kerntke, W./ Wackmann, M.: Konflikte selber lösen. Trainingshandbuch. Mühlheim 1996.

Farin, K./ Seidel-Pielen, E.: "Ohne Gewalt läuft nichts mehr!" Jugend und Gewalt in Deutschland. Köln 1993.

Feindler, E./ Ecton, R.: Anger control training. New York 1986.

Fend, H.: Entwicklungspsychologie d. Adoleszenz in d. Moderne. I. Vom Kind zum Jugendlichen, II. Identitätsentwicklung in der Adoleszenz. Bern/ Stuttgart 1990/ 1991, V. Eltern und Freunde. 1998.

Ferstl, R./ Niebel., G./ Hanewinkel, R.: Gutachterliche Stellungnahme zur Verbreitung von Gewalt und Aggression an Schulen in Schleswig-Holstein. Kiel 1993.

Feshbach, N.D.: Empathy, the formative years. Implications for clinical practice. In: Bohar/ Greenberg (Eds.): Empathy reconsidered: New directions in psychotherapy. Washington D.C. 1997, 33-59.

Finkelhor, D.: Child Sexual Abuse: New Theory and Research. New York 1984.

Finkelhor, D.: A Sourcebook on Child Sexual Abuse Beverly Hills 1986.

Flitner, W.: Allgemeine Pädagogik. Stuttgart (1950) 1974.

Forster, R.: Von der Ausgrenzung zur Gewalt. Rechtsextremismus und Behindertenfeindlichkeit. Bad Heilbrunn 2002.

Franck, U.: Versuch der Erklärung abweichenden Verhaltens durch das tiefenpsycholoische Modell. Nürnberg 1972.

Freitag, M./ Hurrelmann, K.: Gewalt an Schulen: In erster Linie ein Jungen-Problem. Forschungsbericht. Universität Bielefeld 1993.

Frey, K.: Die Projektmethode. Weinheim 1984.

Freud, A.: The psychoanalytical treatment of children. London 1954.

Freud, A.: Das Ich und die Abwehrmechanismen (1936). Fischer TB, Frankfurt/ M. 1964.

Freud, S.: Drei Abhandlgn z. Sexualtheorie. Ges. Werke (GW), Bd.V. Frankfurt/ M. 1905.

Freud. S.: Das Unbewußte (1900), GW Bd.III.

Freud S.: Triebe und Triebschicksale (1915) GW, Bd. X.

Freud, S.: Jenseits des Lustprinzips (1920), GW Bd. XIII.

Freud, S.: Das Ich und das Es (1923), GW Bd. XIII.

Freud, S.: Das Unbehagen in der Kultur (1930), GW Bd. XIV.

Freud, S.: Die Weiblichkeit (1933), GW Bd. XV.

Fritz, J./ Fehr, W.: Computerspiele zw. Faszination u. Gewalt. In: Bundeszentrale 1999.

Fthenakis, E.: Bilingual-bikulturelle Entwicklung des Kindes. München 1985.

Fuchs, W.: Gewalt an Schulen. Ergebn. d. Nürnbg. Schüler-Surveys. Lamnek 1995, 119-138.

Fuchs, M/ Lamnek, S./ Luedtke, J.: Schule und Gewalt. Realität und Wahrnehmung eines sozialen Problems. Opladen 1996.

Gabler, H./ Schulz, H.-J./ Weber. R: Zuschaueraggressionen – eine Feldstudie. In: Pilz 1982.

Gage, N.L./ Berliner, D.C.: Pädagogische Psychologie. Göttingen (5)1996.

Gagné, R.M: Die Bedingungen des menschlichen Lernens. Hannover 1973

Gaude, P.: Möglichkeiten und Grenzen interner und externer Systemberatung im Raum d. Schule. In: Heller, K. (Hg.): Handb. d Bildungsberatg II, Stuttgart 1975, 571-587.

Geißler, E.E.: Analyse des Unterrichts. Bochum 1973.

Glaser,B.A./ Horne, A.M.: A treatment program for children with conduct disorders. In: LeCroy (Ed.): Handbook of Child and Adolescent Treatment Manuals. New York et.cet.1994), 240-278.

Goffman, E.: Stigma. Über Techniken d. Bewältigung beschädigter Identitäten. Frankfurt/ M.1990.

Goldstein, A.P./ Sprafkin, R.P.: u.a.: Skillstreaming the adolescent.: A structured learning approach to teaching prosocial skills. Champaign, IL 1980.

Gordon, T.: Lehrer-Schüler-Konferenz. Hamburg (3) 1977 (Heyne SB 1997).

Gordon, T. Die Neue Familienkonferenz. München (14) 2001.

Grewe, N. (Hg.): Beratungslehrer – eine neue Rolle im System. Neuwied 1990.

Gudjons, H.: Spielbuch Interaktions-Erziehung. Bad Heilbrunn 1992.

Günder, R.: Praxis und Methoden der Heimerziehung. Frankfurt /M.1995.

Gratzer, W.: Mit Aggression umgehen. Braunschweig 1993-

Griffel, R.: Power statt Gewalt. Prävention in der Arbeit mit gefährdeten Kindern.Aktion Jugendschutz (Hg.). Landesarbeitsstelle Bad.-Württ. Stuttgart 2000.

Habermas, J.: Technik und Wissenschaft als „Ideologie". Frankfurt / M. 1968.

Habermas, J.: Theorie des kommunikativen Handelns. Frankfurt/ M. 1981.

Habermas, J.: Moralbewußtsein und kommunikatives Handeln. Frankfurt/ M. 1983.

Hanewinkel, R./ Knaack, R.: Prävention von Aggression und Gewalt an Schulen. In: Holtappels u.a. 1997, 299-414.

Harnischmacher, R.: Gewalt an Schulen. Rostock 1994.

Harris, Th.A.: Ich bin o.k. – Du bist o.k. (1969). Reinbek 1991.

Hartmann, H.: Ich-Psychologie und Anpassungsproblem. In: Internationale Zeitschr. für Psychoanalyse 24 (1939), 62-135.

Heckhausen, H.: Motivation und Handeln. Berlin (2)1989.

Heinemann, K.: Sozialisation und Sport. In: Kutsch, T./ Wieswede, G. (Hg.): Sport und Gesellschaft. Die Kehrseite der Medaille. Königstein 1981.

Heinemann, E./ Rauchfleich, U./ Grüttner; T.: Gewalttätige Kinder. Frankfurt/ M. 1992.

Heitmeyer, W.: Rechtsextremistische Orientierungen bei Jugendlichen. Weinheim/ München 1987.

Heitmeyer, W. u.a.: Gewalt. Schattenseiten der Individualisierung bei Jugendlichen aus unterschiedlichen Milieus. Weinheim und München (2)1996.

Heitmeyer, W./ Ulbrich-Hermann, M.: Verschärfung sozialer Ungleichheit, soziale Milieus und Gewalt. In: Holtappels u.a. 1997, 45-62.

Heinz, W.: Anstieg der Jugendkriminalität – Realität oder Mythos? In: Rabe, H. (Hg.): Jugend. Beiträge z. Verständnis u. z. Bewertung des Jugendproblems. 1984, 53-94.

Hensel, R.: Auf dem Weg zu weniger Gewalt – auch durch das Leben in der Schule. In: Spreiter, M. (Hg.):Waffenstillstand im Klassenzimmer... Weinheim 1993.

Hentig, H.v.: Die Schule neu denken. München 1993.

Herms, E. (Hg.): Menschenbild und Menschenwürde. München 2001.

Herweg, G./ Hold-Jagoda., R.: Schule mit Gewalt verändern? Schulpsych. Anmerkgn... In: Spreiter (Hg.): Waffenstillstand im Klassenzimmer. Weinheim 1993, 82-128.

Hilbig, N. Mit Adorno Schule machen. Bad Heilbrunn 1995.

Hilgard, E.R./ Bower, H.H.: Theorien des Lernens I u. II. Stuttgart 1973.

Holtappels, H.G. u.a.: Forschung über Gewalt an Schulen. Weinheim/ München 1997.

Honig, M.H.: Verhäuslichte Gewalt. Sozialer Konflikt, wissenschaftliche Konstrukte, Alltagswissen, Handlungssituationen. Frankfurt a.M. 1986.

Hopf, H.: Aggression i. d. analytischen Therapie m. Kindern u. Jugendlichen. Göttingen 1998.

Horne, A.M./ Glaser, B.A.: Conduct disorders. In Ammermann/ Last/ Hersen Ed.): Handbook of Prescriptive Treatments for Children and Adolescents. Boston etc. 1993, 85-101.

Horne, A.M./ Kiselica, M.S..(Eds.): Handbook of counseling boys and adolescent males. Thousand Oaks, London, New Delhi 1999.

Huber, W.: Die tägliche Gewalt. Gegen den Ausverkauf der Menschenwürde. Freiburg 1993.

Hurrelmann, K./ Palentien, C./ Wilken, W. (Hg.): Anti-Gewalt-Report. Handeln gegen Aggressionen in Familie, Schule und Freizeit. Weinheim 1995.

Hurrelmann, K./ Rixius , N./ Schirp, H.: Gegen Gewalt in der Schule. Ein Handbuch für Elternhaus und Schule. Weinheim 1996.

Hurrelmann, K./ Ulich, D.: Handbuch der Sozialisationsforschung (5)1998.

IJAC – International Journal for the Advancement of Counselling. Kluwer (Nijhoff) 1978- 2002.

Institut für Friedensforschung (Hg.) Sport und Gewaltprävention. Tübingen 2002.

Israel, S.: Körperlich-sportliche Aktivität und einige psychophysische Zusammenhänge. In: Wiss. Zeitschr. d. Dt. Hochsch. f. Körperkultur, 31 (1990), 1, 84-103.

Jaide, W.: Die Berufswahl. München 1961.

Jefferys, K.: Streit-Schlichter-Progr. f. Grundsch. u. Erprobungsstufe. LSW Soest 1998.

Jefferys,K./ Noack,U.: Streiten–Vermitteln–Lösen. Schüler-Streit-Schlichter-Progr. Lichtenau 1995.

Jefferys-Duden, K.: Konfliktlösung und Streitschlichtung, Weinheim/ Berlin 2000.

Jehle: J.-M.: Plädoyer für bessere Kriminalstatistiken. In: NK (6), 1994, H.2, 22-26).

Jehu; D.: Beyond Sexual Abuse – Therapy with women who were Childhood Victims. Chichester etc. 1988 (Bespr. Martin, L.R. In: Int. Journ. for ...Counselling 14 (1991).

Kasper, H.: Mobbing in der Schule. AOL-Lichtenau/ Weinheim 1998.

Kaukianen, A. u.a.: The relationship between social intelligence, empathy, and three types of aggression. In: Aggressive Behavior (25) 1999, 81-89..

Kazdin, A.: Conduct disorders in childhood and adolescence.Newbury Park, CA, 1987.

Kindler, W.: Gegen Mobbing und Gewalt! Ein Arbeitsbuch für Lehrer, Schüler und Peergruppen. Seelze-Velber 2002.

Kiphard, E.L.: Mototherapie bei Verhaltensstörungen. In Mototherapie III, Dortmund 1990.

Klein, M.: Das Seelenleben des Kleinkindes und andere Beiträge zur Psychoanalyse. Reinbek b. Hamburg 1962/ 1972.

Klink,, A,. u.a.: Kontakte zw. soz. Gruppen als Mittel z. Reduktion v. Aggression u. Gewalt: Sozialpsych. Theorien u. ihre Anwendung i. d. Schule. Bierhoff/ Wagner 1998, 280-300.

Klockhaus, R./ Habermann-Morbey, B.: Psychologie d. Schulvandalismus. Göttingen 1986.

Kluge, K.J.: Verhaltensauffällige. In: Handb. d. Behindertenpäd. I. München 1979, 288-410.

Knopf, K. (Hg.): Aggressives Verhalten und Gewalt in der Schule. Prävention und konstruktiver Umgang mit Konflikten. München 1996.

Koch, M.: Gewalt in der Realschule und Möglichkeiten der Prävention. Marburg 2002.

Kohlberg. L.: Die Psychologie der Moralentwicklung. Frankfurt (2)1997.

Kohlberg, L. u.a.: Die gerechte Schulkooperative. In: Portele 1978, 219-259.

Kohut, H.: Die Zukunft der Psychoanalyse. Frankfurt/ M. 1975.

Kohut, H.: Die Heilung des Selbst. Frankfurt/ M. 1981.

Kommunale Gewaltprävention. Das Aktionsprogramm gegen Aggression und Gewalt, AgAG Bd.1-5. Münster 1997.

Korn, J./ Mück, T.: Gewalt im Griff, Bd. 2, Deeskalations- und Mediationstraining. Weinheim/ München 2000.

Kornadt, H.: Aggression und Frustration als psych. Problem. Darmstadt 1981.

Korte, J.: Faustrecht auf dem Schulhof. Weinheim 1993.

Korte, J.: Lernziel Friedfertigkeit. Weinheim 1994.

Krapp, A.: Die Psychologie der Lernmotivation. In: Zeitschr. f. Päd. 39 (1993).

Krumboltz, J.D./ Thoresen, E. (Ed.): Behavioral counseling. New York 1969.

Krumm, V.: Methodenkritische Analyse schulischer Gewaltforschung. In: Holtappels u.a. 1997, 63-79.

Kultusminister v. NW: Schulberatung. Strukturförderung 39. Köln 1980.

Kultusminister v. NW.: Gymn. Oberstufe. Richtlinien Erziehungswissenschaft. Köln 1981.

Kunczik, M.: Gewalt und Medien. Böhlau (3) 1996.

Kunczik, M./ Zipfel, A.: Gewalt und Medien. Zum aktuellen Stand der Diskussion. Medienpädagogik 1996. CD-Rom Update 1998.

Küng, H.: Projekt Weltethos. München 2000.

Kupfer, H./ Martin, K.-H.: Einführg in Theorie u. Praxis d. Heimerziehung. Wiesbaden 1994.

Ladenthin, V.: Gewalt an Schulen: Was tun? Schulmagazin 5-10, H.11, 1995, 4-7.

Lamnek, S.: Theorien abweichenden Verhaltens. München 1990.

Lamnek, S.: Neue Theorien abweichenden Verhaltens. München 1997.

Lamnek, S. (Hg.): Jugend u. Gewalt. Devianz u. Kriminalität i. Ost u. West. Opladen 1995.

Lauth. G./ Schlottke, P.F.: Training mit aufmerksamkeitsgestörten Kindern. Weinheim 1995.

Lewin, K,/ Lippit, R./ White, R.K.: Patterns of aggressive behavior in experimentally created „social climates". In: Journal of social psychology, 1939, 271ff.

Lorenz, K.: Das sogenannte Böse – Zur Naturgeschichte der Aggression. Wien 1963 (dtv 1985).

Lorenz, K.: Vergleichende Verhaltensforschung. Wien 1978.

Mansel, J. Quantitative Entwicklung von Gewalthandlungen Jugendlicher und ihrer offiziellen Registrierg. Zeitschr. f. Sozialisationsforschung und Bildungssoziologie 15 (1995), 2.

Martin, L.R.: Bildungsberatung in der Schule. Bad Heilbrunn 1974.

Martin, L.R.: Ansätze zu einer Theorie der Bildungsberatung. In: Heller, K. (Hg.): Handbuch der Bildungsberatung. Bd.2.: Stuttgart 1975, 407-427.

Martin, L.R. Beraten und Beurteilen in der Schule. München 1980.

Martin, L. R.: Schulberatung – Anlässe, Aufgaben, Methodenkonzeption. Stuttgart 1981.

Martin, L.R.: Berufsbildungs- und Studienberatung. In: Wollenweber, H. (Hg.): Schule im Brennpunkt (Kurt Aurin gewidmet). Paderborn u.a. 1983.233-255.

Martin, L. R.: Beratung als pädagogische Disziplin. In: Päd. Rundschau 45 (1991), 585-597.

Martin, L.R.: Client-centered counselling in Germany. In: Int. Journal for... Counselling 15 (1992), 221-230.

Martin, L.R.: Möglichkeiten und Grenzen empirisch-analytischer Fundierung der pädagogischen und psychologischen Beratung. In: Päd. Rundschau 47 (1993), 601-610.

Martin, L.R.: The development and structure of school counselling in Germany: The example of Northrhine-Westphalia. In IJAC (s.d.) 16,3 (1993,b) 169-188.

Martin, L.R.: Klassenlehrer- und Tutor/innen: Aufgaben, Tätigkeiten, Leistungen, Konzeptionen, Bad Heilbrunn 1996.

Martin, L.R.: Coping and Counselling. IJAC (s.d.) 20,2 (1998), 143-160.

Martin, L.R.: Über die Vermeidung und Behebung sog. Disziplinstörungen im Unterricht. engagement 1/2002, 13-24.

Martin, L.R./ Deen, N. (Hg.) Guidance and counselling in various societies. IJAC (s.d.), 16,3 (1993).

Martin, L.R./ Deen, N. (Hg.) Violence and schools. (Sonderheft mit internationalen Analysen). IJAC (s.d.) 21.4 (1999).

Martin, L.R./ Rüdiger, D. (Bearb.): Einzefallhilfe und systembezogene Beratung. Fernstudium Ausbildung zum Beratungslehrer. St.Br. 7, DIFF, Tübingen 1985.

Matson, J.L./ Ollendick, T.H.: Enhancing childrens's social skills. Elmsford, NY 1988.

Mead. G.H.: Geist, Identität und Gesellschaft (1934). Frankfurt/ M. 1968

Mearns, D.: Person-centered counselling Training. London 1997.

Meichenbaum, D. H.: Cognitive behavior modification. New York 1977.

Meier, U.: Gewalt im sozialökon. Kontext d. Schule. In: Holtappels u.a. 1997, 225ff.

Merkens, L.: Aggressivität im Kindes- und Jugendalter. München 1993.

Mertens, W.: Erziehung zur Konfliktfähigkeit. München 1974.

Meyer, H.: Unterrichtsmethoden. I. Theorieband. Frankfurt/ M. (6) 1994.

Miller, R. Gewaltprävention durch Lehrertraining. In „Schüler ‚95", 118ff.

Mitscherlich, A.: Aggression und Anpassung. In: Marcuse u.a. (Hg.): Aggression und Anpassung in der Industriegesellschaft. Frankfurt/ M. 1968.

Mollenhauer, K.: Einführung in die Sozialpädagogik. Weinheim 1996.

Möller, K.: Fremdenfeindliche Gewalt: Zwischen "Ausländer raus!" und "Nazis raus!" In: Hurrelmann u.a. 1995, 181-207.

Moser, T.: Jugerndkriminalität u. Gesellschaftsstruktur. Frankfurt/ M. 1970/ 1987.

Neubauer, G.: Sexueller Mißbrauch an Kindern. In: Hurrelmann u.a. 1995, 94-108.

Neubauer, W.F., Gampe,H./ Knapp,R.: Konflikte in der Schule. Neuwied (4)1992.

Newman, D.A./ Horne, A.M./ Webster C.B.: Bullies and victims: A theme of boys and adolescent males. In: Horne/ Kiselica 1999, 313-340.

Nicklas, H. et al.: Wenn Liebe zuschlägt. München 1984.

Niebel, G./ Hanewinkel, R./ Ferstl, R.: Gewalt und Aggression in schleswig-holsteinischen Schulen. Zeitschr. f. Päd. 39 (1993), 775-798.

Nissen, G. Aggressivität und Gewalt. Huber 1995.

Noack, U.: Mediation – Schulstreitschlichter-Modell... Wissensch.u. Frieden 2/1998.

Nohl, H.: Die pädagogische Bewegung in Deutschland u. ihre Theorie. Frft/ M. 1949.

Nolting, H.-P.: Lernfall Aggression. Reinbek b. Hamburg 1994.

Oerter, R./ Montada, L.: Entwicklungspsychologie. Weinheim 1987/ 1995/ 1998.

O'Hara/ Tiedemann: Vocational self-concept in adolescence. Journal of counseling psych. 6(1959), 292-301.

Olweus, D.: Gewalt an der Schule. Bern (2) 1996.

Otto, H.U./ Merten, R. (Hg.): Rechtsradikale Gewalt im vereinigten Deutschland. Opladen 1993.

Palmer, St./ Dainow, Sh./ Miller, P.: Counselling. The BAC Reader. London 1996.

Patterson, G.R.: Coercive family process. Eugene, Orgon 1982.

Patterson, G.R.: Beyond technology. The next stage in the development of parent training technology. In: L. L'Abate (Ed.): Handbook of family psychology and therapy. Homewood, Ill. 1985, 1344-1379.

Pattersson, G.R./ Narrett, C.M: The development of a reliable and valid treatment program f. aggressive young children. Int. Journal of Mental Health, 15 (1990), 19-26.

Patterson, G.R./ Yoerger, K.: Developmental models for delinquent behavior. In: Hodgins, S. (Ed.): Crime and mental disorder. Newbury Park 1993.

Petermann, F. u.a.: Sozialtraining in der Schule. Weinheim 1997.

Petermann, F./ Petermann, U.: Probleme im Jugendalter. Psych. Hilfen. Freiburg 1990.

Petermann, F./ Petermann, U.: Angst und Aggression bei Kindern und Jugendlichen. Ursachen, Förderung und Therapie. München 1993.

Petermann, F./ Petermann, U.: Training mit Jugendlichen. Weinheim (5) 1996(a).

Petermann, F./ Petermann, U.: Training mit sozial unsicheren Kindern. Weinheim (6) 1996(b).

Petermann, F. / Petermann, U.: Training mit aggressiven Kindern. Einzeltraining – Kindergruppen – Elternberatung. Weinheim (8) 1997.

Petri, H.: Erziehungsgewalt: Zum Verständnis von persönlicher und gesellschaftlicher Gewaltausübung in der Erziehung . Frankfurt/ M. 1989.

Pfeiffer, Ch./ Wetzels, P.: Zur Struktur und Entwicklung der Jugendgewalt in Deutschland. In: Aus Politik u. Zeitgesch. B 26/ 1999, 3-22.

Pilz, G.A.(Hg): Sport und körperliche Gewalt. Reinbek 1982.

Pilz, G.A.: Jugend, Gewalt und Rechtsextremismus. Möglichkeiten und Notwendigkeiten politischen, polizeilichen und sozialpädagogischen Handelns. Hannover 1994.

Pilz, G.A.: Gewalt im, um und durch den Sport. In: Hurrelmann u.a. 1995, S. 115-133.

Pilz, G.A.: Zur Bedeutung von Sport und Bewegung in der Kinder- und Jugendarbeit. „Gewaltprävention..." In: Sportpraxis 6/98, 15-20.

Podgornik, R.: Wir stellen vor: Heimerziehung. Hilfe und Geborgenheit auf Zeit. In: Unsere Jugend 40 (1988).

Portele, G. (Hg.): Sozialisation und Moral. Weinheim/ Basel 1978.

Posselt, R.-E./ Schumacher, K.: Dem Hass keine Chance. Prokethandbuch "Rechtsextremismus". Schwerte, (2) 1992.

Posselt, R.-E./ Schuhmacher, K.: Projekthandb.: Gewalt u. Rassismus. Mülhm/ R. 1993.

Post, W.: Erziehung im Heim: Perspektiven der Heimerziehung... Weinheim 1997.

Power, F.C./ Higgins,A./ Kohlberg,L.: L. Kohlberg's approach to moral education. New York 1989.

Preuschoff, G. / Preuschoff, A.: Gewalt an Schulen - und was dagegen zu tun ist. Köln 1992.

Priebe, B.: Gewalt und Gewaltprävention in der Schule – Schulinterne Lehrerfortbildung als Schulentwicklung. In: Pädagogik, 2, 1995.

Rager, G. (Hg.): Beginn und Personalität der Würde des Menschen. Freiburg 1998.

Randerath, U./ Randerath, G.: Aggression: Formen, Ursachen, Auswege. Berlin 2001.

Rapaport, D.: Die Struktur der psychoanalytischen Theorie, Stuttgart 1973.

Redl, F.: Erziehung schwieriger Kinder. München 1974.

Redl, F./ Wineman, D.: Kinder, die hassen. München 1984.

Redl, F. / Wineman, D.: Steuerung des aggressiven Verhaltens beim Kinde. München 1986.

Rheinberg, F.: Zweck und Tätigkeit. Göttingen 1989.

Richter, H.E.: Eltern, Kind, Neurose. Reinbek b. Hamburg 1976.

Richter, H.E.: Wer nicht leiden will, muß hassen. Hamburg 1993.

Roethlisberger, C.: Sport – Alltagsbewältigung – Seelische Gesundheit (Studie). In: „Magglingen" 52 (1995), 1, 16-18; 12, 14-16; 54 (1997), 3, 4-5.

Rogers, C.R.: Die klient-bezogene Gesprächspsychotherapie (1951). München 1978.

Rogers, C. R.: Entwicklung der Persönlichkeit. Stuttgart 1977/ 1998.

Rostampour, P./ Melzer, W.: Täter-Opfer-Typologien im schulischen Gewaltkontext. In: Holtappels u.a. 1997, 169-189.

Roth; H.: Pädagogische Anthropologie Bd. 1 und 2. Hannover 1968 und 1971.

Roth, H./ Pühse,U.: Interkulturelles Lernen als soziales Lernen im Sportunterricht. In: „Lernen in Deutschland" 1/1996, 16-34.

Röhr-Sendlmeier, U.M.: Die Bildungspolitik zum Unterricht für ausländische Kinder in d. BR Deutschland – Eine kritische Betrachtung... In: Deutsch lernen 11 (1986), 51ff.

Rüedi, J.: Einführung in die individualpsychologische Pädagogik. Bern 1995.

Sack, F.: „Dunkelfeld". In: Kaiser, G. u.a.: Kleines Kriminolog. Wörterbuch. 3/1993, 99-107.

Sassenscheidt, H.: Welche Wirkung hat Einzelfallberatung? Hamburg 1993.

Scheller, R.: Psychologie der Berufswahl und der beruflichen Entwicklung. Stuttgart 1976.

Scheuerl, H.: Das Spiel. Untersuchungen... Weinheim 1965.

Schirp, H.: Schule und Gewalt. In: Hurrelmamnn u.a. 1996, S. 27-58.

Schirp, H./ Rixius, N.: „...und wenn die Eltern nicht mitziehen?" In: Hurrelmann u.a. 1999, 207-219.

Schmälzle, U. (Hg.): Mit Gewalt leben. Arbeit am Aggressionsverhalten in Familie, Kindergarten und Schule. Frankfurt/ M. 1993.

Schmidt-Denter, U.: Prosoziales und aggressives Verhalten. In: Schneewind, K.A. (Hg.): Enzyklopädie der Psychologie. Göttingen 1994, 285-314.

Schraml, W.J.: Zur Psychohygiene des Pädagogen. In: Gerner, B. (Hg.): Der Lehrer und Erzieher. Bad Heilbrunn 1976, S. 84ff..

Schubarth, W.: Gewalt an Schulen im Spiegel aktueller Schulstudien. In: Lamnek 1995,139-154.

Schubarth, W.: Gewaltprävention in Schule und Jugendhilfe. Neuwied 2000.

Schüler '95 – Gewaltlösungen, hrsg. vom E. Friedrich Verl. und Klett. Seelze 1995.

Schultz von Thun, F.: Miteinander Reden, 3 Bände. Reinbek bei Hamburg 2001.

Schwäbisch,L./ Siems.M.: Anleitung z. sozialen Lernen... Reinbek (rororoTB) 1974ff.

Schwind, H.-D.: Möglichkeiten (staatlicher) Prävention und Intervention. In: Bierhoff, H.W./ Wagner, U. (Hg.) 1998, 258-279.

Schwind, H.-D.: Gewalt in der Schule; am Beispiel von Bochum. In: Lamnek 1995, 99-118.

Schwind, H.-D./ Baumann, J. u.a.: Ursachen, Prävention und Kontrolle von Gewalt (Gewaltkommission, 4 Bände) Berlin 1990.

Seidel-Pielen,E / Farin, K.: Straßengangs – Straßengewalt. In: Hurrelmann u.a.1995, 145-165.

Selg, H./ Mees, U./ Berg, D.: Psychologie der Aggressivität. Göttingen 1988, (2) 1997.

Shechtman, Z.: Cognitive and affective empathy in aggressive boys: Implications for treatment. In: IJAC 24/ 25 (2002/ 03; im Druck).

Solon, J.: Gewaltdelikte an Schulen. Ein Lagebericht aus dem Zuständigkeitsbereich der PP München. In: Der Kriminalist 1/1993, 21-26.

Steinhausen, H.-Ch.(Hg.): Hyperkinetische Störungen i. Kindes- u. Jugendalter. Stuttgart 1995.

Stern, E.(Hg): TA – The state of the art. Dordrecht 1984.

Struck, P.: Pädagogik des Klassenlehrers. Hamburg 1980.

Struck, P.: Wie schütze ich mein Kind vor Gewalt in der Schule? Frankfurt/ M. 2001.

Stürzbecher, W.: Großstadt-Rambos. Bergisch Gladbach 1994.

Stützle-Hebel, M.: Die emotional-kognitive Bewältigung von Ärger und Aggressivität durch Sport. Frankfurt 1993.

Super, D.E.: The psychology of careers. New York 1957.

Super, D.E./ Bohn, M.H.: Occupational psychology, Belmont, Calif. 1970.

Tanner, V.L./ Holliman, W.B.: Effectiveness training in modifying aggressive behaviors of young children. Psych. Reports 62 (1988), 39-46)

Tausch, R. und A.-M.: Erziehungspsychologie. (6) 1971; (7. gänzlich neugestaltet) Göttingen 1977; (11) 1998.

Tausch, R. u. A.-M.: Gesprächspsychotherapie. Göttingen (5) 1973; (9)1990.

Tennstädt, K.-C. u.a.: Das Konstanzer Trainingsmodell. Trainingshandbuch. Bern 1987.

Tillmann, K.-J.: Sozialisationstheorien. Hamburg 1990.

Tillmann, K.-J. u.a.: Schülergewalt als Schulproblem. Weinheim/ München 1999.

Veith, H.: Theorien der Sozialisation. Zur Rekonstruktion des modernen sozialisations-theoretischen Denkens. Frankfurt/ M. 1996.

Wagner, U./ Zick, A.: Ausländerfeindlichkeit, Vorurteile und diskriminierendes Verhalten. In: Bierhoff, H.W./ Wagner, U. (Hg.) 1998, 145-164.

Walker, J.: Gewaltfreier Umgang mit Konflikten in der Grundschule. Berlin 1995.

Walker, J.: Mediation in der Schule. Berlin 2001.

Watzlawick, P./ Beavin, J.H./ Jackson,D.D: Menschliche Kommunikation. Bern 1974.

Weber, E. Erziehungsstile. Donauwörth (6)1976.

Weber, W. Wege zum helfenden Gespräch. München (11)1996.

Weiß, C.: Pädagogische Soziologie IV. (Schulklasse). Bad Heilbrunn 1970.

Wichterich, H.: Peer Mediation: Schüler/innen als Streitschlichter. LSW Soest 1998.

Winnicott, D,W.: Aggression. Versagen der Umwelt und antisoziale Tendenz. Stuttgart 1988.

Wöbken-Ekert, „Vor der Pause habe ich richtig Angst", Gewalt und Mobbing unter den Jugendlichen – Was man dagegen tun kann. Frankfurt 1998.

Wulf, Ch.: Systemberatung. In: Schwarzer, R. (Hg.): Beraterlexikon. München 1977, 211ff.

Ziegler, F.: Kinder als Opfer v. Gewalt. Ursachen u. Interventionsmöglichkeiten. Freiburg 1990.

Zöpfl, H.: "Gewalt in der Schule" aus der Sicht der Lehrer. In: Rolinski, K./ Eibl-Eibesfeld, I. (Hg.): Gewalt in unserer Gesellschaft. Berlin 1990, 15-166.

Zulliger, H.: Schwierige Kinder. Bern (7)1977.